本書的編纂出版，承蒙日本國冲繩縣教育委員會大力協助，
謹致謝忱！

中國第一歷史檔案館 編

中琉歷史關係檔案

光緒朝（一）

國家圖書館出版社

中琉歷史關係檔案

總主編：孫森林
副總主編：李國榮

中琉歷史關係檔案

光緒朝（一）

主編：王徵
編輯：伍媛媛　郭琪　朱瓊臻　郭子梦

前言

封貢是我國封建社會特有的一種國與國之間的交往制度，源於先秦，形成於兩漢。它由最初的中央政權處理地方政權和屬國關係，逐步發展演變爲中國封建王朝處理與周邊國家和地區關係的一種制度。

追溯中琉歷史關係，可謂源遠流長。據文獻記載，早在隋朝大業元年（六〇五）隋煬帝就曾遣羽騎尉朱寬等出使琉球，中琉間有了初步交往。到了明代，朱元璋更是在開國之初的洪武五年（一三七二），就遣使琉球，與琉球國建立了宗藩關係。自此，中琉關係歷經王朝更迭，宗藩再續，即使相隔於海，往來交通不便，也册封不止，朝貢不輟，常來常往，頻繁密切。直至清光緒朝初年，日本明治政府藉口臺灣牡丹社事件强行吞并琉球，廢藩置縣，中琉藩屬關係始告終結，歷時凡五百餘年。在歷史的長河中，五百餘年衹是轉眼瞬間，但兩國通過交往結成的密切關係，却留在了人們的記憶裏。

一九九二年，隨着中日文化交流的發展，中國第一歷史檔案館將收藏保管的清代中琉歷史關係檔案的整理工作列上日程，先後整理影印出版了《清代中琉關係檔案選編》《清代中琉關係檔案續編》《清代中琉關係檔案三編》《清代中琉關係檔案四編》《清代中琉關係檔案五編》《清代中琉關係檔案六編》及《清代琉球國王表奏文書選録》，共收録檔案史料三千餘件。這些檔案都是清政府有關機構及地方督撫在辦理琉球國事務過程中形成的，主要記載了清代中琉在宗藩封貢、海難救助、經濟貿易、文化交流等各個方面的密切交往，反映出清朝統治者以禮儀之邦、天朝上國自居，册封朝貢，『厚往薄來』，推行封建的封貢制度，目的在於爲清王朝統治營建一個和平安定的周邊環境。在與琉球交往的過程中，傳播了中華文化，加强了聯繫，密切了關係。在一八四〇年以前，中國與外國没有現代意義上的外交關係，與外國的交往，特别是周邊國家，主要是以宗藩封貢關係來維繫友好交往。結藩而不干涉内政，是清朝統治者自始至終奉行的一貫藩封政策。正如清末同治十一年（一八七二），總理各國事務衙門大臣曾對外宣稱的『内政外交聽其自主，我朝向不與聞』，説明清政府與屬國之間，衹是一種單純的册封朝貢關係。從這些檔案中，我們不難看到一個以大國自居的皇帝及其政府與其屬國的友好交往，與近代西方殖民主義宗主國和殖民地的關係有着本質上的不同。

清初，清政府的機構設置、文書制度等多沿明制，隨着其統治的日益鞏固及軍事、政治等方面的需要，逐步摒弃并設置了更適應社會發展、更有利於提高辦事效率的封建集權統治機構，形成了上行、下行、平行等諸多文書種類。選編出版的清代中琉關係檔案，文書種類有：朱批奏摺、録副奏摺、上諭檔、題本、表文、起居注、咨文、移會和專爲編史而輯録成册的史書，以及乾隆十三年（一七四八）即已宣布廢止不用，衹有琉球、朝鮮等清王朝屬國的國王纔使用的奏本等。豐富翔實的檔案史料，真實地展現了清代中琉友好交往的史實，爲中外史學者的研究提供了彌足珍貴的清代中琉關係檔案史料。

遺憾的是，最初在編纂出版清代中琉關係檔案時，由於檔案開發與急迫利用的矛盾，爲盡速出版，主要是按檔案的文書種類進行編排，因而忽略了這些檔案在某一事件或問題中的相互關聯性。因爲是按單純的文種彙輯檔案，讀者很難瞭解其不同機構間的往來行文關係、機構職掌，給中琉關係的研究和清代文書制度的研究等帶來不便。此外，由於資金和技術手段的限制，有的檔案影印畫幅太小，以致文字難以辨認。故此，自二〇〇五年開始，我們重新整理出版《中琉歷史關係檔案》。此次編纂采用編年體例，按朝年月日排序，并逐件摘寫内容提要，注明出處，全書檔案時間以具文時間或發文時間爲准。没有具文或發文時間者，采用朱批、抄録或收文時間，用「※」標注。全書一體單欄影印，以方便學者的利用研究。《中琉歷史關係檔案》第一至十册的編纂工作，主要由我館原保管利用部承擔，朱淑媛、高換婷、顔景卿、孔未名、葛慧英、李保文、齊銀卿等共同編輯完成。該書從第十一册開始，其編纂工作由我館編研處承擔，編纂體例一仍其舊，合作形式沿襲不變。

《中琉歷史關係檔案》的編纂出版，承蒙日本國沖繩縣教育委員會熱忱協助，并得到國家圖書館出版社大力支持，謹致謝忱！

中國第一歷史檔案館

二〇二一年十二月

目録

一、浙江巡撫楊昌濬爲琉球國貢使進京過境事奏片

光緒元年二月初六日　（1875. 3. 13）

内容提要

浙江巡撫楊昌濬奏報，琉球國遣使恭進例貢，由閩省候補知府蔣鳳藻等護送進京，已派委候補同知齊慓琛等會同迎護。該貢使於同治十三年十一月二十八日由閩入浙，十二月二十日送至江浙交界處，交江蘇委員接護前進。

檔案來源：軍機處録副奏摺

已編入《清代中琉關係檔案選編》第一〇九五頁

十八

奏

○

貢

楊昌濬片

再，准福建撫臣 咨，琉球國遣使來閩恭進例

貢，專員候補知府葛風藻等護送進京事竣，仍令

護送回閩，飛咨一體派員接護等因，即經行

司移飭派委候補同知齊樑琛、候補[illegible]

韓進文會同迎護。嗣據該委員申報，於同治

十三年十一月二十八日接護該貢使由閩入浙，十

二月二十日送至江浙交界，當交江蘇委員

接護前進等情，由藩司盧定勳核明詳請具

來蘇奏目 叢桂世異除咨各部查照辦理合附片

陳明伏乞

聖鑒謹

奏。

光緒元年十二月十八日軍機大臣奉

旨知道了欽此

浙江巡撫 光緒元年十二月初六日

二、禮部爲琉球貢使抵京日期事致内務府片

光緒元年二月初七日　（1875. 3. 14）

内容提要

禮部致内務府片：據伴送琉球使臣福建候補知府蔣鳳藻等遣家丁報稱，該國貢使約於二月初八日可以到京，相應片行内務府。

檔案來源：内務府來文

已編入《清代中琉關係檔案三編》第七八五頁

内務府

禮部為片行事據伴送琉球使臣福建委員蔣鳳藻

等遣家丁報稱琉球貢使約於貳月初捌日可以到京

等因相應片行

貴府查照可也須至片者

右　片　行

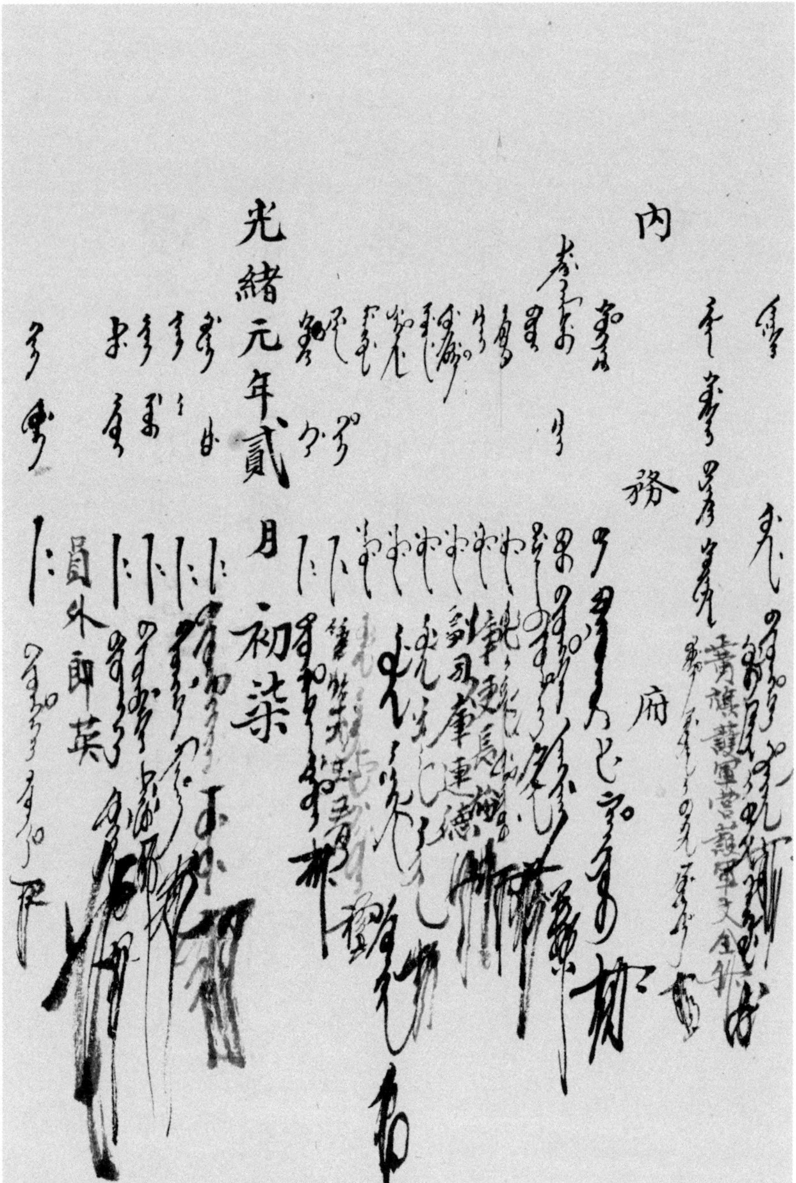
正黃旗護軍營護軍文全
内務府
副司庫連德
員外郎英
光緒元年貳月初柒日

下
二
初七

三、禮部爲琉球國貢使到京日期事致内務府咨文

光緒元年二月十二日　（1875. 3. 19）

内容提要

禮部致内務府咨文：查琉球國進貢正使耳目官毛精長、副使正議大夫蔡呈祚、都通事蔡德昌一員、跟役十五名、通事二名、自福建伴送來京之候補知府蔣鳳藻等，俱於本月初九日到京，所有應行照料事宜及供給該員役等口糧食物，移咨内務府照例辦理。

檔案來源：内務府來文

已編入《清代中琉關係檔案三編》第七八六頁

內務府

禮部為知照事主客司案呈查琉球國差來進
貢正使耳目官毛精長副使正議大夫蔡呈祚都
通事蔡德昌一員跟役十五名通事二名自福建
伴送來京之候補知府蔣鳳藻候補知縣貴
蓋臣擬補同安營參將鍾芝貴等俱於本月
初九日到京所有應行照料事宜及供給該
員役等口糧食物移咨內務府照例辦理
可也須至咨者

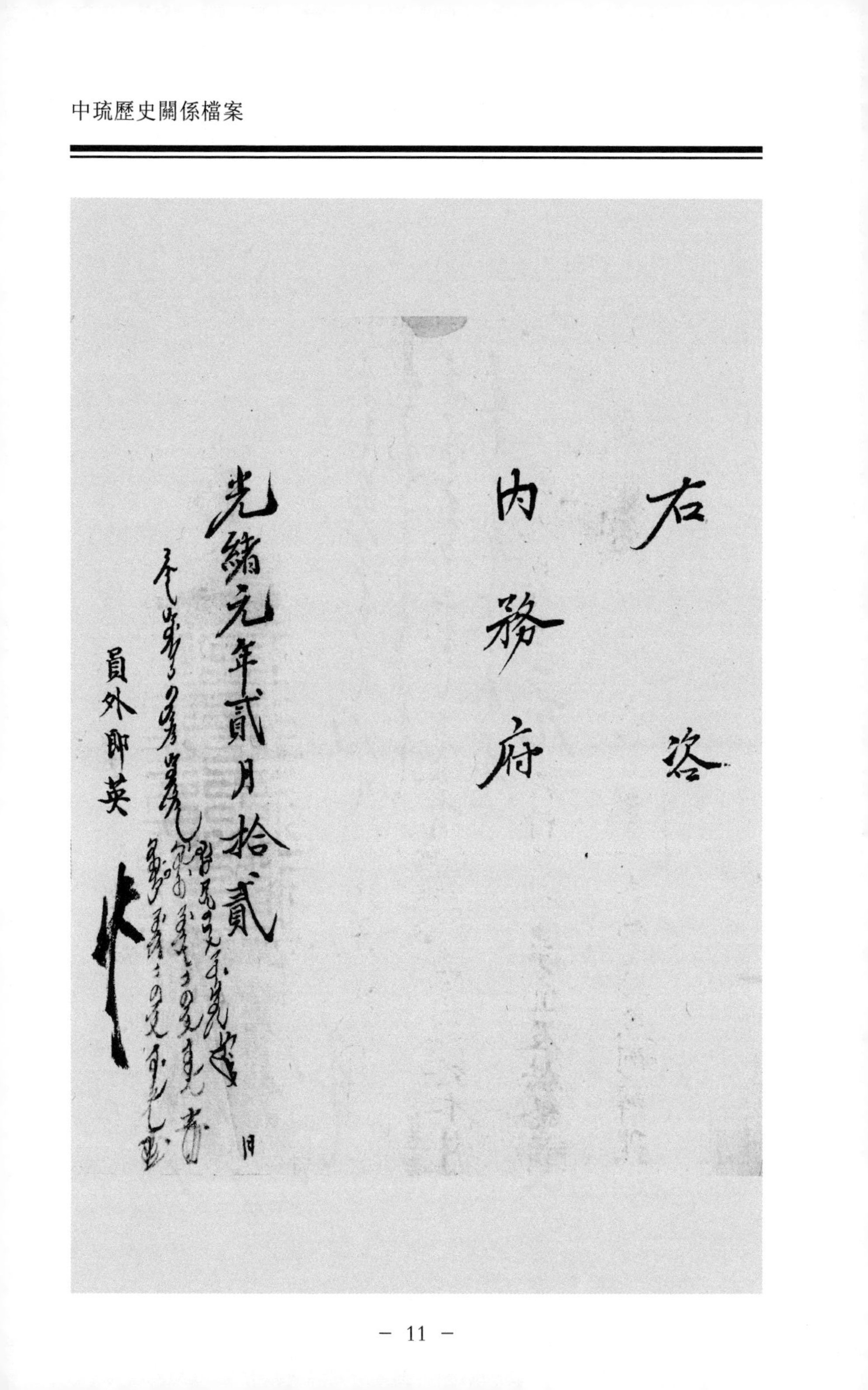

右　　咨

内務府

光緒元年貳月拾貳　日

員外郎英

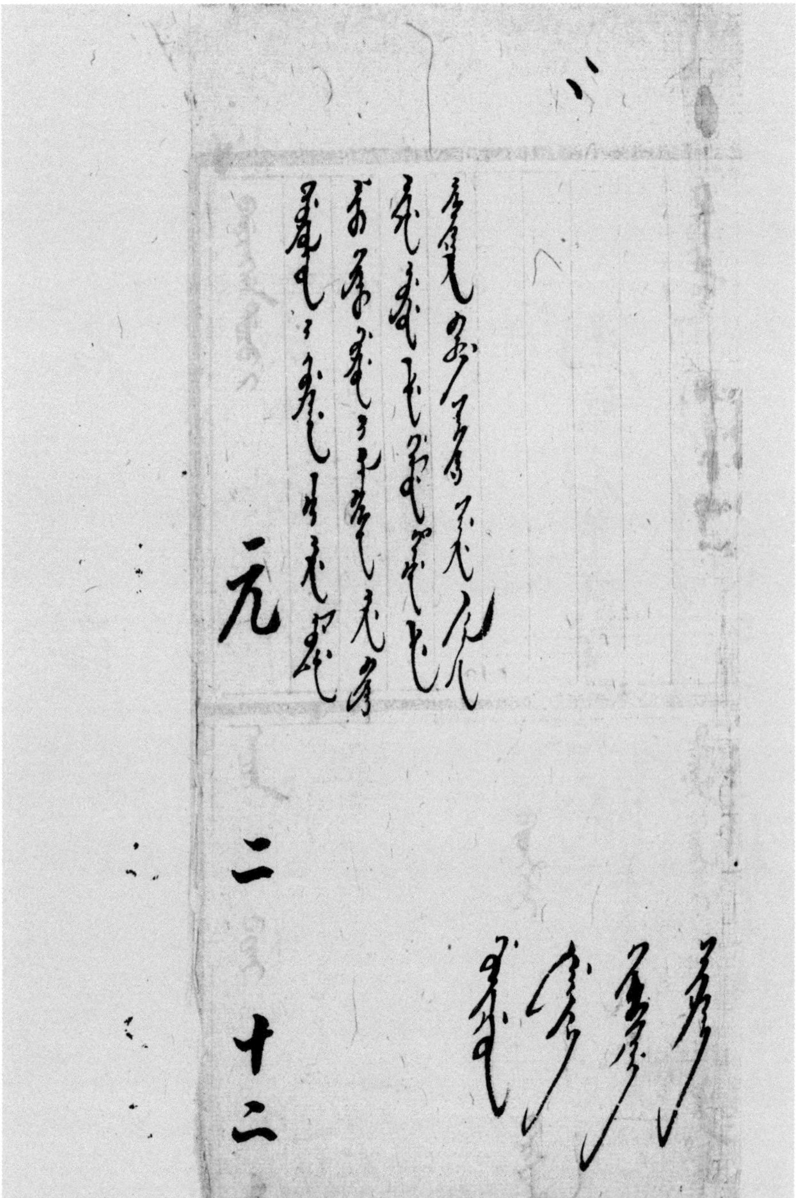
元
二十二

四、江蘇巡撫吴元炳爲琉球國貢使進京過境事奏片

光緒元年二月十五日　（1875. 3. 22）

内容提要

江蘇巡撫吴元炳奏報，琉球國遣使進京入貢，已派委候補參將李于錫等在江浙交界地方迎護。該貢使等於同治十三年十二月二十日行抵江蘇吴江縣境，光緒元年正月二十二日送出江蘇省境，交山東郯城縣由東省委員接護北上。

檔案來源：軍機處録副奏摺

已編入《清代中琉關係檔案選編》第一〇九五頁

十一年 發〇

吳元炳片

再准福建巡撫臣王凱泰咨會琉球國遣使耳

目官毛精長等進京入

貢，於同治十三年十一月初三日由閩起程，照例應

付護送北上，等因。即經轉行遴選，並派委候

補參將李千錫會同候補同知汪昌協、候補知

縣夏致鏊在江浙交界地方迎探。該貢使於十二

月二十日行抵江蘇吳江縣境，當即接護伴送，

逐站應付前進。於光緒元年正月二十二日送出

江蘇省境交山東郯城縣由東省委員接護

北上。據江蘇按察使應寶時，會同蘇州布政

恩錫詳報前來。除咨禮兵二部外，理合附片

具陳，伏乞

聖鑒。謹

奏。

光緒元年三月初二日軍機大臣奉

旨：知道了。欽此。

江蘇巡撫臣吳元炳

右片于光緒元年二月十五

五、日本署理欽差大臣爲琉球使臣到京進貢請令其至本署面詢事致總理衙門王大臣等照會

光緒元年二月十八日　（1875.3.25）

内容提要

日本署理欽差大臣照會：頃聞琉球使臣到京呈進例貢，在四譯館宿住。琉球藩屬我國，本國及該藩均未咨會本署，亦未通報，殊爲詫异。派員致書該使館被却，探得四譯館係内務府及禮部衙門管轄，不准該使臣等與别國人來往。本署觀之，琉球使臣似係瞞過我國而來，本署大臣斷難坐視。故照會貴王大臣咨行該部，傳放琉球使員一名到本公署，俾便面詢一切，據實陳報我國。

檔案來源：軍機處照會

已編入《清代中琉關係檔案七編》第二九八頁

照會

大日本署理欽差大臣鄭　　爲
照會事頃聞琉球使臣到京本署大臣
以其藩屬我國而本國及該藩均未咨
會本署来人亦未通報殊爲詫異當因
不解該藩所派是係何官何姓爲何事
来立即致書該使館次喚取通達事理
一員来本公署面詢一切不意差書入
門被却空自回来復令徃問其故據守

館中國人回條內稱此次琉球使臣在
四譯館宿住原奉國王派委呈進例貢
惟此館係內務府大人禮部大人管轄
有二部大人諭不准琉球使臣向各國
大人來往接拜故此信未敢投遞將原
信交還等情本署大臣查琉球爲本國
屏藩雖此次來
貴國呈進例貢自應請命我國遵行況

我國與
貴國換約已派秉權大臣駐劄燕京之
事早經通行曉悉在案乃該藩王派委
使臣前来
貴國不應絕無一書致問本署該使来
已旬日不應不一通候本署由是觀之
似係瞞過我國而來若然則明明是事
二君以自欺也本署大臣斷難坐視所

以必欲喚取該員確詢該藩曾否報明
我國實情惟所居之四譯館既係
內務府及禮部衙門管轄不准該使臣
等與别國人来往則本署大臣未便强
而致之然未喚詢該員眼前放去本署
大臣難免踈曠之咎故不得已瀝情備
文照會
貴王大臣可否咨行該部傳放該使員

内一名到本公署俾便面詢一切據實
陳報我國以供職任希即查照施行須
至照會者

右　照　會

大清欽命總理各國事務

理藩院左侍郎成
工部尚書崇
吏部尚書毛
軍機大臣協辦大學士兵部尚書沈
軍機大臣大學士管理吏部事務寶
和碩恭親王
軍機大臣大學士管理工部事務文
户部尚書董
頭品頂戴兵部左侍郎崇
三品頂戴通政使司副使夏

明治八年三月二十五日

六、奏爲紫光閣停止筵宴琉球使臣到京可否照例加賞事

光緒元年二月十八日　（1875.3.25）

内容提要

查琉球國例貢使臣到京，恭與紫光閣筵宴，向有加賞物件，即到京在筵宴之後亦仍照例頒賞。現值停止筵宴，該使臣到京可否仍照向例加賞，謹查照成案擬寫賞單進呈，伏候欽定。

檔案來源：軍機處上諭檔

已編入《清代中琉關係檔案五編》第七四二頁

查琉球國例

貢使臣到京恭與

紫光閣筵宴向有

加賞物件即到京在筵宴之後亦仍照例

頒賞現值停止筵宴該使臣到京可否仍照向例

加賞之處臣等謹查照成案擬寫

賞單進

呈伏候

欽定謹
奏

此次照成案
加賞國王物件單内撤去福字方一百幅
次日
發下雕漆器用黑漆螺蛳蓋盌抵錦用片金抵大卷八絲緞用
大卷五絲緞抵餘俱照單

七十四

七、福州將軍文煜爲琉球國貢船進口循例免税事奏摺

光緒元年二月十八日　（1875. 3. 25）

内容提要

福州將軍文煜奏報，琉球國進貢船二隻進口，隨帶貨物按則核計應徵税銀三百一十八兩一錢六分五厘五毫，查照向例，免其輸納。

檔案來源：軍機處録副奏摺

已編入《清代中琉關係檔案選編》第一〇九六頁

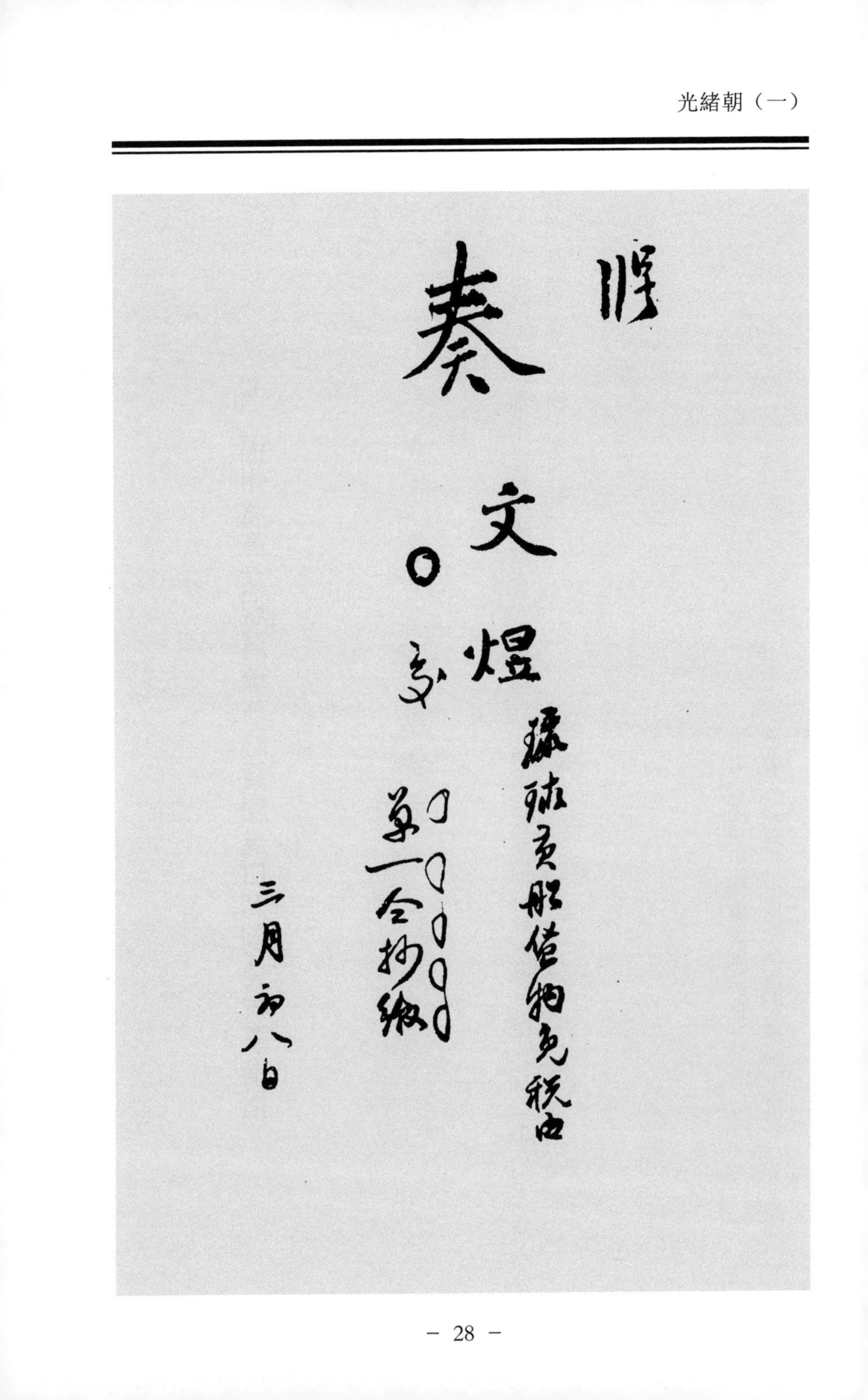

謄

奏

文煜

琉球貢船修補免稅由

○另

第一○○○○全抄繳

三月初八日

福州將軍兼管閩海關稅務宗室文煜跪

奏為琉球國進

貢船隻進口隨帶貨物循例免稅恭摺奏

聞仰祈

聖鑒事。同治十二年十二月二十一日據南臺口委員協領慶成

稟稱：琉球國進

貢船二隻進口，據通事陳天福等開送該船隨帶貨

物清冊，按則覈計應徵稅銀三百一十八兩一錢六

分五厘五毫，當即查照向例，批令免其稅錢，以廣
聖主柔遠深仁，宣示洋使去後，隨據該口委員協領
成基稟稱，據通事陳天福等率領官伴水梢人等
赴關望
闕叩謝
天恩。稟據前來，除安頓館驛事宜由督撫衙門照例
辦理外，所有免過稅銀數目另繕清單恭呈
御覽。伏乞

皇太后
皇上聖鑒謹
奏。
光緒元年三月初八日軍機大臣奉
旨知道了。欽此。

三月十八日

八、山東巡撫丁寶楨爲琉球國貢使進京過境事奏片

光緒元年二月十九日　（1875. 3. 26）

内容提要

山東巡撫丁寶楨奏報，琉球使臣齎貢進京，於正月二十一日經閩省委員伴送入境，又經嚴飭妥爲照料，按站護送，於二月初二日護出東境，由直隸委員接護北上。

檔案來源：軍機處録副奏摺

已編入《清代中琉關係檔案選編》第一〇九七頁

○交

丁寶楨片

再本年琉球國使臣齎

貢晉京前准閩省咨會經臣遴委沿途文武員弁

先期馳赴交界處所會同地方官迎探護送接

報於正月二十一日經閩省委員伴送入境又經

嚴飭妥為照料撥結護送去後茲據續報已

於二月初二日護出東境由直隸委員接護北

上等情前來除仍飭隨時迎探俟該使臣等

回南一体接護外理合附片奏

聞伏乞

聖鑒謹

奏

山東巡撫

丁寶楨

二月十九日

光緒元年二月二十四日軍機大臣奉

旨知道了欽此

九、禮部爲琉球貢使到京事致内務府咨文　原奏一

光緒元年二月二十日　（1875. 3. 27）

内容提要

禮部致内務府咨文：本部具奏琉球恭進例貢使臣到京一摺，於光緒元年二月十六日奏，本日奉旨：知道了，欽此。相應抄録原奏知照内務府。

原奏：禮部奏報，琉球國王尚泰特遣正使耳目官毛精長、副使正議大夫蔡呈祚等賫捧表文方物恭進例貢，現已到京，安置正陽門内四譯館居住。所有應行照料事宜由内務府經理，臣部揀派司官二員會同照料。

檔案來源：内務府來文

已編入《清代中琉關係檔案三編》第七八七頁

禮部為知照事主客司案呈本部具奏琉
球恭進
貢使臣到京一摺光緒元年二月十六日奏本日奉
旨知道了欽此相應抄錄原奏知照内務府可也
須至咨者
右咨
計原奏壹紙
内務府

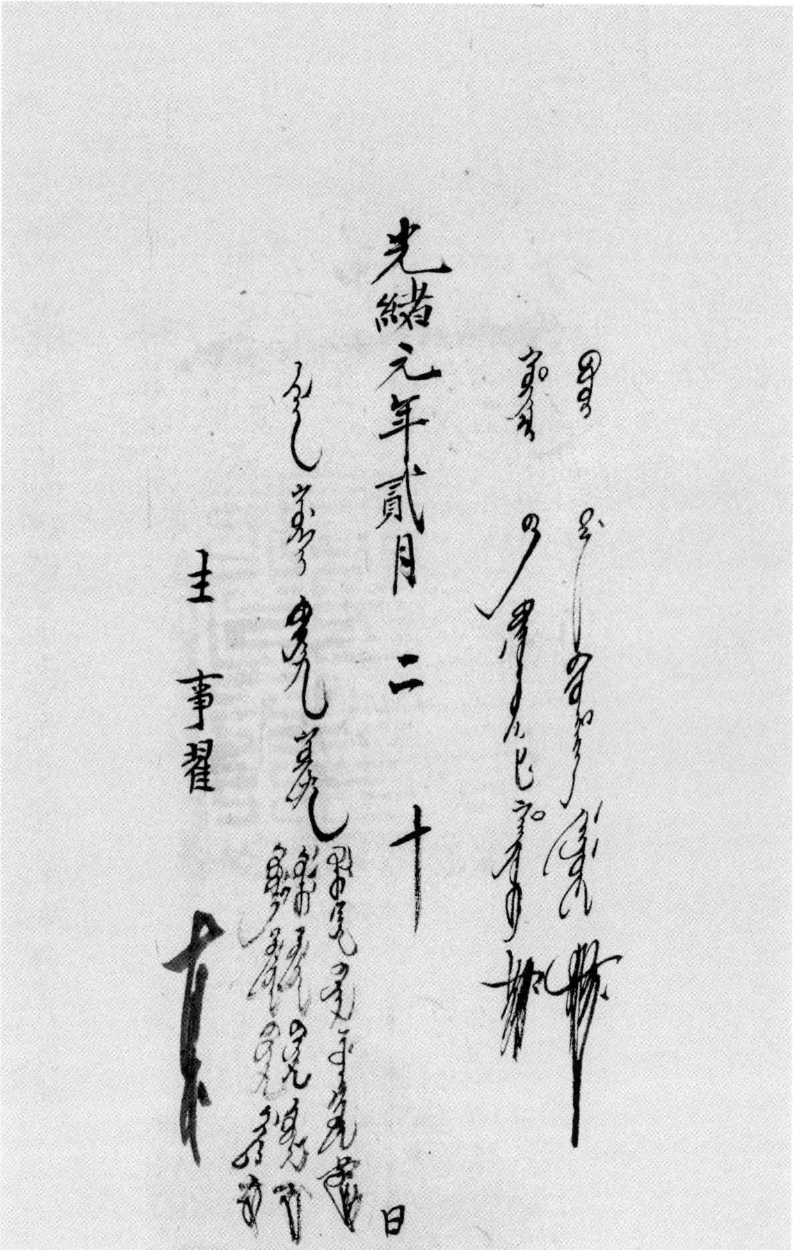
光緒元年貳月二十 日

主事翟

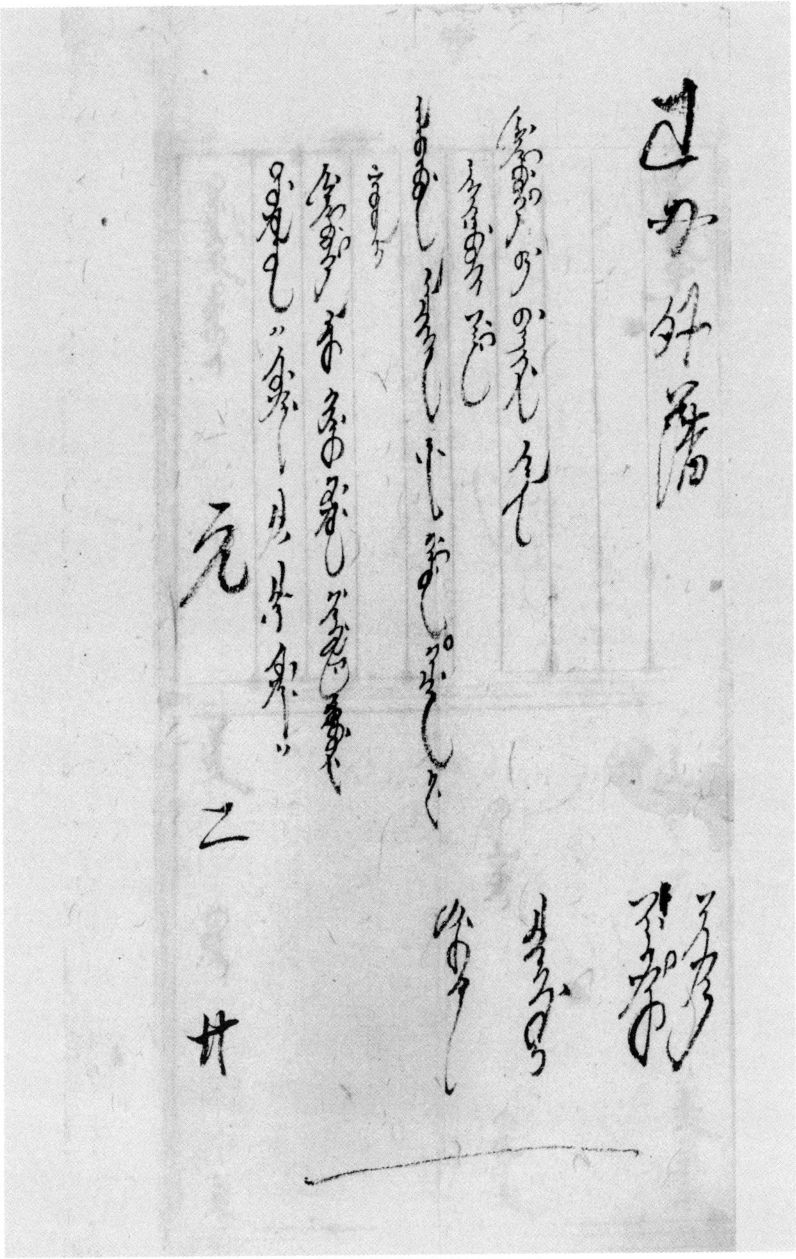

禮部謹
奏爲奏
聞事。據琉球國王尚泰特遣正使耳目官毛精長、副使正議大夫蔡呈祚等賫捧
表文、方物恭進。例
貢現已到京，當即安置正陽門内四譯館居住。所有應行照料事宜，欽遵乾隆五十五年
諭旨，由内務府經理。臣部仍揀派司官二員會同照料。其恭進
貢物等項，臣部另行具奏。爲此謹具
奏
聞。

一〇、擬加賞琉球國王物件清單

光緒元年二月　（1875.3）

内容提要

擬加賞琉球國王物件清單。

檔案來源：軍機處上諭檔
已編入《清代中琉關係檔案五編》第七四三頁

擬
加賞琉球國王物件
蟒緞二疋
大小絹箋四卷
筆四匣
墨四匣
硯二方
雕漆器四件上屆抵用黑漆木盌
玻璃器四件

七十五

一一、擬加賞琉球國使臣物件清單

光緒元年二月　（1875.3）

内容提要

擬加賞琉球國使臣物件清單。

檔案來源：軍機處上諭檔
已編入《清代中琉關係檔案五編》第七四五頁

擬

加賞琉球國使臣物件

正使一員

錦三疋 上屆抵用片金

漳絨三疋

大卷八絲緞四疋 上屆抵用彭緞

小卷五絲緞四疋 上屆抵用羽綢

大荷包一對

小荷包四箇
副使一員
錦二疋上屆抵用片金
漳絨二疋
大卷八絲緞三疋上屆抵用彭緞
小卷五絲緞三疋上屆抵用羽綢
大荷包一對
小荷包四箇

七十六

二二、琉球國貢使名單

光緒元年二月　（1875.3）

內容提要

琉球國正副貢使名銜清單。

檔案來源：軍機處上諭檔

已編入《清代中琉關係檔案五編》第七四七頁

琉球國正貢使耳目官毛精長
副貢使正議大夫蔡呈祚

七十七

一三、總管内務府爲琉球國貢使毛精長等到京請援案賞棉袷等事奏片

光緒元年三月初三日　（1875. 4. 8）

内容提要

總管内務府謹奏，此次琉球國恭進例貢使臣毛精長等共二十員名，於二月初九日到京安置館舍居住，所有應行賞給飯食等項已照例備辦。按例每人賞給皮袍棉襖靴帽等物，因使臣到京天氣已暖，擬請援照同治十二年三月間成案，賞給棉袷衣服等項。

檔案來源：内務府奏案

已編入《清代中琉關係檔案六編》第三九二頁

貳號 光緒元年三月初三日

三月初七日入

本堂

奏為琉球國使臣等賞給衣服等物事

奏片一件

總管內務府謹

奏為奏

聞事此次琉球國恭進例

貢使臣毛精長等共二十員名於二月初九日到

京安置館舍居住所有應行

賞給飯食等項已由臣衙門照例備辦查向來該

國貢使等到京例應奏請每人

賞給皮袍棉襖靴帽等物各一分溯查同治十二年三

月間琉球國使臣到京因天氣已暖曾經臣衙
門奏明每人
賞給棉袷衣服等項各在案今該使臣於二月初
九日抵京現值天氣融和擬請援照同治十二
年三月間成案
賞給棉袷衣服等項為此謹
奏

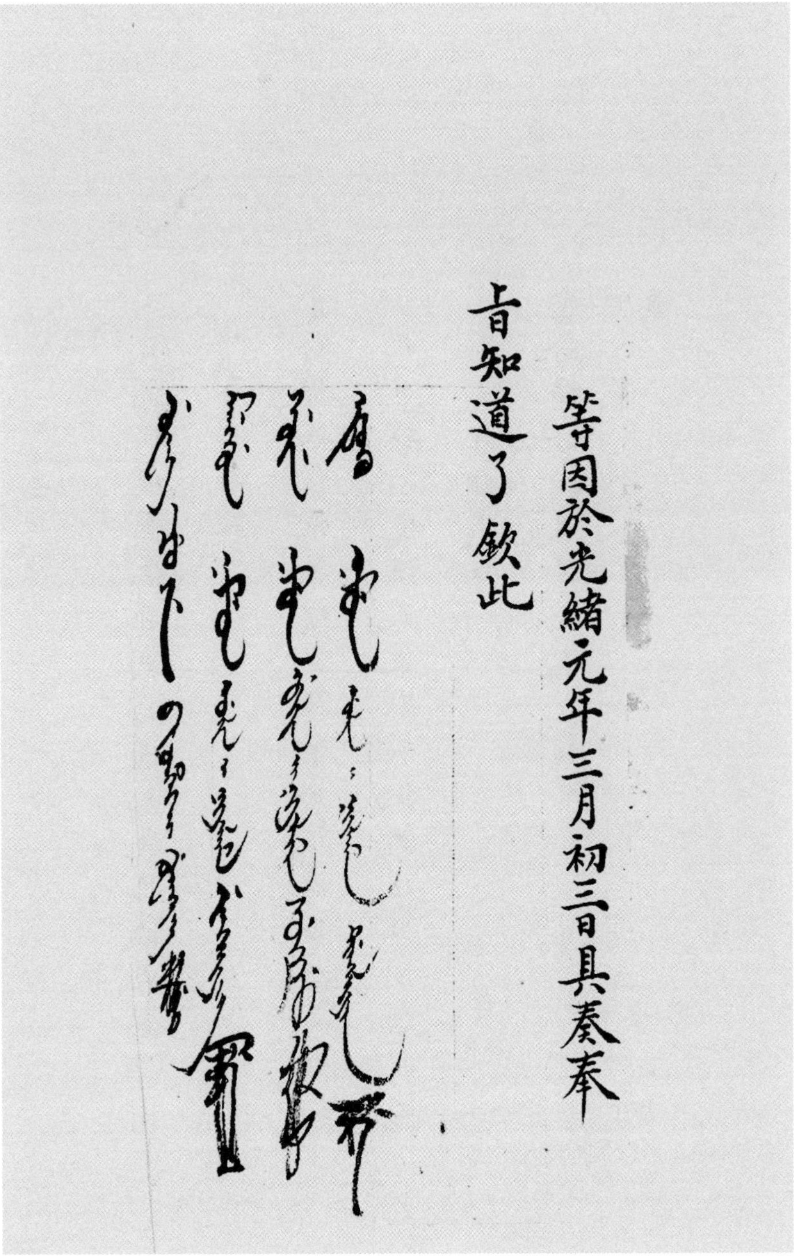
等因於光緒元年三月初三日具奏奉
旨知道了欽此

一四、禮部爲請預先知照收貢日期并處所事致内務府片

光緒元年三月初九日　（1875. 4. 14）

内容提要

禮部致内務府片：琉球國恭進例貢并官生回國謝恩各方物現已到京，除付四譯館派員前赴交貢外，相應移咨内務府於收貢之前將收貢日期并收貢處所先行知照過部，以便行知護軍統領衙門届期前往彈壓。

檔案來源：内務府來文

已編入《清代中琉關係檔案三編》第七八八頁

內務府

禮部為片行事道光十一年二月本部奏
准嗣後各國貢物到京其交貢處所在
禁城之內請援照
午門頒賞之例預行知照護軍統領按期帶領
章京護軍等前往彈壓以昭嚴肅等因當
經抄錄原奏知照內務府在案今琉球國恭
進例
貢並官生回國謝

恩各方物現已到京除付四譯館派員前赴交會外相應移咨
內務府於收貢之前將收貢日期並收貢處所
先行知照過部以便行知護軍統領衙門屆期
前往彈壓可也須至片者

右片行

內務府

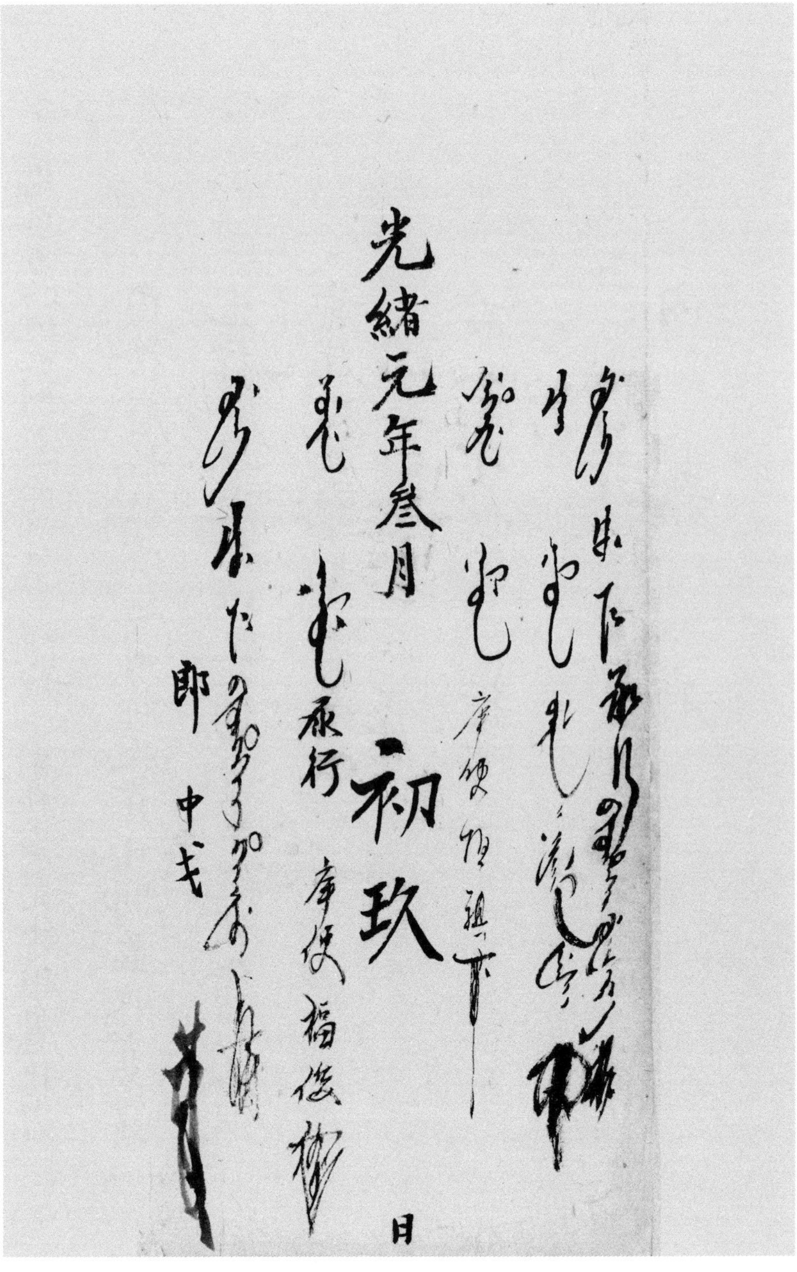
庫使祖
光緒元年叁月初玖日
庫使福俊
郎中

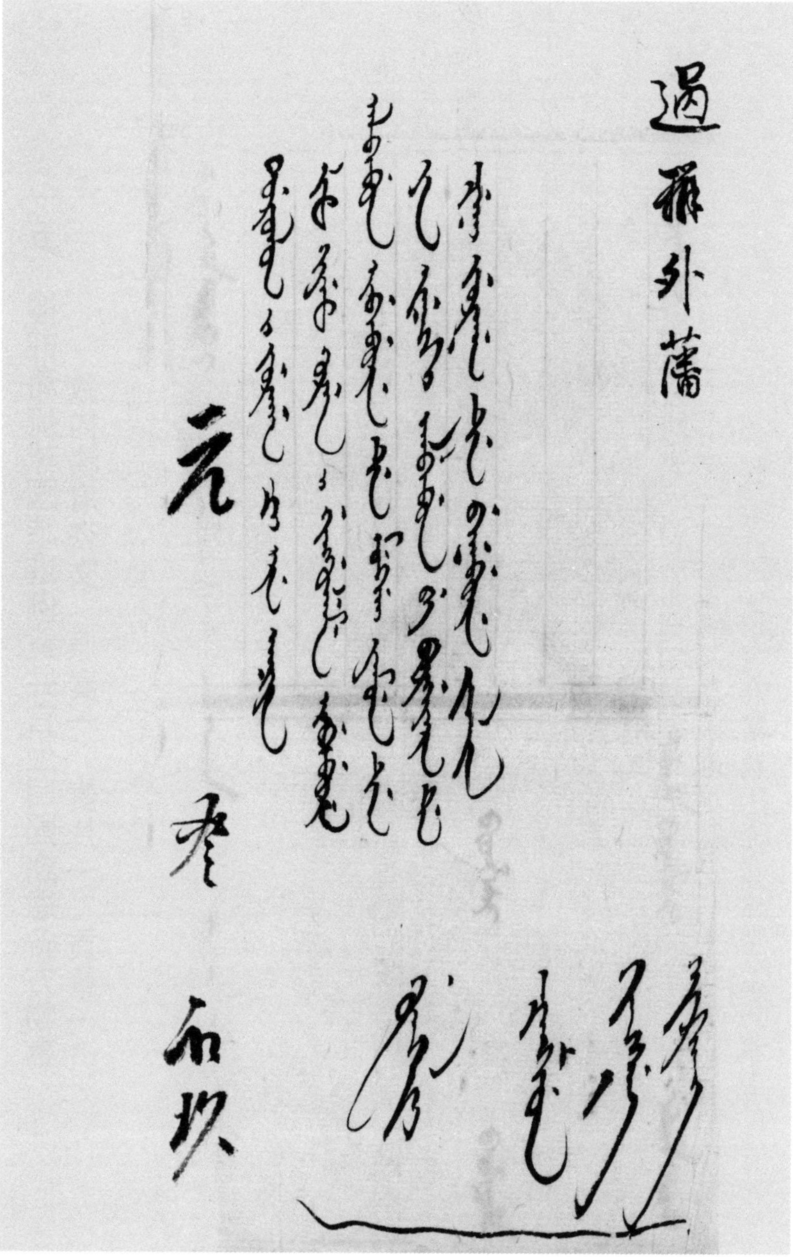
過羅外藩

一五、禮部爲琉球國恭進例貢并官生回國謝恩各方物事致内務府咨文　原奏一　奏片一　貢單一

光緒元年三月初九日　（1875. 4. 14）

内容提要

禮部致内務府咨文：本部具奏琉球國恭進同治十三年例貢并官生回國謝恩各方物一摺，又附片奏琉球貢使附帶同治九年暫存福建藩庫貢物到京，均請賞收。於光緒元年三月初三日奉旨：着一并賞收，欽此。相應抄録原奏、附片、貢單知照内務府查收。

原奏：禮部謹奏，琉球國王尚泰遣使恭進同治十三年例貢并入監官生回國謝恩貢物，該使臣等於本年二月内到京，謹將進到貢物分繕清單，恭呈御覽。

奏片：同治九年琉球國恭進例貢，二號貢船在洋遭風，其船所載一半方物暫存福建藩庫，歸入下届貢使到閩彙同恭進。現該國恭進同治十三年例貢并將九年方物附帶到京，請旨一并賞收。

貢單：琉球國恭進同治十三年例貢并入監官生回國謝恩貢物清單。

檔案來源：内務府來文

已編入《清代中琉關係檔案三編》第七八九頁

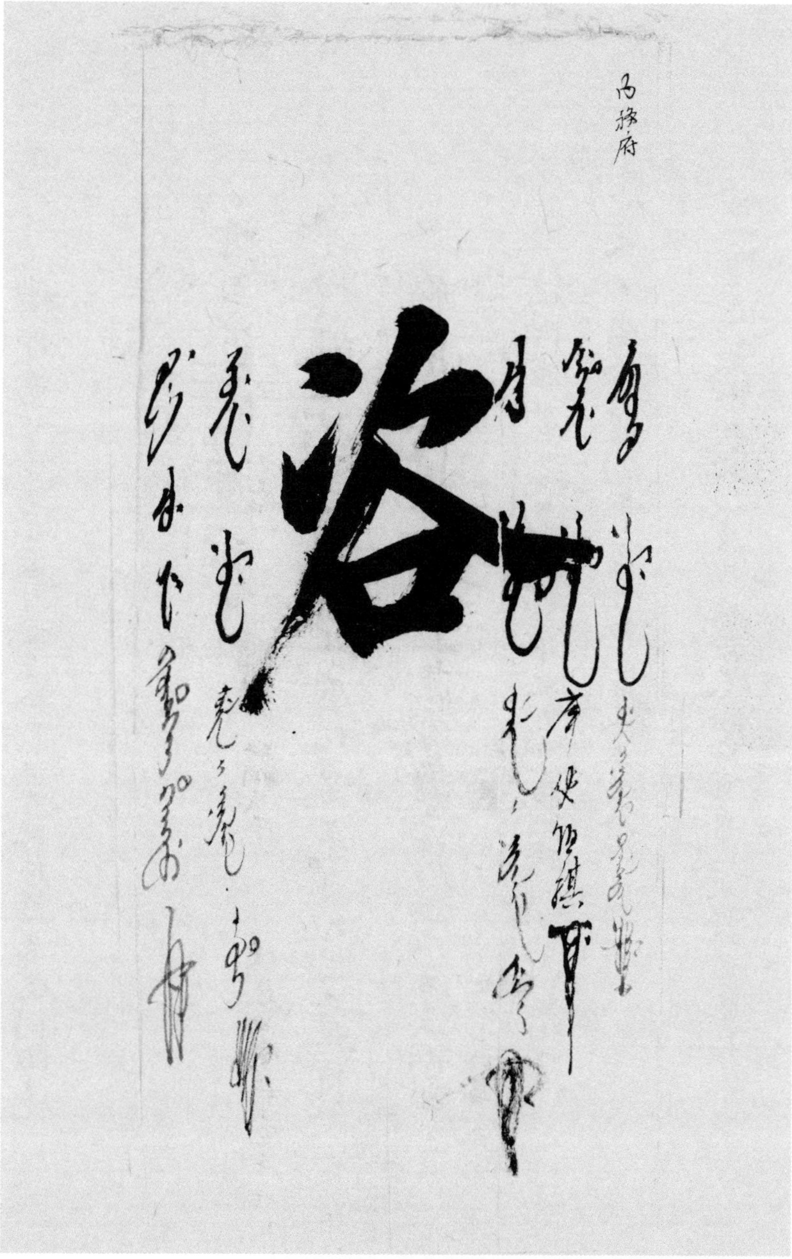

禮部為知照事主客司案呈本部具奏琉球國恭進同治十
三年例
貢並官生回國謝
恩各方物一摺又附片奏琉球國前進同治九年貢物因二號貢
船在洋遭風其船内所載一半貢物暫存儲福建藩庫今貢
使附帶九年貢物紅銅一千五百斤白鋼錫五百斤到京均應請
賞收等因於光緒元年三月初三日奏本日奉
旨著一併賞收欽此相應抄錄原奏附片貢單知照務府查可須至咨者

右咨
計原奏附片貢單各壹件

内務府

光緒元年叁月　　日

郎中弋[illegible]

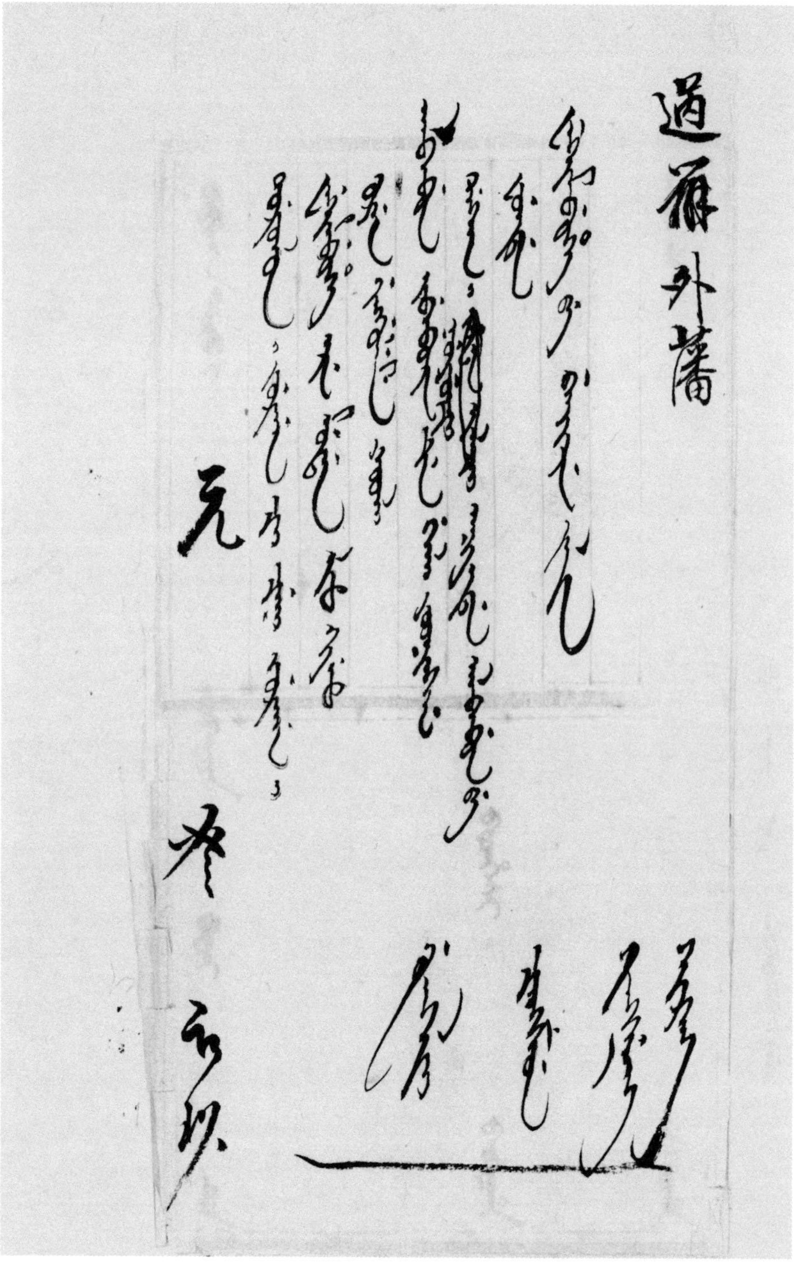

通諭外藩

禮部謹
奏為請
旨事竊照琉球國王尚泰遣使恭進例
貢並入監官生回國謝
恩貢物該使臣等於本年二月内到京當經臣部奏
聞在案查例開琉球例貢由臣部奏請
賞收得
旨將到京貢物交内務府查收其硫磺一項預存福建藩庫知照該督聽候部於應用時

取用等語歷經辦理在案今琉球國恭進同治十三年例
貢所有恭進各
表奏業經奏明分別慶賀
表奏交該使臣帶還謝
恩表奏及例
貢表均照例送交內閣繙譯具題在案此次所進例
貢方物除硫磺一項應照例收存該省備用外其紅銅白銅錫二項並謝
恩方物現據該使臣等賫送到京理合恭摺具

奏請

旨賞收謹將進到貢物分繕清單恭呈

御覽伏候

命下臣部移咨內務府查收並行知琉球國王為此謹

奏請

旨

再查同治九年琉球國恭進例

貢前經福建巡撫奏明是年琉球二號貢船在洋遭風應俟修補完竣護送進省其

船內所載一半方物暫存司庫歸入下屆貢使到閩彙同恭進等因奏准在案兹據
該國恭進同治十三年例
貢並將九年進貢紅銅一千五百斤白鋼錫五百斤附帶到京恭進理合附奏請
旨一併
賞收恭候
命下移咨內務府查收謹附片具
奏
謹將琉球國恭進同治十三年例

貢方物

煎熟硫磺壹萬貳千陸百斤例存福建藩庫　紅銅叁千斤　煉熟白鋼錫壹千斤

又監官生林世功回國謝

恩貢物

嫩熟蕉布壹百疋　圍屏紙伍千張

一六、内務府堂主事文瑛等爲支領賞給琉球來使人等衣服等物應用綢布銀兩事呈稿　清單一

光緒元年三月十一日　（1875. 4. 16）

内容提要

内務府堂主事文瑛等呈報，此次琉球國進貢來使人等共二十員名，應做給棉袷衣服等物二十份，需用綢布請由廣儲司緞庫領用，其辦買靴帽絲帶等物并成做工價，共需用銀二百八十六兩六錢，請向廣儲司銀庫領取。謹將成做衣服應用綢布及辦買靴帽等物應用銀兩數目分繕清單，附稿呈明，伏候堂臺批准，請交各該庫如數發給，照例核銷。

清單：辦理琉球國貢使人等衣服靴帽需用綢布銀兩數目。

檔案來源：内務府呈稿

已編入《清代中琉關係檔案六編》第一〇二九頁

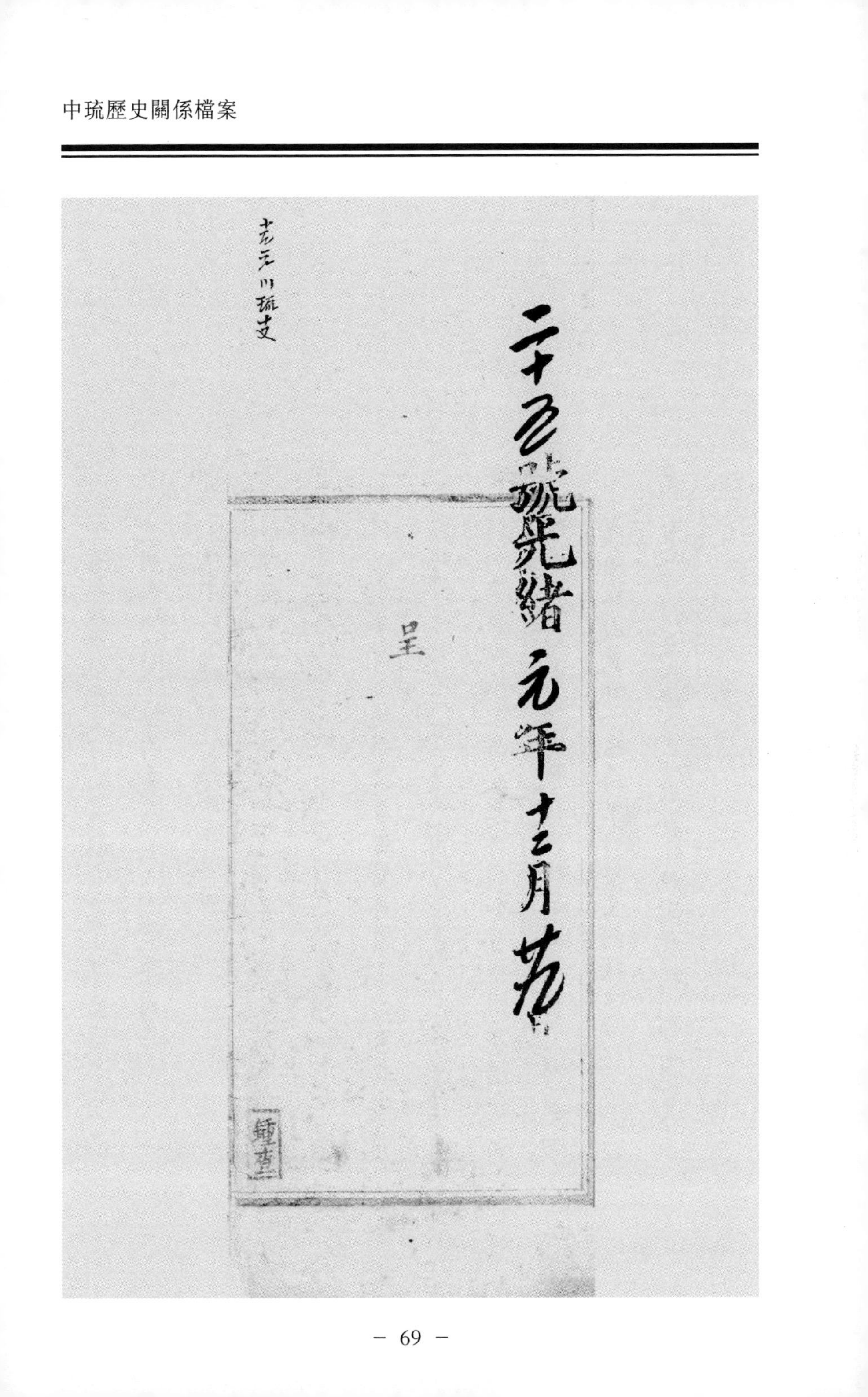

二十五號光緒元年十二月廿九日

呈

十五二川琉文

鍾查

派出辦理琉球國來使人等飯食堂主事文瑛等呈為
呈明支領紬布銀兩事竊照此次琉球國進
貢來使等到京經本府援案奏准每人
賞給棉袷衣服靴帽等物各一分職等應照數成做
賞給查該來使人等共二十員名應做給棉袷衣服等物
計二十分需用綢布請由廣儲司緞庫領用其辦買靴
帽絲帶等物並成做工價共需用實銀貳百捌拾陸兩陸錢
請向廣儲司銀庫領取其文領知會借用廣儲司印
信咨行謹將成做衣服應用綢布及辦買靴帽等物
應用銀兩數目分繕清單附稿呈明伏候
堂台批准請交各該庫如數發給照例覈銷可也為此具呈

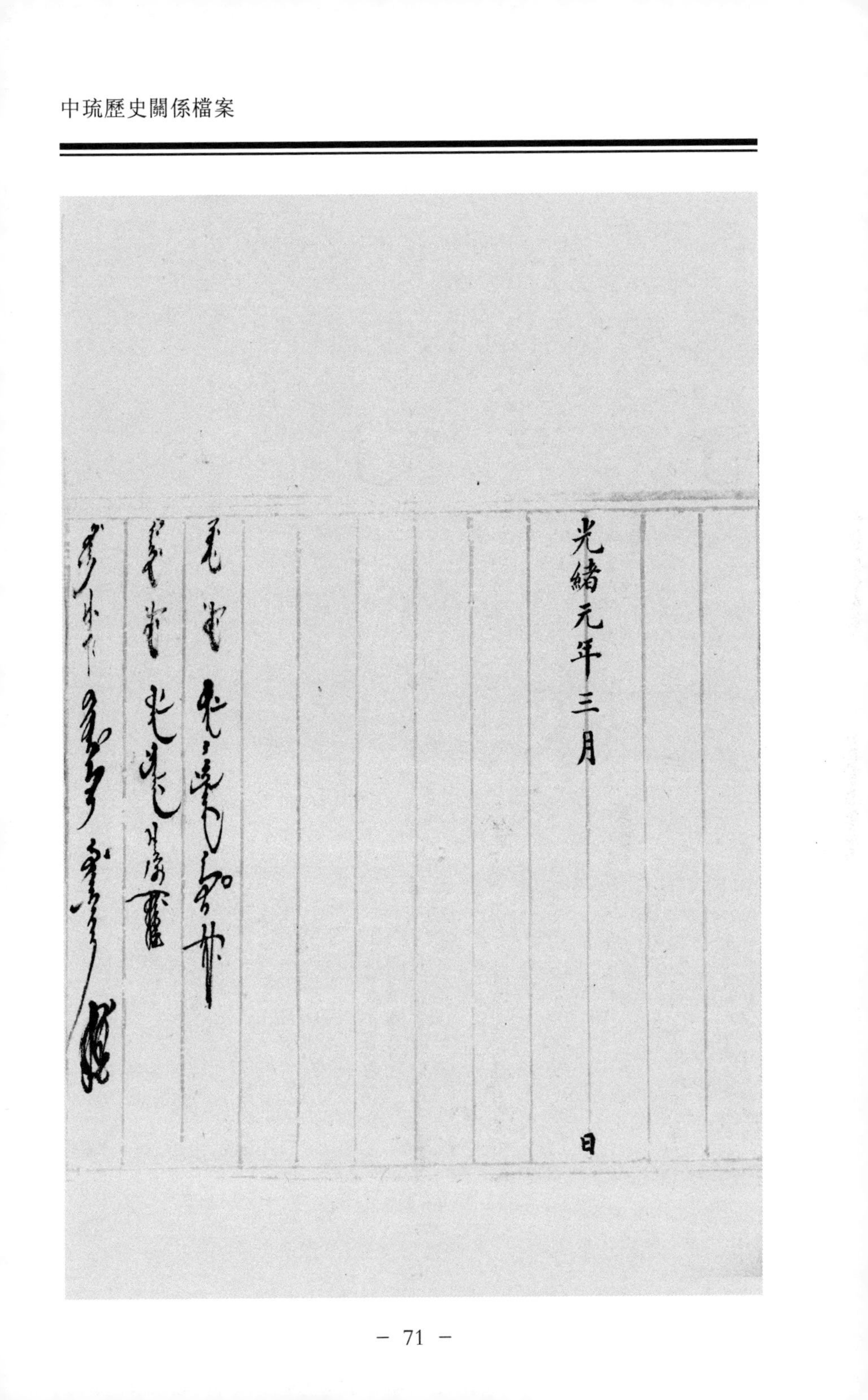

光緒元年三月　日

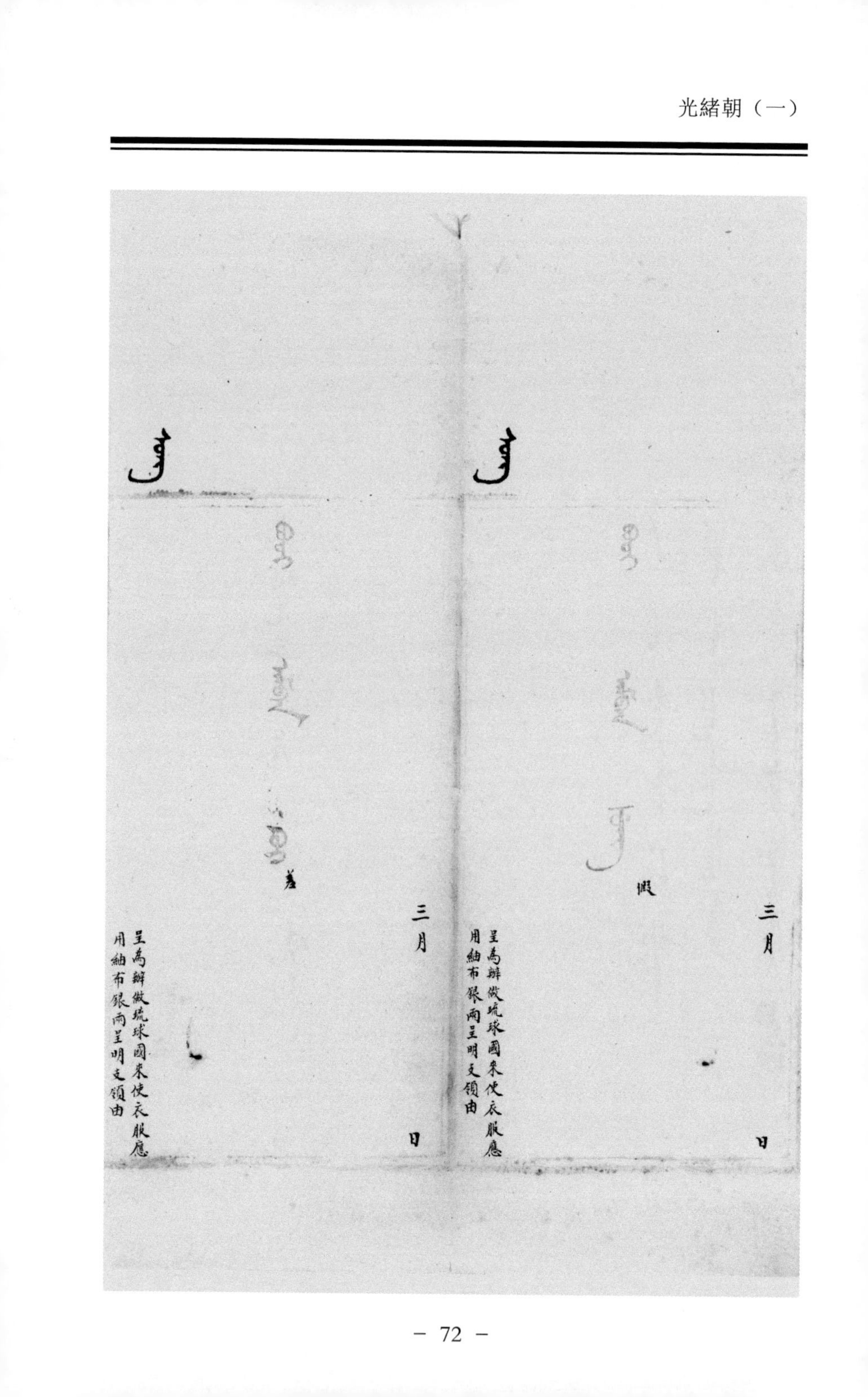

三月　日

假

呈為辦做琉球國來使衣服應
用紬布銀兩呈明文領由

三月　日

差

呈為辦做琉球國來使衣服應
用紬布銀兩呈明文領由

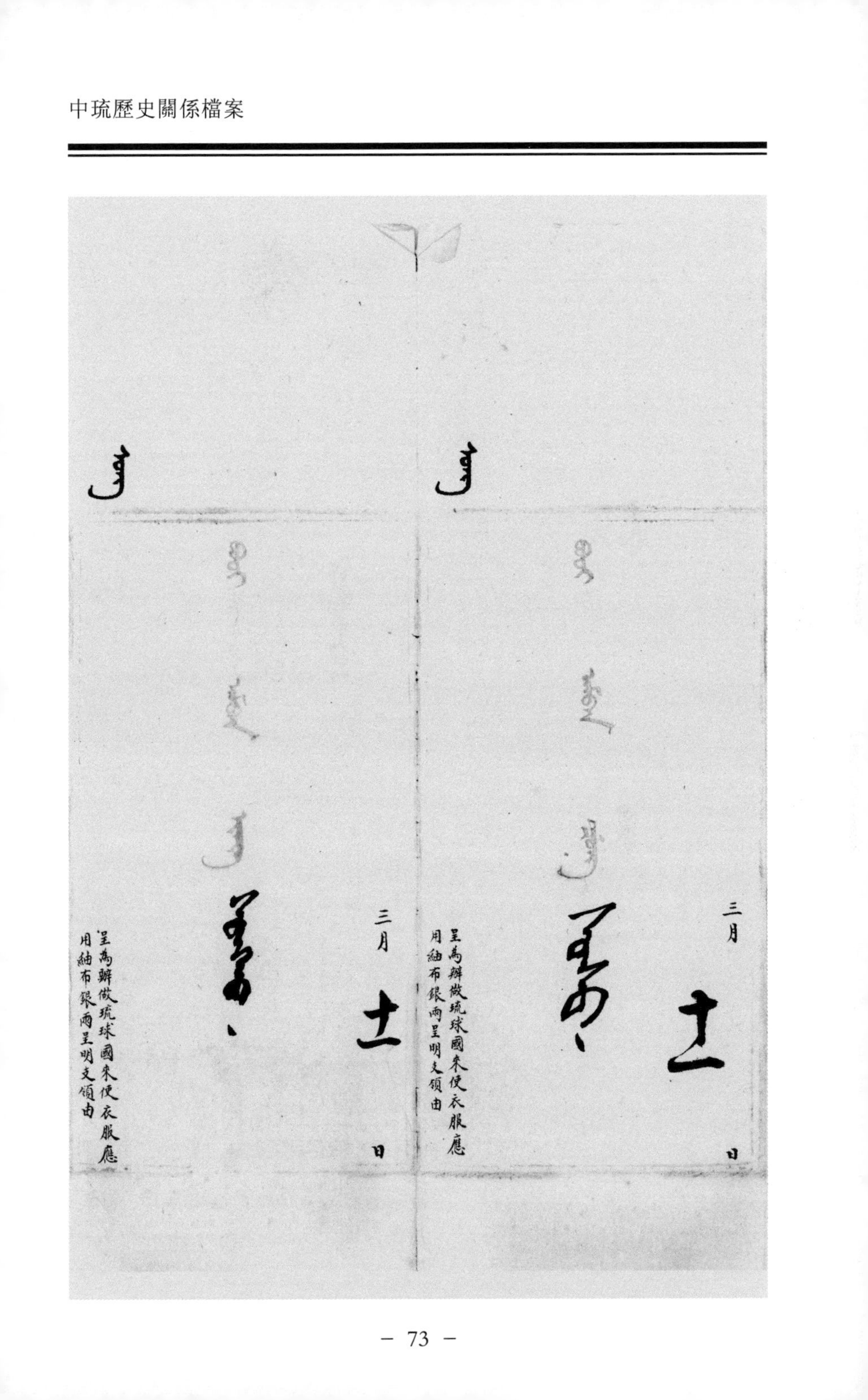

三月十二日

呈為辦做琉球國來使衣服應用紬布銀兩呈明支領由

三月十一日

呈為辦做琉球國來使衣服應用紬布銀兩呈明支領由

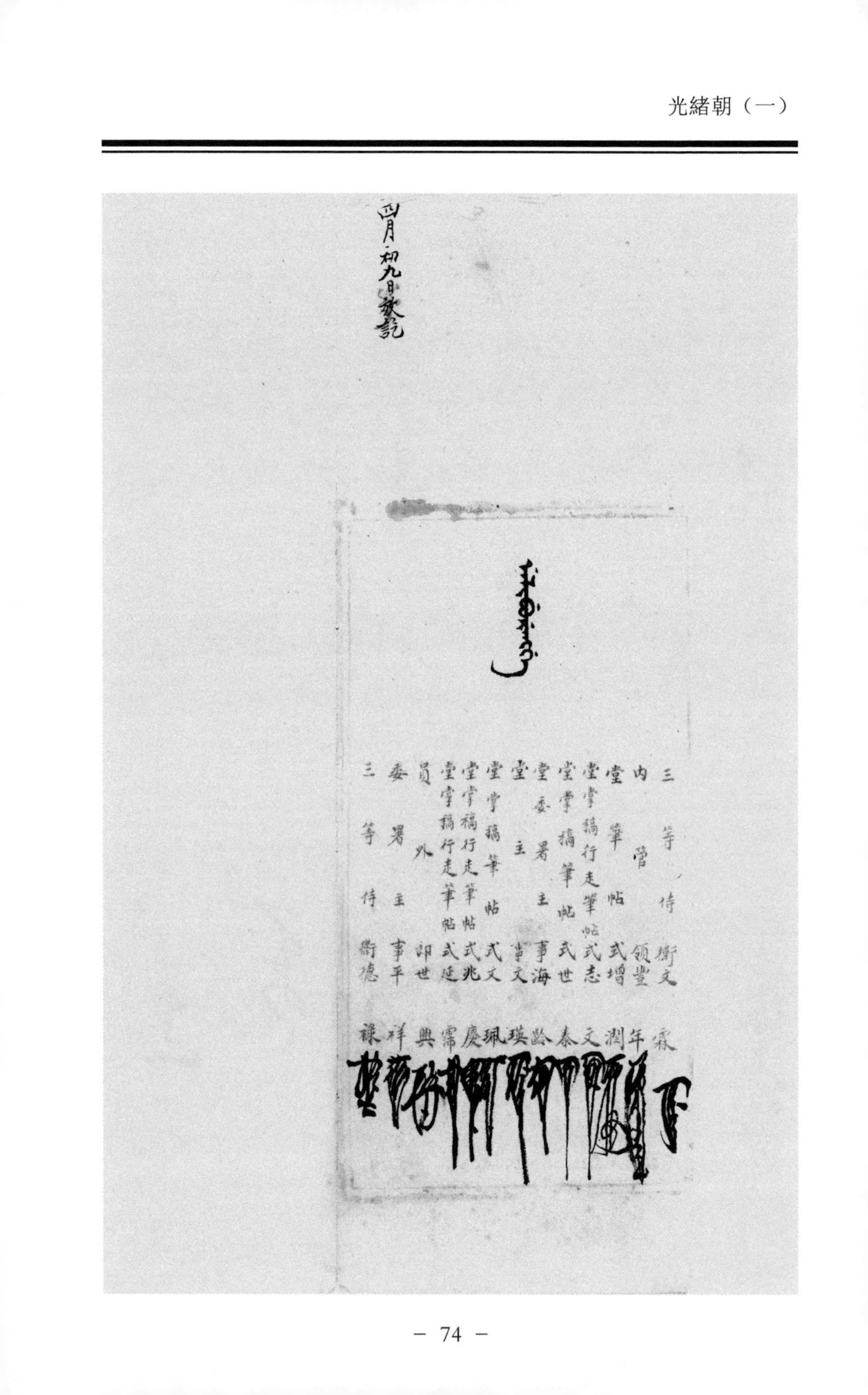

四月初九日發訖

三等侍衛文霖
內管領豐年
堂筆帖式增潤
堂掌稿行走筆帖式志文
堂掌稿筆帖式世泰
堂委署主事海齡
堂主事文瑛
堂掌稿筆帖式文珮
堂掌稿行走筆帖式兆慶
堂掌稿行走筆帖式廷霈
員外郎世興
委署主事平祥
三等侍衛德祿

辦理琉球國貢使人等衣服靴帽需用紬布銀兩數目

正貢使一員副貢使一員都通事一員通事一員副通事一員共五員每員

江紬面紡絲裡棉袍各一件　計用江紬五疋　紡絲五疋

繭紬面紡絲裡袷襖各一件　計用繭紬五疋　紡絲五疋

紬面布裡袷褲各一件　計用繭紬二疋半　布二疋半

紬面布裡袷套褲各一雙　計用繭紬二疋　布二疋

紬面布裡袷領衣各一件　計用繭紬一疋　布一疋

布包袱各一塊　計用布五疋

從人十五名每名
宮紬面布裡棉袍各一件　計用宮紬十五疋布十五疋
紬面布裡袷襖各一件　計用繭紬十五疋布十五疋
布裡面袷褲各一件　計用布十五疋
布裡面袷套褲各一雙　計用布七疋半
布裡面袷領衣十五件　計用布二疋
布包袱各一塊　計用布十五疋
以上用大卷江紬五疋大卷宮紬十五疋繭紬二十五疋

半紡絲十疋高麗布八十疋

辦買領帽靴襪等項價銀數目

正貢使一員副貢使一員都通事一員通事一員副通事一員共五員每員

月白緞領各一條每條價銀八錢　計用銀四兩

呢帽各一頂每頂價銀一兩八錢　計用銀九兩

杭纓各一頭每頭價銀二兩　計用銀十兩

緞靴各一雙每雙價銀二兩八錢　計用銀十四兩

緞襪各一雙每雙價銀二兩二錢　計用銀十一兩

絲線帶各一條每條價銀二兩　計用銀十兩
月白素緞挖杭二尺半每尺價銀一兩八錢　計用銀四兩五錢
共用銀六十二兩五錢
從人十五名每名
月白緞領各一條每條價銀六錢　計用銀九兩
呢帽各一頂每頂價銀一兩六錢　計用銀二十四兩
線纓各一頭每頭價銀一兩八錢　計用銀二十七兩
布靴各一雙每雙價銀二兩　計用銀三十兩

布襪各一雙 每雙價銀六錢 計用銀九兩
棉線帶各一條 每條價銀一兩六錢 計用銀二十四兩
月白素緞挖杭七尺半 每尺價銀一兩八錢 計用銀十三兩五錢
共用銀一百三十六兩五錢
成做棉袍二十件 每件工線棉花鈕扣銀一兩八錢 計用銀三十六兩
成做袷襖二十件 每件工線鈕扣銀一兩二錢 計用銀二十四兩
成做袷褲二十件 每件工線銀六錢 計用銀十二兩
成做袷套褲二十件 每件工線銀四錢 計用銀八兩

成做領衣二十件每件工線銀二錢 計用銀四兩

成做包袱二十件每件工線銀一錢八分 計用銀三兩六錢

共用銀八十七兩六錢

以上三款共用銀二百八十六兩六錢

一七、總管内務府大臣英桂等爲頒賞琉球國王等緞綢將庫内現有并采辦數目繕單呈覽事奏摺　清單一

光緒元年三月二十二日　（1875. 4. 27）

内容提要

總管内務府大臣英桂等謹奏，此次應行頒賞琉球國王等緞綢除庫内現有款項外，其餘庫内無存緞綢遵照成案采辦抵用。謹將庫内現有并采辦抵用緞綢款項數目敬繕清單，恭呈御覽，伏候訓示遵行。

清單：頒賞琉球國王等用庫存并采辦抵用緞綢款項數目清單。

檔案來源：内務府奏案

已編入《清代中琉關係檔案六編》第三九五頁

捌肆號　光緒元年三月二十二日

廣儲司　奏為賞琉球國王等緞綢等項數目事　附單

四月十四日入

奏

總管內務府謹
奏為奏
聞事現據禮部來文此次應
賞琉球國王等緞綢等項是否名目相符有無抵
用別項之處聲覆過部等因前來查向來
頒賞外國緞綢如遇庫存不敷均係採辦別項緞綢
奏明抵用歷經辦理在案此次應行
頒賞該國王等緞綢除庫內現有款項外其餘庫內
無存緞綢遵照成案採辦抵用謹將庫內現有
並採辦抵用緞綢款項數目敬繕清單恭呈

御覽伏候
訓示遵行為此謹
奏等因於光緒元年三月二十二日具　奏奉
旨知道了欽此
光緒元年三月二十二日

總管內務府大臣臣英桂
總管內務府大臣臣崇綸
總管內務府大臣臣魁齡
總管內務府大臣臣榮祿

賞琉球國王等用

錦八匹以庫存粧緞抵用

織金緞八匹採辦蟒緞抵用

織金紗八匹採辦圓金抵用

織金羅十四匹採辦圓金抵用

緞三十九匹現有

紗十二匹現有

羅三十三匹採辦

絹五十八匹以庫存綿綢抵用

裏綢四匹以庫存紡絲抵用

布一百二十二匹現有

一八、總管内務府大臣英桂等爲查收琉球恭進例貢方物事奏摺　清單一

光緒元年三月二十三日　（1875. 4. 28）

内容提要

總管内務府大臣英桂等謹奏，琉球國王遣使恭進例貢方物解交内務府查收。臣等於本月二十一日將所進貢物逐一按款查收，除紅銅、白鋼錫各提出一塊，隨同圍屏紙五千張、嫩熟焦布一百匹一并安設呈覽，其餘紅銅、白鋼錫暫存磁庫，并另繕清單，恭呈御覽。

清單：琉球國恭進同治十三年例貢方物。

檔案來源：内務府奏案

已編入《清代中琉關係檔案六編》第四〇〇頁

札柒號

光緒元年三月二十三日

廣儲司

奏爲琉球國進到貢物呈覽事 摺草

五月初四日入

奏

總管內務府謹
奏為奏
聞事准禮部咨稱琉球國王遣使恭進例
貢方物解交內務府查收等因移送前來臣等於
本月二十一日將所進
貢物逐一按款查收除紅銅白鋼錫各提出一塊
隨同圍屏紙五千張嫩熟焦布一百匹一併安
設呈

覽其餘紅銅白銅錫暫存磁庫並另繕清單恭呈
御覽為此謹
奏
光緒元年三月二十三日
總管内務府大臣　臣英　桂
總管内務府大臣　臣崇　綸
總管内務府大臣　臣魁　齡
總管内務府大臣　臣榮　祿

琉球國王恭進同治十三年例

貢方物

紅銅三千觔

煉熟白鋼錫一千觔

附帶恭進入監官生回國謝

恩方物

圍屏紙五千張
嫩熟焦布一百疋
又附恭進同治九年例
貢方物
紅銅一千五百觔
白鋼錫五百觔

等因於光緒元年三月二十三日具

奏安設呈

覽奉

旨細嫩焦布一百疋内留圍屛紙五千張紅銅四千五百斤煉熟

白鋼錫一千斤白鋼錫五百斤交外庫欽此

一九、禮部爲琉球貢使赴國子監瞻仰文廟事致内務府咨文　原奏一

光緒元年三月二十三日　（1875. 4. 28）

内容提要

禮部致内務府咨文：本部具奏琉球國使臣毛精長等呈請瞻仰文廟一摺，於光緒元年三月十九日具奏，本日奉旨：准其瞻仰。欽此。今定於四月初一日令該使臣毛精長、蔡呈祚、蔡德昌等前赴國子監瞻仰文廟，相應知照内務府。

原奏：禮部謹奏，琉球國進貢正使耳目官毛精長、副使正議大夫蔡呈祚、都通事蔡德昌等呈稱素仰天朝文教，今奉命進貢來京，思欲瞻仰文廟，懇爲據情代奏。可否照歷届成案准其瞻仰，伏候命下。

檔案來源：内務府來文

已編入《清代中琉關係檔案三編》第七九一頁

内務府

咨

禮部爲知照事主客司案呈本部具奏琉
球國使臣毛精長等呈請瞻仰
文廟一摺於光緒元年三月十九日具奏本日奉
旨准其瞻仰欽此今定於四月初一日令該使臣毛精
長蔡呈祚蔡德昌等前赴國子監瞻仰
文廟相應知照内務府可也須至咨者
右　咨 計原奏壹件

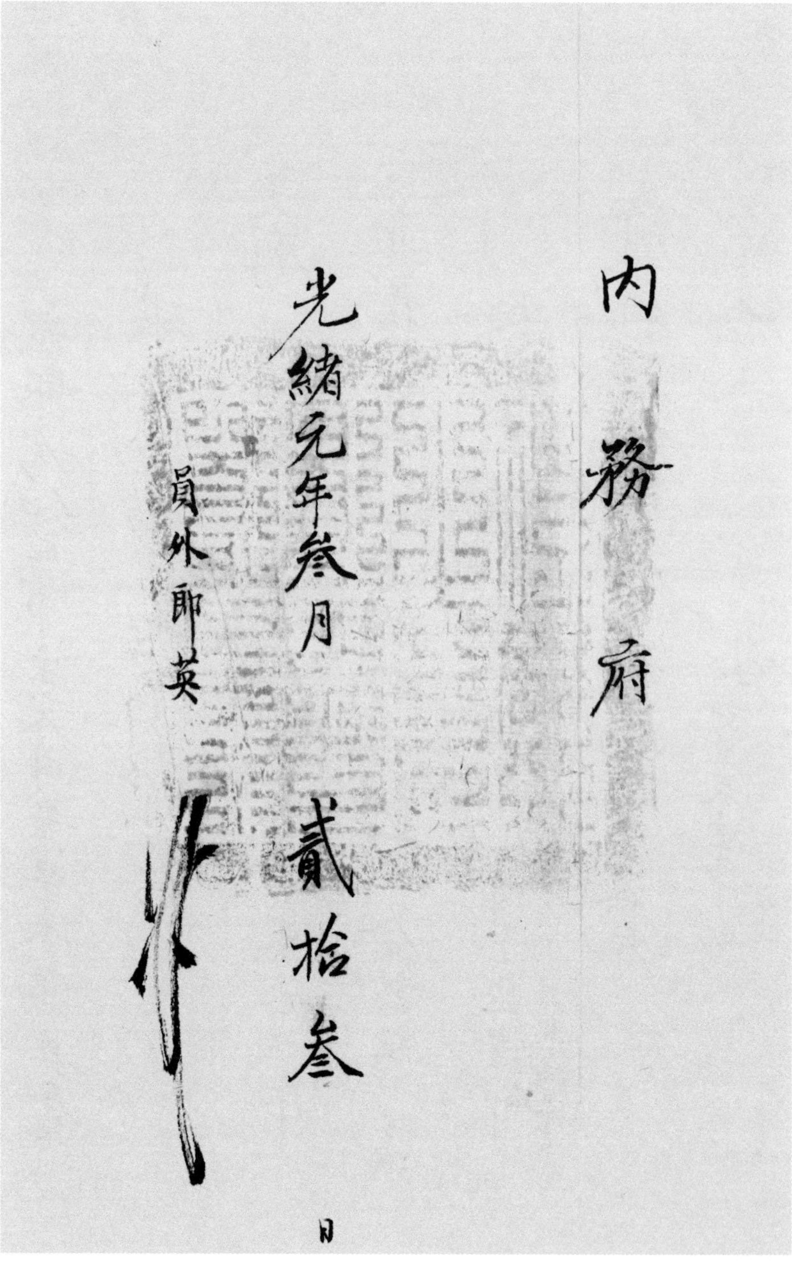

内務府

光緒元年叁月貳拾叁日

員外郎英

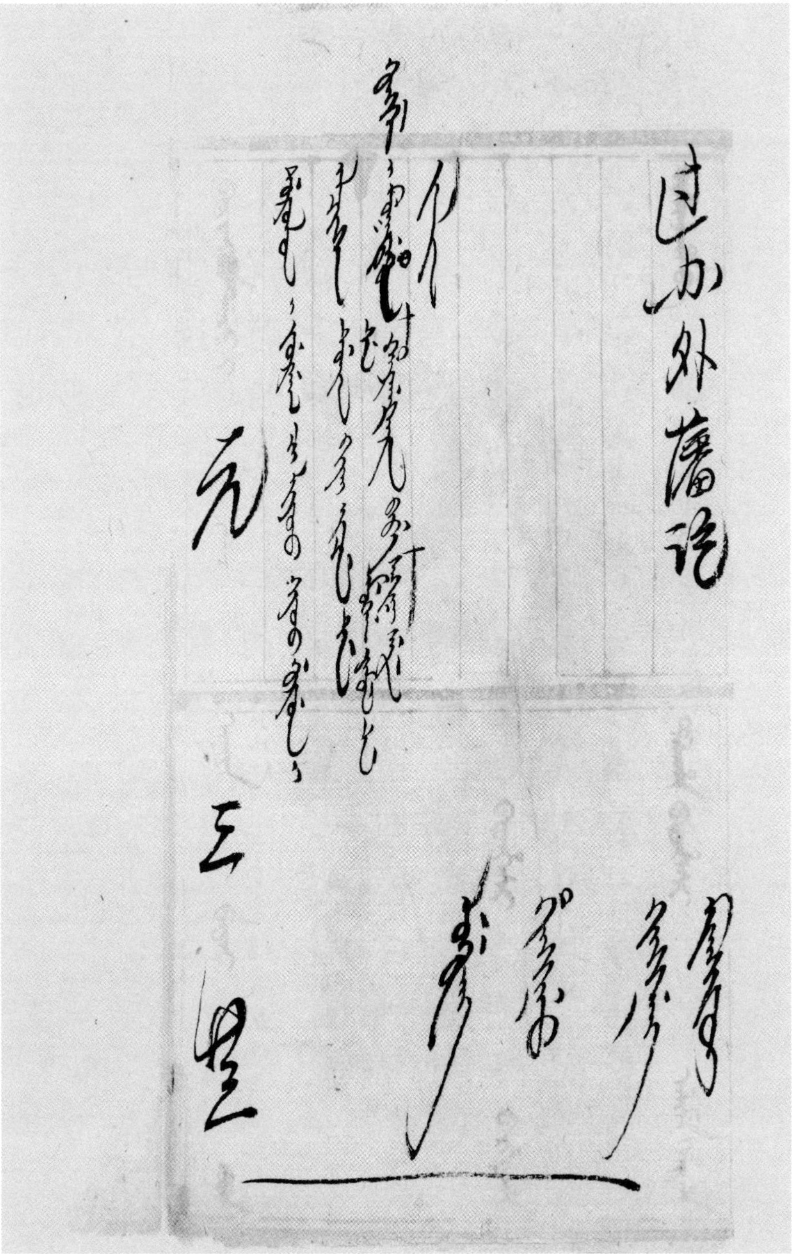

禮部謹
奏為循例據情代奏事據琉球國進貢正使耳目官毛精長副使正議大夫蔡呈
祚都通事薛德昌等呈稱竊毛精長等海外微員素仰
天朝文教今奉命進
貢來京思欲瞻仰
文廟懇為據情代
奏等情到部臣等查例開貢使在館有請出寺廟遊覽等事先行奏
聞仍將所行街道知會步軍統領等語又查歷屆琉球使臣呈請瞻仰

文廟節經臣部奏准在案此次該使臣毛精長等呈請瞻仰
文廟可否照歷屆成案准其瞻仰之處伏候
命下臣部遵照辦理為此謹
奏請
旨

二〇、禮部爲請預備頒給琉球國王及謝恩使臣例賞事致内務府咨文　清單一

光緒元年五月初一日　（1875.6.4）

内容提要

禮部致内務府咨文：本年琉球國恭進例貢兼上届官生學成回國謝恩使臣到京，所有例賞事宜業經本部奏准在案。今定於五月初六日卯刻在午門頒給。相應將緞綢絹布數目開單移咨内務府預備，届期送至午門前驗看頒給。

清單：琉球國恭進例貢兼上届官生學成回國謝恩使臣來京應頒例賞人員及緞綢數目清單。

檔案來源：内務府來文

已編入《清代中琉關係檔案三編》第七九二頁

內務府

咨

禮部爲移取事主客司案呈本年琉球國恭進例
貢兼上屆官生學成回國謝
恩使臣到京所有例
賞事宜業經本部奏准在案今定於伍月初六日外刻在
午門前頒給相應將緞紬絹布數目開單移咨内務府預備届期送
午門前驗看頒給可也須至咨者
右　　咨　計抄單壹紙
内　　務　　府

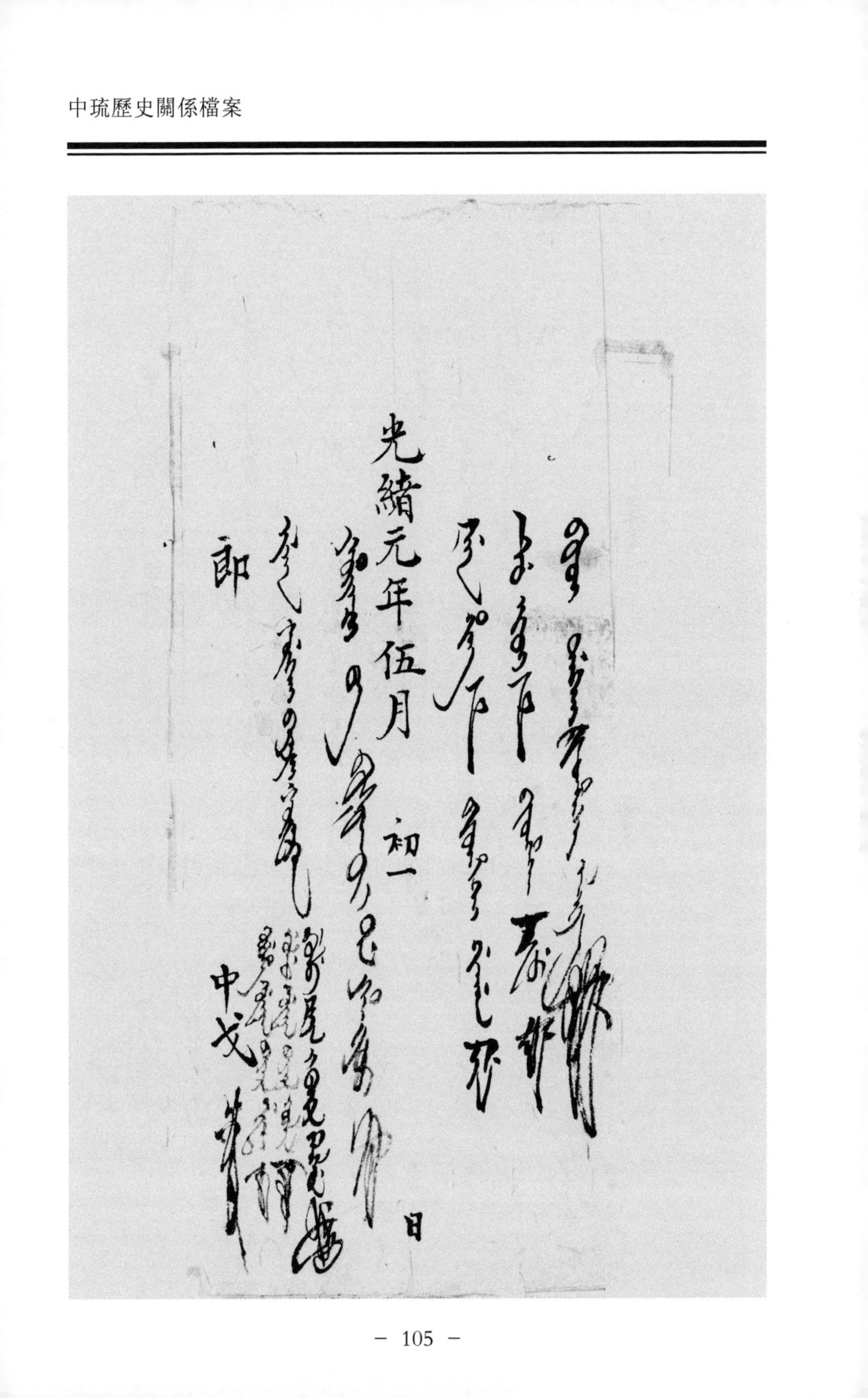

光緒元年伍月初一日

郎

中戈

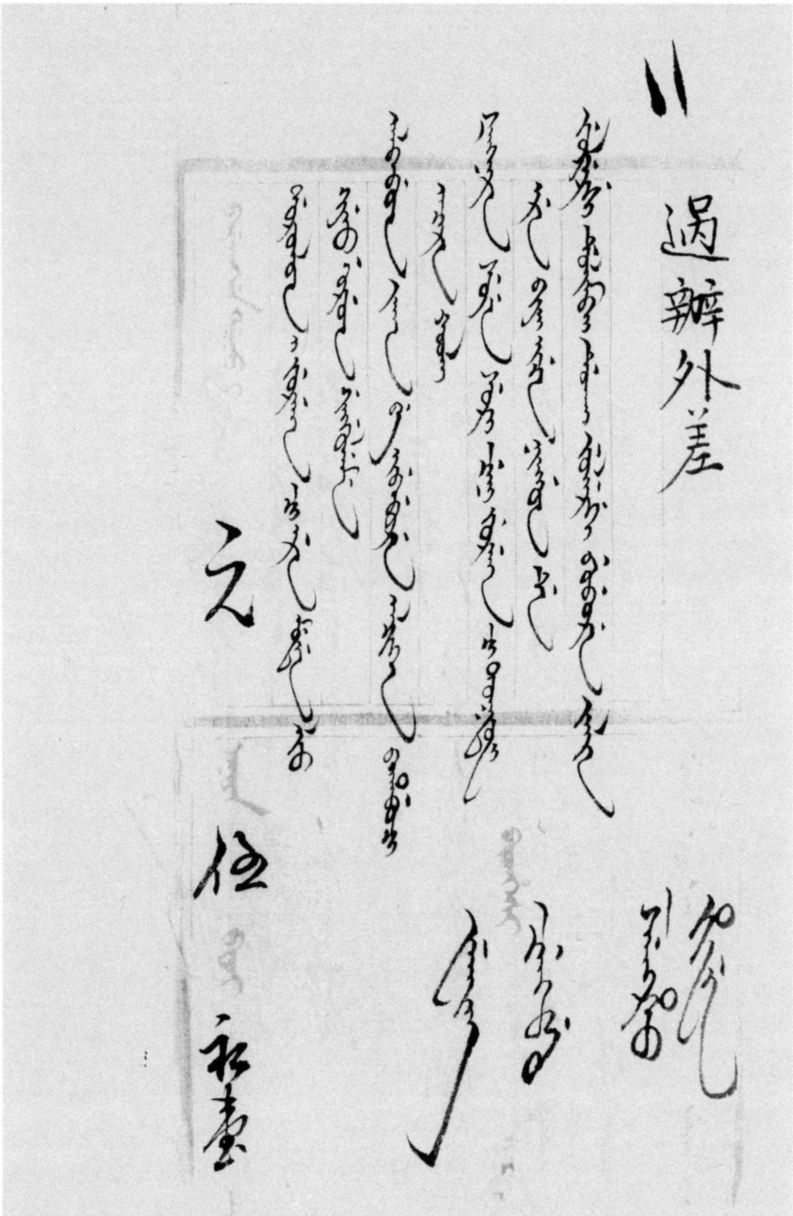
二
遇辦外差

琉球國王遣使恭進例

貢兼上屆官生學成回國謝

恩使臣來京應頒例

賞清單　計開

賞國王　粧緞捌疋　蟒緞捌疋　圓金捌疋　圓金捌疋　紗拾貳疋　緞拾捌疋　羅拾捌疋

賞正副使二員　圓金各叁疋　緞各捌疋　羅各伍疋　綿紬各伍疋　紡絲各貳疋　布各壹疋

賞都通事一員　緞伍疋　羅伍疋　綿紬叁疋

賞從人拾伍名　綿紬各叁疋　布各捌疋

賞伴送官叁員　土通事貳名　留邊通事壹名　留邊從人拾柒名　彭緞袍各壹件

二一、禮部爲琉球貢使事竣回國事致内務府咨文

光緒元年五月初一日　（1875.6.4）

内容提要

禮部致内務府咨文：琉球國差來恭進例貢使臣事竣回國，所有正使耳目官毛精長、副使正議大夫蔡呈祚、都通事蔡德昌、自福建伴送來京之候補知府蔣鳳藻等，定於五月初十日起程，相應移咨内務府。

檔案來源：内務府來文

已編入《清代中琉關係檔案三編》第七九四頁

內務府

禮部爲知照事主客司案呈琉球國差來恭進例
貢使臣事竣回國所有正使耳目官毛精長副使正議大夫蔡呈祚
都通事蔡德昌自福建伴送來京之候補知府蔣鳳藻候
補知縣費薰臣擬補同安營參將鍾芝貴暨琉球之跟役並
土通事等定於五月初拾日起程相應移咨內務府於是日令
其起程可也須至咨者

右　　咨

內　務　府

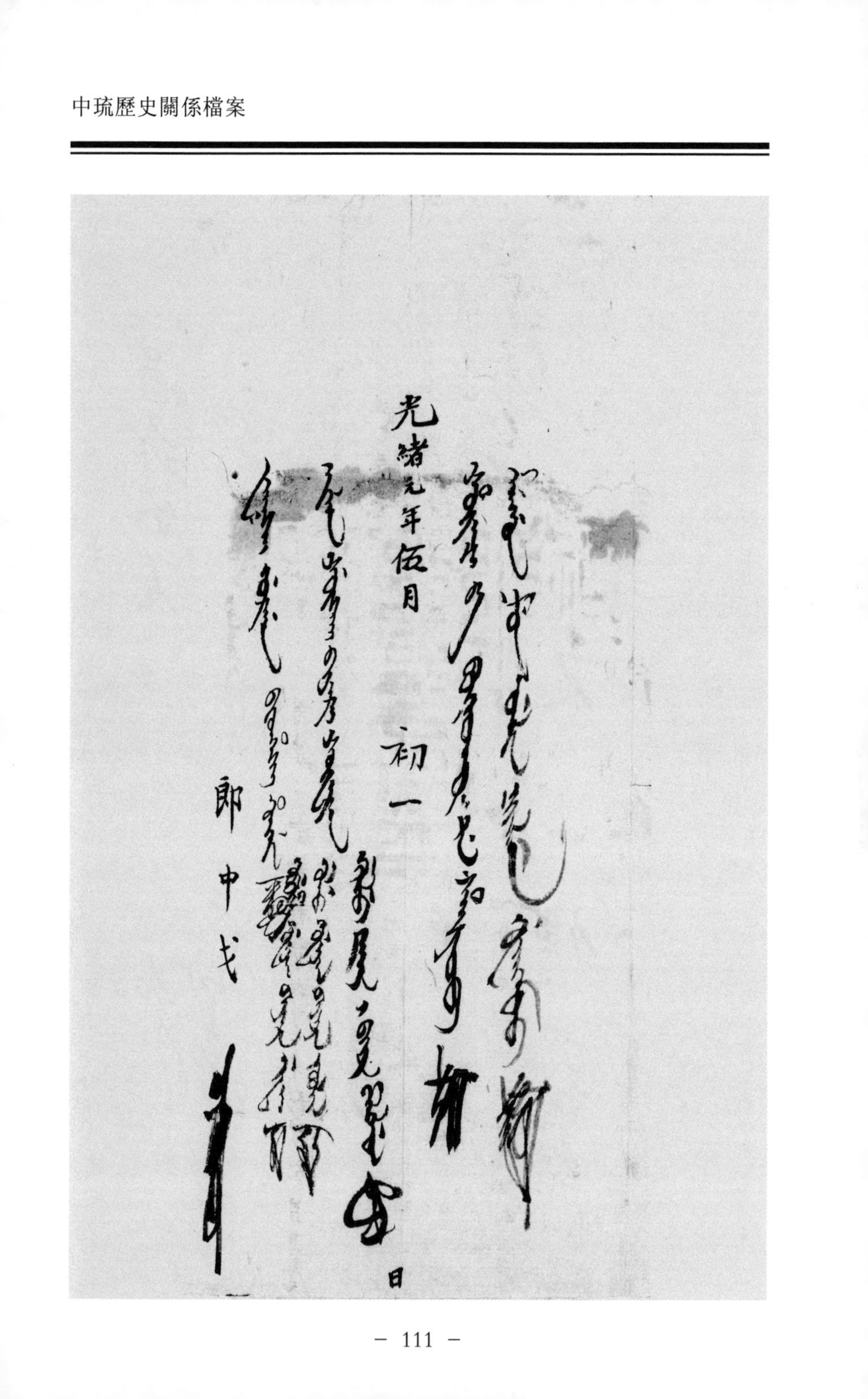

光緒元年伍月 初一 日

郎中戈

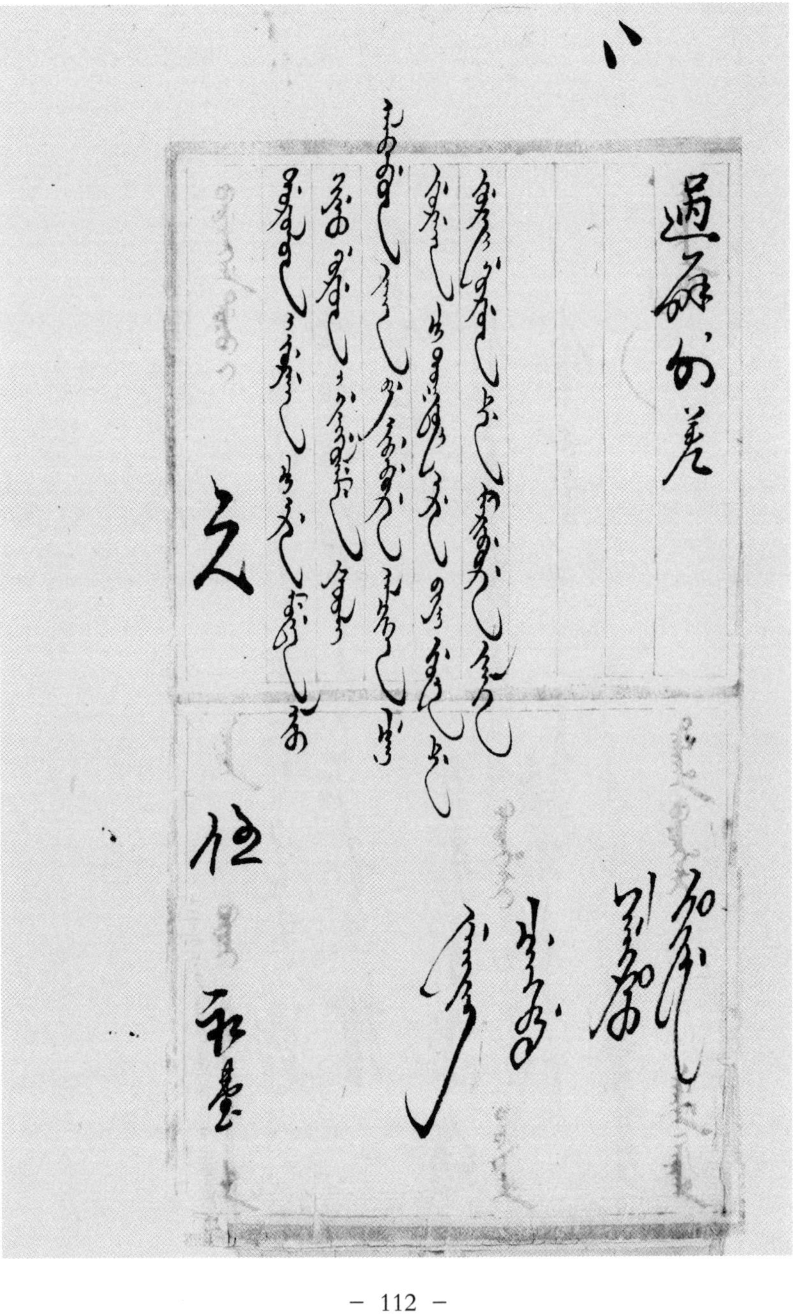
遞摺分差

二二、内務府堂主事文瑛等爲辦理琉球貢使人等飯食用過銀兩數目事呈稿　清單一

光緒元年五月二十八日　（1875.7.1）

内容提要

内務府堂主事文瑛等呈報，此次琉球國來使人等於二月初九日到京，五月初十日起程回國，在館居住八十九日。照例辦買豬肉雞鴨魚尾菜蔬等項并厨役人等工價，共用銀一萬五千九十四兩四錢。前經領過銀四千兩，净應找領實銀一萬一千九十四兩四錢，請由廣儲司銀庫支領。再厨房應用煤炭木柴茶葉蠟燭并給來使人等雇覓車輛等項，用過制錢一千七百四十五串六百文，一并向廣儲司銀庫領取。伏候堂臺批准，交各該處照數給發。

清單：琉球國貢使等自元年二月初九日起至五月初十日止各項用過銀兩數目。

檔案來源：内務府呈稿

已編入《清代中琉關係檔案六編》第一〇二三頁

呈

堂主事文瑛等呈為辦理琉球國來使人等飯食用
過銀兩錢文事竊職等奉派辦理琉球國進
貢使臣飯食查來使人等居住館內每日需用柴炭蠟燭及
食用白米數目開列粘單應由各該處按日照例核銷至
應用猪肉雞鴨魚尾菜蔬茶葉並廚房應用煤炭木柴
蠟燭什物等項均係買辦此次進
貢使臣通事從人等於本年二月初九日到京於五月初十日起
程回國在館居住八十九日職等備辦該貢使通事從人等
飯食照例辦買猪肉雞鴨魚尾菜蔬等項並廚役人等工
價共用銀壹萬伍千玖拾肆兩肆錢前經領過銀肆
千兩淨應找領實銀壹萬壹千玖拾肆兩肆錢請由廣儲
司銀庫支領再廚房需用煤炭木柴茶葉蠟燭並給

堂

來使人等雇覓車輛館内辦買鋪墊毡簾什物傢俱及
聽差坐更打掃蘇拉人等飯食等項用過實制錢壹千
柒百肆拾伍串陸百文一併請向廣儲司銀庫領取謹將用
過銀錢各項細數另繕清單一併呈明伏候
台批准交各該處照數給發可也為此具呈

光緒元年五月　　日

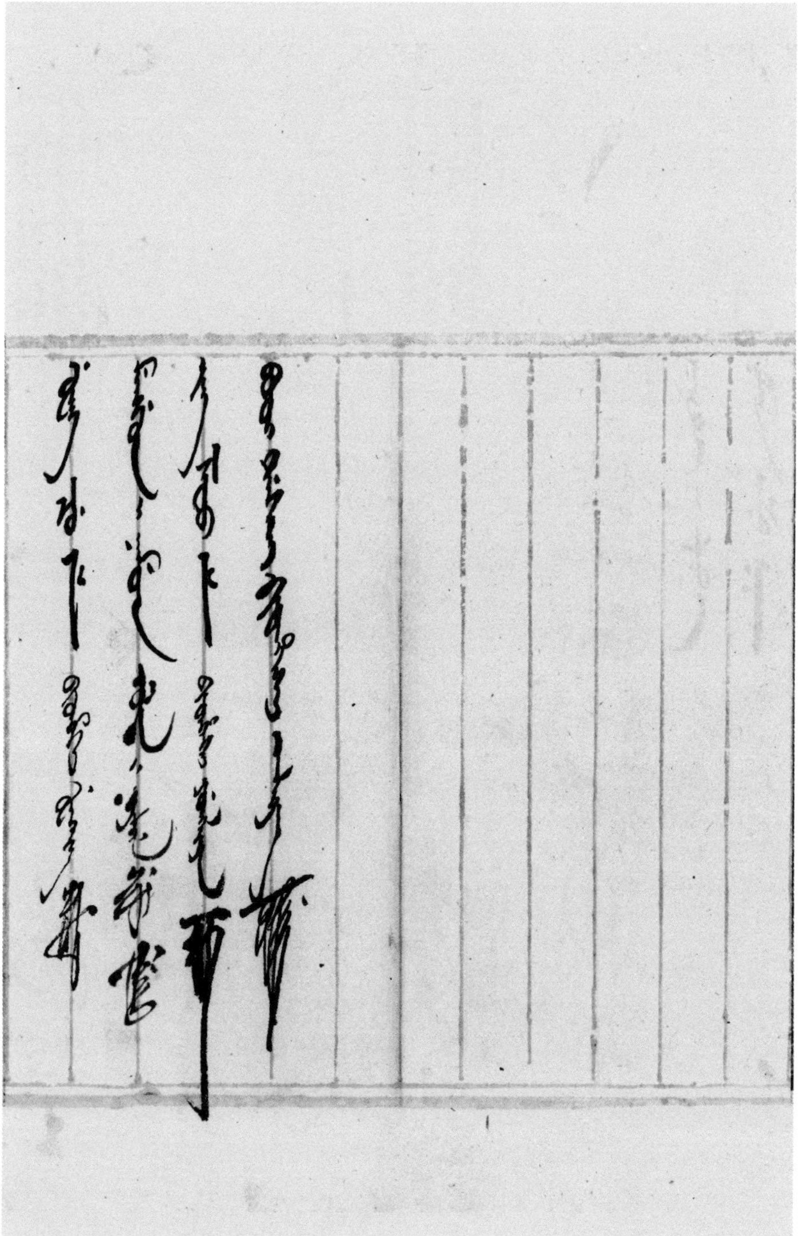

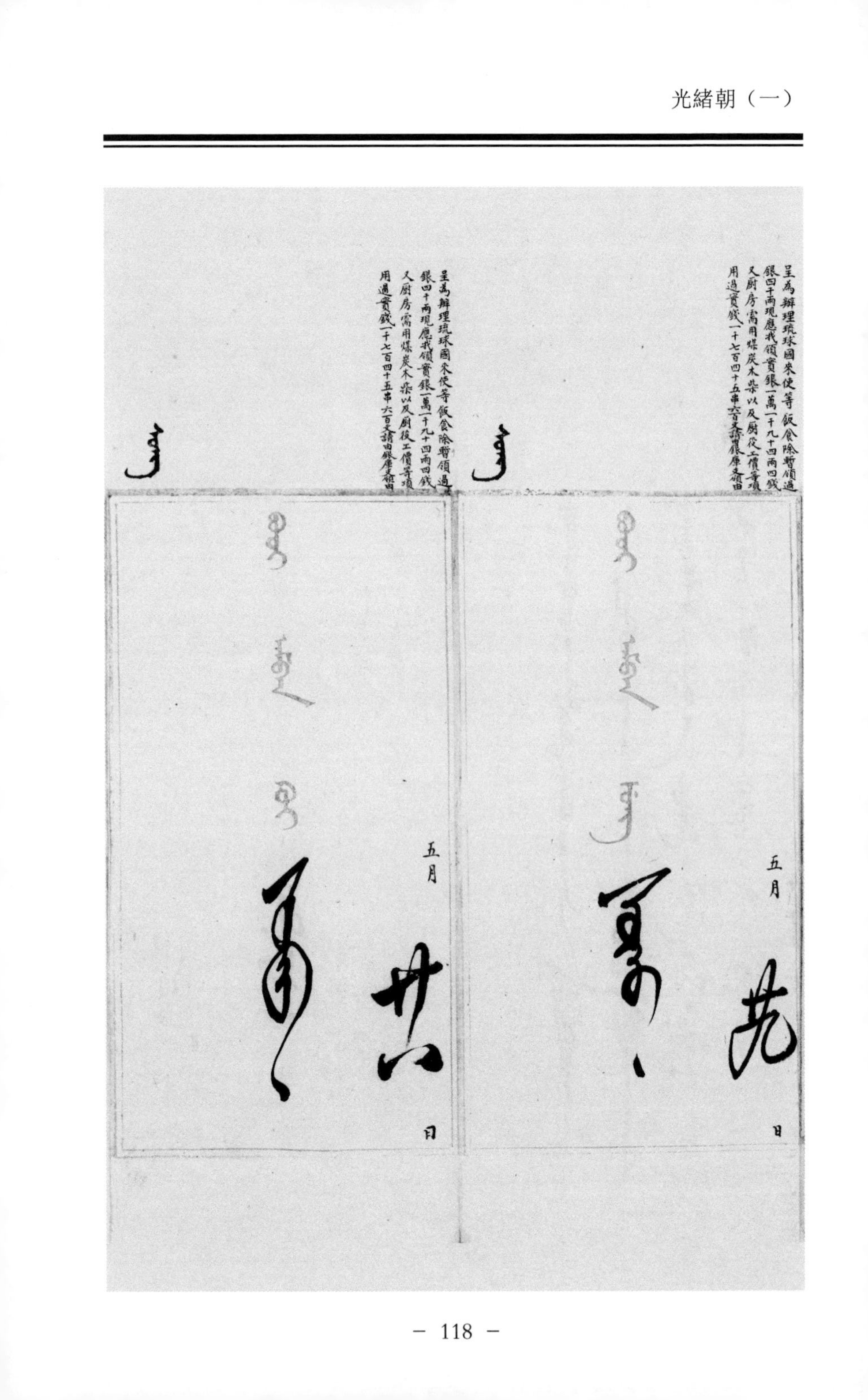

呈為辦理琉球國來使等飯食除暫領過銀四十兩現應找領實銀一萬一千九十四兩四錢又廚房需用煤炭木柴以及廚役工價等項用過實錢一千七百四十五串六百文請由銀庫支領由

五月廿五日

呈為辦理琉球國來使等飯食除暫領過銀四十兩現應找領實銀一萬一千九十四兩四錢又廚房需用煤炭木柴以及廚役工價等項用過實錢一千七百四十五串六百文請由銀庫支領由

五月廿六日

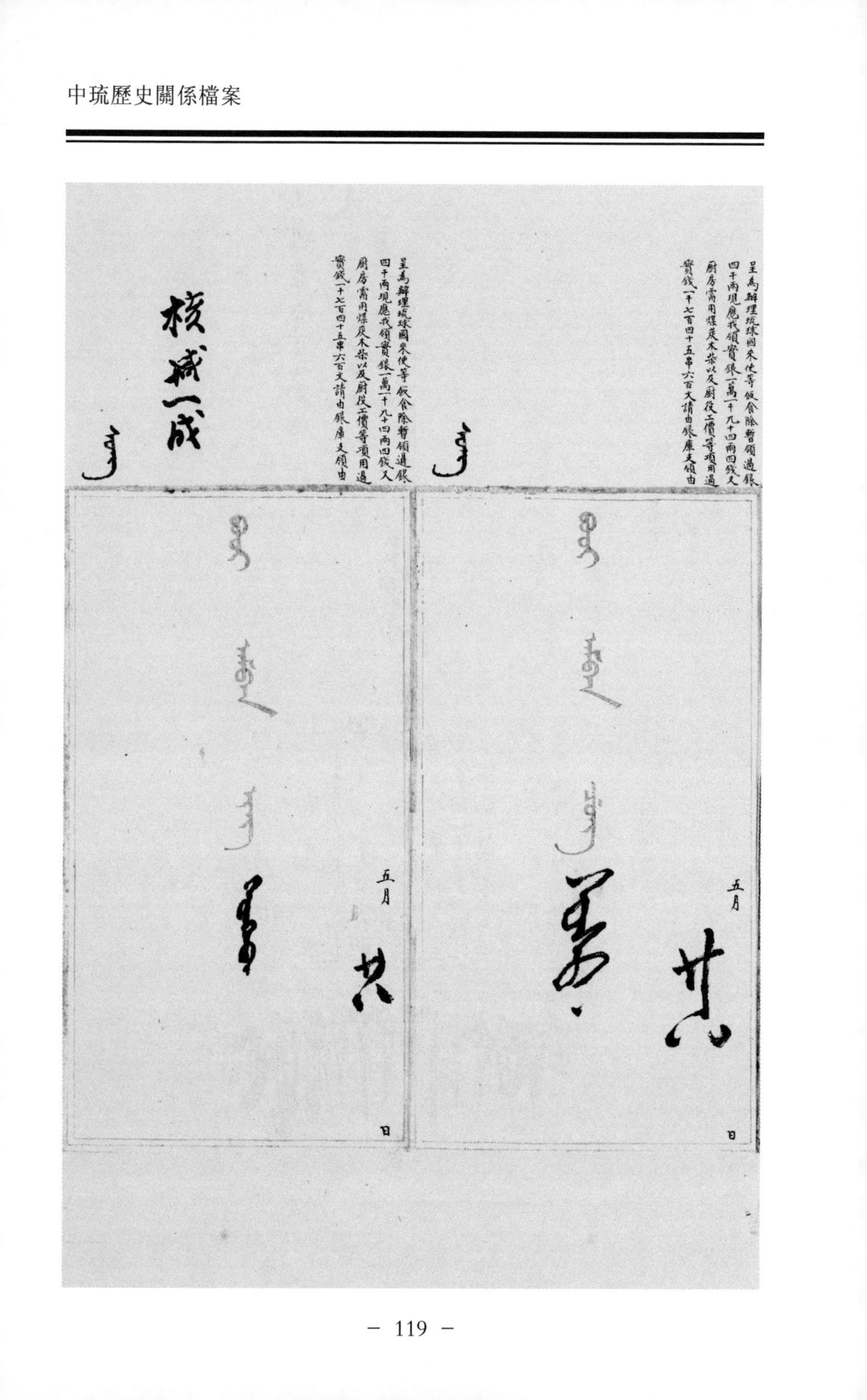

呈為辦理琉球國來使等飯食除暫領過銀
四千兩現應找領實銀一萬一千九十四兩四錢又
廚房需用煤炭木柴以及廚役工價等項用過
實錢一千七百四十五串六百文請由銀庫支領由

五月廿八日

核減一成

呈為辦理琉球國來使等飯食除暫領過銀
四千兩現應找領實銀一萬一千九十四兩四錢又
廚房需用煤炭木柴以及廚役工價等項用過
實錢一千七百四十五串六百文請由銀庫支領由

五月廿八日

錢光緒元年六月二十七日放訖
銀九月十九日領七千兩
十二月二十七日領二千兩

三等侍衛文霖
內管領豐年
堂筆帖式增潤
堂掌稿行走筆帖式志文
堂掌稿筆帖式世泰
堂委署主事海齡
堂主事文瑛
堂掌稿筆帖式文珮
堂掌稿行走筆帖式兆慶
堂掌稿行走筆帖式延霈
員外郎世興
委署主事平祥
三等侍衛德祿

琉球國貢使等自元年二月初九日起至五月初十日止計八十九日

貢使通事五員每員飯一桌每日早晚飯十桌
年用果五桌

共用飯八百九十桌每桌隨片吃蒸食粥湯
共合銀三兩六錢

共用果四百四十五桌每桌銀一兩七錢

每日早晚點心粥湯每員銀五錢

共用銀四千一百八十三兩

跟役十五名從人跟伴三十三名每二名飯一桌每日早晚用飯四十八桌

共用飯四千二百七十二桌每桌隨蒸食粥湯共合銀一兩七錢
年用果品每人銀四錢早晚點心每人銀六錢六分

共用銀一萬八十一兩九錢二分

每日應用

晝夜廚役八名計十六工 每工銀一錢五分 共用銀二兩四錢

晝夜茶役六名計十二工 每工銀一錢五分 共用銀一兩八錢

晝夜油活廚役八名計十六工 每工銀一錢二分 共用銀一兩九錢二分

打掃院落坐更看守火燭蘇拉八名 每名銀二錢 共用銀一兩六錢

聽差官役八名 每名銀二錢 共用銀一兩六錢

計八十九日共用銀八百二十九兩四錢八分

三共用銀一萬五千九十四兩四錢

貢使通使從人等二月初九日到京五月初十日止共八十九日

進表交貢領賞瞻仰

文廟等事共八次

每次用車十二輛 每輛制錢二串五百文 計用制錢二百四十串

交貢抬運夫役四十二名 每名制錢一串二百文 計用制錢五十串四百文

辦買炭斤茶葉等項 每日制錢十串文 計用制錢八百九十串

辦買坐褥鋪墊毡簾等項 計用制錢六十串

辦買笤箒簸箕蓆片等項　計用制錢二十串四百文

辦買蠟燭燈籠等項　計用制錢四十四串

辦買夾板木箱十分　計用制錢四十八串

辦買氈片棉花鎖鑰　計用制錢四十二串四百文

租賃桌椅等項　計用制錢二百五十四串

添買磁器傢俱等項　計用制錢五十六串四百文

由倉支領米石拉運車輛計十六次　計用制錢四十串

以上共用制錢一千七百四十五串六百文

貢使通事跟役從人共五十三員名每日支領

羊燭十五斤　　黑炭十簍

木柴四百斤　　每員名白老米九合

二三、閩浙總督李鶴年爲琉球洋船長行回國日期事題本

光緒元年七月十二日　（1875. 8. 12）

内容提要

閩浙總督李鶴年題明，琉球貢使毛精長、蔡呈祚等坐駕海船兩隻來閩，恭進表文方物進京。貢船原報官伴水梢兩百員名，内除進京官伴十八員名，存館官伴十八員名外，附搭前年接貢存留官伴六員，又除派撥水梢四名外，統共回國一百六十六員名。又另船，浙江護送琉球難民宫平筑登之等十名，派撥引導水梢兩名；又另船，江蘇護送琉球難民安里等十一名，派撥引導水梢兩名；四船共一百九十一人，俱於光緒元年五月初四日乘風放洋長行回國。

檔案來源：内閣禮科題本

已編入《清代中琉關係檔案續編》第一五二九頁

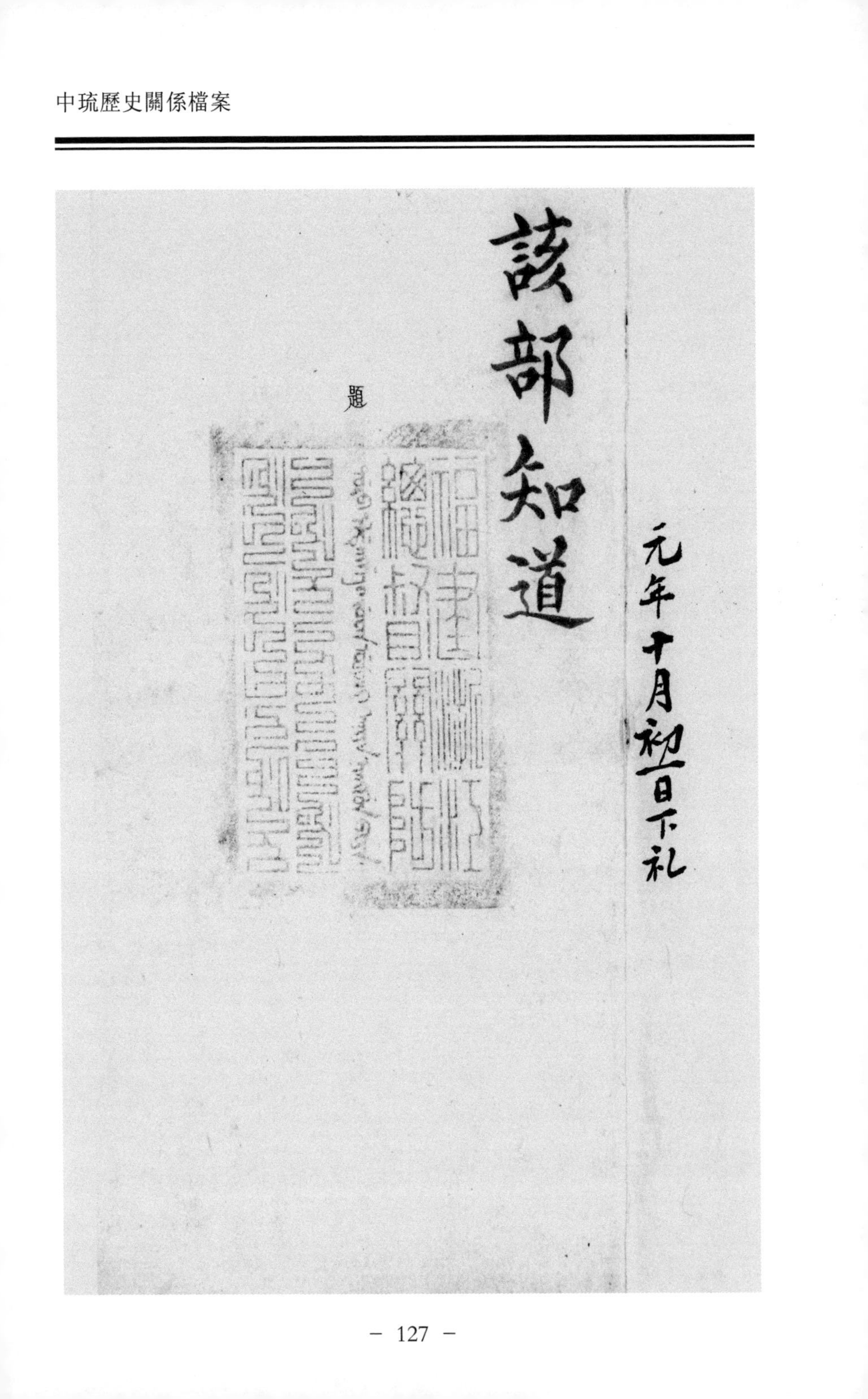

元年十月初一日下礼

該部知道

題

頭品頂戴兵部尚書兼都察院右都御史總督福建浙江等處地方軍務兼理糧餉鹽課代辦福建巡撫臣李鶴年謹
題爲琉球洋船長行回國日期詳請具
題事據福建布政使葆亨呈詳竊照上年琉球國
王尚泰遣耳目官毛精長正議大夫蔡呈祚等
率領官伴水梢共貳百員名坐駕海船貳隻恭
進同治甲戌年常貢
表文方物暨附搭肆業官生歸國謝
恩方物各

表文當將安插館驛日期詳請具
題並將方物及同治玖年分存剩
貢物派員伴送進京又浙江省護送琉球國遭風
洋人宫平筑登之等拾名江蘇崇明縣護送琉
球國遭風洋人安里等拾壹名人船各到省均
經譯訊供情安插館驛照例撫恤先後詳奉
奏咨各在案續據署福防同知孫壽銘詳報琉球
國進

貢頭貳兩號船上原報官伴水梢共貳百員名內
除進京官伴拾捌員名存館官伴拾捌員名外
附搭前年接貢存留官伴陸員名又除派撥水
梢李克蔚吳志健李克進遜崇和共肆名爲遭
風洋人宮平筑登之等并安里等兩船上引導
駕回外兩船統共回國壹百陸拾陸員名又另
船回國遭風洋人宮平筑登之等拾名派撥引
導水梢李克蔚吳志健貳名通船統共拾貳名

又另船回國遭風洋人安里等拾壹名派撥引
導水梢李克進遜崇和貳名通船統共拾叁名
俱報於光緒元年肆月貳拾捌日離驛登舟又
經分案詳奉給咨遣發并取長行回國日期去
後茲據署福防同知孫壽銘詳報琉球國進
貢
頭貳兩號洋船並遭風洋人船貳隻均於本年
伍月初肆日乘風放洋長行回國等由到司合
就詳請察核具

題等情前來臣復查無異理合具

題伏所

皇上聖鑒勅部查照施行再福建撫臣王凱泰帶印

渡臺所有巡撫衙門

題奏事件

奏明由臣代辦合并陳明爲此具本謹具

題

聞

光緒元年柒月　拾貳　日閩浙總督兼兵部尚書兼都察院右都御史總督福建浙江等處地方軍務兼理糧餉鹽課代辦福建巡撫臣李鶴年

頭品頂戴兵部尚書兼都察院右都御史總督福建浙江等處地方軍務兼理糧餉鹽課代辦福建巡撫臣李鶴年謹

題爲琉球洋船長行回國日期詳請具

題事據福建布政使葆亨呈詳竊照上年琉球國

王尚泰遣耳目官毛精長正議大夫蔡呈祚等

率領官伴水梢共貳百員名坐駕海船貳隻恭

進同治甲戌年常貢

表文方物暨附搭肄業官生歸國謝

恩方物各

表文當將安插館驛日期詳請具

題並將方物及同治玖年分存剩

貢物派員伴送進京又浙江省護送琉球國遭風

洋人宮平筑登之等拾名江蘇崇明縣護送琉

球國遭風洋人安里等拾壹名人船各到省均
經譯訊供情安插館驛照例撫恤先後詳奉
奏咨各在案續據署福防同知孫壽銘詳報琉球
國進
貢頭貳兩號船上原報官伴水梢共貳百員名內
除進京官伴拾捌員名存館官伴拾捌員名外
附搭前年接貢存留官伴陸員名又除派撥水
梢李克蔚吳志健李克進遜崇和共肆名爲遭
風洋人宮平筑登之等并安里等兩船上引導
駕回外兩船統共回國壹百陸拾陸員名又另
船回國遭風洋人宮平筑登之等拾名派撥引
導水梢李克蔚吳志健貳名通船統共拾貳名

又另船回國遭風洋人安里等拾壹名派撥引
導水梢李克進遜崇和貳名通船統共拾叁名
俱報於光緒元年肆月貳拾捌日離驛登舟又
經分案詳奉給咨遣發并取長行回國日期去
後茲據署福防同知孫壽銘詳報琉球國進
貢頭貳兩號洋船並遭風洋人船貳隻均於本年
伍月初肆日乘風放洋長行回國等由到司合
就詳請察核具
題等情前來臣復查無異謹具
題
聞

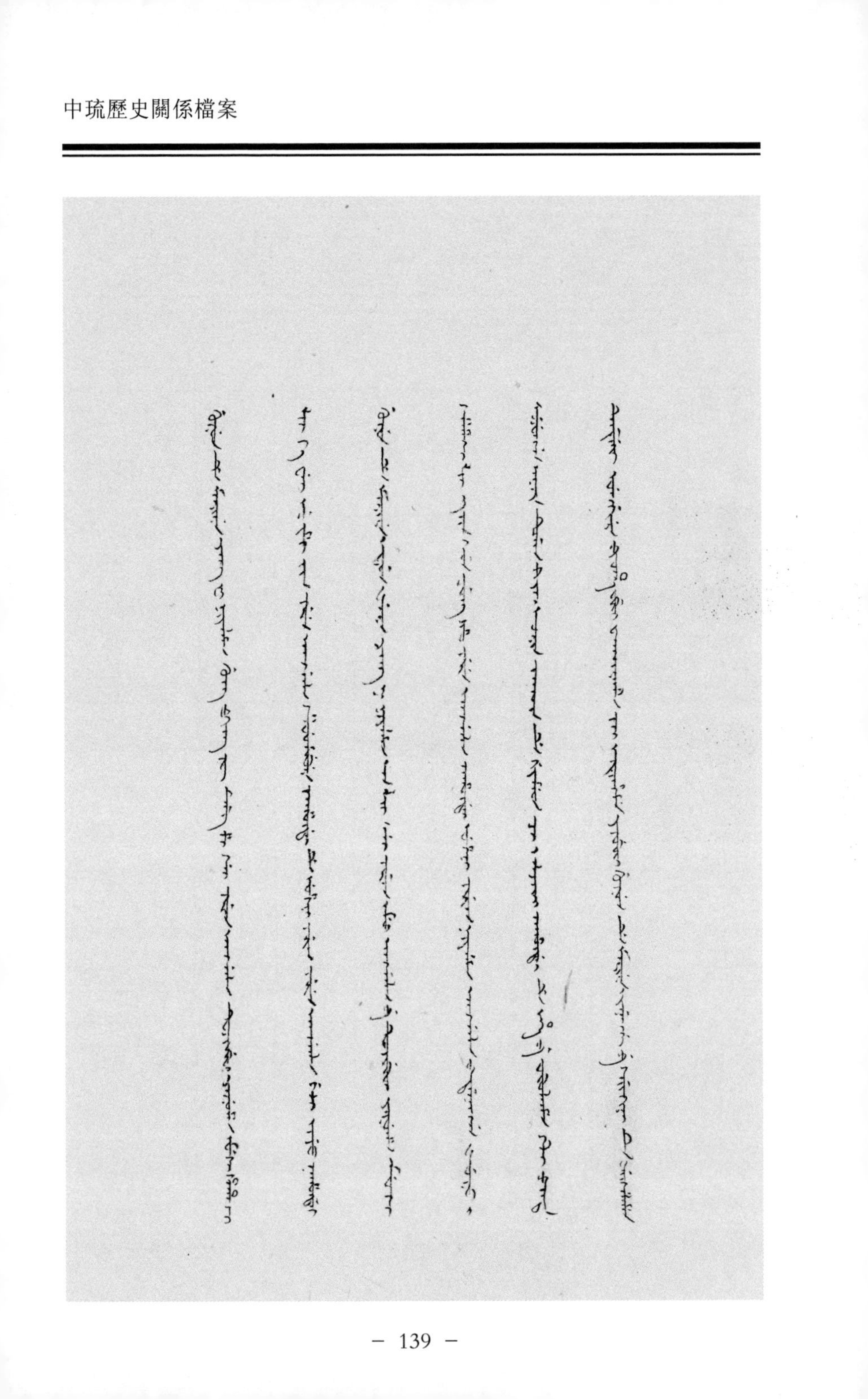

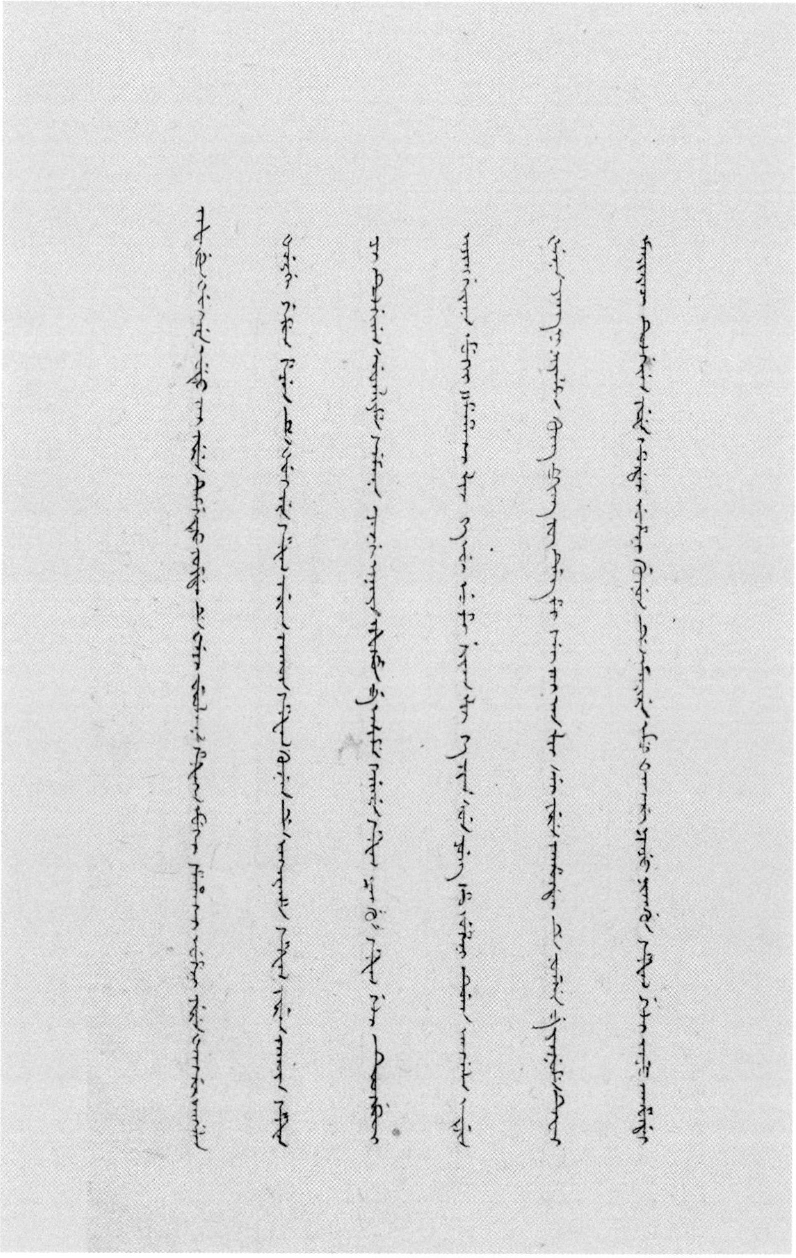

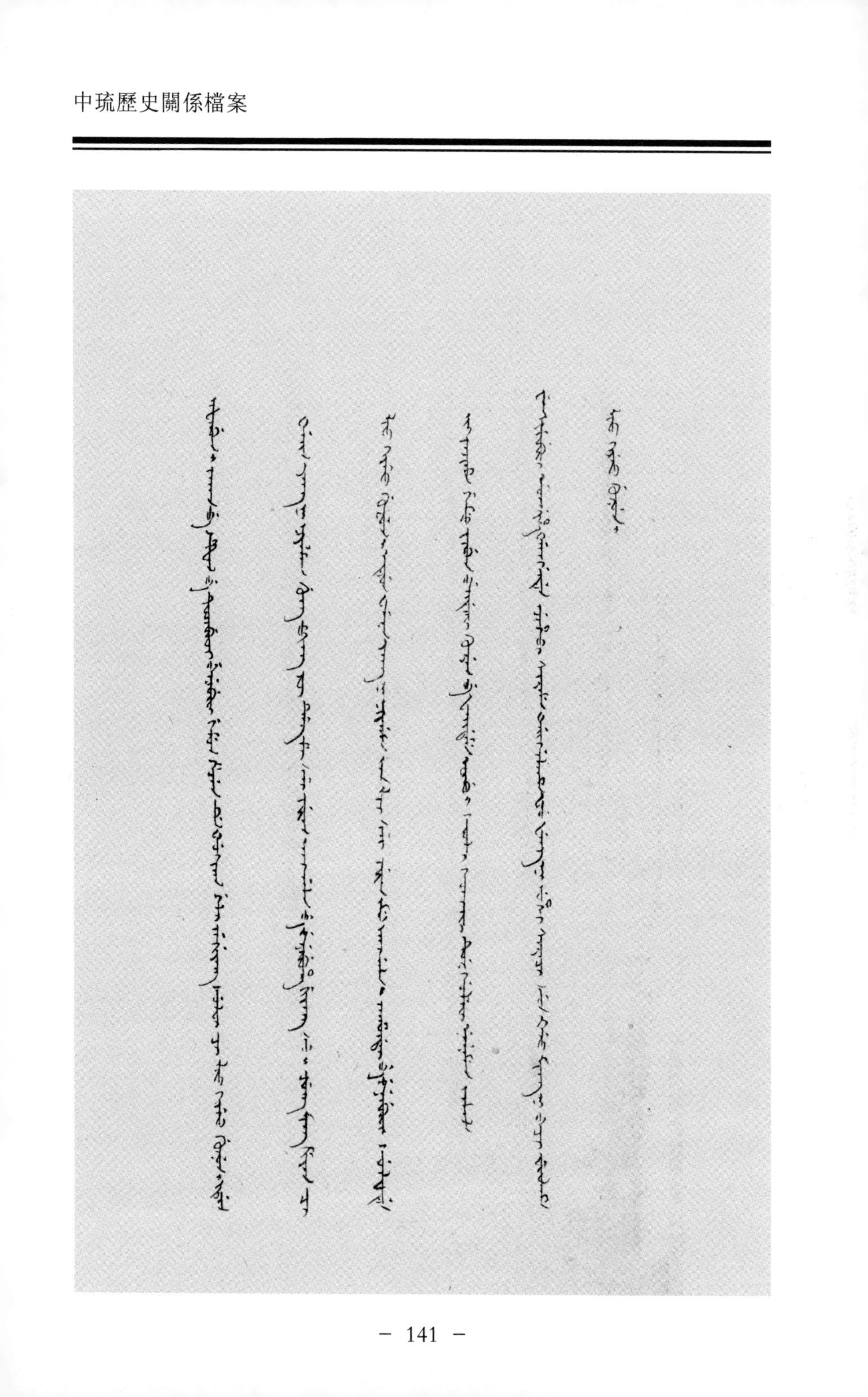

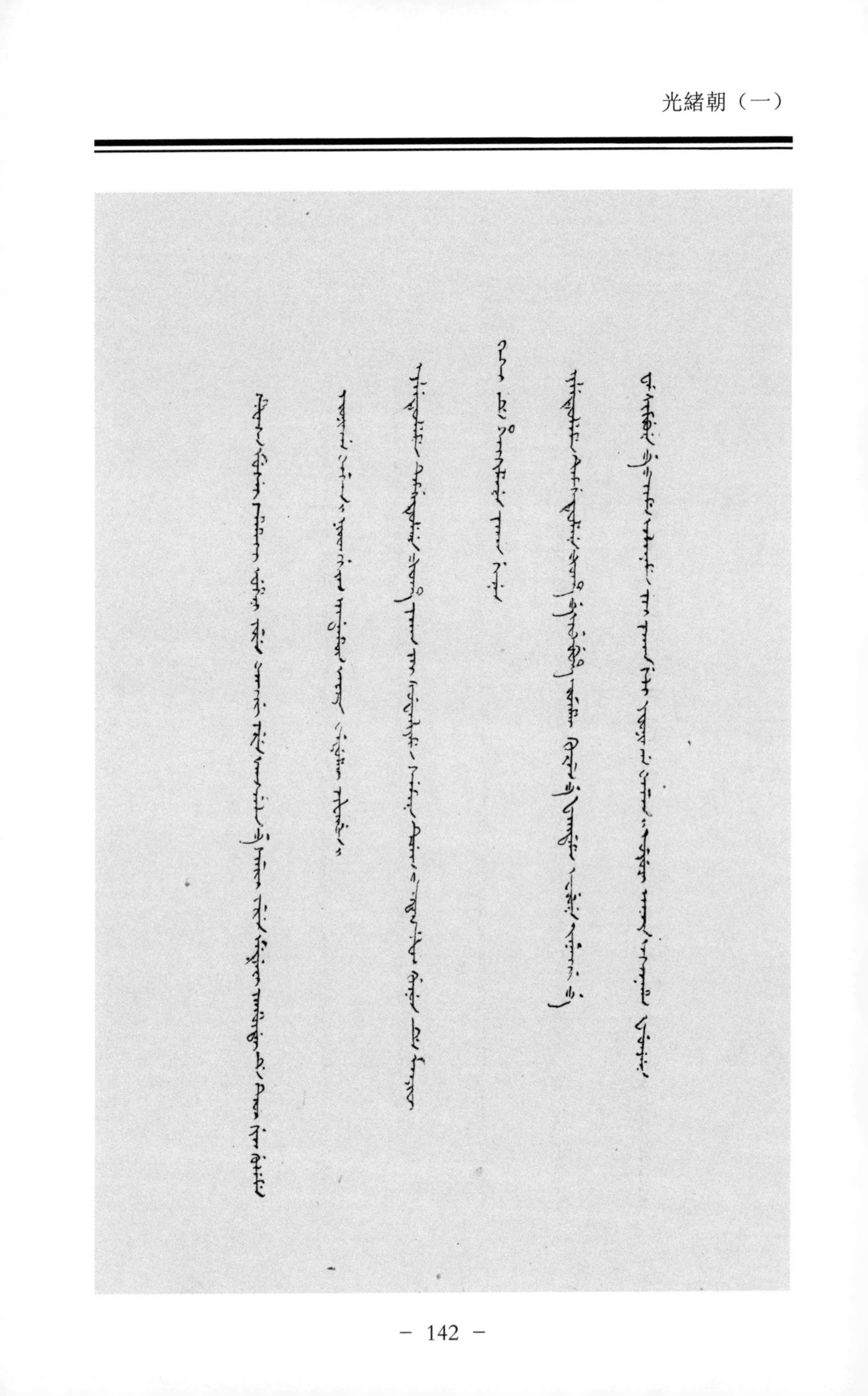

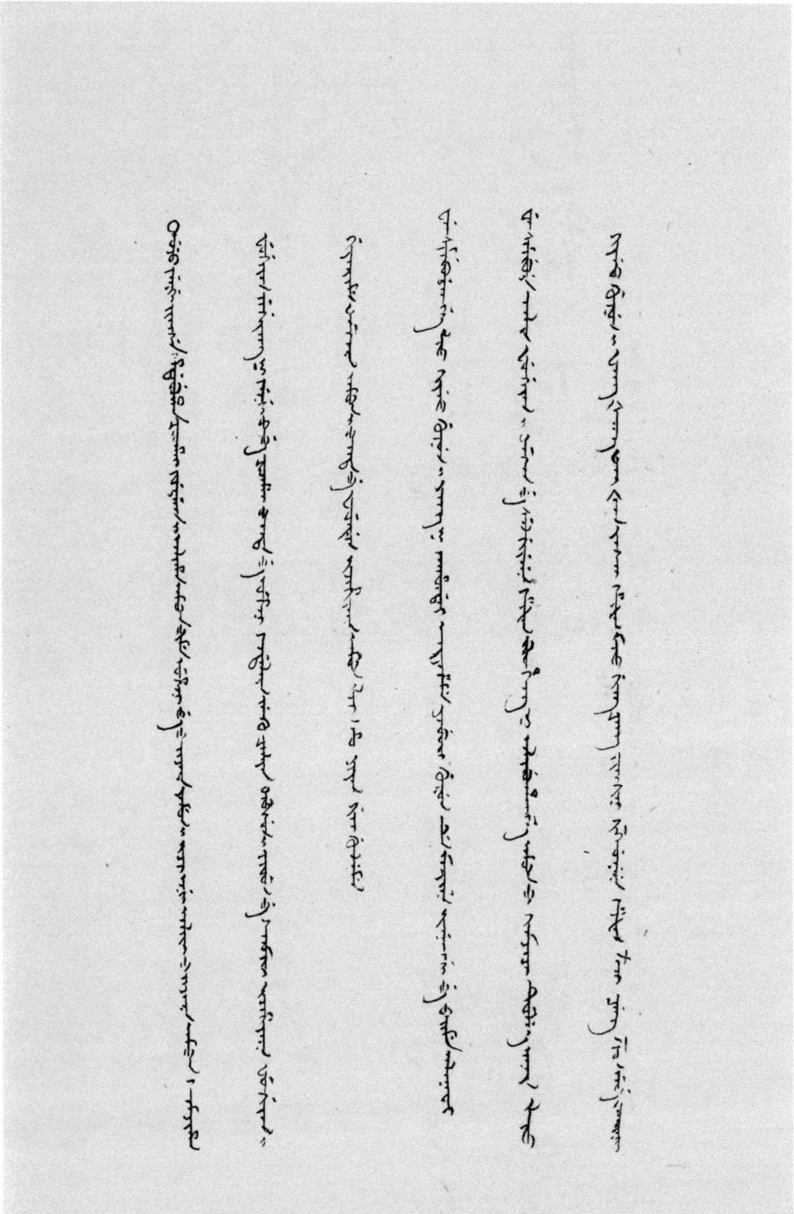

二四、山東巡撫丁寶楨爲琉球遭風難民照例撫恤事奏摺

光緒元年八月初二日　（1875.9.1）

内容提要

山東巡撫丁寶楨奏報，琉球難民蔡德滋等二十五人在洋遭風，迷失路途，於七月初四日漂流到境，原船完固，懇請由海道遣送至福州府境，以便自行回國。照例發給薪糧，妥爲撫恤，船内稻米援例全數查還，并派水師護送至滬，再由江蘇省另派師船接護赴閩，遣送回國。

檔案來源：軍機處録副奏摺

已編入《清代中琉關係檔案選編》第一〇九八頁

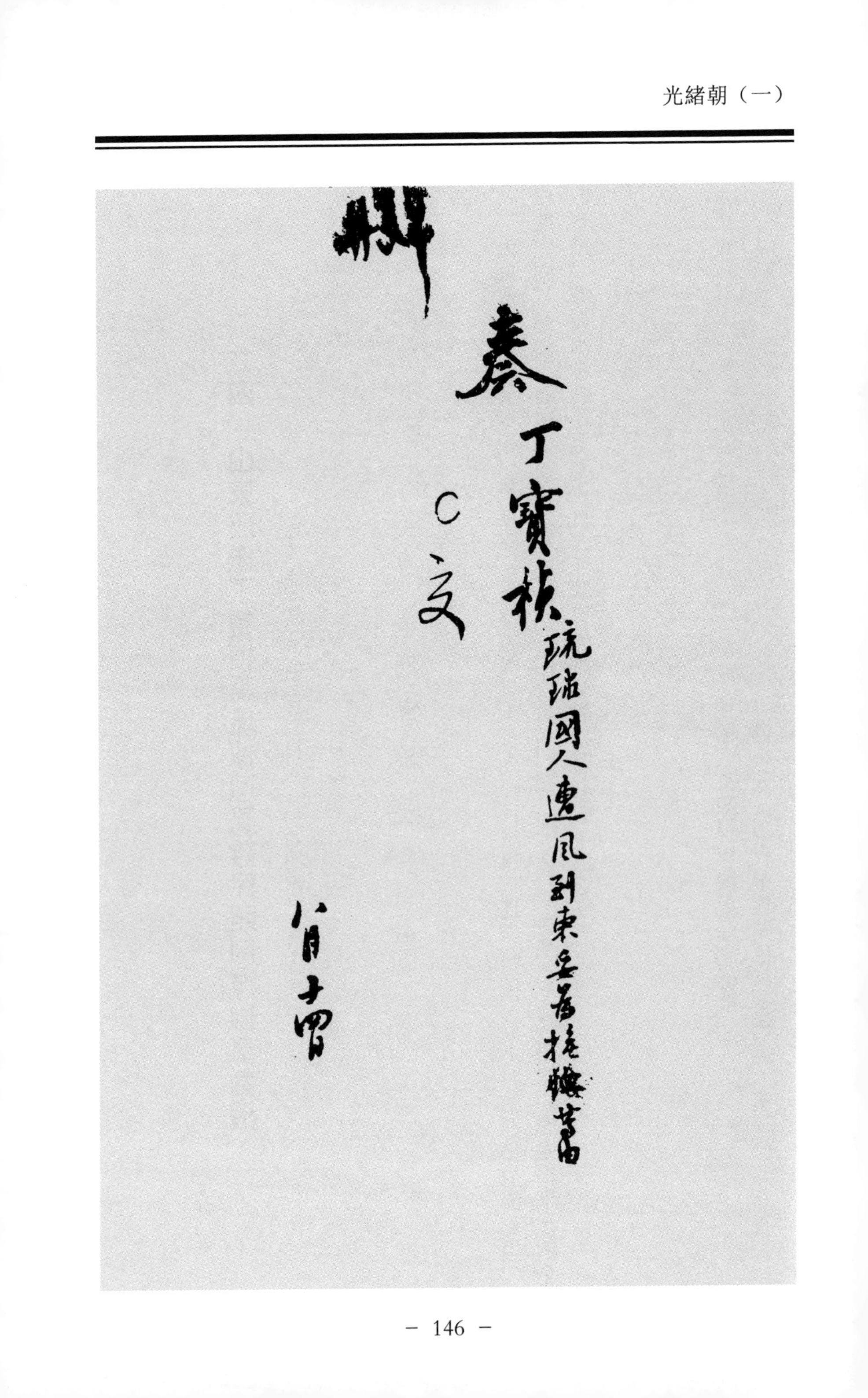

奏

丁寶楨

琉球國人遭風到東照案撫卹緣由

文

八月十四

太子少保銜頭品頂戴山東巡撫臣丁寶楨跪

奏為琉球國人遭風到東妥為撫恤因船尚完固擬

准由海道遣送回國恭摺奏祈

聖鑒事竊據署榮成縣知縣陳懋寶稟稱光緒元年

月初四日該縣成山頭海口漂泊琉球國船一隻

該縣立即飭往查驗船上共有二十五人均

係蓄髮挽髻身穿圓領衣服船內僅裝食稻

米五十包及應用器皿並無違禁之物詰詢該

難民共均不通內地言語惟內只一人能識漢字
當授以紙筆書稱伊姓蔡名德浦係在船內管
帳船戶俊慶俱係琉球國那霸府人伊同船戶
船戶船工水手共二十五人於本年八月初十日
在本國八重山島裝貢賦稻米五十包擬往本國
都城交納八月十六日開船放洋十九日即在大洋
遭風迷失路途於是日和冒隨風漂流到境
船身桅舵錨纜均尚完固所裝稻米并貲

短少沿海居民亦無乘危搶奪情事非所帶薪糧鹽菜均已用盡船內稻米係屬貢賦已經受餓數日不敢擅動伊與船工等情願原船由海道回國懇求遣送至福州府境船工自能認路回歸本國等語該知府告以琉球國人遭風到境向應護送至省轉遣赴都附便回國該難民等因船隻完固且裝有稻米登陸行走攜多未便堅懇由海道遣送至閩自行回國該知

因成山頭近接大洋現收船隻投至俚島停泊
並發給薪米妥為撫卹具稟請示前來臣
伏查同治十二年間朝鮮國人張順林等在洋
遭風漂至榮成縣境因該難民等自願將船隻
且由水道回國曾經臣
奏明飭派水師將弁護送出洋送令回國在案今
琉球國人秦德浩等遭風漂泊到岸所有船隻
完固且據臣稱來登陸行走諸多未便願由海

道遣送赴閩自行回國與張順詰其情事相同
自應俯如所請以仰副
聖主懷柔遠人之至意除飭將照例妥為撫恤船內
稻米全數查還不准私帶貨物出口並派營
水師護送至境再由江蘇省另派師船接護赴
閩遣送回國及先將緣由咨禮部暨兩江閩浙總督
江蘇福建撫臣查照外理合恭摺具陳伏乞
皇太后

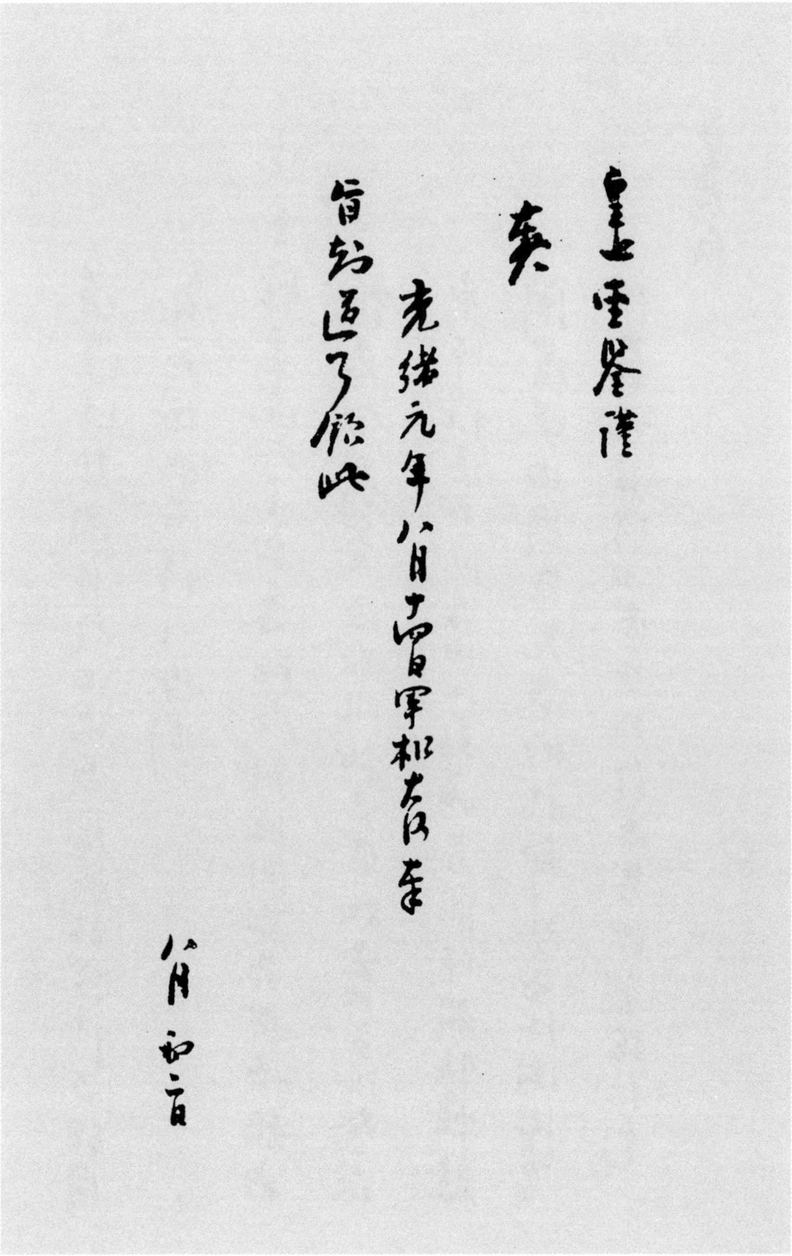

皇上聖鑒謹
奏
光緒元年八月十四日軍機大臣奉
旨知道了欽此

八月初二日

二五、浙江巡撫楊昌濬爲琉球遭風難民循例撫恤事奏摺

光緒元年八月二十六日　（1875.9.25）

内容提要

浙江巡撫楊昌濬奏報，琉球難民慎謝花等十一人在洋遭風，折斷船桅，於六月十五日漂至浙境。按名送給衣糧，循例撫恤，將原船修葺堅固，添製風帆，護送至閩，遇便遣歸。

檔案來源：軍機處録副奏摺

已編入《清代中琉關係檔案選編》第一〇九九頁

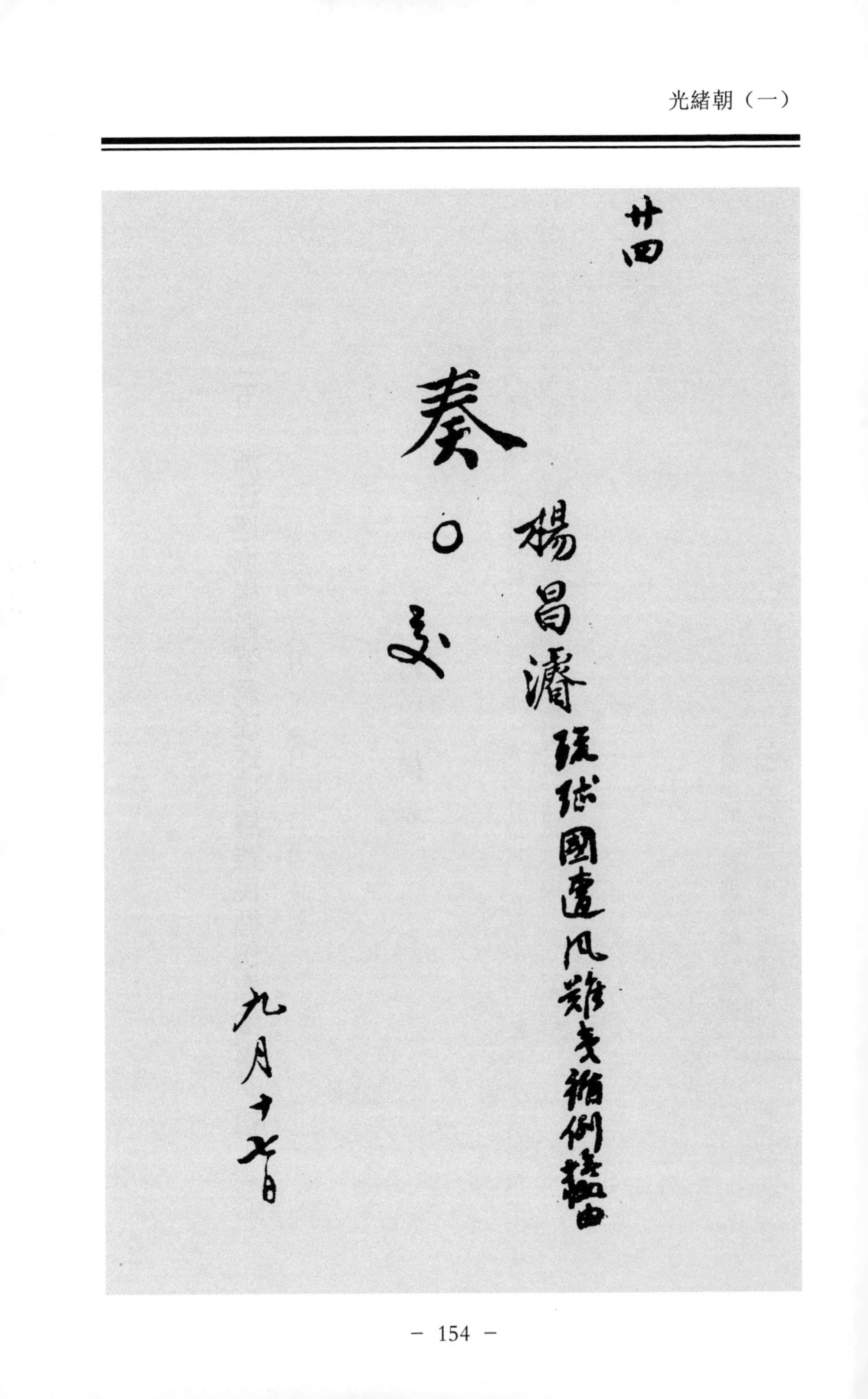

廿四

楊昌濬 琉球國遭風難夷循例撫卹由

奏〇交

九月十七日

浙江巡撫臣楊昌濬跪

奏為琉球國遭風難夷漂流到境循例撫卹護送閩省遇便遣歸恭摺具

奏仰祈

聖鑒事竊據平陽縣知縣方浩詳稱准平陽協右營金鄉都司移據大漁汛目兵吳廷標稟稱光緒元年六月十六日下午見有由南駛來琉球國商船一隻泊在墺口稍移到縣當即

視往察驗該船桅杆兩枝並風帆均已折斷
破損船艙亦間有損裂訊問言語不通給以紙
筆書寫據將姓名開出慎氏謝花具氏渡嘉
敷第陳氏金城真氏宜保保氏新植馬氏守良
卜氏西銘蔡氏渡久地宗氏玉城具氏渡嘉敷
兄習氏仲元共十一人並稱均係琉球國那霸人
於本年三月初五日自本國開船往太平山
途中遭風折斷船桅六月十五日漂流至溫

現在情願仍在原船住宿等語船內並無別物僅有小粟米二十餘件點交該難夷自行收管除按名送給衣糧一面傳匠購料將原船修葺堅固添製風帆護送至閩資遣回國等情由藩司盧定勳核明詳請具奏前來臣查琉球國遭風難夷漂流到境自應循例撫卹護送閩省遇便遣歸以副聖主懷柔遠人之至意除分飭遵照辦理並咨部查

照外理合恭摺具陳伏乞

皇太后

皇上聖鑒謹

奏

光緒元年九月十七日軍機大臣奉

旨知道了欽此

八月二十六日

二六、福州將軍文煜爲琉球進貢船隻回國循例免税事奏摺　清單一

光緒元年九月十六日　（1875. 10. 14）

内容提要

福州將軍文煜奏報，琉球國進貢船二隻事竣回國，兩船置買内地貨物按則共應徵税銀六百四十六兩九錢四分二厘，查照向例，免其輸納。

清單：琉球國進貢船二隻置買内地貨物按則例科算免過税銀數目。

檔案來源：軍機處録副奏摺

已編入《清代中琉關係檔案選編》第一一〇一頁

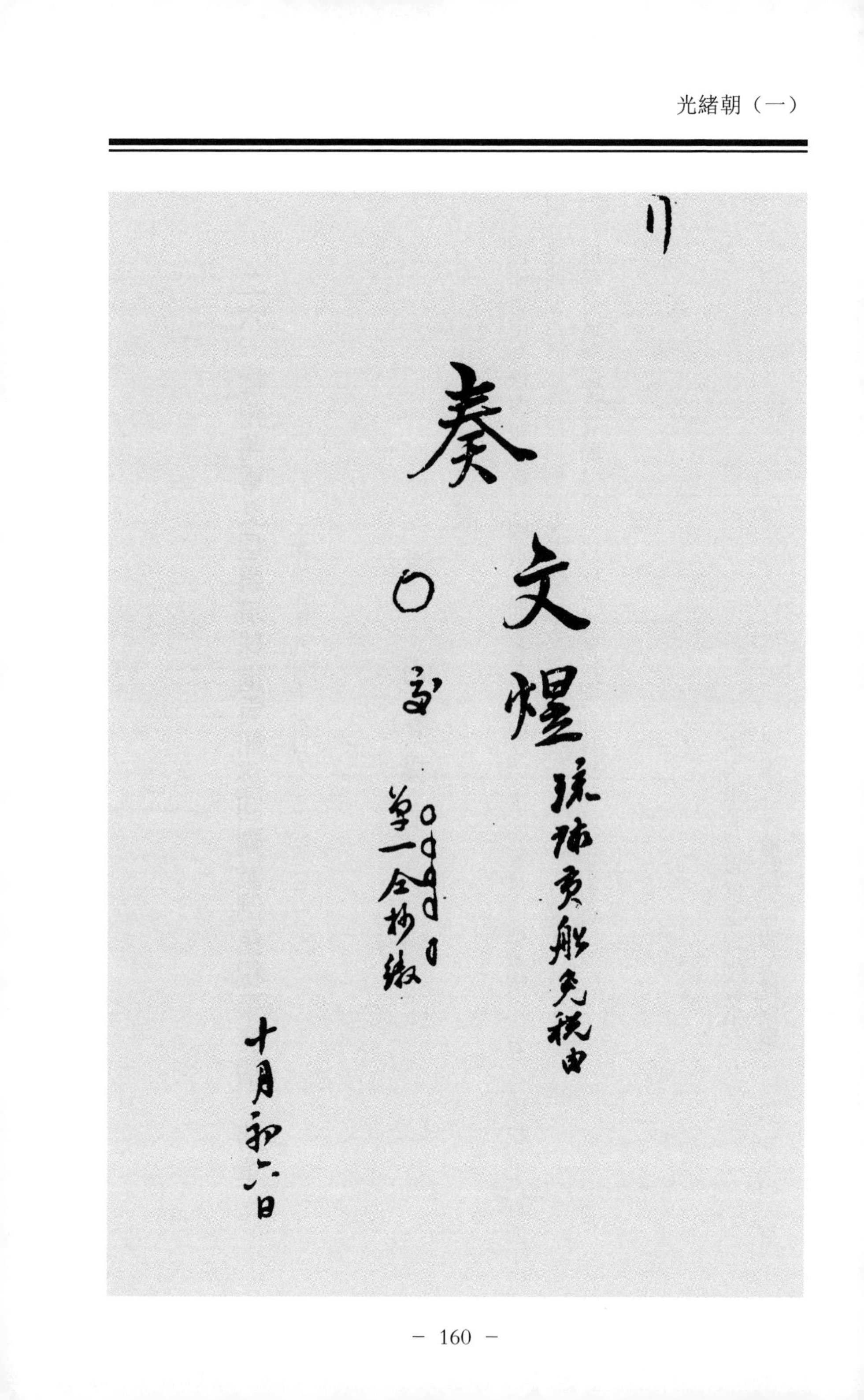

奏

文煜　琉球貢船免稅由

○旨

第一　全抄繳

十月初六日

福州將軍兼管閩海關稅務奴才文煜跪
奏為琉球國進
貢船隻回國隨帶貨物循例免稅恭摺奏
聞事竊查琉球國進
貢船二隻進口隨帶貨物循例免稅緣由前經奴才
於本年二月十一日恭摺
奏明在案茲於本年六月初十日據南臺口委員
協領咸基等禀報候船事竣回國過口據在船

使者就世榮等開送置買內地貨物清冊二本

復經貨冊相符按例則共應征稅銀六百四十

六兩九錢四分二厘等情具奏前來當經

查照向例批令免稅以廣

聖主柔遠深仁該使者就世榮等歡欣感激

瞻望

闕叩謝

天恩開行出口所有琉球船隻回國出口免稅緣

由理合繕摺具
奏並將免過税銀數目另繕清單恭呈
御覽伏乞
皇太后
皇上聖鑒謹
奏
光緒元年十月初六日軍機大臣奉
旨知道了欽此

九月十六日

三

謹將琉球國進
貢船二隻置買内地貨物回國按照則例科算免
過稅銀數目敬繕清單恭呈
御覽
中花綢四百九十五疋稅銀九兩九錢
氈條六百斤稅銀一兩二錢
細茶葉一萬五千斤稅銀九十兩
粗磁器一萬二千六百八十斤稅銀一十二兩

六錢八分

洋參六百斤稅銀六十三兩

毛邊紙一十萬八千張稅銀六兩九錢一分二

釐

甲紙二萬四千斤稅銀一十五兩一錢二分

油傘三萬把稅銀三十兩

油紙扇三千把稅銀一兩八錢

大油紙一萬張稅銀四兩

土漆茶盤三千箇稅銀四兩八錢

白糖三萬二千七百斤稅銀三十二兩七錢

故綢衣二百五十件稅銀二兩

故布衣二百五十件稅銀七錢五分

粗夏布三萬五千六百疋稅銀一百六兩八錢

粗藥材一十萬六千八百八十斤稅銀一百六

兩八錢八分

銀硃一千斤稅銀一十三兩

嗶吱緞三百六十丈稅銀五十四兩

織絨一百疋稅銀二兩

中西洋布四百疋稅銀三十二兩

鐵針六萬根稅銀一兩二錢

線香五千斤稅銀四兩

棉花線一萬五千九百斤稅銀四十七兩七錢

徽墨一百斤稅銀五錢

胭脂二萬張稅銀四兩

以上共免過税銀六百四十六兩九錢

四分二釐

軍機大臣奉

旨覽欽此

二七、浙江巡撫楊昌濬爲護送琉球國貢使過境日期事奏片

光緒元年九月十七日*（1875.10.15）

内容提要

浙江巡撫楊昌濬奏報，琉球國貢使耳目官毛精長等事竣由京起程回國。派委候補同知唐勛等前赴江浙交界迎探守候。使臣等於七月二十日到浙，八月十一日抵閩浙交界地方，由福建委員伴送至省。

檔案來源：軍機處録副奏摺

已編入《清代中琉關係檔案選編》第一一〇〇頁

廿三 發○

楊昌濬片

再准禮部咨琉球國

貢使耳目官毛精長等事竣由京起程回國沿途旅付船夫撥兵護送等因當即行司委員迎護去後茲據藩司盧定勳詳稱委文員候補同知唐勛由營派委武員留浙降補參將唐連勝會同前赴江浙交界迎探守候據該委員稟報七月二十日准江蘇文武委員會同閩省伴送委員護送該使臣等到浙沿途小心照料於八月十一日抵閩

浙支界地方由福建委員伴送至省該使臣等在
浙行走均極安靜由司詳請具
奏前來臣覆查無異除咨禮部並閩省督撫臣查
照外理合附片具陳伏乞
聖鑒謹
奏
光緒元年九月十七日軍機大臣奉
旨知道了欽此

二八、閩浙總督李鶴年等爲琉球遭風難民循例撫恤事奏摺

光緒元年十一月初十日　（1875. 12. 7）

内容提要

閩浙總督李鶴年等奏報，琉球國難民慎謝花等十一人在洋徒遇颶風，折斷帆桅，於六月十五日漂至浙江温州府轄洋面。賞給錢米衣褲，將原船購料修葺，發給行糧，護送抵閩，於八月十四日到驛安插，照例妥爲撫恤。

檔案來源：軍機處録副奏摺

已編入《清代中琉關係檔案選編》第一一〇三頁

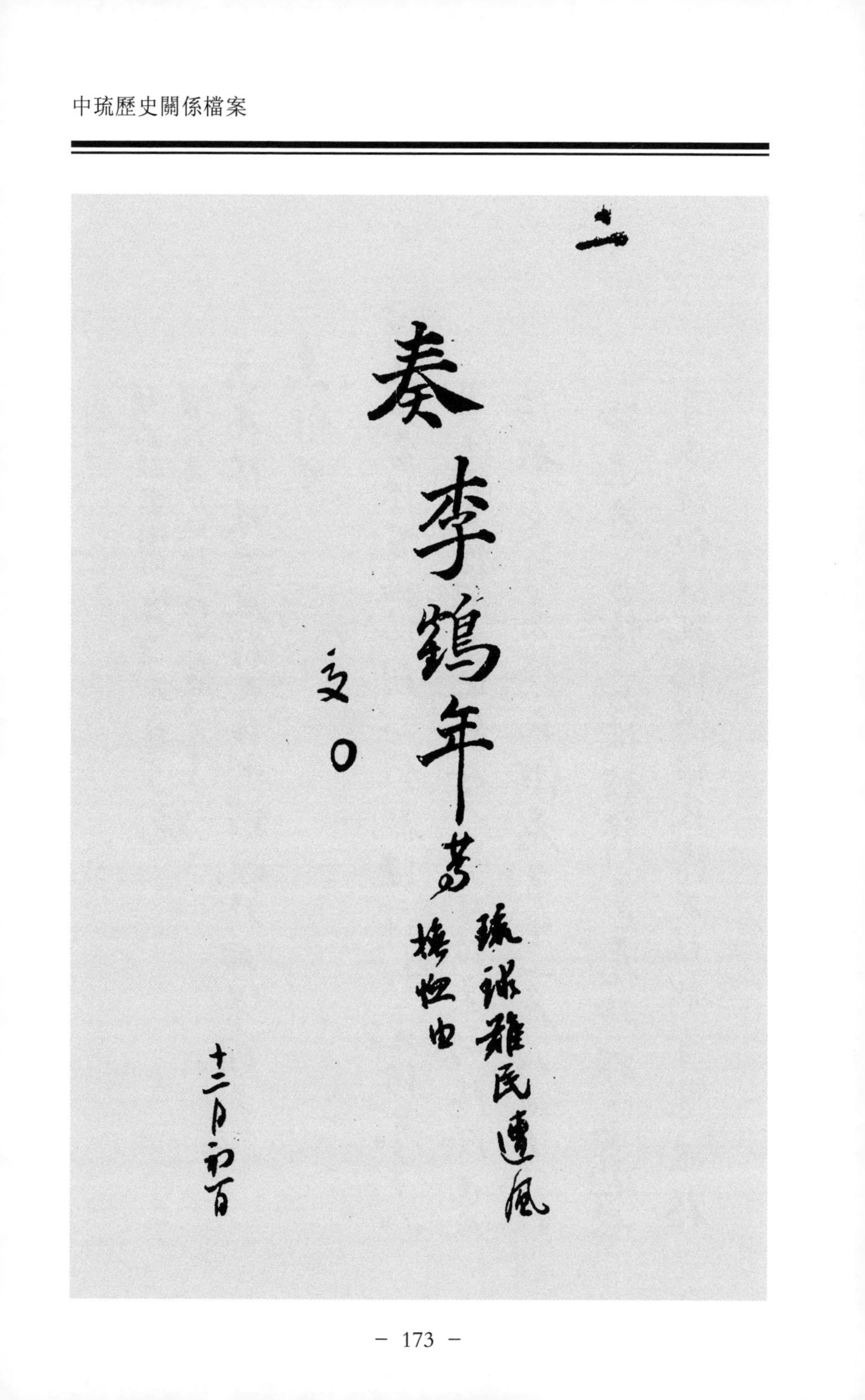

二

奏
李鶴年為琉球難民遭風
撫恤由

交〇

十二月初一日

頭品頂戴閩浙總督臣李鶴年跪
護理福建巡撫印務布政使臣葆亨
奏為琉球遭風難民循例譯訊撫卹恭摺具
奏仰祈
聖鑒事竊據福防同知鍾觀濂詳稱光緒元年八
月十四日據閩安巡檢董柏霞轉送琉球遭風
海船一隻難民慎氏謝花等十一名及隨身雜
物進省當飭安插館驛妥為撫卹一面飭傳
通事詳細譯訊據供慎氏謝花係船主字良保

舵工渡嘉敷等係水手通船原係十一人俱係
琉球國那霸府人駕坐小海船一隻內裝烏麻
茶葉並無牌照軍器於本年三月二十六日由
那霸府開往太平山售賣六月初二日在太平
山開駛裝運小米雜貨回籍因風色不順收回
宮古島初十日復由該島開行至初九日在大
洋陡遇颶風折斷帆桅急將船上貨物拋棄海
中十四夜飄至浙江溫州府轄洋面收嶴經

雲地方官赴船看驗並給錢文派撥兵船引送
平陽縣屬内港亦蒙賞給錢米每人又給衣褲
一套並將原船修置帆桅槓椇係據船工給發
行糧護送抵閩於八月十四日到驛安插等情
由臣據實咨在前撫任内具詳適咨接臣王凱
泰因病出缺未及覈
奏移咨前來臣等查該難民陳氏謝花等在洋遭
風情殊可憫應請自本年八月十四日安插館驛

之日起每人日給米一升鹽菜銀六釐回國
之日另給行糧一箇月並加賞物件折價給領
統於存公銀內動支事竣造冊報銷至原船堪否
乘駕回國飭查分別籌辦仍選派熟諳閩洋情
形之人為之導引舵水之名幫同駕駛以仰副
聖主懷柔遠人之至意該員浙江送到琉球遭風難
民恒氏謝花等十一名由閩安為撥館安插緣
由除咨部外臣謹合詞恭摺具

奏伏乞

皇太后

皇上聖鑒再此案前來接准浙省咨令臣鈔錄呈在

浙省寫供情節間有舛誤現已詳細更正合併陳

明謹

奏

光緒元年十月初十日軍機大臣奉

旨知道了欽此

十月初十日

二九、閩浙總督李鶴年爲琉球遭風難民循例撫恤事奏摺

光緒元年十二月二十九日　（1876.1.25）

内容提要

閩浙總督李鶴年奏報，琉球國難民蔡德滋等二十五人在洋遭風，漂至山東榮城縣轄，經引進内港，賞給衣物錢米，於十月三十日由海道護送至福州海口，十一月初一日安插館驛，照例撫恤。

檔案來源：軍機處録副奏摺
已編入《清代中琉關係檔案選編》第一一〇四頁

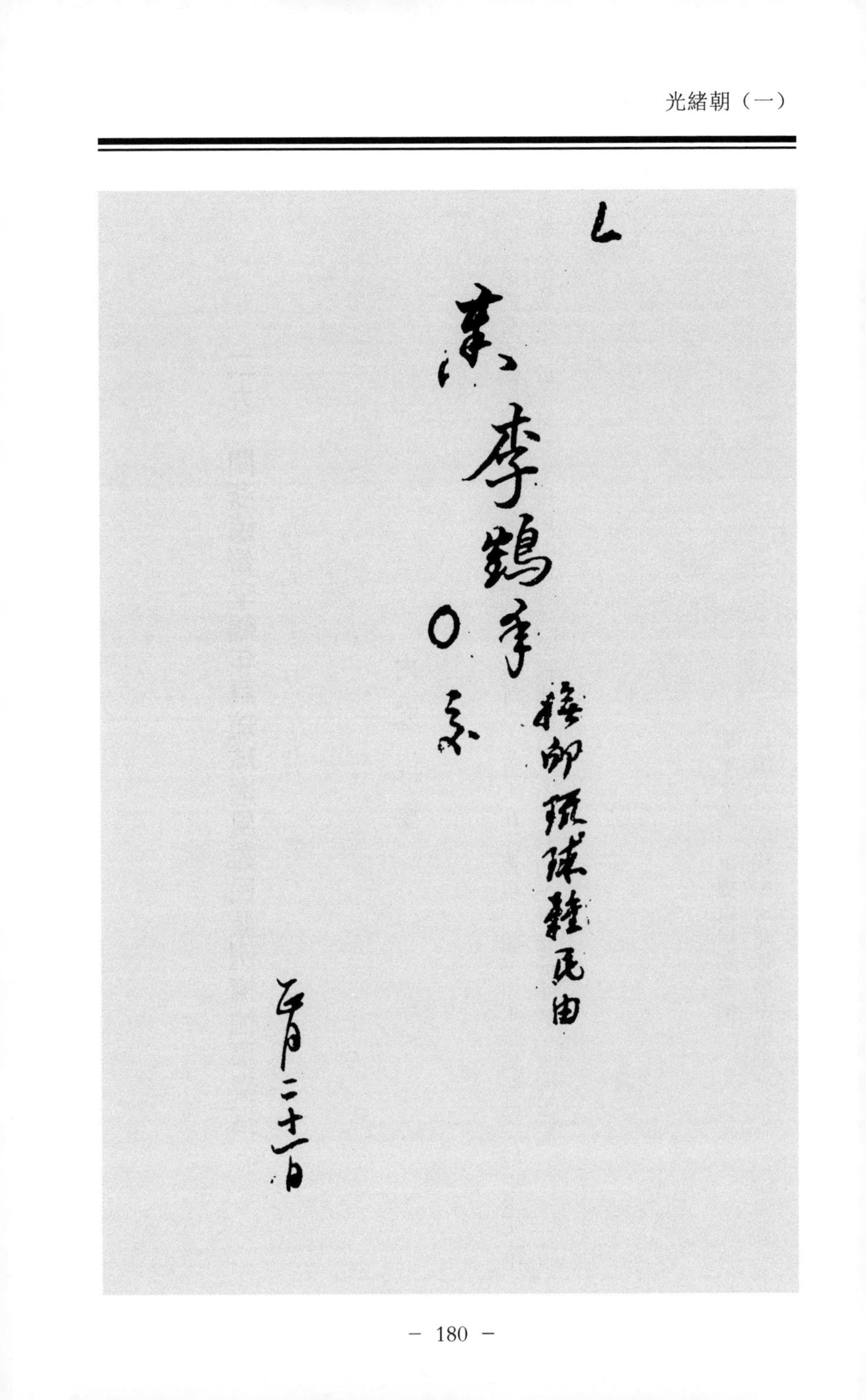

東李鶴年○奏

接卹琉球難民由

正月二十一日

頭品頂戴閩浙總督臣李鶴年跪

奏為琉球遭風難民循例譯訊撫䘏恭摺仰祈

聖鑒事竊准山東撫臣丁寶楨咨會據榮城縣稟報

琉球國人蔡德港等遭風到東

東省照由海道遣送回國抄摺咨閩接護等因當飭

沿海水師各營遞解去後茲據署藩司宜保詳

據福防同知鍾觀濂詳報接護該難民蔡德

港等到閩飭由通事譯訊蔡德港是管駕渡

慶次是船主張大受等是舵工水手通船原共
二十六人俱係琉球國那霸府人坐駕小海船
一隻並無牌照軍器於光緒元年六月初十日開
往八重山島裝運稻米駛回都城不料十九日在
洋遭風漂至山東榮城縣轄地蒙引進內港
賞給衣物錢米伊等因言語不通少狀水手伊
佐一名九月初七日由該處開船水手仲村渠
在洋病故十九日到上海派船護送至寧波

府那道温州轉送來閩，在江浙時均經地方
官賞給錢米。十月二十日到福州海口，十一月
初一日安插館驛。等情。由司覆詳請
奏前來。臣查該難民蔡陸溜等在洋遭風，情
憫。硃[illegible]應請自本年十一月初一安插驛館之日起
每人日給米一升，鹽菜銀六釐，回國之日另給
行糧一個月，折價給領，統於存公銀內動支，
造冊報銷。該難民已由山東並江浙各省賞

郵局有毋庸再行加費之苦在東省既未供

情稍有舛誤現已譯訊更正至原船損壞乘

駕回國飭查分別辦理除咨行禮部暨山東撫

臣查照外臣謹恭摺具

奏伏乞

皇太后

皇上聖鑒再閩浙總督係臣本任毋庸會銜合併

陳明謹

奏

光緒二年正月二十一日軍機大臣奉

旨知道了欽此

元年十二月二十九日

三〇、浙江巡撫楊昌濬爲琉球遭風難民循例撫恤事奏摺

光緒二年八月初七日　（1876.9.24）

内容提要

浙江巡撫楊昌濬奏報，琉球國難民林克旺等二十五人在洋遭風，迷失路途，於六月初八日隨風漂流到境。照例撫恤，給發口糧，將船隻修理完竣後，派撥兵役護送，於七月十三日護送至定海洋面，逐程接護，轉送赴閩，附便遣歸。

檔案來源：軍機處録副奏摺
已編入《清代中琉關係檔案選編》第一一〇六頁

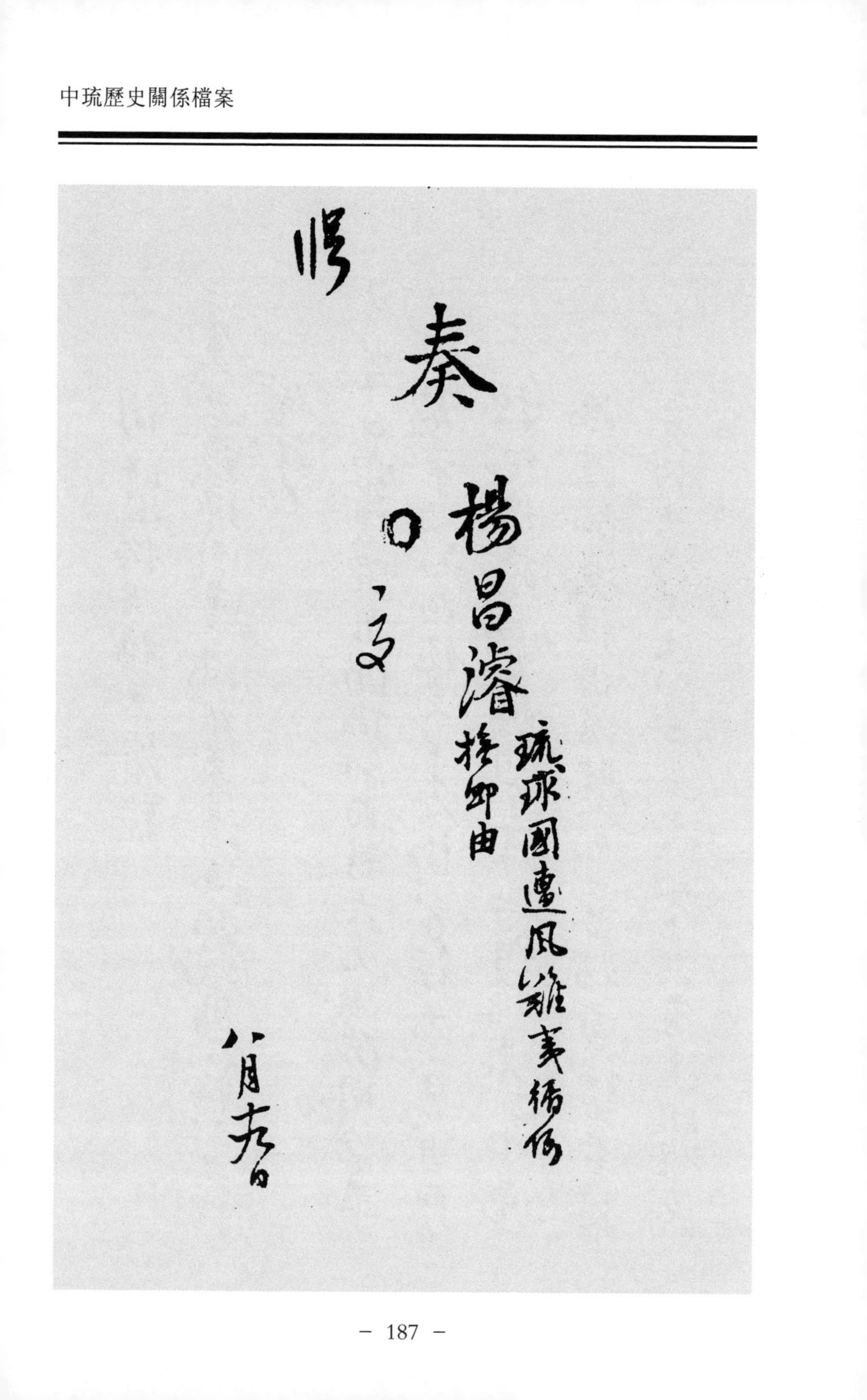

順

奏

楊昌濬

琉球國遭風難夷循例撫卹由

八月十五日

浙江巡撫臣楊昌濬跪

奏為琉球國遭風難夷漂流到境循例撫卹恭摺

仰祈

聖鑒事竊據署乍浦協副將彭大光海防同知徐象皋

署平湖知縣姚光宇會銜稟稱本年六月初八日

據把總施良芳報稱在洋巡緝瞭見一船遭

風漂流急往保護駛入乍口港情查看船

身約長六七丈闊二三丈船上共有遭風難民

二十五人均係蓄髮挽髻船中裝有倉塩一百
七十三小包粗茶叢十九包石灰六包此外並無
別物向其詰詢言語不通內有粗識漢字者
授以紙筆書(孫)船主名林克旺其舵(工)水手
翁允仁即比嘉仁居平克興薛有祥蔡悅豐
掟上江登(保)梁宮城祖玉勢之中村渠內間島
比嘉元新垣牛金城蔡池原毛次良掟恩德禮
仲里俞三良毛宮平和真牛登真三祖思屋

牛新屋、和蒲戶等共二十五人，俱係琉球國人，駕往本國八重山島運糧米船，因盤茶等件往售糖貨，於本年閏五月二十日開船放洋，翌日即遭風雨猛起，迷失路途，至六月初八日，隨風漂流到境，乞賜恩卹，修整船隻，送回本國。其餘驗其船身尚屬完好，惟大篷、船桅、鐵猫、繩索等項均已損失，當經給發口糧，加意保護，一面趕將船隻購集工料修理，完竣後給行糧

派撥兵役小心護送，已於八月初八日閩縣移
並移鎮海營參將羅維熊具報於十三日護送
至定海洋面交與定右營接護轉送赴閩
省，請由布政使衙門先後照具詳前來。查
琉球國遭風難夷，除俟到境日另循例
撫卹，以昭仰副
聖主
懷柔遠人之至意，除分飭經由沿海水師
各營一體妥為保護，遞經迎送赴閩附便

今歸國並咨部查照外理合恭摺陳明伏乞

皇太后

皇上聖鑒謹

奏

光緒二年八月十九日軍機大臣奉

旨知道了欽此

八月初八日

三一、福建巡撫丁日昌爲琉球遭風洋船回國日期事題本

光緒二年十月二十一日　（1876. 12. 6）

内容提要

福建巡撫丁日昌題明，琉球國難民愼謝花、蔡德滋、西銘筑登之三起人船先後護送到閩，於光緒元年八月十四、十一月初一及本年五月二十五等日安插館驛。愼謝花等十一人，附搭前年進貢京回之跟伴三名；蔡德滋等二十五人，除兩名病故外，附搭京回之跟伴一名；西銘筑登之等十二人，附搭前年存館之跟伴一名。愼謝花及蔡德滋等兩船遭風到閩日久損壞，照例給資修整完竣，西銘筑登之等一船尚堪駕駛，三船均於本年六月十六日乘風放洋長行回國。

檔案來源：内閣禮科題本

已編入《清代中琉關係檔案續編》第一五三二頁

該部知道

三年正月二十九日下札

題

兵部侍郎兼都察院右副都御史巡撫福建等處地方提督軍務兼理糧餉臣丁日昌謹

題爲遣發琉球國遭風洋船叁隻長行回國日期

詳請具

題事據福建布政使葆亨呈詳竊照琉球國遭風

難民慎氏謝花蔡德滋西銘筑登之等叁起人

船先後護送到閩於光緒元年捌月拾肆拾壹

月初壹及本年伍月貳拾伍等日安插館驛均

經詳蒙

奏咨查慎氏謝花等壹起通船壹拾壹人堪以附
搭前年進貢京回之跟伴世文興璩永昌新焦
奇叁名蔡德滋等壹起通船貳拾伍人除張大
受渡喜次貳名病故外堪以附搭京回之跟伴
平得才壹名西銘筑登之等壹起通船壹拾貳
人堪以附搭前年存館之跟伴蔡國英壹名回
國其慎氏謝花及蔡德滋等兩船遭風到閩日
久損壞照例給資修整完竣西銘筑登之等壹

船尚堪駕駛據報於貳年陸月初柒日離驛登

舟飭取長行回國日期去後茲據署福防同知

洪亮釆詳報該國愼氏謝花等海船叁隻均於

本年陸月拾陸日乘風放洋長行回國等由到

司合就詳請察核具

題聲明修葺愼氏謝花並蔡德滋等兩船工費彙

入

奏銷案內造報等情前來臣復查無異理合具

題伏祈

皇上聖鑒勅部查照施行爲此具本謹具

題

聞

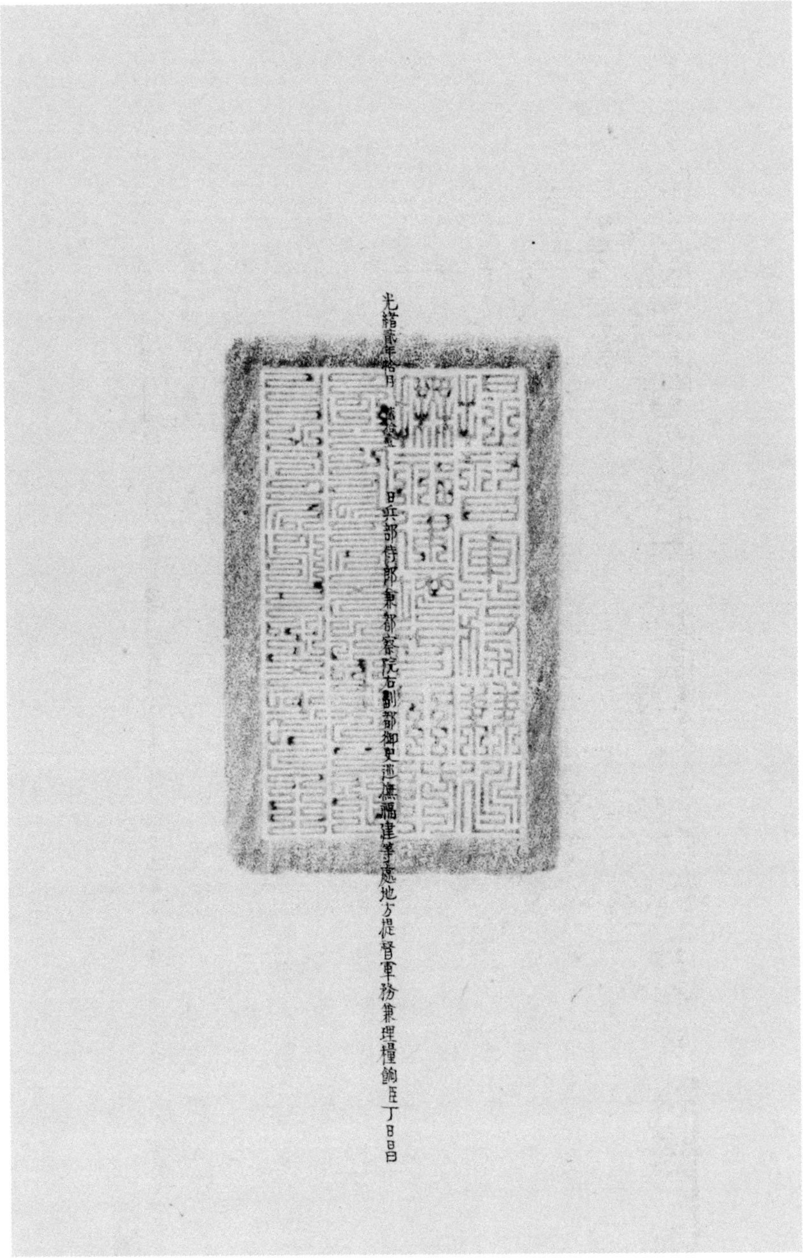

光緒貳年拾月　日兵部侍郎兼都察院右副都御史巡撫福建等處地方提督軍務兼理糧餉臣丁日昌

兵部侍郎兼都察院右副都御史巡撫福建等處地方提督軍務兼理糧餉臣丁日昌謹
題爲遣發琉球國遭風洋船叁隻長行回國日期
詳請具
題事據福建布政使葆亨呈詳竊照琉球國遭風
難民慎氏謝花蔡德滋西銘筑登之等叁起人
船先後護送到閩於光緒元年捌月拾肆拾壹
月初壹及本年伍月貳拾伍等日安插館驛均
經詳蒙
奏咨查慎氏謝花等壹起通船壹拾壹人堪以附
搭前年進貢京回之跟伴世文興璩永昌新住
奇叁名蔡德滋等壹起通船貳拾伍人除張大
受渡喜次貳名病故外堪以附搭京回之跟伴
平得才壹名西銘筑登之等壹起通船壹拾貳

人堪以附搭前年存館之踉伴蔡國英壹名回
國其慎氏謝花及蔡德滋等兩船遭風到閩日
久損壞照例給資修整完竣西銘筑登之等壹
船尚堪駕駛據報於貳年陸月初柒日離驛登
舟飭取長行回國日期去後茲據署福防同知
洪亮采詳報該國慎氏謝花等海船叁隻均於
本年陸月拾陸日乘風放洋長行回國等由到
司合就詳請察核具
題聲明修葺慎氏謝花並蔡德滋等兩船工費彙
入
奏銷案內造報等情前來臣復查無異謹具
題
聞

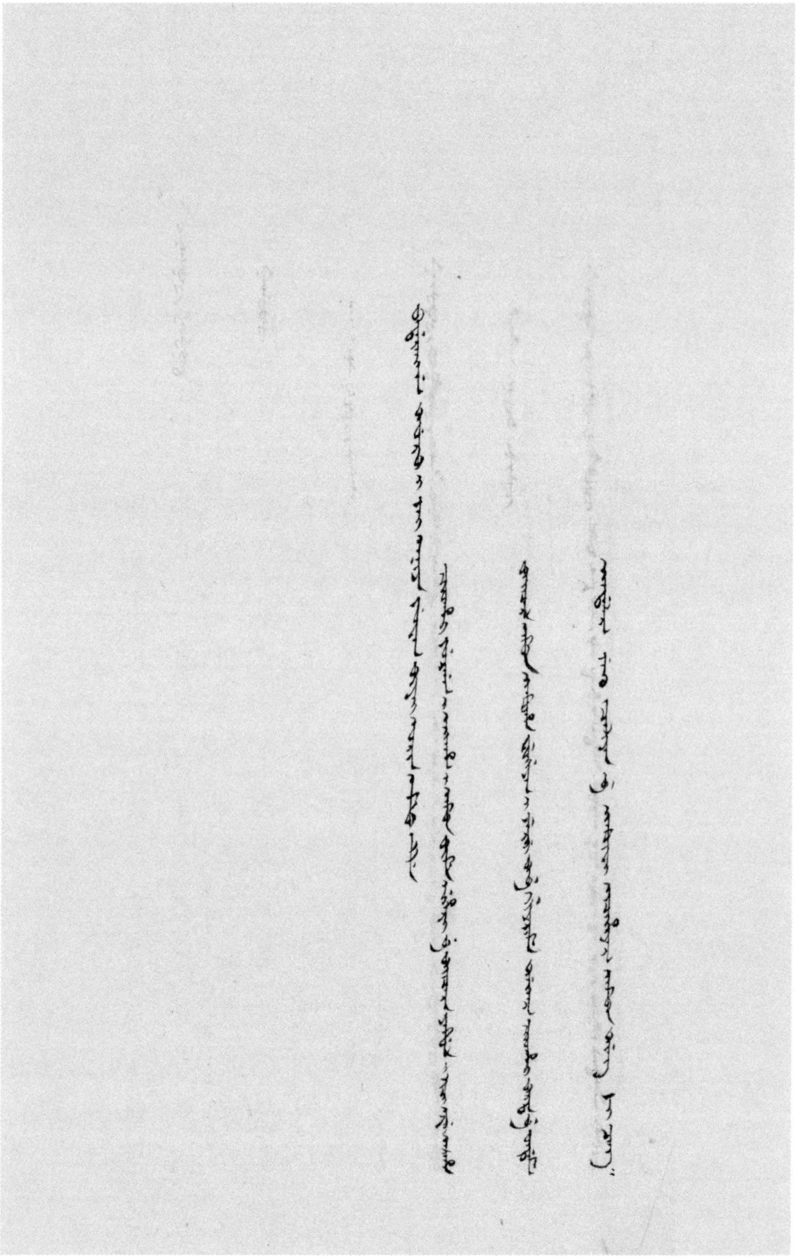

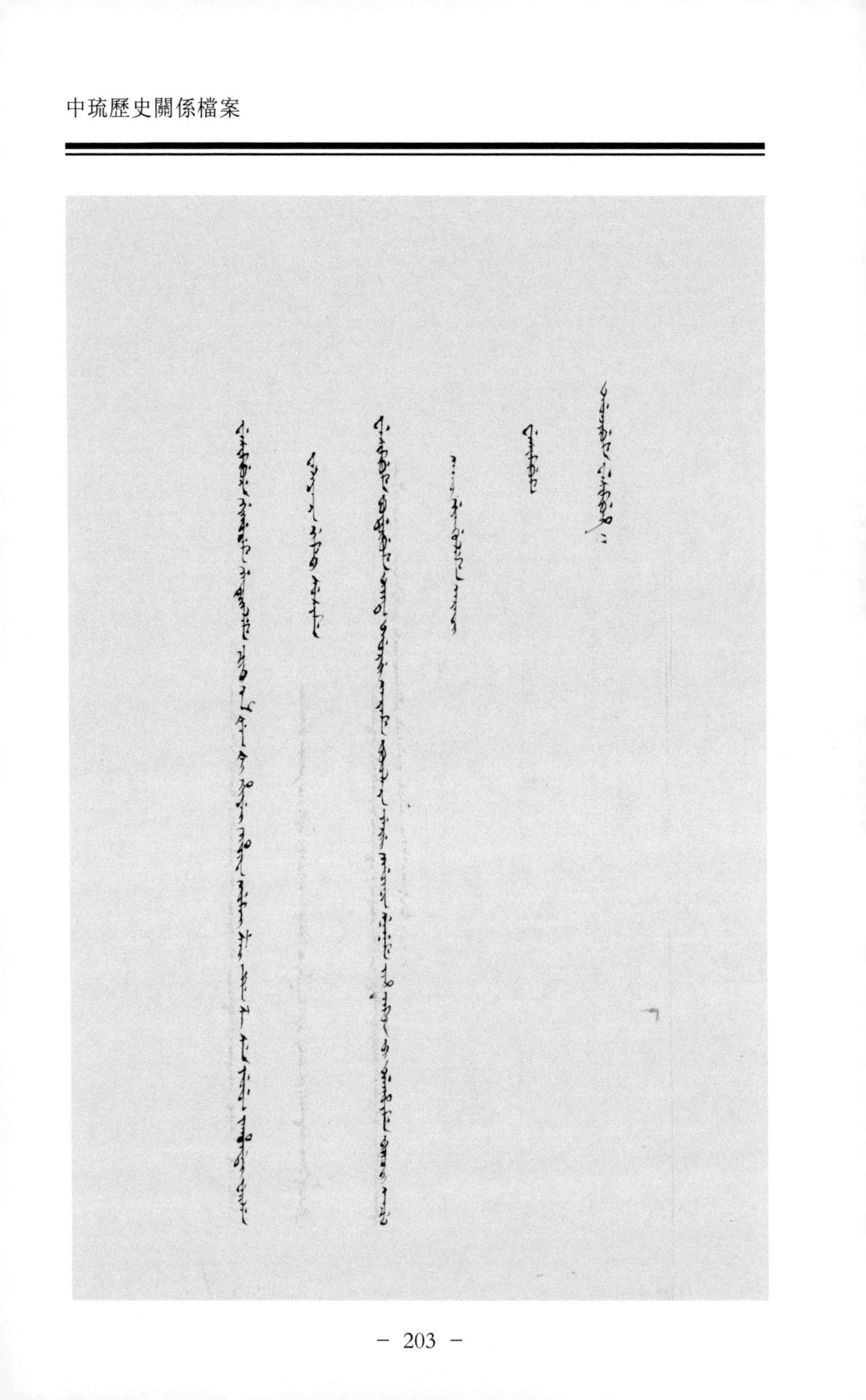

[illegible]

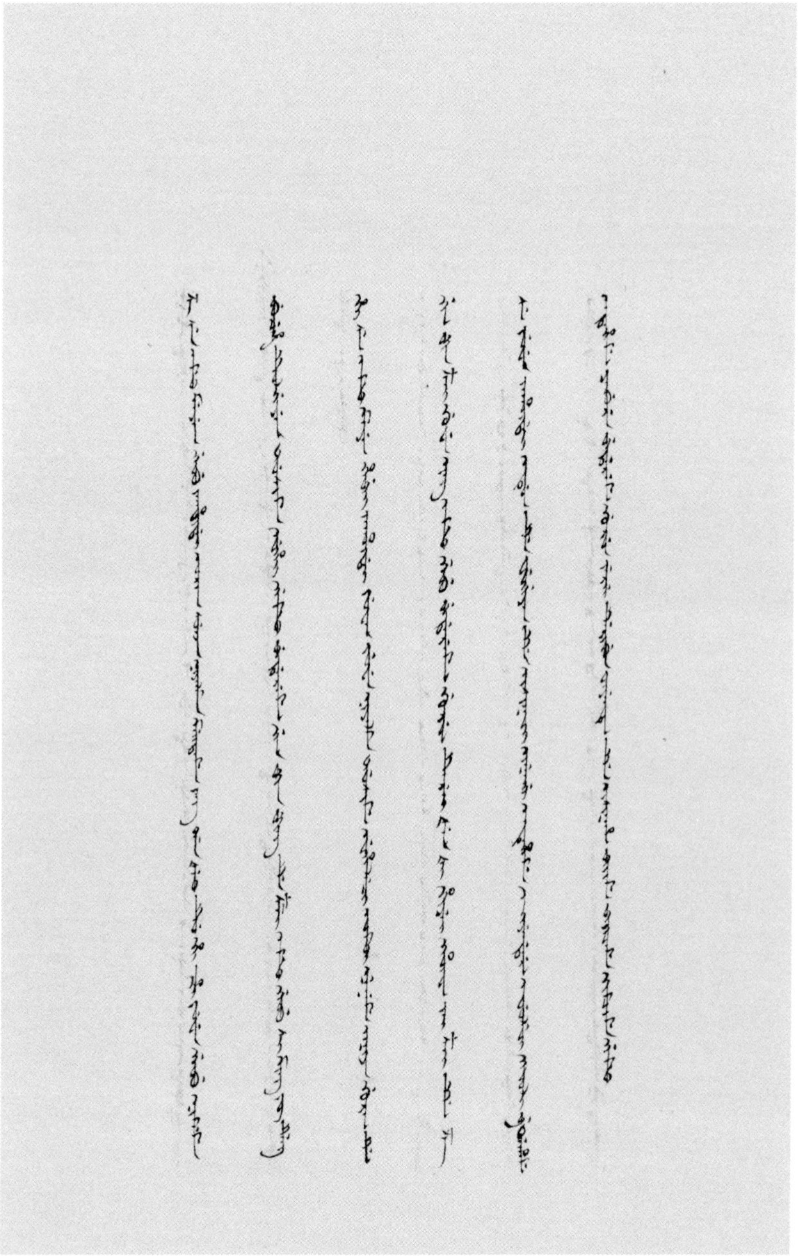

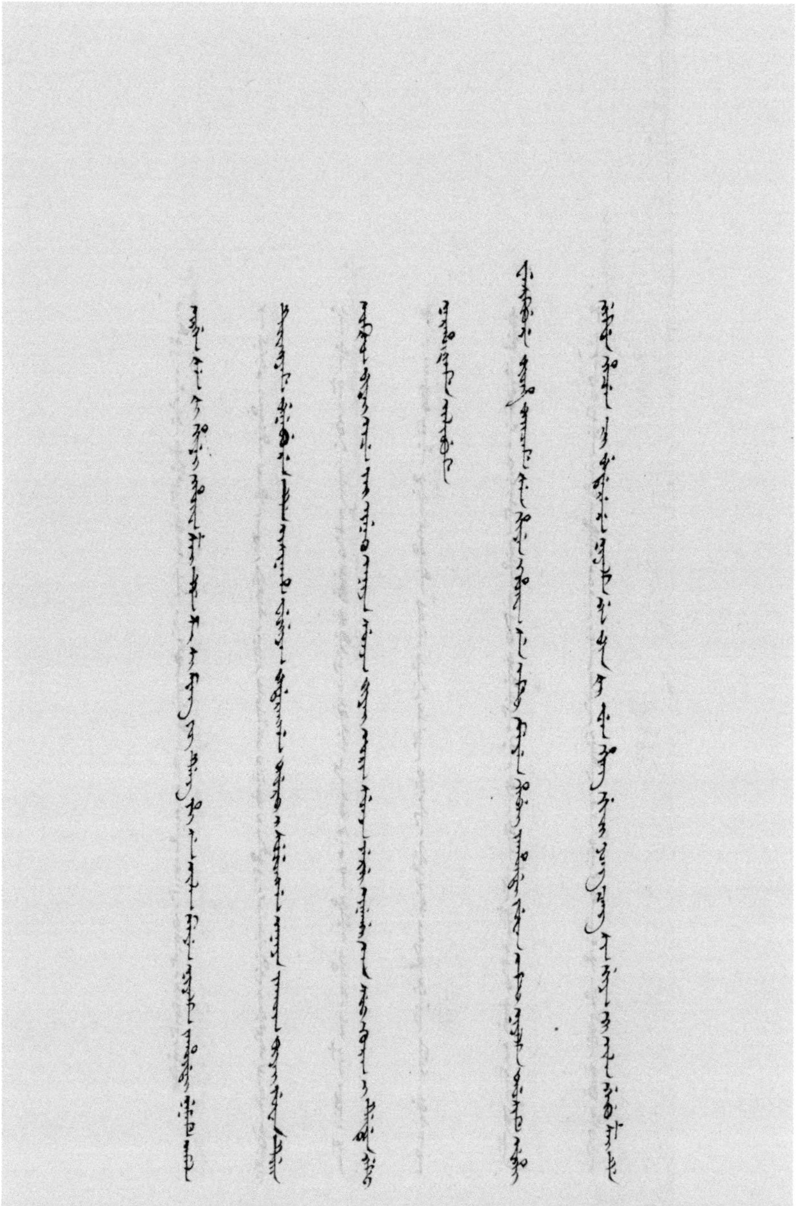

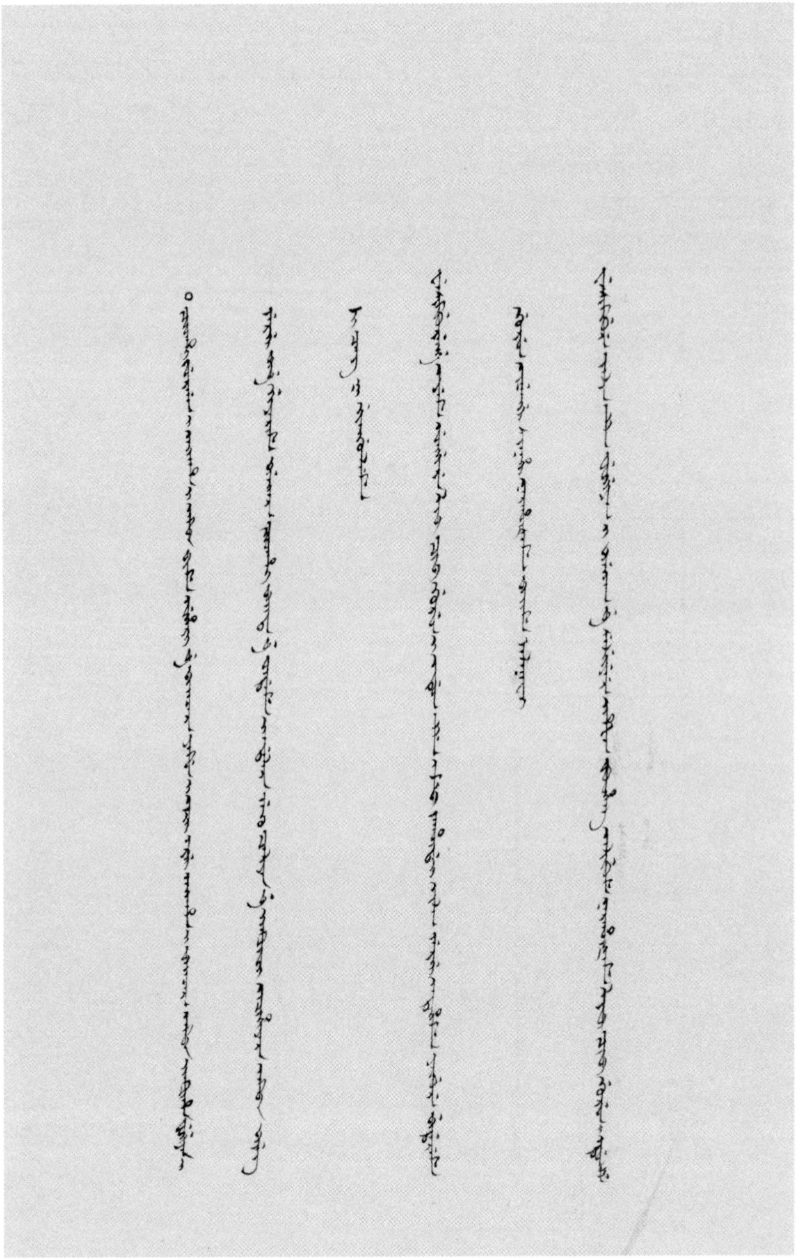

三二、山東巡撫丁寶楨爲琉球遭風難民循例撫恤事奏摺

光緒二年十月二十四日　（1876. 12. 9）

内容提要

山東巡撫丁寶楨奏報，九月二十二日據英國領事函開，英國夾板船於東大洋見有琉球國遭風難民八人，當即救起，帶來烟臺。難民等全不通華語，亦不諳中華文字，無從訊取供詞，東省亦無通曉琉球國言語之人，無從翻譯。照例設館安置，妥爲撫恤。難民原船漂失，由萬年青輪船附送赴閩，再由閩省譯詢明悉，附便搭遣回國。

檔案來源：軍機處録副奏摺
已編入《清代中琉關係檔案選編》第一一〇七頁

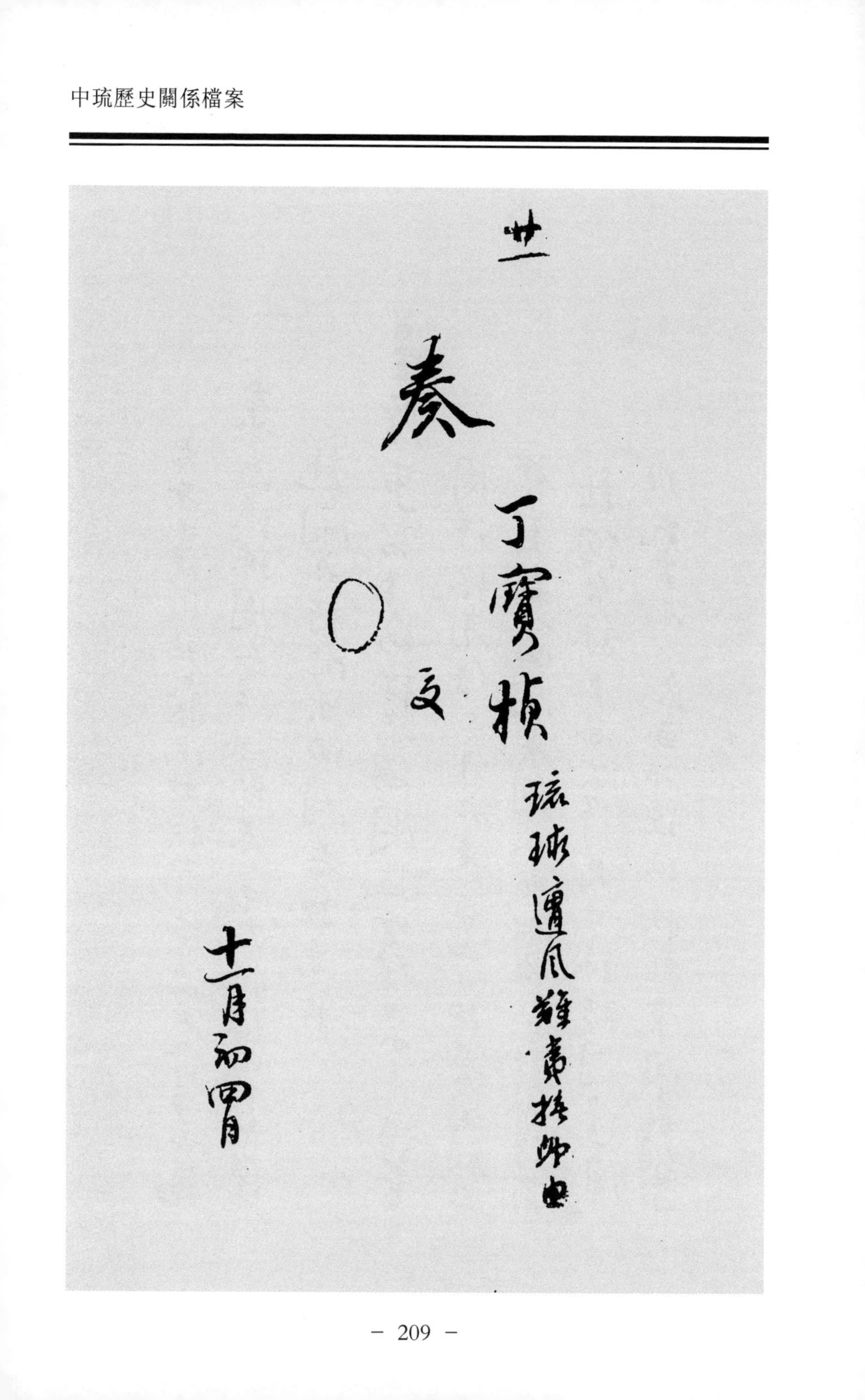

廿一

琉球遭風難夷撫卹由

丁寶楨

奏

交

○

十二月初四日

太子少保銜頭品頂戴新授四川總督山東巡撫臣丁寶楨跪

奏為琉球國人遭風到東妥為撫恤由輪船附搭

赴閩再行附便回國恭摺具祈

聖鑒事竊臣接據東海關監督登萊青道龔易圖

詳稱光緒二年九月二十二日據英國領事

哲美森函開英國夾板船由汕頭放洋前

赴烟台駛至島大洋見有琉球國遭風

難民大小八名當即設法救起帶同來烟業

由該頭目轉飭水手借給衣服，而該撫恤，並發所該難民僅帶有寬永銅錢十七千七百文一併附送去後，該道當經登州府飭令福山縣查訊，該難民八名均各蓄髮挽髻，確係琉球國人氏，年約五十餘歲者三名，年約二十餘歲者二名，年約十餘歲者三名，訊詰住址姓名作何生理，如何遭風，該難民等全不通華語，授以紙筆亦均

不諳中華文字等語，訊取供詞，年甫六歲，
通曉琉球國言語之人，無從翻譯，由縣即
將寬永綑縛如數，蒙恩設館安置，並妥為撫
恤。查琉球國民遭風到東，向由地方官稟
報，護送赴閩，再行附便回國。今該難民
並無船隻，若由陸路進送，道路遙遠，
且冀年來輪船每抄須由閩廠修理，可否
即交該管帶官附送赴閩，其情請東省來

又查琉球國遭風難民例應遣送赴閩附
便回國今該難民等在洋遭風經救赴浙
全不通曉中華言語文字並省亦無通曉
琉球國言語之人無從譯訊原船又已漂
失現適有萬年青輪船回閩之便自應即
飭該輪船附送赴閩再由閩省譯詢明悉
附便搭送回國較為妥速以仰副
聖主懷柔遠人之至意除批飭照辦並咨總理衙

優加撫恤，造冊報銷，咨照禮部及閩省

督撫。臣查此次所有琉球國人遭風到東，

一并撫恤，由輪船附送赴閩，再行附便

回國緣由，理合恭摺具

奏，伏乞

皇太后

皇上聖鑒訓示。謹

奏。

光緒二年十一月初四日軍機大臣奉

旨：知道了。欽此。

十月二十四日

三三、浙江巡撫楊昌濬爲琉球遭風難民循例撫恤事奏摺

光緒二年十月二十六日　（1876.12.11）

内容提要

浙江巡撫楊昌濬奏報，琉球國難民金興發等九人在洋遭風，漂流到境，照例設館安頓，加意撫恤。原船撞壞漂没無存，將難民等按名給發衣糧盤川，選派兵役於八月二十四日護送起程前往上海，又附搭輪船於九月十七日開駛赴閩，遣送歸國。

檔案來源：軍機處録副奏摺

已編入《清代中琉關係檔案選編》第一一一〇頁

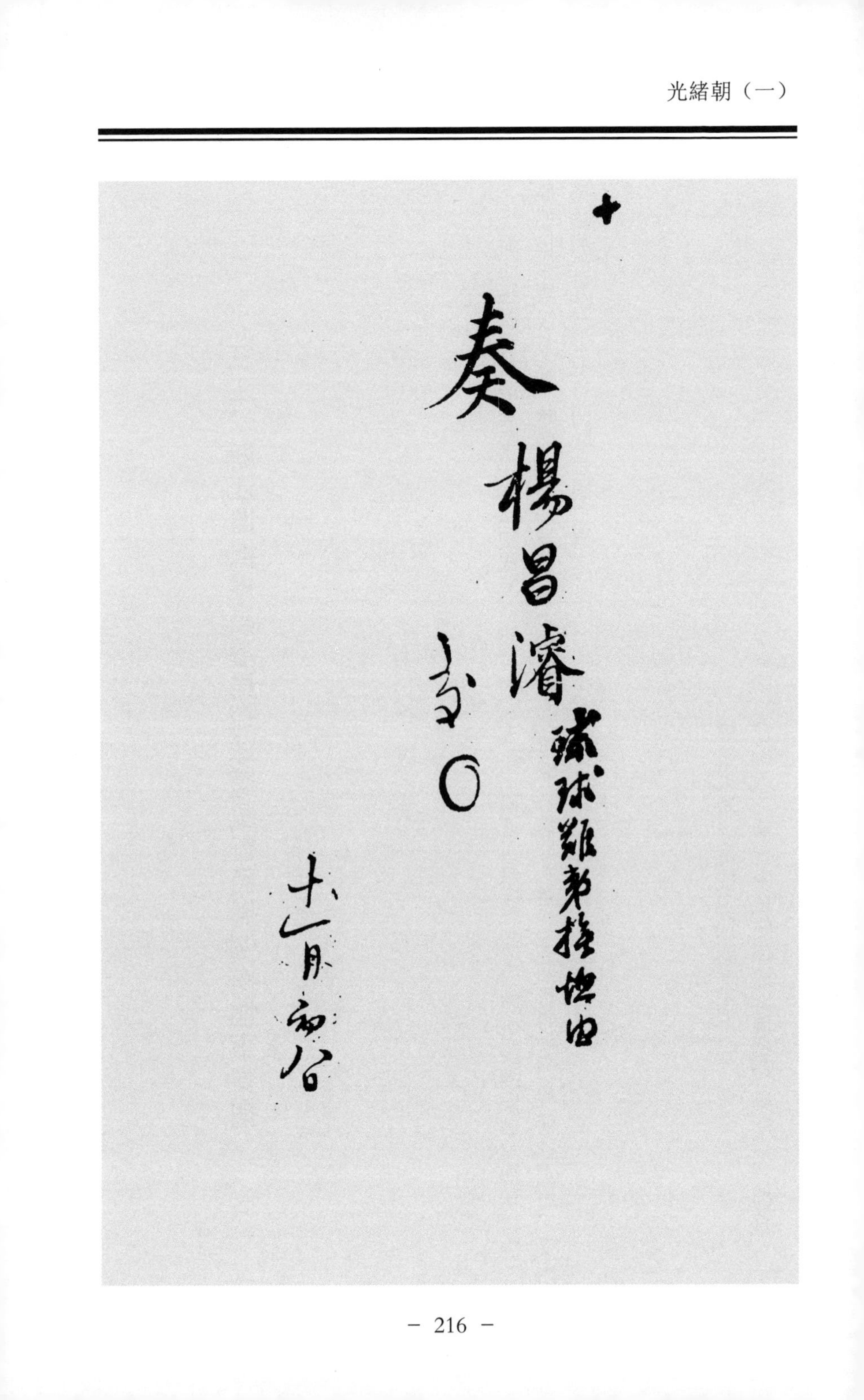

奏

楊昌濬 琉球難番接撫由

奏〇

十一月初八日

浙江巡撫臣楊昌濬跪

奏為琉球國難番遇救到境循例撫卹恭摺仰祈

聖鑒事竊據布政使衛榮光詳據象山縣知縣鄒延

寅稟據爵溪韭山島民章元吉等稱光緒

元年七月二十七日在外韭山瞭見有遭風外國船

一隻伊即喊同各漁戶駛船往救見該船已

被礁撞沒當將難番九名撈救過船撫給衣食

時因風潮不順延至八月初八日始得駛進爵溪

港當情查驗該難番共計九名蓄髮挽髻頭
穿長領小袖短衣執有琉球國照帖註明船户
金興發書宏查並與照三名又有腰牌三塊內
刻越姓云生到稱鄭卜易三名共係三名並無
腰牌亦不註明照帖不知係何姓名報此言語
不通給與紙筆不能書寫緣該番並無通事來
傳譯詢者將該難夷等設館安頓加意撫卹一
面移據兵役查明該船業已漂沒無存伏

查琉球國遭風難夷漂流到境向例給予衣
糧修理舟楫候風遣回本國又欽奉保護中外
船隻遭風遇險章程救起外國之人先給衣糧如
無領事可交者撥附通商局資給盤川俾令自行
回國茲據該難夷等遭風漂流到境既無領
事可交該夷鈞船業已被礁撞壞漂沒無存勢
難令其自行回國而寧屬海口又無該國商
船可以附搭惟有移送江蘇上海通商局係有琉

球國商船到滬附搭回國。按案給發口糧，
製給衣服等項，派撥兵役協同島民等前
妥護送至寧波府城，轉送上海道衙門給
資回國等情到司。並據委鄞縣知縣惠
申報，該難夷等由該縣按名給發衣糧食物盤
川等項，遴選派兵役於八月二十日護送起程，前往上
海縣交替等語。查定例，沿海省分遇有遭風
夷船，該地方官加意撫卹，賞給衣糧，修理舟楫

據照該上司呈送回國茲准浙省遣送琉球國
遭風船隻到境因該國每閩省發運時多便
船往來可以附便回國以歷係護送赴閩安
鎮附便催遣回今該象山縣既已保護中外船
隻遣隨新筆送至郡城由府轉齎鄞縣設
俾安撫資給衣糧護送江蘇上海縣轉交
通商局附搭該國商船回國據稱向由中華船
猶有未符現經該縣將該難夷護送赴鎮

赴滬自應即由蘇松太道妥爲安頓覓便附送
回國並將情形詳請具
奏前來臣覆核無異除咨江蘇撫臣轉飭
蘇松太道查已將該難番等與營丸九名
附搭早利船輪番伴送於九月十七日開
洋赴閩據該道送歸國並由該處查無異隨據
所給口糧銀米並該道具實用報銷書
另行詳咨並咨部查照外理合繕摺具

奏伏乞

皇太后

皇上聖鑒謹

奏

光緒二年十一月初八日軍機大臣奉

旨知道了欽此

十月二十六日

三四、閩浙總督文煜等爲琉球遭風難民由浙護送來閩循例撫恤事奏摺

光緒二年十月二十六日　（1876. 12. 11）

内容提要

閩浙總督文煜等奏報，琉球國難民林克旺等二十五人駕坐海船在洋遭風，折斷風帆，於六月初八日漂至浙江平湖縣轄洋面。經救護引進内港，賞給錢米食物，修理船隻，派撥兵船舵工引導，於八月十六日護送到福州海口，十八日安插館驛，照例賞給衣糧，妥爲撫恤。原船將來堪否乘駕回國，飭查分別辦理。

檔案來源：軍機處録副奏摺

已編入《清代中琉關係檔案選編》第一一一二頁

十六

奏

文煜等

回文

撫卹琉球難民由

十一月二十日

福州將軍兼署閩浙總督臣文煜跪

福建巡撫臣丁日昌

奏爲琉球遭風難民由浙護送來閩循例譯訊

撫卹恭摺仰祈

聖鑒事竊據署福防同知洪彥東詳據五虎門

巡檢陸蔭辰移接護琉球遭風海船一隻難民

林克旺等二十五名及隨身行李什物進省

當即安插館驛妥爲撫卹一面飭傳通事譯訊

據供林友惟是船主翁允仁是舵工年友興是
水手通船二十六人俱係琉球國那霸府人本年
閏五月十九日駕坐小海船往八重山府運糧來
在洋遭風折斷風帆七月初八日飄至浙江平湖
縣轄洋面幸遇該處漁船救獲引進內港蒙安
賞給錢米食物並修理船隻派撥兵船舵工護
送由鎮海一帶轉送來閩沿途地方官均賞給
錢米派換兵船舵工引導八月十六日到福州

海口十八日出搭舨歸業情由可據詳請
奏前來臣覆查該難民林克旺等漂洋遭風情
殊可憫並應推廣
皇仁
自省十八日出搭舨歸之日起每人日給米一
升鹽菜銀六釐回國之日各給行糧一個月
並照例加賞布疋棉衣等項於撥給欽以示懷
柔所需物價統於存公銀內動支可造冊報
銷該難民在浙書寫供情間有舛誤抑已譯訊

更正並原照將東槐西乘賀四國均查分別辦理

陳洛鄭外，只恭謹合詞恭摺具

奏伏乞

皇太后

皇上聖鑒謹

奏

光緒二十年十一月二十八日軍機大臣奉

旨知道了欽此

十月二十八日

三五、江蘇巡撫吴元炳爲琉球遭風難民循例撫恤事奏片

光緒二年十一月十八日＊（1877.1.2）

内容提要

江蘇巡撫吴元炳奏報，琉球國難民道仲村渠等十四人在洋遭風，撞沉船隻，照例給發衣糧，妥爲撫恤。原船貨物均已沉没無存，即委員迎護至滬，附搭輪船遝送閩省，轉遣回國。

檔案來源：軍機處録副奏摺

已編入《清代中琉關係檔案選編》第一一〇九頁

七七 〇

吳元炳片

再據外舉知夫那國昂發等狀，光緒二年九月初九日准掘港營都司劉貴國安分防主簿張夢熊稟送琉球國難民十四人到縣，當經面詢，奈語言不通，授以紙筆，隨據書稱：道仲村渠葭上江湖德川平安富村次金城亞姓、吳姓、仁姓、李姓、李姓、慶姓、李姓、翁姓、玉姓，共十四人，均係琉球國那霸府人，於本年六月初四日由泰平山地方開船

至二十一日行抵中國東南地海邊遭風觸礁
致撞沉船隻，貨物漂流無存。十四人鳧到岸
登陸活命。於九月初六日到揚港，書信當
即照例撫卹，給發衣糧，妥為安置，等該委
員迎護等情。隨經批飭臬司委員前往迎護
至滬，運送閩省，轉遞遣回國去後。茲據江寧
布政使梅啟照、江蘇按察使勒方錡詳稱：據
委員候補知縣於培樹前赴該縣將琉球難

民道仲村渠等十四人分為送滬附搭輪船
赴閩轉送回國等情，咨會詳請
奏前來。臣查琉球國商民遭風漂至各省例應
由地方官動用存公銀兩賞給衣糧，修理舟
楫，將貨物查還，候風遣歸本國。今該難
民道仲村渠等四人原船貨物均已沉沒無存，
自應委員迎護至滬附搭輪船遞送閩省轉遞
回國，以示懷柔。除咨禮部並先分咨湖閩浙督撫

以查照分別歸復辦理合附片陳明伏乞

聖鑒謹

奏

光緒二年十二月十八日軍機大臣奉

旨知道了欽此

三六、照録爲擬告日本外務以大略情形等事致駐日大臣何如璋信函

光緒二年　（1876）

内容提要

近日發去信函、電報等件想經塵覽，來函備悉，日人近來囂然不靖，無非恐我興師問罪預設防範，擬由臺端面告日本外務以大略情形，再行相機酌辦。至翻譯一事，可就東京使館覓得熟諳漢文之通事作爲教習，再招募聰穎華童二三人爲學生，將來可爲翻譯之用。

檔案來源：外務部檔案

已編入《清代中琉關係檔案七編》第三〇二頁

照錄致出使日本大臣何
子峩閣下密啟者三月十一日發去东字五十
三號一函想經
覽十二二十四等日發電信兩件一报
國恤一復寄外務及宍戶使文斟酌辦理各節亮均
早達此間十六二十三四月朔日先後接到一
百二十一二三號
來函備悉壹是日人近來囂然不靖無非恐我

興師問罪預為設防此亦意中之事遽思開衅
諒無此理第我不能不講求洋防以自固藩籬
耳
來函論本處前寄外務及宍戶使文若果交去
似無益於事而有損　國威反足安其疑懼之
心長其驕蹇之志
卓見極是惟以本處已言在先似不值失信於
遠人今既將本

諭旨仍不宣示彼且謂前此遷延許久不給復音皆支展之辭非事實也故初由台端面告外務以大畧情形看其口氣如何再行相機酌辦未知已經轉達否甚以為念頗鮮外交一事近無確耗其貴族數人到东游歷如晤面時當可密探其舉動鐵甲蠢燗一事早經告知丹崖屬其預為留意東繙譯一项自是目下不可少之人惟於同文館添设招致友習甚

多周折不如就东京使館覓通事之能熟諳漢
文者作為教習再招善童之聰穎者二三人為
學生認真講貫並可由
台端隨時驗試需以歲月當易成材將來便可
為繙譯之用如此辦理無須多人經費當亦有
限望
台端斟酌可再尊齋到东尚須附日想
賢者必不存五日京兆之見也揚樞學習期滿

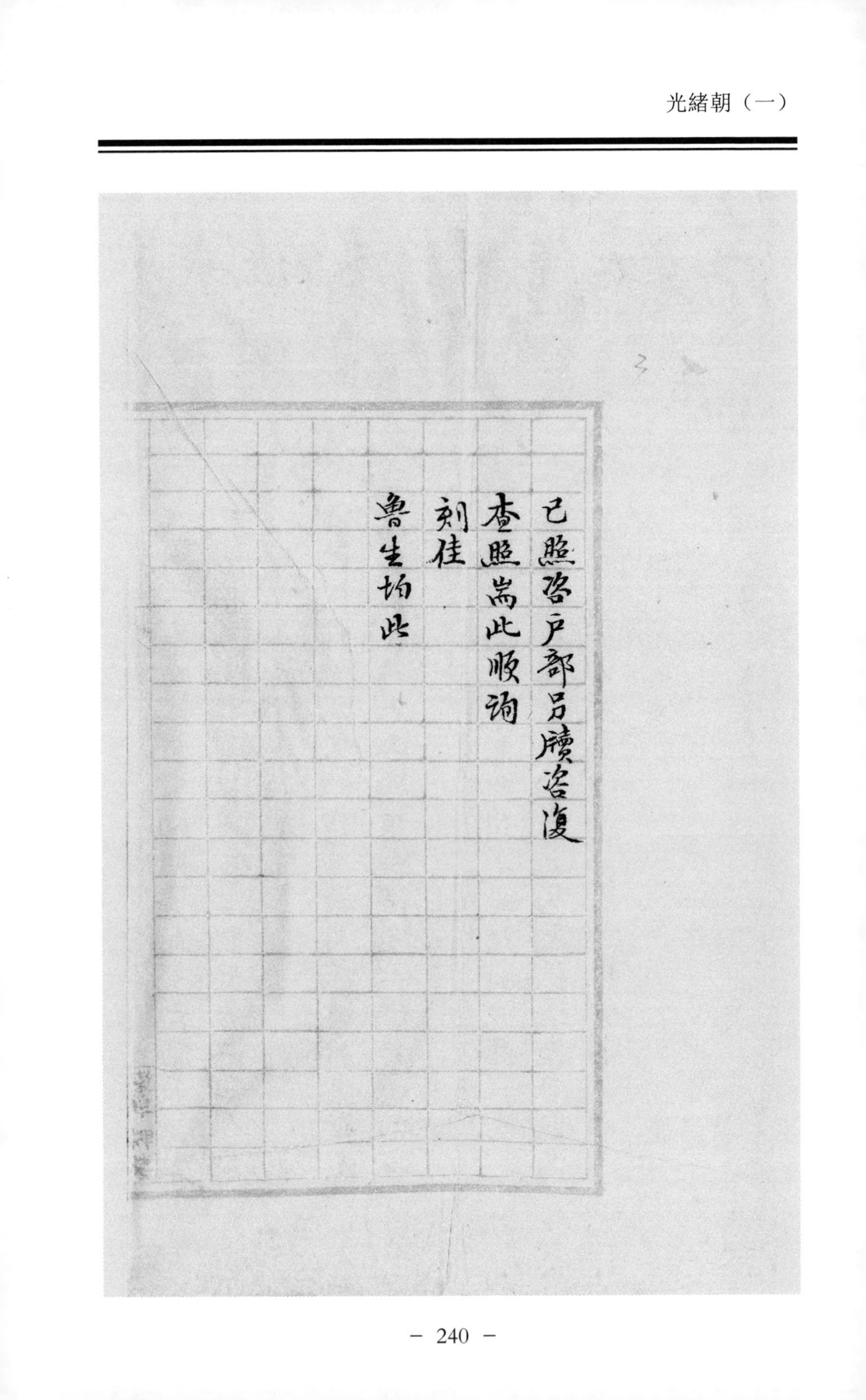

已照咨戶部另牘咨復
查照耑此順詢
刻佳
魯生均此

三七、閩浙總督何璟等爲琉球密遣陪臣赴閩籲請入京陳奏事奏摺

光緒三年五月十四日* （1877.6.24）

内容提要

閩浙總督何璟等奏報，琉球通事林世功等官伴水梢三十九員乘琉球國土小船一隻，奉國王命遣陳國情，遭風漂泊到閩，照例安插供膳。陪臣等賫該國王密咨一件，并奏請懇恩詳咨給憑赴部瀝情。臣等會核咨奏，備悉日本阻貢情事，該陪臣等銜命遠涉，欲詣闕陳情以紓該國之難。請飭何如璋等於前往日本之便，將該國不應阻貢與之剴切理論，并邀集泰西駐日諸使按照萬國公法與評曲直。謹將琉球國王密咨及陪臣原奏照抄咨總理各國事務衙門備查。該使臣是否給憑准其入都，伏乞皇太后皇上聖鑒訓示施行。

檔案來源：軍機處録副奏摺
已編入《清代中琉關係檔案七編》第三〇五頁

二

奏

何璟等據情陳奏琉球職貢日本梗阻由

另抄交總署

五月十四日

閩浙總督兼署福州將軍臣何璟跪
福建巡撫臣丁日昌
奏為琉球國因日本阻貢密遣陪臣赴閩籲請
據情陳奏恭摺仰祈
聖鑒事。竊臣等於四月初四日據福建布政司詳據
福防同知詳報琉球國土小船一隻內配官伴
水梢三十九名來閩陳情護送進口。委查船內
並無土產方物。據琉球通事林世功同陪臣蔡

巾官向德宏、存通事蔡大鼎等奉國王命遣陳國情，去年十月二十五日放洋，因風色不順，本年二月二十九日始抵福州，隨將該陪臣等赴司齎報該國王密咨一件，並稟請籲懇詳咨給憑赴部瀝情等語。除飭照例安插供膳外，合將該陪臣等原齎該國王密咨照錄，詳請核遞等情前來。臣等會核咨意，備悉日本阻貢情事。伏念我

朝撫綏萬方不寶遠物即或琛航濡滯從無詰
責之文所以懷柔遠人者至優且渥至於藩服
有事故申陳例得由督撫據情代奏查琉球
世列外藩歲修職貢較諸國最為恭順前以倭
人中梗方物稽延該國王昕夕憂危力難抗
拒深恐失修貢事上負
累朝覆載之恩且慮日本聞知構釁因飭為遭風漂
泊到閩冀得剖露真誠用心良苦該陪臣等

銜命遠涉欽詣
闕陳情以行該國之難其情亦可矜憫義不代為陳
請何以宣
朝廷綏遠之恩慰藩服瞻依之願臣等伏查前代所隸
外藩或因其山川險阻足以拱衛藩籬或因其物產
豐饒足以供給賦稅是以招攜懷遠不惜煩
兵力而擴版圖今琉球地瘠民貧孤懸一島
本非邊塞阨要之地無捍禦邊陲之益有鄰

邦釁隙之憂徒以其恭順二百餘年不忍棄諸化
外且此次委曲陳情頗昭忠悃若將拒之過甚轉恐
泰西各國謂我不能庇護屬邦益啟羣窺以
携貳之漸合無仰懇
天恩
俯念出使東洋侍講何如璋等於前往日本之
便將琉球向隸藩屬該國不應阻貢與之剴切理
論並邀集泰西駐倭諸使按照萬國公法與評
曲直趁該國內亂有求於我之時因勢利導庶幾

特圖報復如竟意存叵測則在使臣臨時斟
酌總期於無陳了事是否有當伏乞
聖裁至現在該國使臣應否給憑准其入都及取
道水陸抑係令該陪臣先行回國暫留通事等
安插人在閩恭候
諭旨遵行臣等未敢擅便除將該國王密咨及該陪臣
原呈照抄咨總理國各事務衙門備查外所有
琉球國因日本阻貢密遣陪臣赴閩陳情緣由理

合據情會同密陳伏乞

皇太后

皇上垂鑒訓示施行謹

奏

光緒三年五月十四日軍機大臣奉

旨

欽此

三八、閩浙總督何璟等爲琉球遭風難民循例撫恤事奏摺

光緒三年七月十六日　（1877.8.24）

内容提要

閩浙總督何璟等奏報，琉球國難民向士傑等十三名駕坐海船在洋遭風，於四月十六日漂至閩省泉州府轄洋面，照例引導進口，安插館驛，妥爲撫恤。難民等駕坐原船，於六月二十日離驛登舟，乘風放洋，長行回國。

檔案來源：軍機處録副奏摺

已編入《清代中琉關係檔案選編》第一一一三頁

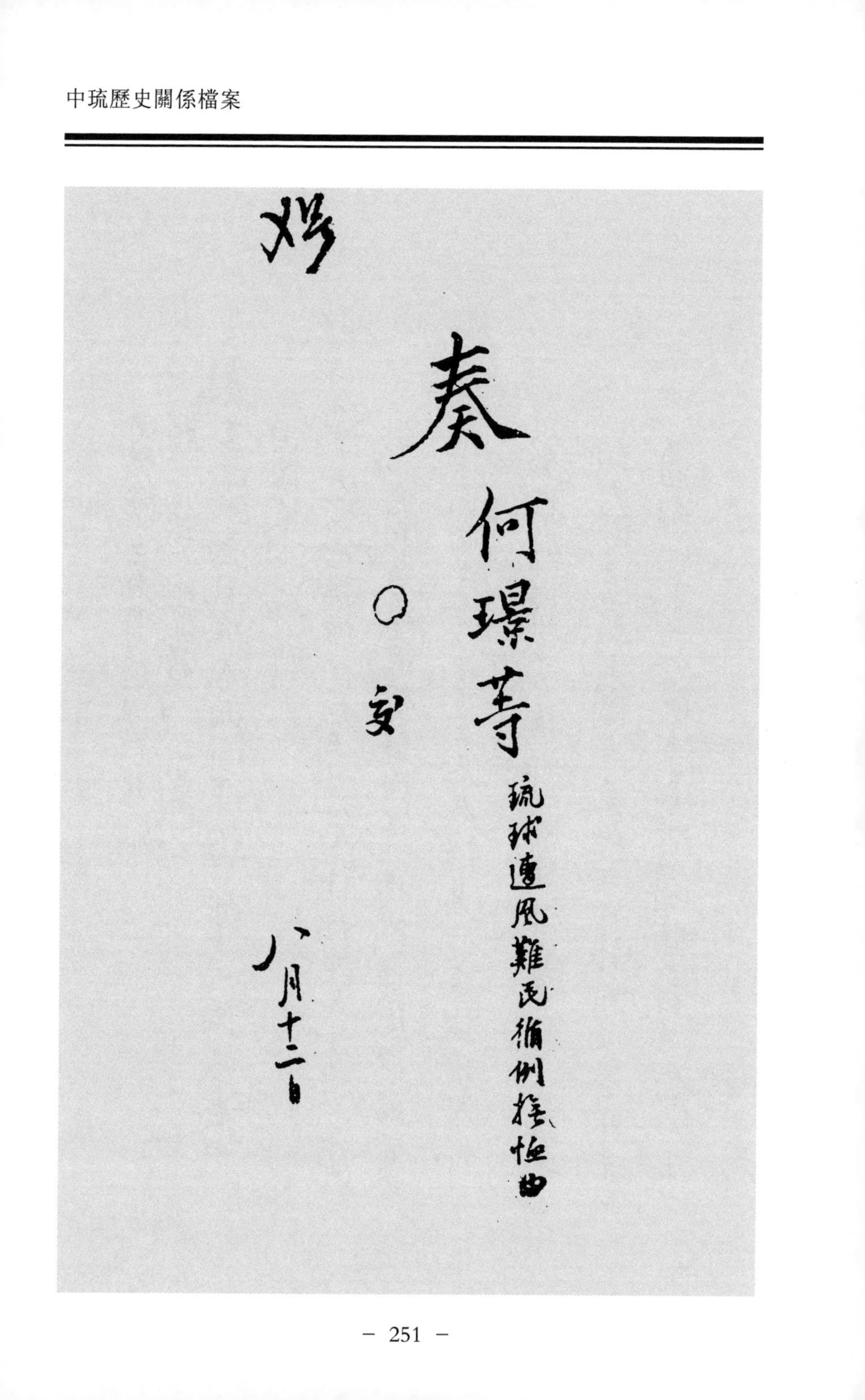

琉球遭風難民循例撫恤由

奏何璟等

○

安

八月十二日

抄

閩浙總督兼署福州將軍臣何璟
福建巡撫臣丁日昌　跪
奏為琉球遭風難民循例譯訊撫䘏並已據報乘風
回國恭摺仰祈
聖鑒事窃據福防同知王冕南詳稱本年四月二十六
日據閩安鎮巡檢接護琉球國遭風海船一隻
難民向士傑等十二名及隨身行李進省當即
安插館驛妥為撫䘏一面飭傳通事譯訊據供
向士傑是船主國吉是舵工向維新等是水手
通船一十三人俱係琉球國那霸府人駕坐

小海船一隻裝有柴木石灰等物於四月初六日
往八重山售賣被風飄出大洋十六日至閩省
泉州府轄洋面蒙地方官賞給白米銅錢
派撥舵工引導駕駛二十五日進五虎口二十六
日到閩安插照例於安插之日起每人日給米一
升鹽菜銀六厘該難民等船隻查係堅固
且稱熟諳閩洋毋庸守候另搭便船隨據
報於六月二十日離閩登舟乘風放洋長行
回國仍每人各給行糧一箇月並加賞物件
折價給領統於存公銀內動支另款造冊報銷

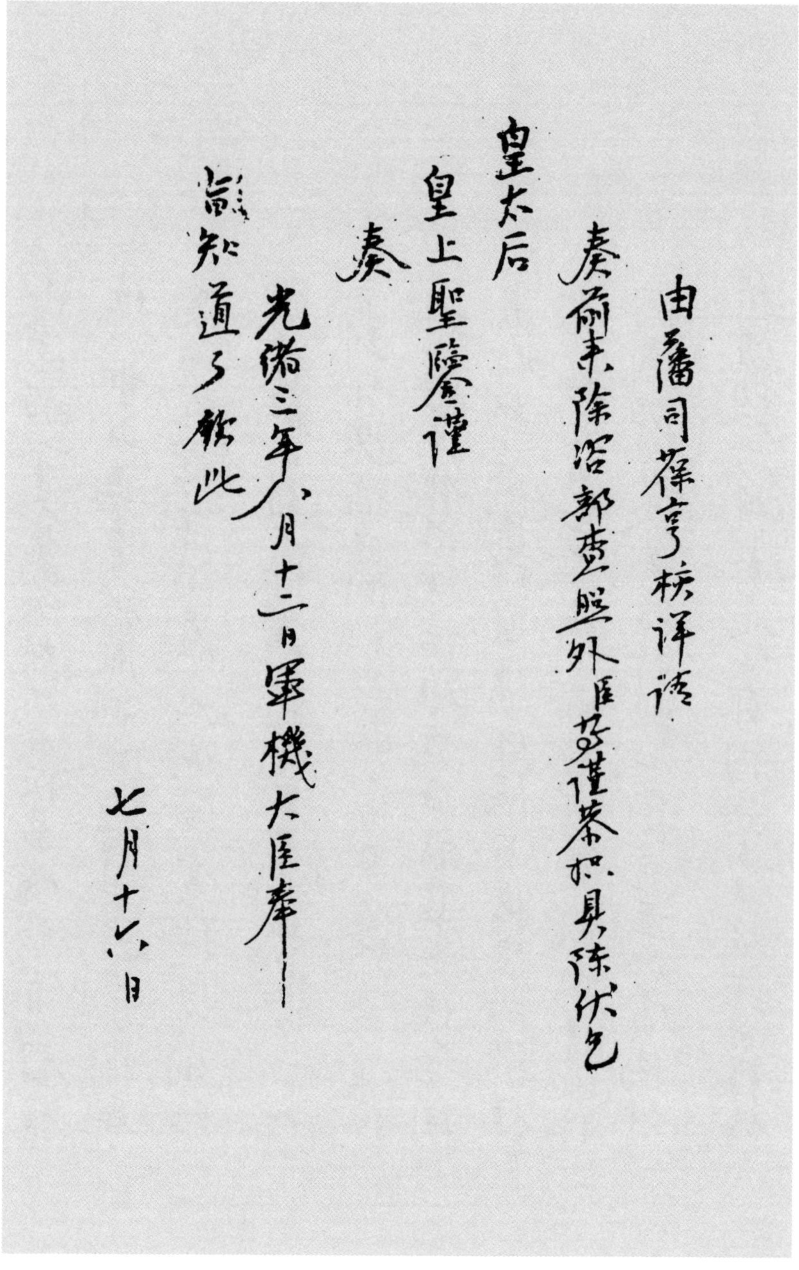
由藩司孫亨梓詳請
奏前來除咨部查照外臣英謹恭摺具陳伏乞
皇太后
皇上聖鑒謹
奏
光緒三年八月十二日軍機大臣奉
旨知道了欽此
七月十六日

三九、江蘇巡撫吴元炳爲琉球遭風難民循例撫恤事奏片

光緒三年七月二十七日　（1877.9.4）

内容提要

江蘇巡撫吴元炳奏報，琉球國難民大城等十人在洋遭風，船隻沉没，幸遇漁船撈救得生。照例給發衣糧，安置館舍，妥爲撫恤。原船貨物均已沉没，照例委員迎護至滬，附搭輪船送閩，轉遣回國。

檔案來源：軍機處録副奏摺

已編入《清代中琉關係檔案選編》第一一一四頁

硃

吳元炳片

再據東臺縣知縣趙從佐稟報光緒三年六月初十日准丁溪場大使孫秦穆送琉球國難民大副新垣當從面詢來歷語言不通據伊等隨據書稱大城津堅山谷嶺玉城親村前川今城嵩山古明莊親村共十人均係琉球國那霸府人同船裝載米粟糧於年五月二十日出海六月初二日行抵中國不知地名海面猝遭風浪船隻沉沒幸遇漁船撈救

覽

將生等請當即照例撫恤給發衣糧安置館

舍詢該難民等以閩地水土不服兼由離國

日久急欲回歸一日數次催促登程即將該難民等伴遣

揚州府城〇由府委送至蘇稟請委員迎護等情

隨經批飭臬司委員前往迎護至滬附搭

輪船送閩渡回該國去後茲據署江蘇按察

使薛書常詳稱該難民等十〇人現據吳縣

稟報業已遞到蘇州由司飭委候補從九暴

飭照前赴該縣逐一點驗妥為送滬附搭輪
船赴閩轉送回國等情詳請具
奏並移給咨前來臣查琉球國商民遭風漂至
各省例應由地方官動用存公銀兩賞給衣糧
修理舟楫將貨物查還候風遣歸本國今該難
民大城等十人原船貨物均已沉沒無存自應委
員遞護至滬附搭輪船遞送閩省轉遣回國以
示懷柔除咨禮部並福建撫臣查照暨分別飭

護外署奏附片陳明伏乞

聖鑒謹

奏

光緒三年八月十八日軍機大臣奉

旨知道了欽此

江蘇巡撫

七月廿七日

四〇、閩浙總督何璟等爲琉球遭風難民循例撫恤事奏摺

光緒三年十月二十二日　（1877. 11. 26）

内容提要

閩浙總督何璟等奏報，光緒三年七月十八、二十等日，先後由閩縣及閩安鎮巡檢接護琉球國遭風海船二隻，難民明天書等二十名及大城等十名進省。當即安插館驛，妥爲撫恤。難民明天書等船隻尚屬堅固，於九月十八日離驛登舟，附搭大城等十人暨前次留閩跟伴四名，一并乘風放洋回國。

檔案來源：宫中硃批奏摺

已編入《清代中琉關係檔案選編》第一一一五頁

奏

閩浙總督兼署福州將軍臣何璟
署理福建巡撫調補山西布政使臣葆亨跪

奏為琉球兩起難民循例譯訊撫卹並已據報回

國恭摺仰祈

聖鑒事竊據署福防同知歐陽駿報稱光緒三年七
月十八二十等日先後由閩縣及閩安鎮巡檢
接護琉球國遭風海船二隻難民明天書即石
川等二十名又大城等十名進省當即安插館
驛妥為撫卹一面飭傳通事譯訊據供明天書

即石川大城是船主山城津壽山是舵工西銘
谷城等是水手兩船共三十人俱係琉球國那
霸府人分坐小海船往太平山及八重山催糧
明天書等於本年六月二十一日開船二十四
日被風漂出大洋二十七日至浙江洋面幸遇
師船救護到平陽縣派撥舵工送閩七月十八
日到驛安插其大城等於本年五月二十一日
開船被風漂出大洋折斷帆桅六月初二夜至

江南揚州府轄洋面船身被浪擊破幸遇該處
民人帶到東臺縣轉由上海縣附搭輪船送閩
七月二十日到驛安插並稱經過江浙地方均
有賞給食米又大城等因言語不通在江蘇省
所供遭風情形間有舛誤已譯訊更正等情相
應查照向章妥爲經理以示懷柔而廣
皇仁各於安插之日起每人日給米一升鹽菜銀六
釐該難民明天書等船隻尚屬堅固兼之熟諳

閩洋毋須守候另搭便船隨據報於九月十八
日離驛登舟附搭大城等十人暨前次留閩之
跟伴慎寬量加納城山内上里等四名一併乘
風放洋回國仍每人各給行糧一箇月並加賞
難民物件折價給領事竣分别造銷由署藩司
李明墀覈詳請
奏前來除分咨查照外臣等謹恭摺具陳伏乞
皇太后

皇上聖鑒謹
奏
軍機大臣奉
旨知道了欽此

光緒三年十月　廿三　日

四一、署理福建巡撫葆亨爲琉球遭風難船回國日期事題本

光緒三年十二月十九日　（1878.1.21）

内容提要

署理福建巡撫葆亨題明，琉球國遭風難民林克旺、仲米村、道仲村渠、比嘉屋、西銘等五起先後護送到閩，照例安插館驛，妥爲撫恤。林克旺等二十五人，附搭比嘉屋等八人，駕船於三月二十八日乘風放洋長行回國；仲米村等二十三人，附搭道仲村渠等十四人，駕船於五月二十三日乘風放洋長行回國；西銘等八人，附搭土小船上跟伴向有恒，又前年京回跟伴蔡廷玉、存館跟伴慶世澤，駕船於五月二十六日乘風放洋長行回國。

檔案來源：内閣禮科題本

已編入《清代中琉關係檔案續編》第一五三五頁

四年二月二十三日下礼

該部知道

題

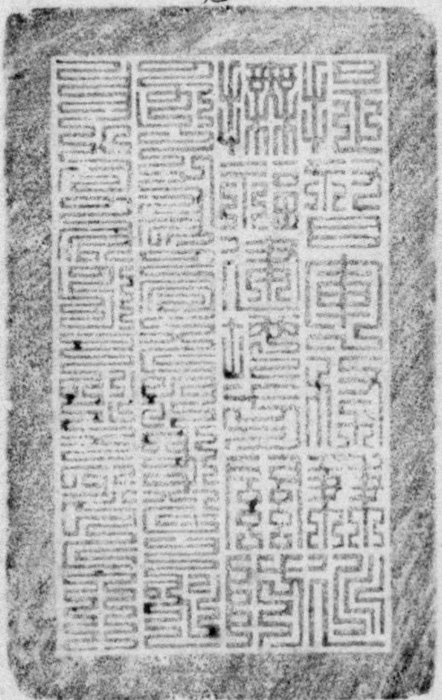

署理福建巡撫調補山西布政使司布政使臣裕亨謹

題爲遣發琉球國遭風難民船隻長行回國日期

詳請具

題事據署福建布政使李明墀呈詳竊照琉球國

遭風難民林克旺仲米村道仲村渠比嘉屋西

銘等伍起先後護送到閩業將譯訊撫恤情形

及安插館驛各日期分別詳蒙

奏咨在案查林克旺等壹起通船貳拾伍人堪以

附搭比嘉屋等壹起捌人回國仲米村等壹起
通船貳拾叁人堪以附搭道仲村渠等壹起拾
肆人回國西銘等壹起通船捌人堪以附搭土
小船上跟伴向有恒壹名又前年京回跟伴蔡
廷玉壹名存館跟伴慶世澤壹名回國據報熟
悉閩洋船隻尚屬完固林克旺比嘉屋仲米村
道仲村渠等肆起於本年叁月初玖日西銘等
壹起於伍月貳拾貳日先後離驛登舟均經飭

取長行回國日期去後據福防同知先後詳報
該國林克旺比嘉屋等人船於本年叁月貳拾
捌日仲米村道仲村渠等人船於伍月貳拾叁
日西銘等人船於伍月貳拾陸日均各乘風放
洋長行回國等由到司合就詳請察核具
題等情前來臣復查無異理合具
題伏祈
皇上聖鑒勅部查照施行爲此具本謹具

題

聞

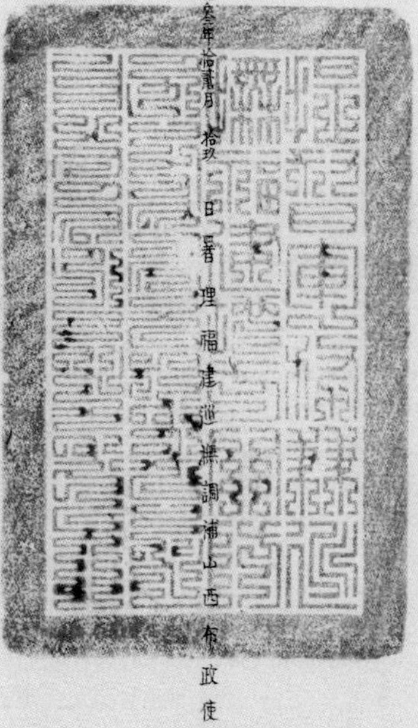

光緒叁年拾貳月拾玖日署理福建巡撫調補山西布政使司布政使臣葆亨

署理福建巡撫調補山西布政使司布政使臣葆亨謹

題爲遣發琉球國遭風難民船隻長行回國日期

詳請具

題事據署福建布政使李明墀呈詳竊照琉球國

遭風難民林克旺仲米村道仲村渠比嘉屋西

銘伍起先後護送到閩業將譯訊撫恤情形及

安插館驛各日期分別詳蒙

奏咨在案查林克旺等壹起通船貳拾伍人堪以

附搭比嘉屋等壹起捌人回國仲米村等壹起

通船貳拾叁人堪以附搭道仲村渠等壹起拾

肆人回國西銘等壹起通船捌人堪以附搭土

小船上跟伴向有恒壹名又前年京回跟伴蔡

廷玉壹名存館跟伴慶世澤壹名回國據報熟
悉閩洋船隻尚屬完固林克旺比嘉屋仲米村
道仲村渠等肆起於本年叁月初玖日西銘等
壹起於伍月貳拾貳日先後離驛登舟均經飭
取長行回國日期去後據福防同知先後詳報
該國林克旺比嘉屋等人船於本年叁月貳拾
捌日仲米村道仲村渠等人船於伍月貳拾叁
日西銘等人船於伍月貳拾陸日均各乘風放
洋長行回國等由到司合就詳請察核具
題等情前來臣復查無異謹具
題
題
聞

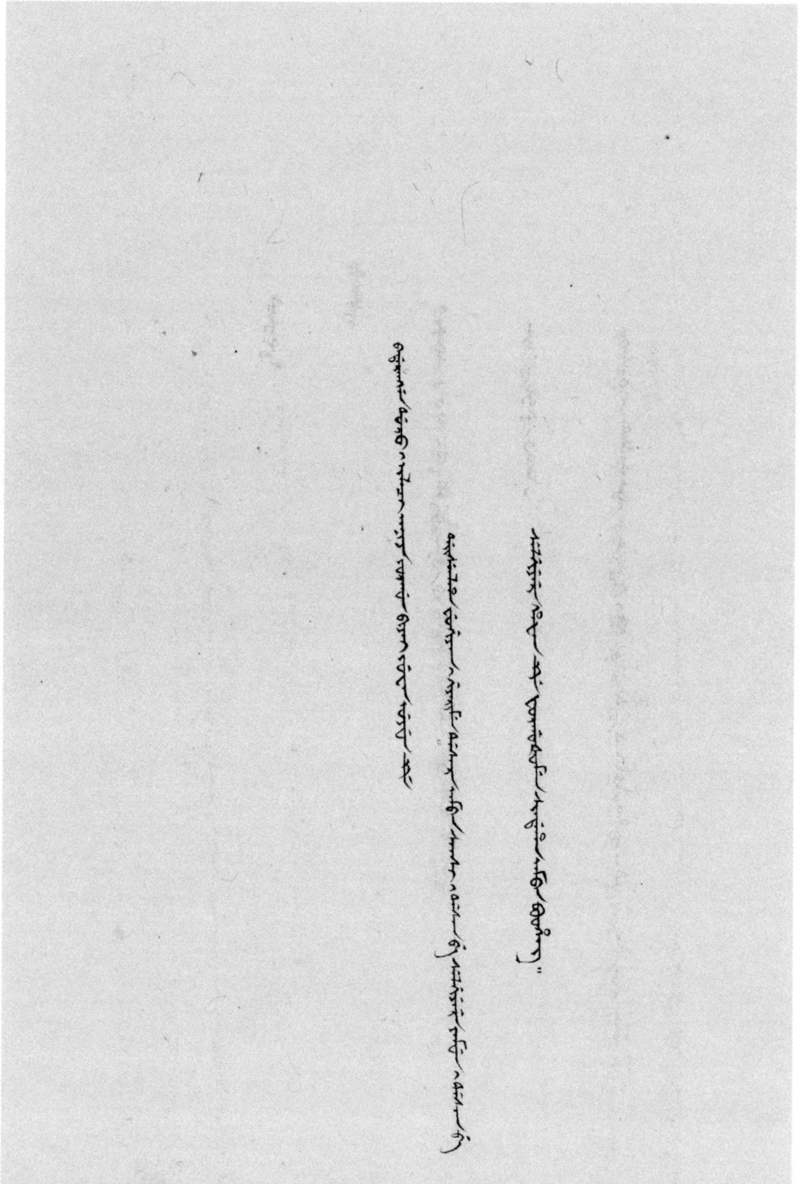

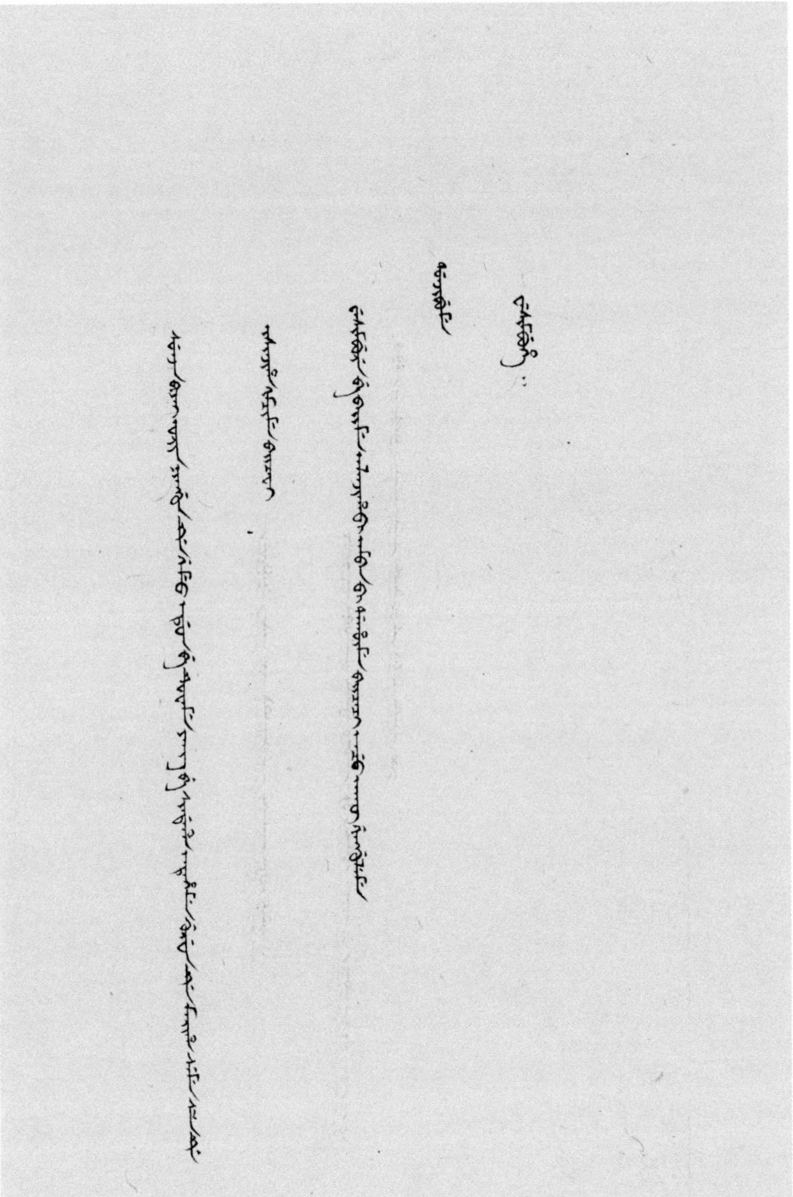

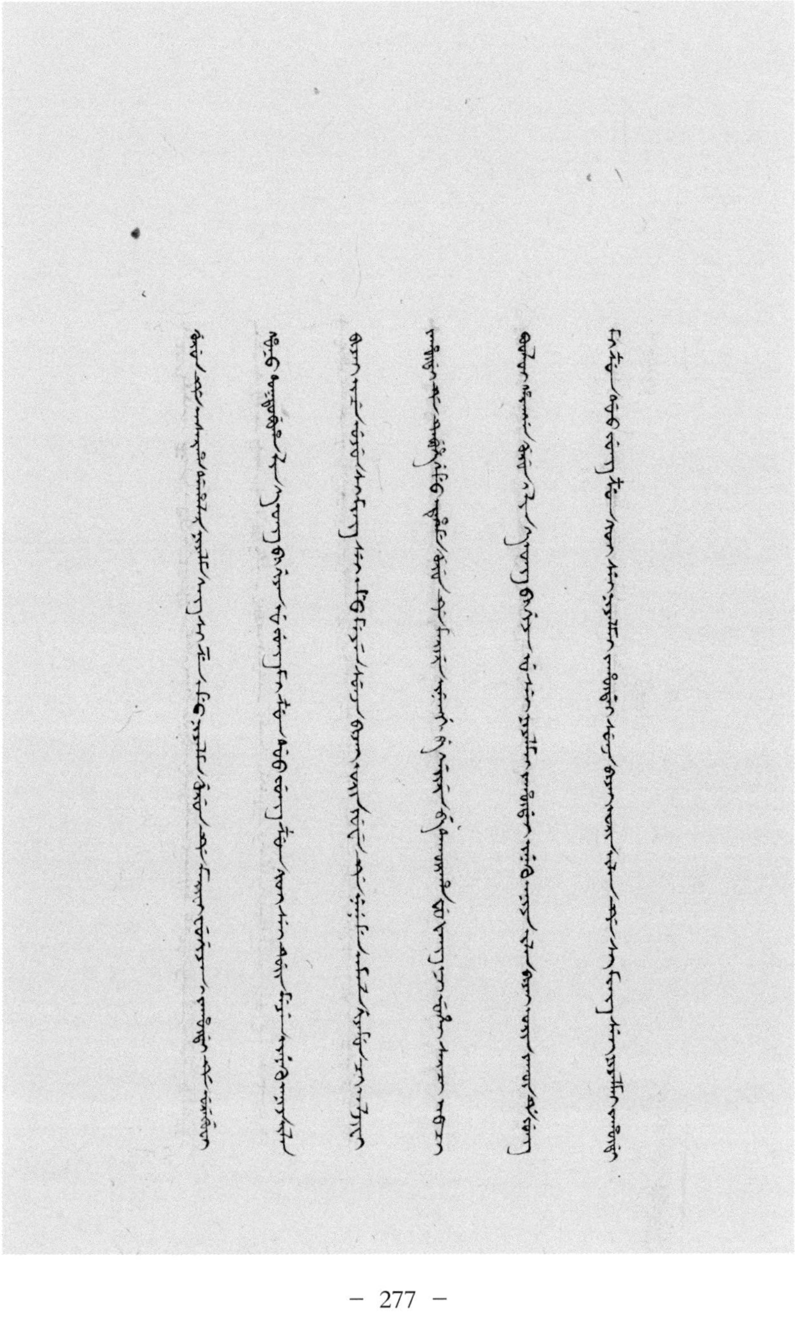

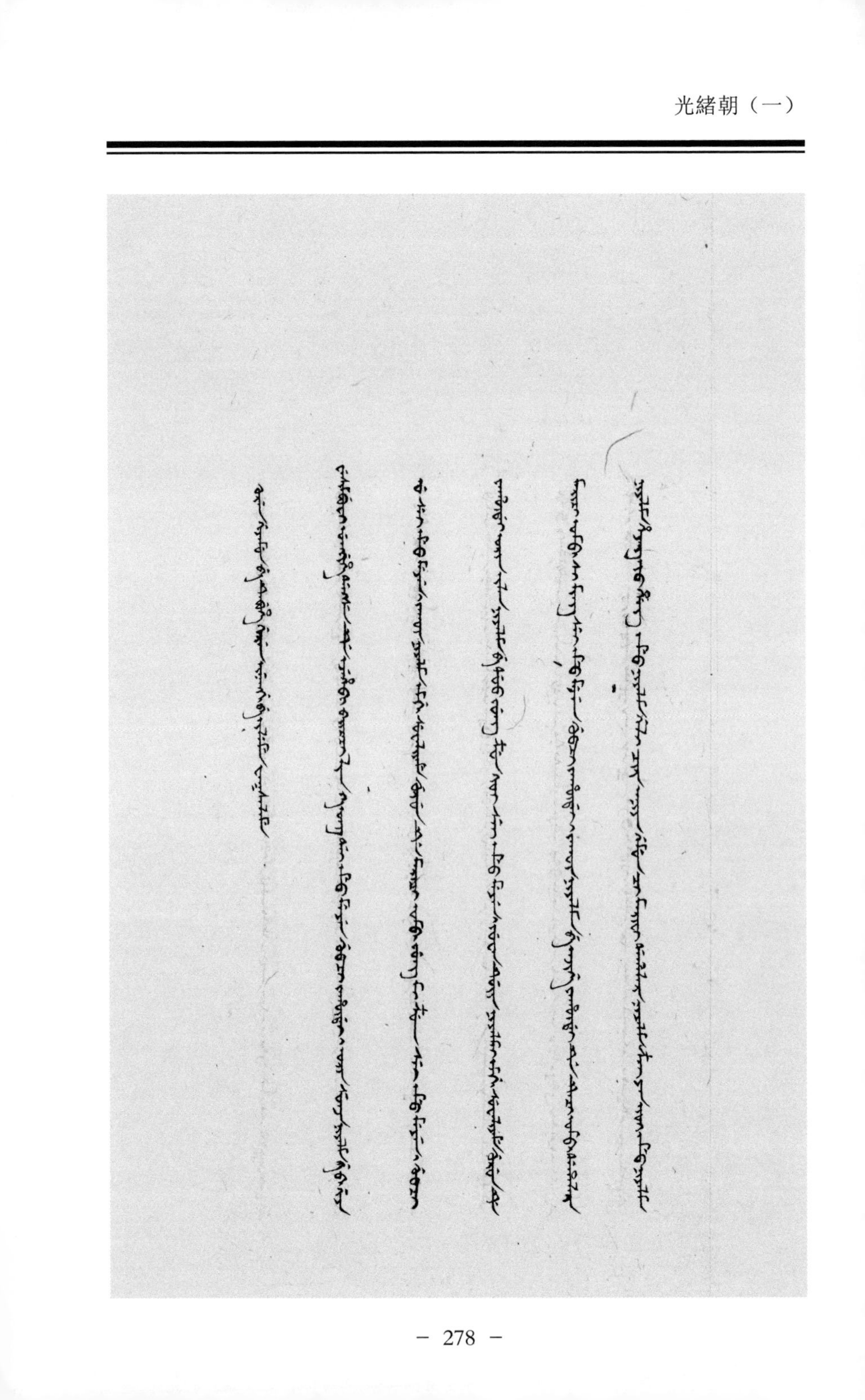

[illegible]

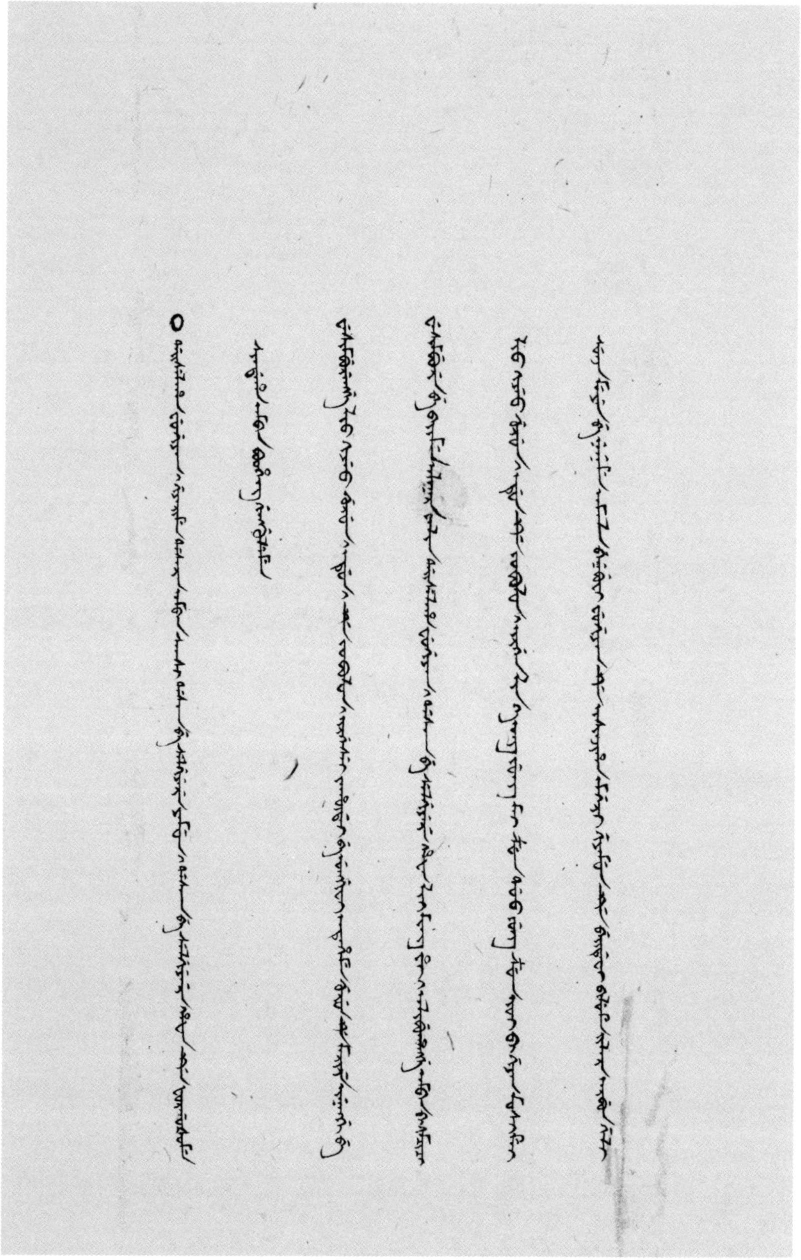

ᡤᡳᠰᡠᡵᡝᡥᡝ ᠰᠣᠩᡴᠣᡳ ᠣᠪᡠ

四二、閩浙總督何璟等爲琉球遭風難民循例撫恤事奏摺

光緒三年十二月二十九日　（1878. 1. 31）

内容提要

閩浙總督何璟等奏報，琉球難民西銘筑登之等十八名駕坐海船在洋突遇颶風，漂至定海洋面，十月三十日由閩安鎮巡檢接護進口，照例安插館驛，妥爲撫恤。該難民原船堪否駕坐回國，飭查分別辦理。

檔案來源：軍機處録副奏摺

已編入《清代中琉關係檔案選編》第一一一六頁

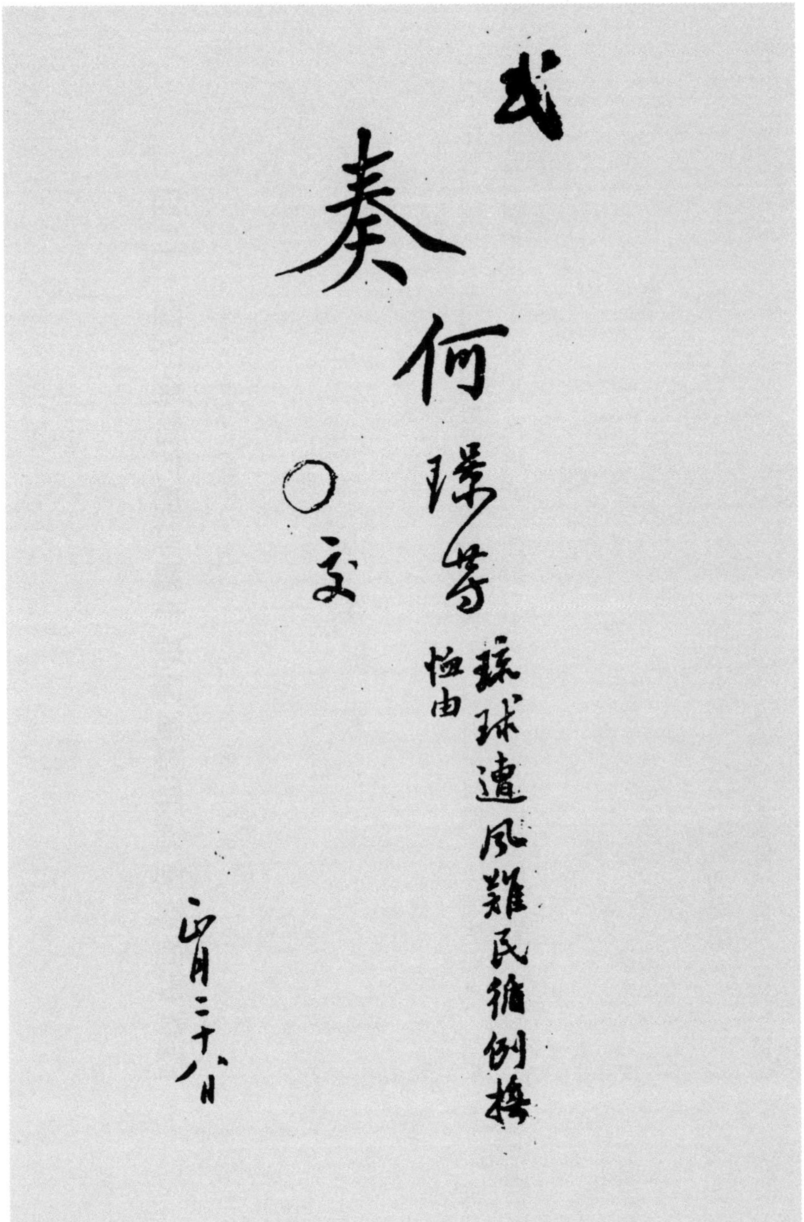
戊

奏何璟等

琉球遭風難民循例撫恤由

○交

四月二十八日

閩浙總督兼署福州將軍臣何璟跪
署理福建巡撫調補山西布政使臣葆亨跪
奏為琉球國遭風難民循例譯訊撫卹恭摺仰祈
聖鑒事竊據署福防同知歐陽駿詳稱光緒三年十二
月初二日據閩安鎮巡檢禀報接護琉球遭風海
船隻難民一西銘筑登之親雲上等十八名及
隨身行李進省即安插館驛妥為撫卹一
面飭傳通事譯訊據供西銘筑登之親雲上是
船主同船是舵工馬如衡是檢見崖向廷章

茲是跟伴東丞保等是水手通船一十六人俱係琉
球國那霸府人駕坐小海船一隻裝載粗茶葉
等等物於十月二十五日往八重山售賣突遇
颶風漂出大洋順流淌至定海洋面二十九日到五
虎門三十日進口即於是日到驛安插等情由藩
司具詳前來臣等查該難民西銘筑登之親雲
上等在洋遭風情殊可憫亟應仰體
皇仁自本年十月二十日起每人日給米一升鹽菜銀

出發回國之日，多給行糧一個月，照例加賞物件，折價給領，俟於存公銀內動支，事竣造冊報銷。該難民原船堪以駕駛回國，務查飭辦理。除咨部查照外，謹恭摺具陳，伏乞

皇太后

皇上聖鑒。謹

奏。

光緒四年三月二十八日軍機大臣奉

旨：知道了。欽此。

三年十二月二十九日

四三、總理各國事務王大臣奕訢等爲與出使大臣相機籌辦日本阻貢事奏摺

光緒四年六月初五日　（1878. 7. 4）

内容提要

總理各國事務王大臣奕訢等奏報，何璟等奏日本阻梗琉球貢物一事，經出使大臣何如璋行抵日本詳查，函稱琉球國兩屬數年，日本近欲兼并琉球爲郡縣，琉球危急可憫，籌擬三策以爲援手。臣等核其所陳，復與北洋大臣李鴻章往返函商，意見亦復相同。現擬由出使大臣逕據琉球陪臣面述情事先爲發端，使日本不致遷怒尋仇，别生枝節。

檔案來源：軍機處録副奏摺

已編入《清代中琉關係檔案七編》第三〇九頁

貳拾叁

奏

總理衙門摺

日本梗阻琉球入貢現與出使大臣商辦情形由

○

六月初五日

臣奕　等跪

奏為日本梗阻琉球入貢現與出使大臣相

機籌辦情形恭摺密陳仰祈

聖鑒事竊　臣等於光緒三年五月十四日欽奉

上諭何璟丁日昌奏日本阻梗琉球貢物請旨辦

理一摺等因欽此並由軍機處鈔交何璟等原摺

一件到　臣衙門臣等公同查閱原奏稱琉球密

遣陪臣齎咨來閩有託言海船遭風情事甚畏懼

日本何知當經臣等告知何如璋等妥爲密咨某日
本辯論，恐日本責問琉球，適啓釁隙，不若由閩
省以琉球貢使久延未回，風聞日本有阻撓情事，爲
由逕咨出使大臣就近查詢，則日本無從尋釁，琉球
而發端，留外亦復較易措詞。當經行知何如璋等業閩
何如璋等行據日本函稱琉球陪臣耳目官向以篤
忠，並伊在東求見面陳危迫情形，鈔呈該國近與
日本來往文書反復詳閲，緣琉球於明萬曆時役

屬日本之薩摩島數年前始改隸東京該國王尚泰
請中東兩屬日本許之近以日本廢置諸藩乃迫
令改朔易制其意直欲並吞琉球而郡縣之以
其以予我
鈞章掣顧忌未敢遽發故不計較之欲琉球之携
貳於我而我復一切置其去此阻貢之說由來也揆
揆度情自不能默爾而息尚待聞諮以憑核
辦云云又經以其函催何璟等復旋據何璟等稱

咨文，寄來並另函稱：遲遲未發之故，實以日本舉動叵測，難保不藉琉球為挑釁之端，甚至臺灣一郡，密邇鄰封，懲及前事，未免躊躇。且琉球或有首鼠兩端之計，不可不防等語。臣等因復函覆何如璋，並詳細察度情形，再行核辦。現接密復，縷述日本國勢困敝，自改從西制以來，所費不貲，賠費甚巨，且又有經內亂，必不敢遠開邊釁。琉球危急可憫，不能不為援手。各情因籌

擬三策一為先遣兵船責問琉球徵貢
示日本以必爭為一當據理與言明約琉球令其
夾攻示日本以必救一為反覆辯論徐為開
導若不聽命或援萬國公法以相糾責或約各國使
臣與之評理要於必從而止 臣等權其所陳似為
不為無見伏查琉球孤懸海島地瘠民貧二百
餘年恪守藩服今以逼近日本為所迫脅國
勢瀕危若竟棄之而不為覆庇勢必為日本所

併誠不足以宣
聖懷綏遠之恩而慰荒服瞻依之願惟是先遣兵船
責問及明約琉球夾攻實屬過於張皇非不欲
聲色辦法又日本自台灣事結後無別項釁
端似不宜遽思用武再四思維自以據理詰問為
正辦因復與北洋大臣李鴻章往返函商意見
亦復相同現據出使大臣徑援琉球陪臣面述
情事先為發端使日本不致遷怒尋仇別生枝

節除由臣等函告何如璋等相機審辦外理合

將先後與出使大臣籌辦日本阻撓琉球入貢緣

由恭摺密陳伏乞

皇太后

皇上聖鑒謹

奏

光緒四年六月初五日軍機大臣奉

旨知道了欽此

六月初五日

四四、閩浙總督何璟等爲琉球遭風難民由粤護送來閩循例撫恤事奏摺

光緒四年七月十六日　（1878. 8. 14）

内容提要

閩浙總督何璟等奏報，琉球國難民大城等五名在洋遭風觸石，船隻擊破沉失，照例賞給衣食，護送至南海縣。大城等三名先後在途病故，經賞給棺衾，就地收埋，難民瀨名波、宜城二名配搭輪船於五月初六日護送到省，初七日安插館驛，照例撫恤。將來如何回國，另行察看辦理。

檔案來源：軍機處録副奏摺

已編入《清代中琉關係檔案選編》第一一一七頁

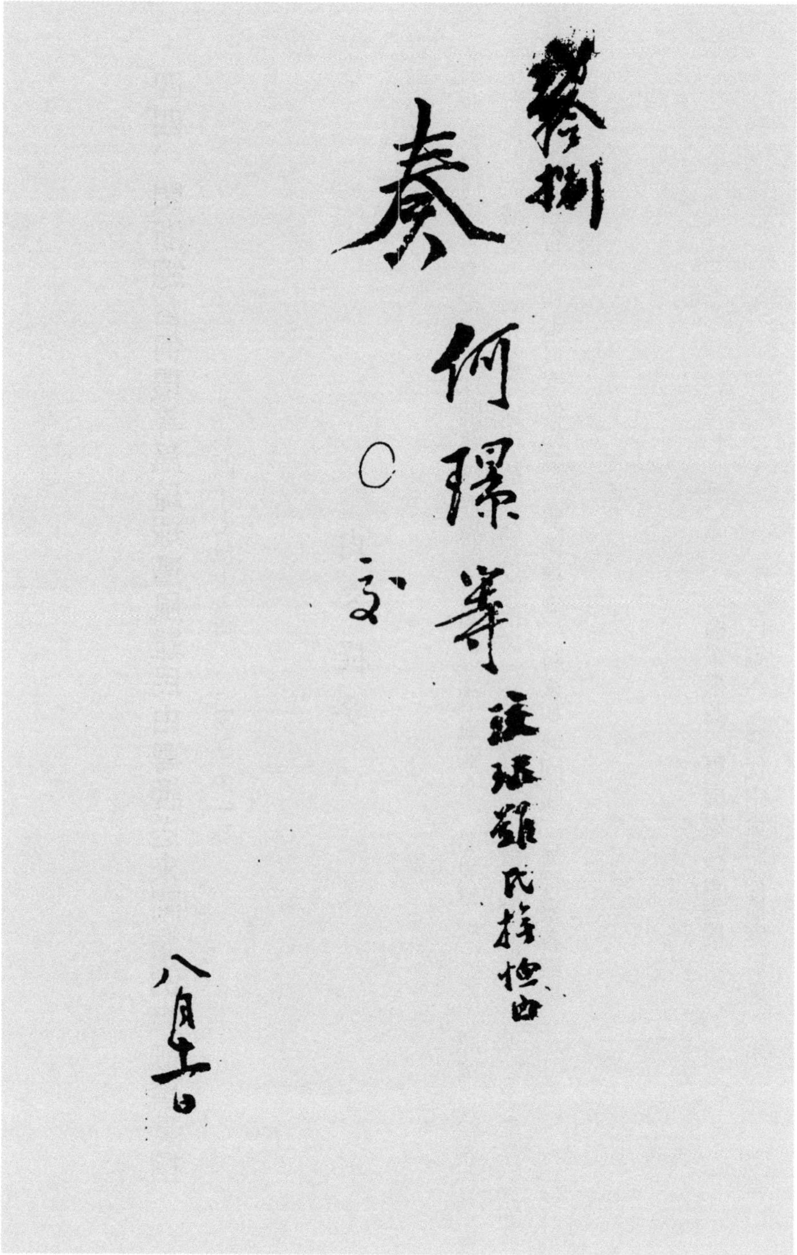

參摺

奏

何璟等琉球難民撫恤由

〇覽

八月十日

閩浙總督臣何璟跪

署理福建巡撫臣吴贊誠

奏，為琉球遭風難民由粵護送來閩，循例譯訊撫

卹，恭摺仰祈

聖鑒事。竊准兩廣督臣劉坤一咨：琉球國難民[illegible]

名渡官城、安里、跛大城、伴城等五名在洋遭風，船

隻擊破沉失，該難民等遇救得生，由雷州海防

同知安置，催驛照料，撫卹遞交南海縣陳安[illegible]

城仲城三名先後在途病故外尚存瀨名波貞城
二名護送赴閩等因當經行司轉飭福防廳去
後茲據福建布政使李明墀詳據署福防同知
歐陽駿詳稱光緒四年五月初七日據通商局
司道蒙下琉球國難民瀨名波貞城二名稱由
通事譯訊據供係琉球國那霸府人通船原共
五人坐駕小海船一隻裝載茶鹽線麵海菜
等物於光緒三年九月初一日開船往伊平屋

島生理遇風漂出大洋原船觸石擊碎破片板者
存各皆泅水上岸幸遇民人搭救送交地方官衙
門蒙賞衣食撥役護送安四號大城仲城二名在
途患病均經各縣延醫調治無效先後去逝
故均蒙賞給棺衾就地收埋雅民瀨名波宜城
二名蒙南海縣配搭綸船派人護送於五月
初十日由廣東開船初六日到省初七日安插
館驛等由前來據此月藩司來文前數

奏稱云云前來。臣等查該難民等在洋遭風，情殊
可憫，亟應推廣
皇仁，優予撫卹。自光緒四年五月初七日起，每人日
給米一升，鹽菜銀六厘，回國之日，各給行糧
一個月，並照例加賞物件，折價給領，統於存公
銀內動支，事竣造冊報銷。將來如何回國，另
行察看辦理。除分咨查照外，臣等謹恭摺具
奏，伏乞

皇太后

皇上睿鑒謹

奏

光緒四年八月十一日軍機大臣奉

旨知道了欽此

七月十一留

四五、署理福建巡撫吴贊誠爲琉球遭風難船回國日期事題本

光緒四年八月初十日　（1878.9.6）

内容提要

署理福建巡撫吴贊誠題明，琉球國遭風難民西銘筑登之、親雲上等十八名經護送到閩，安插館驛，照例撫恤。其船隻尚屬完固，於光緒四年三月十三日離驛登舟，四月初十日乘風放洋長行回國。

檔案來源：内閣禮科題本

已編入《清代中琉關係檔案續編》第一五三七頁

該部知道

四年十一月初五日訖

題

署理福建巡撫督辦船政事務二品頂戴三品京堂臣吳贊誠謹
題為遣發琉球國遭風難民船隻長行回國日期
詳請具
題事據福建布政使李明墀呈詳竊照琉球國遭
風難民西銘筑登之親雲上等護送到閩業將
譯訊撫恤情形及安插館驛日期詳蒙
奏咨在案查西銘筑登之親雲上等通船壹拾捌
人據報熟悉閩洋海道船隻尚屬完固於本年

叁月拾叁日離驛登舟當經飭取長行回國日
期去後據福防同知詳報該國難民西銘筑登
之親雲上等人船於光緒肆年肆月初拾日乘
風放洋長行回國等由到司合就詳請察核具
題等情前署撫臣葆亨未及核辦移交前來臣復
查無異理合具
題伏祈
皇上聖鑒勅部查照施行爲此具本謹具

題

聞

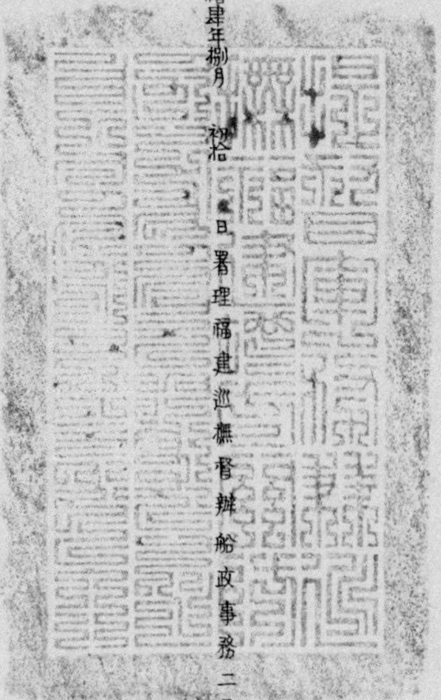

光緒肆年捌月 初拾 日 署理福建巡撫督辦船政事務二品頂戴三品京堂臣吳贊誠

署理福建巡撫督辦船政事務二品頂戴三品京堂臣吳贊誠謹

題爲遣發琉球國遭風難民船隻長行回國日期

詳請具

題事據福建布政使李明墀呈詳竊照琉球國遭

風難民西銘筑登之親雲上等護送到閩業將

譯訊撫恤情形及安插館驛日期詳蒙

奏咨在案查西銘筑登之親雲上等通船壹拾捌

人據報熟悉閩洋海道船隻尚屬完固於本年

叁月拾叁日離驛登舟當經飭取長行回國日

期去後據福防同知詳報該國難民西銘筑登

之親雲上等人船於光緒肆年肆月初拾日乘

風放洋長行回國等由到司合就詳請察核具

題等情前署撫臣葆亨未及核辦移交前來臣復

查無異謹具

題

聞

ᠸᡝᠰᡳᠮᠪᡠᡥᡝ᠉

[illegible]

[illegible]

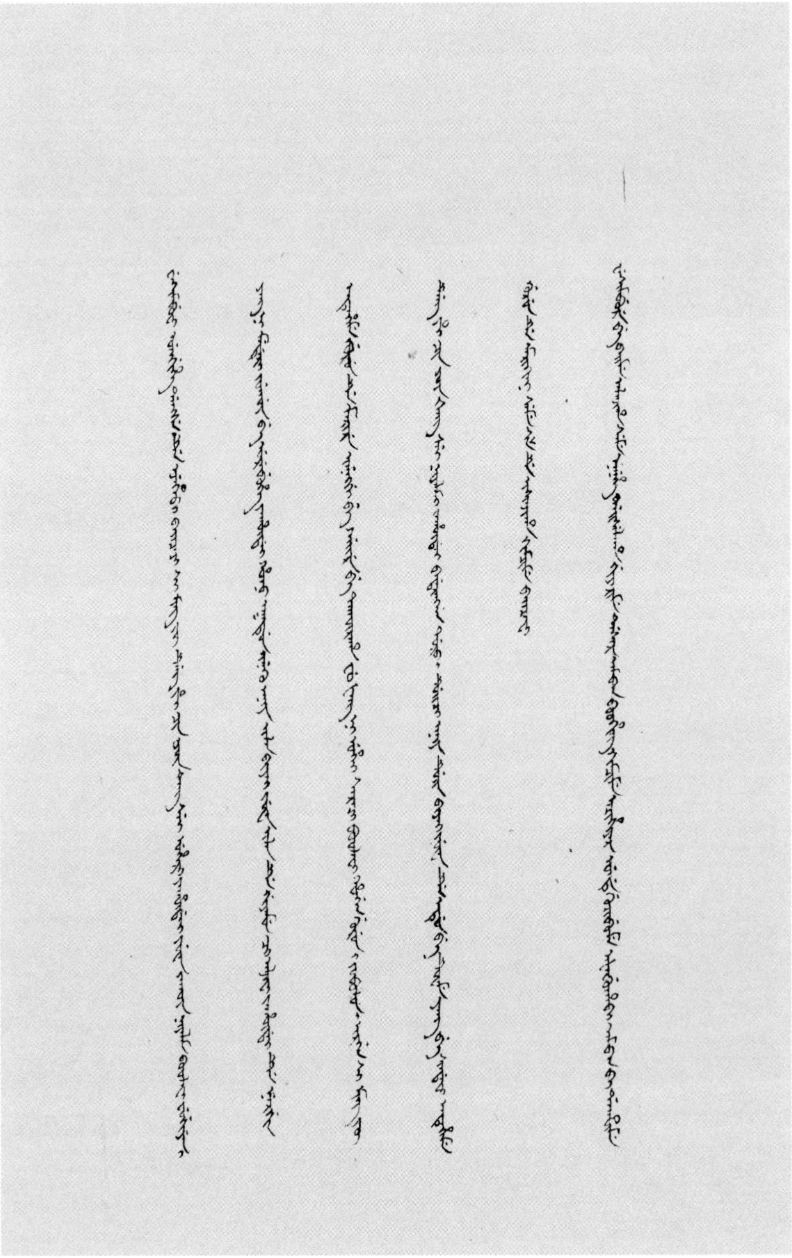

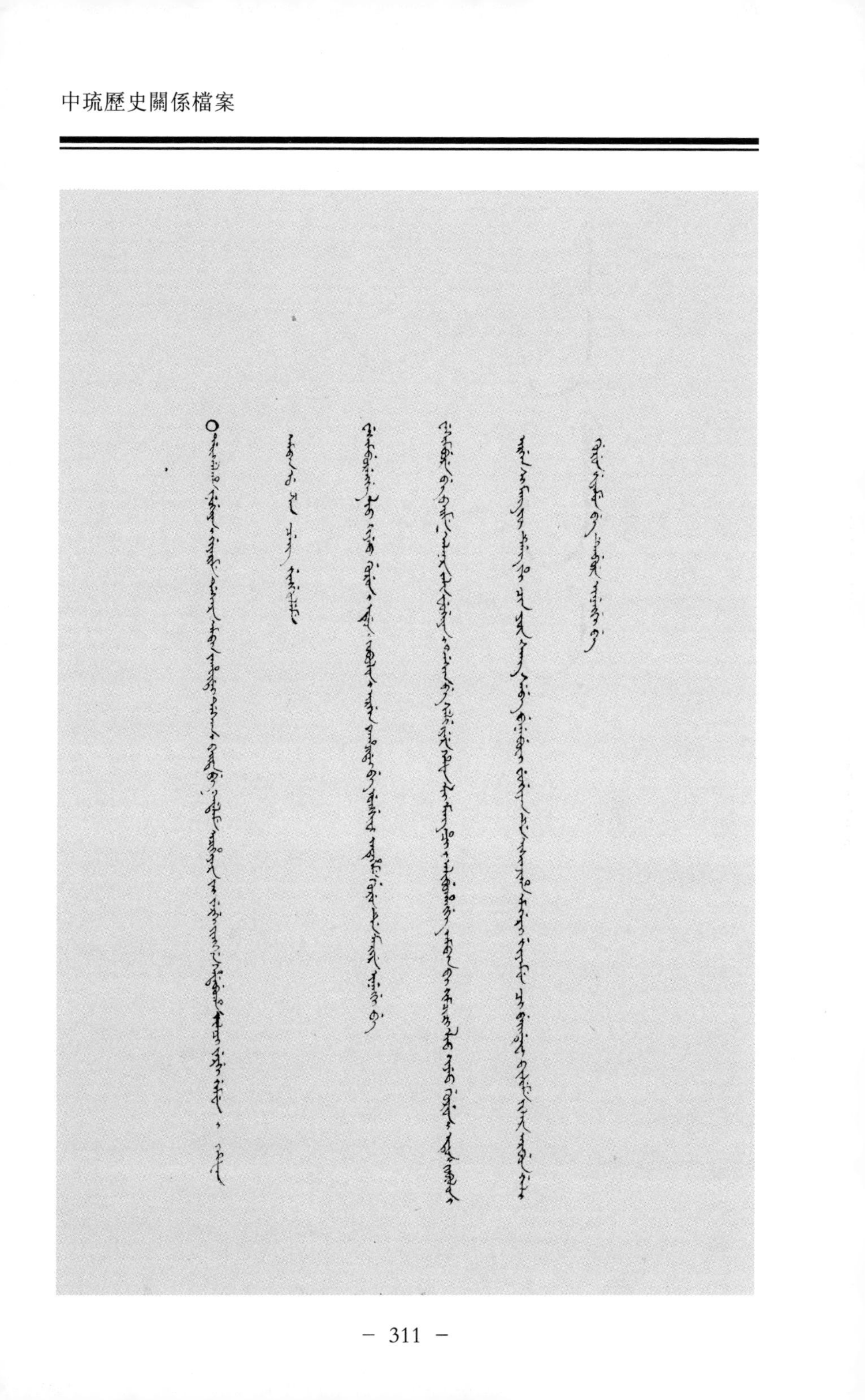

四六、閩浙總督何璟等爲琉球難民由粤抵閩循例撫恤事奏摺

光緒五年二月二十八日　（1879. 3. 20）

内容提要

閩浙總督何璟等奏報，琉球國難民松大著等五十三人坐駕海船在洋遭風，漂流至廣東南海洋面，經救護轉送廣東省城，賞給衣食，除六名在途病故外，又一人病重暫留香港醫治，其餘四十六人搭坐輪船於光緒五年正月二十六日抵五虎口，二十七日安插館驛，照例撫恤。難民原船已棄，應俟有便船再行遣發回國。

檔案來源：軍機處録副奏摺
已編入《清代中琉關係檔案選編》第一一一九頁

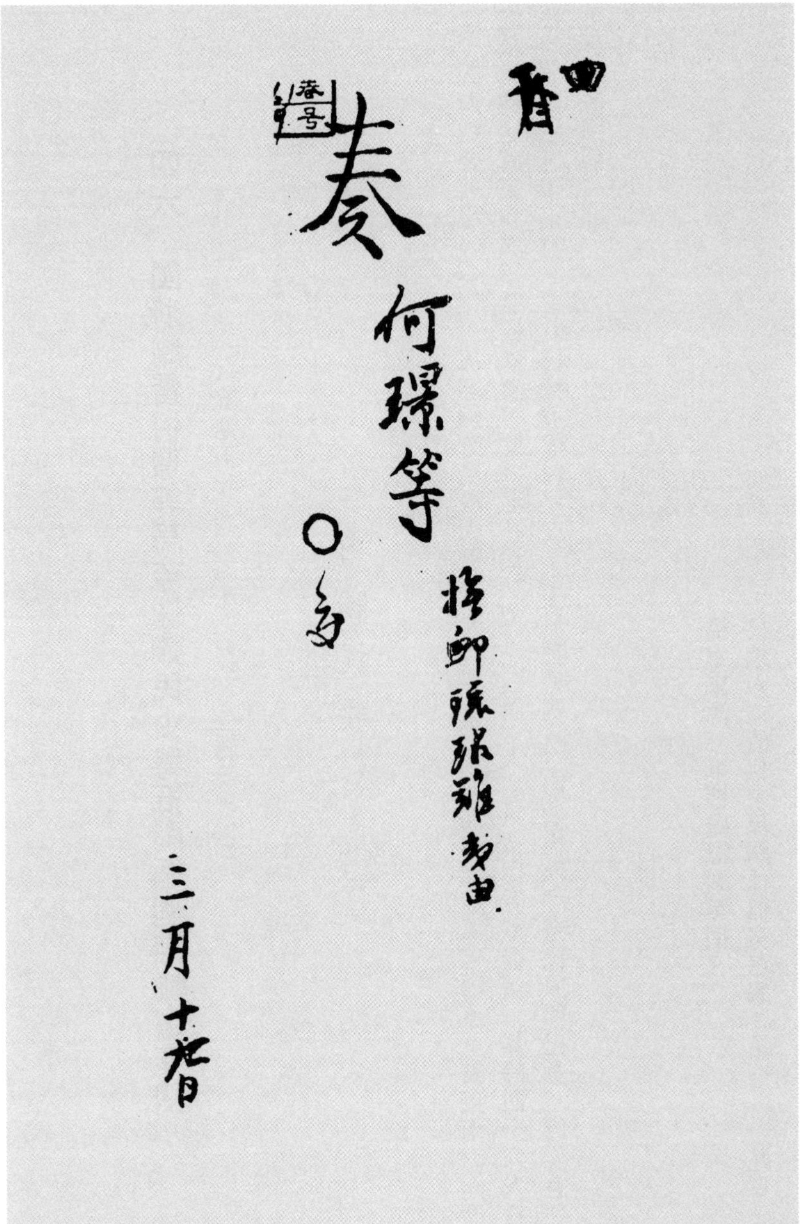

旨

奏 何璟等

○ 另

將帥張張雅奏由

三月十一日

閩浙總督臣何璟
福建巡撫臣李明墀跪

奏為由粵送到之琉球難人循例譯訊摺仰祈

聖鑒事竊准兩廣督臣劉坤一咨據署南海縣知縣袁祖安具報琉球國司官船司松大華等五十三人被風漂流救護到縣除病故外尚有四十七人派委同知孫志鈞等搭坐輪船送閩等因暨據該委員等以難人長琦山一名因病暫留香港醫治等由具文前來當經行司飭辦去後茲據

署布政使盧士杰詳據署福防同知歐陽駿
詳稱粵省委員送到琉球国难人松大嶺等
四十八名並隨身行李等件飭由通事譯訊松
大嶺等頭目官楊長易等五名是跟伴金良福是船
主文伊金紫是舵工良昆松川等十二名是水
梢尚有長大嶺等三十二名係屬搭客原共五
十三人俱係琉球國八重山島人坐駕小海船一
隻並無牌照軍器光緒四年十月十六日由中

山府開船回國，突遇大風大雨，船隻飄至傾
覆，兩船已被打斷桅木，任風漂流，二十八日到南澳
洋面，遇有漁船救護，帶赴地方官衙門轉送
廣東省，俱均蒙賞給衣食。洋良難人蕭津
加山等六名，查途先後病故，均經就地收埋。又
長壽山一名，病重難留，爰遣醫治，伊吉四十六人於
五年正月二十六日抵五虎口，二十七日安插館驛，
並據報難人秦爾長一名，續於二月十四日病故

等情，臣等伏查該難人松大基等航海遭風漂
抵奔命，現復貧病交迫，情殊可矜。除自今
年十月二十七日起照例日給口米、鹽菜，並飭
將病者妥為醫調外，將來回國之日，另給行
糧一個月，從優另加卹賞，俱支存公款項，事竣
造冊報銷。至該難人原船已棄，應俟遇有便
船再行遣發回國。除分咨外，臣等謹恭摺具陳，
伏乞

皇太后

皇上聖鑒再琉人在吳所供各節間有不符現譯

訊更正合併陳明謹

奏

光緒五年三月十九日軍機大臣奉

旨知道了欽此

三月二十八日

四七、着兩江總督沈葆楨等悉心區劃南洋防守事宜隨時探明日本情形密速具奏事上諭

光緒五年三月二十八日 （1879. 4. 19）

内容提要

琉球久屬中國，日本竟阻其入貢，夷爲郡縣，應妥爲備預，力圖自强以固藩籬。着沈葆楨等將南洋防守事宜悉心區劃，實力籌辦，并隨時探明該國情形，密速具奏。

檔案來源：軍機處洋務檔

已編入《清代中琉關係檔案七編》第三一三頁

軍機大臣　密寄

兩江總督沈　署兩江總督江蘇巡撫吳

光緒五年三月二十八日奉

上諭沈葆楨奏接出使日本大臣來信該國廢琉球為縣等語琉球久屬中國日本竟敢阻其入貢夷為郡縣狡焉思啓情殊叵測亟應妥為備豫力圖自强以固藩籬著沈葆楨吳元炳將南洋防守事宜悉心區畫實力籌辦固不可稍涉張皇亦不得稍存大意並著隨時探明該國情形密速具奏將此由五百里各密諭知之欽此遵

旨寄信前來

抄交總理衙門

四

四八、總理各國事務王大臣奕訢等爲出使日本大臣何如璋與日辨詰阻梗琉球入貢一案事奏摺

光緒五年閏三月初五日　（1879. 4. 25）

内容提要

總理各國事務王大臣奕訢等奏報，日本阻梗琉球入貢，并欲廢藩爲郡縣，現日本駐華使臣即將到京，擬據理照條約向其辯論，相機辦理，并請飭駐日大臣何如璋仍在日本將此案妥爲隨時商辦，勿遽回華，以顧大局。

檔案來源：軍機處録副奏摺

已編入《清代中琉關係檔案七編》第三一四頁

琉球件

奏

○

總理衙門摺

日本梗阻琉球入貢情形

等由

閏三月初五日

臣奕　等跪

奏為接據出使日本大臣電稱現在日本阻梗琉球

入貢情形恭摺密陳仰祈

聖鑒事竊臣衙門前於上月十九日將出使日本大臣

何如璋等疊次與日本辦詰阻梗琉球入貢一案大

概情形密摺具奏奉

旨依議欽此當即密咨該大臣並南北洋大臣遵照在

案嗣於上月二十七日據何如璋等電稱內開東松

由琉球舉動未詳。十三日大政官示廢琉球為縣，此事
如何因應請示遵，餘候續呈等語。以
等查何如璋
等前屢函述日本派其內務大丞松田往球，欲廢
藩為郡縣，何如璋見其內務卿，據稱必無他事。
又見其外務卿阻之，據稱既經派出，非所能阻，
兩國議妥即可撤回。何如璋等告以事可
商即將告歸。又聞派來駐華使臣宍戶璣此
來結局必在中國等因。其時雖有廢球之說

尚未有廢球明文今據何如璋電稱是派
往琉球之人既去而其國又以廢球之事
公然宣示其不顧情理殊屬已甚何如璋見此
情形恐以事無可商祇可回華聽候如何因應去
難取決只衙門以定行止也只為再四揣度琉球
與日本偏處國小而弱日本久已覬覦其所以屢
久圖存者未嘗不賴中國維持之力現在中國
局勢未能長駕遠馭日本豈不知之何廢

琉一事，一面宣示國中，一面仍派使臣來華。是其國亦嘗有稱兵中國之意。從前台灣一案，日本兵駐番社，即遣使臣大久保利通來京辯論。此次舉動大略相同，或者如台案故智辦理亦未可知。其政府派使臣宍戶璣，接其署使臣鄭永寧函稱，現已抵津，日內計將到京。前據何如璋等函稱，此案結局必在中國。臣等擬俟日本使臣到京，即援理與條約向其辯論，相機辦理。其國既派使臣來華，是注意之在與臣衙門商辦。何如擇其可趁此機會與臣衙門一氣相生，仍向與外務省衙門極力與爭，並約駐日之西洋各使相助為理，俾知公論所在，情理難容，或尚可以就範。此時何如擇其若竟磨難而返，不但於事無益，且一露決裂痕迹，恐日後愈難轉圜。應請
飭下該大臣仍在日本將此案妥為隨時商辦，勿

遠回華以顧大局是為至要除由臣衙門密行
電寄何如璋查照外理合恭摺密陳伏乞
皇太后
皇上聖鑒訓示遵行謹
奏
光緒五年閏三月初五日軍機大臣奉
旨依議欽此
閏三月初五日

四九、日本欽差全權大臣宍户璣爲廢球爲縣一事已咨回本國核示事照會

光緒五年閏三月二十日　（1879. 5. 10）

内容提要

日本欽差全權大臣宍户璣照會：明治十二年五月十日接准貴王大臣照會内稱，廢琉球爲縣一事，實爲兩國和好一大關係之事。除照録來文咨回本國，俟有核示辦覆外，先此照覆。

檔案來源：軍機處照會

已編入《清代中琉關係檔案七編》第三二一頁

譯漢文

為照覆事明治十二年五月十日接准

貴王大臣照會內稱廢球為縣一事實為兩國和好一大關係之事貴大

臣宜即知照貴國等因前來本大臣准此除當照錄來文咨回本國俟有

核示辦覆外先此照覆須至照會者

五〇、日本密邇東隅阻梗琉球入貢着沿海督撫各籌防範事上諭

光緒五年閏三月二十二日　（1879.5.12）

内容提要

軍機大臣密寄總理衙門并沿江沿海各督撫等，日本阻梗琉球入貢，情尤叵測，亟應未雨綢繆，力圖自强之計。着賞加丁日昌總督銜，派令專駐南洋，會同沈葆楨及各督撫將海防一切事宜實力籌辦，所有南洋沿海水師弁兵統歸節制，以專責成。沿江沿海各督撫亦當各籌防範，自固藩籬，以期有備無患。着沈葆楨等酌度情形會商籌議沿江炮臺修繕事宜。

檔案來源：軍機處洋務檔

已編入《清代中琉關係檔案七編》第三一七頁

軍機大臣 密寄
總理各國事務衙門 大學士直隸總督一等
肅毅伯李 兩江總督沈 總督銜前福建巡
撫丁 前兵部右侍郎彭 閩浙總督何 湖
廣總督李 兩廣總督兼署廣東巡撫劉 署
兩江總督江蘇巡撫吳 江西巡撫李 安徽
巡撫裕 浙江巡撫梅 福建巡撫李 湖北
巡撫潘 湖南巡撫邵 傳諭護理江蘇巡撫

五

布政使勒方錡　長江水師提督李成謀　光緒
五年閏三月二十二日奉
上諭總理各國事務衙門奏請簡派大員會辦南洋
防務一摺前於光緒元年四月間曾經派令李鴻章
沈葆楨督辦北洋南洋海防事宜數年以來漸有
頭緒惟值海疆無事之時難保不日久生懈現在
泰西各國皆練習水師日本船礮亦效法西人該
國密邇東隅近且阻梗琉球入貢情尤叵測亟應

未雨綢繆力圖自強之計因思北洋所轄海口較
少李鴻章一人尚能兼顧著即責成該督認真整
頓妥籌布置不得冀倖目前無事稍涉大意至南
洋統轄數省地面遼闊洋人來華亦首當其衝沈
葆楨駐紮江寧緩急恐難兼顧前福建巡撫丁日
昌辦事認真於海疆防務向來亦能講求著賞加
總督銜派令專駐南洋會同沈葆楨及各督撫將
海防一切事宜實力籌辦所有南洋沿海水師弁

兵統歸節制以專責成如海防與江防有相為呼
應之處亦即會同彭玉麟李成謀妥商辦理丁日
昌接奉此旨著即馳赴江南會籌督辦毋誤事機
至應駐紮何處並巡歷各海口隨宜布置及需用
薪水公費著沈葆楨丁日昌隨時酌覈奏明辦理
沿江沿海各督撫亦當各籌防範自固藩籬以期
有備無患本日據侍郎夏同善奏遵查沿江礮臺
情形所稱各處所築礮臺經費甚鉅緩急能否足

六

恃殊無把握宜擇留吳淞江陰及焦山等處扼要之區餘可置而不修等語著沈葆楨吳元炳彭玉麟李成謀酌度情形會商籌議具奏原摺著抄給沈葆楨等閱看將此密諭總理各國事務衙門並由五百里諭知李鴻章沈葆楨丁日昌彭玉麟何璟李瀚章劉坤一吳元炳李文敏裕祿梅啓照李明墀潘霨邵亨豫傳諭勒方錡李成謀知之欽此遵

旨寄信前來

五一、兩廣總督劉坤一爲護送琉球遭風難民赴閩轉送回國事奏摺

光緒五年五月初一日　（1879.6.20）

内容提要

兩廣總督劉坤一奏報，琉球國八重山島司官松大著等五十三人乘船在洋遭風，漂至廣東徐聞縣屬洋面獲救，照例妥爲安置，加意撫恤，遞送來省。難民内除六人先後病故外，其餘松大著等四十七人派委准補粵閩南澳同知孫志鈞等護送起程行抵香港，内有一人在港病故。該委員等即護送難民松大著等四十六名前往閩省，以便附搭回國。

檔案來源：軍機處録副奏摺

已編入《清代中琉關係檔案選編》第一一二一頁

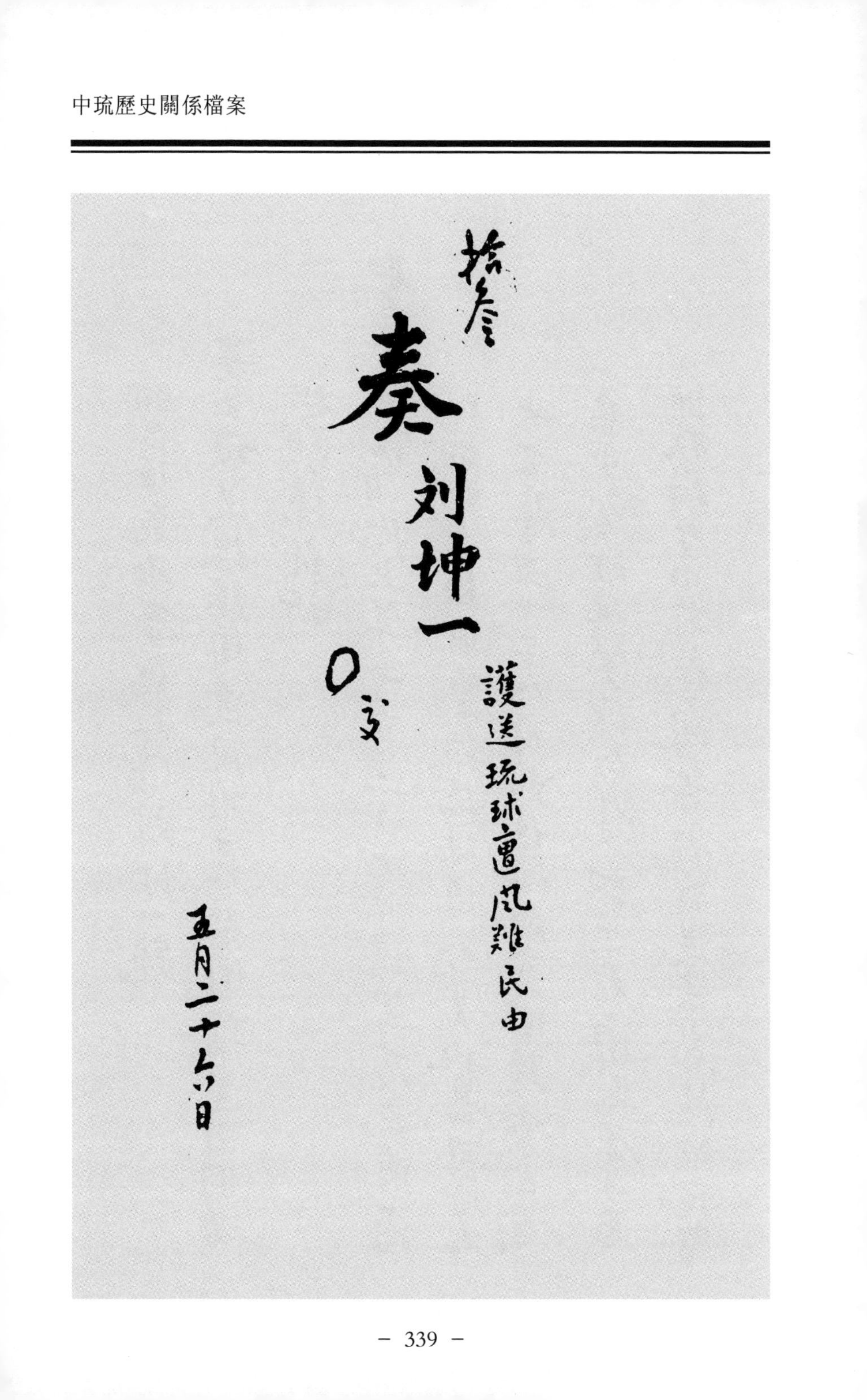

拾叁

奏 刘坤一

護送琉球遭風難民由

〇文

五月二十六日

頭品頂戴兩廣總督臣劉坤一跪
奏為護送琉球國遭風難民赴閩轉送回國恭
摺馳陳仰祈
聖鑒事竊臣於上年十二月二十九日據署廣東南海
縣知縣袁祖安稟稱琉球國八重山島司官松
大美等五十三人因赴該國納貢事竣乘船回
島中途被風擊壞船隻飄至徐聞縣屬洋面
遇救得生由前徐聞等縣遞送來省該難民等

内有蒲津加山之園場加新城三名在途因病
身故就地收埋尚有松大某等五十人業經該
縣租給房屋支發口糧妥為安置等情當飭
廣東布政使查照定例加意撫䘏每名日給糧
米一升鹽菜銀一分仍查照同治十一年資送在
洋遭風之琉球國人長内具善庸等由閩回國成
案妥為辦理随據南海縣稟報該難民内嘉永
教平加那寵川平等三人患病沉重醫治不

故於本年正月十三、十五、十七等日先後病故均經驗明棺殮據松大等字稱不願運柩回籍已在粵省官山埋葬計共餘松大等四十七人請即給照護送赴閩並經派委准補粵閩南澳同知孫志鈞偕廣督標中營儘先補用都司張逢福護送起程前往香港搭坐輪船赴閩咨会閩省督撫 臣飭令地方官照例酌給口糧俟有琉球便船飭令附搭回國並照会琉球國王查照去後，嗣據委員孫志鈞等稟稱，護送該難民等起程，行抵香港，內有長琦山一名在港患病，當交該處文華醫院調治，旋於正月二十三日病故，即經棺殮淺埋，標記存聽該難民親屬自行赴港運柩歸葬。該委員等即護送松大基等四十六名前往閩省等情，據廣東布政使咸

會詳請具

奏前來。除飭將支過琉球國難民口糧、行糧、卹賞

鹽衣棉藥等項銀兩造冊報銷併咨明户部查
照外所有護送琉球國遭风难民赴閩轉送
回國緣由謹恭摺具
奏伏乞
皇太后
皇上聖鑒再廣东巡撫係臣兼署毋庸会銜合併
陳明謹
奏
五月初一日
光緒五年五月二十六日軍機大臣奉
旨知道了欽此
五月初一日

五二、閩浙總督何璟等爲琉球遭風難民循例撫恤事奏片

光緒五年五月十六日＊（1879.7.5）

内容提要

閩浙總督何璟等奏報，琉球國難民鄭精業等七名駕坐海船在洋遭風，幸遇兵船救護進口，於閏三月十三日到驛安插，照例撫恤。現該難民等附搭別起球人金良福等人船隻，於四月二十五日離驛登舟，乘風放洋回國。

檔案來源：軍機處録副奏摺

已編入《清代中琉關係檔案選編》第一一二〇頁

文○

奏摺總

何璟等片

再，據署福防同知鄒臨陽稟詳，據琉球國人鄭植業等七名在洋遭風漂流到閩，當於閏三月十三日安插館驛，妥為撫恤，一面移請通事譯訊，據供鄭植業是船主，周金城是舵工，與什村等五名是水梢，俱係琉球國那霸府人，駕坐小船一隻，於閏二月初六日裝載沙糖，赴遠方售賣，突遇狂風，漂出大洋，於十六日到福寧洋面，幸遇兵船救護，進口，閏三月十三日到驛

插並無隨身物件等情由藩司覈詳請

奏前來臣等查該難民鄭輝業等航海遭風情

殊可憫應照例

皇仁於安插之日起每人日給米一升鹽菜銀六釐

該難民等現有別起琉球人金良福等牢一名

之船隻堪以附搭回國擬於四月二十五日

離驛登舟乘風放洋仍另給行糧一個月並

照例加賞物件折價給領事後分別造除增

部查照並施行

題報外，[illegible]謹合詞附片具

奏。伏乞

聖鑒。謹

奏。

光緒五年五月十六日軍機大臣奉

旨：知道了。欽此。

五三、着酌保外海水師提鎮以候簡用并傳知李成謀赴閩臺總統水師等事上諭

光緒五年五月十七日　（1879.7.6）

内容提要

軍機大臣密寄李鴻章、沈葆楨等，着沈葆楨於外海水師提鎮中留心選擇酌保數員以待籌辦海防簡用，并斟酌辦理延致熟諳水師之西員會同操練江南製造局及福建船政局之輪船。着沈葆楨傳知李成謀即赴福建厦門臺灣一帶總統水師。此外用人、行政、練兵、裕餉各事，凡有關於自强者，各該將軍督撫等籌劃所及，着剴切敷陳用資采擇。

檔案來源：軍機處洋務檔
已編入《清代中琉關係檔案七編》第三一一頁

軍機大臣　密寄
大學士直隸總督一等肅毅伯李　兩江總督
沈　福州將軍慶　前兵部右侍郎彭　閩浙
總督兼署福建巡撫何　湖廣總督李　兩廣
總督兼署廣東巡撫劉　署兩江總督江蘇巡
撫吳　江西巡撫李　安徽巡撫裕　浙江巡
撫梅　湖南巡撫前福建巡撫李　福建巡撫
前護理江蘇巡撫布政使勒　湖北巡撫潘

十七

禮部左侍郎前湖南巡撫部　傳諭護理安徽
巡撫布政使傅慶貽　長江水師提督李成謀
光緒五年五月十七日奉
上諭前因總理各國事務衙門奏請簡派大員會辦
南洋防務當經派令丁日昌專駐南洋會同沈葆
楨及各督撫將海防一切事宜實力籌辦茲據丁
日昌奏雙足痿痺不能舉步一時尚難就道等語
海防關繫緊要豈可專待丁日昌病愈始行籌辦

因思海防與江防勞逸懸殊夷險迥別必須練習風濤熟悉水戰之大員督率巡查方不至有名無實著沈葆楨於外海水師提鎮中留心選擇酌保數員候旨簡用至江南製造局之輪船及福建船政局之輪船可以供轉運不能備攻擊似宜選一深諳外海水師之大員統領是船勤加操演應否延致熟諳水師之西員會同操練並著沈葆楨斟酌辦理聞李成謀前在廈門整頓水師極為得力

現在閩海防務重於江防著沈葆楨傳知李成謀
即赴福建厦門臺灣一帶總統水師并將船政輪
船先行練成一軍以備不虞歸南洋大臣節制隨
時與閩省督撫妥籌備禦之策其長江水師提督
即由彭玉麟會商沈葆楨李瀚章選擇結實可靠
之員奏請派署所有長江水師各營仍著彭玉麟
實力巡閱隨時整頓用副委任船政局之兵輪船
前因經費不敷將船勇裁減一半以致不能成操

十八

著何璟李明墀勒方錡設法籌款速將兵輪船勇
數照舊補足認真操演其商輪船亦應一律添給
槍礮戰勇俾可合操以期有備無患至招商局輪
船計有二十餘號可否擇其結實便捷者配給槍
礮水勇並豫備中國駕駛之人著李鴻章沈葆楨
酌量籌辦江防專用長龍舢板似亦可靖內匪而
不能禦外侮應否輔以淺水輪船及水雷等物著
各該督撫未雨綢繆妥籌辦理現在日本恃有鐵

甲船狡焉思啟則自强之策自以練兵購器為先
著李鴻章沈葆楨妥速籌購合用鐵甲船水雷以
及一切有用軍火用備緩急不得徒託空言至購
買鐵艦等物需用浩繁應如何籌集鉅款並著該
大臣等設法商辦上海為通商樞紐兩江總督應
否仿照直隸辦法往來金陵上海以期呼應較靈
並著沈葆楨酌議具奏此外用人行政練兵裕餉
各事凡有關於自强者各該將軍督撫等籌畫所

及並著劻切敷陳用資採擇將此由五百里密諭
李鴻章沈葆楨慶春彭玉麟何璟李瀚章劉坤一
吳元炳李文敏裕祿梅啟照李明墀勒方錡潘霨
邵亨豫並傳諭傅慶貽李成謀知之欽此遵
旨寄信前來

抄交總理衙門

五四、日本欽差全權大臣宍户璣爲咨送本國外務大臣回信譯録事照會　回信一

光緒五年五月二十六日　（1879. 7. 15）

内容提要

日本欽差全權大臣宍户璣照會：前將王大臣照會録咨本國去後，兹接外務大臣回信，内叙日本辦理琉球一案旨趣，并命譯録送備貴王大臣查閲。

寺島外務大臣回信譯録：前接總理各國事務衙門王大臣照會内稱琉球國世受中國册封自爲一國等語，今查琉球久爲薩摩州郡邑，且授琉球尚寧及三司官以法章十五條及各獻誓書等，至今已三百年，廢建邦易以郡縣實爲政制變革，與中國所稱不同。廢藩爲縣絶亦不與修好條規相交涉，不能行停。

檔案來源：軍機處照會

已編入《清代中琉關係檔案七編》第三二九頁

譯漢文

為照會事本年五月十日所准

貴王大臣照稱琉球一事當經本大臣錄咨本國去後

茲接我

外務大臣回信內敘本國

政府處辦琉島旨趣並命本大臣譯錄送備

貴王大臣查閱前來本大臣奉此當將來信譯錄照會

貴王大臣希為查照可也須至照會者

寺島外務大臣回信譯録

准總理各國事務衙門王大臣照會鈔椄
内稱琉球國世受中國冊封中國認其自
為一國今琉球有何得罪廢為郡縣與修
好條規所云兩國所屬邦土以禮相待語
不符宜將廢球為縣一事速行停止等因
查琉球一事係我政府公議所决故非獲
已大號一發萬不可回顧過徼末事或關
大局誠兩國臣民禍福之所係中國王大
臣雖保全和好必不以纖介而敗善鄰之
義但是前日未有以我琉球事實詳明相

告者中國王大臣亦未及一覽我當時載
籍今誠據實分疏必得有釋然于鑑明之
閒者矣蓋琉球為我南島久矣其土則辨
九黑子足當薩摩州一郡邑地脉綿亘周煌
琉球國志略所謂東與日本薩摩州鄰一葦可航而去閩萬里中道無止宿之地者
正符其實也其文字字毋用我四十八字即源為朝所授也文書雜用漢
字假字言語自稱其國為屋其惹屋其惹即沖繩始祖為阿摩美久阿摩美
久即天孫氏等神教島祠祀我伊勢大神八幡天滿熊埜神等
風俗燕饗用我小笠原氏所傳之儀其宅中國使臣所紀席地而坐設具別食等
一莫非我國之物也國史紀南島朝貢事

實在中國隋唐之際天平七年（唐開元二十三年）太宰府遣使于南島樹碑誌所在地名里數泊船取水處當時太宰府管南島方物貢赤木蓋既在我政教之下矣保元中（當宋紹興時）源為朝居伊豆大島浮海略諸嶋至琉球娶島酋大里按司女弟生男尊敦為朝還大島尊敦立為琉球王是為舜天王（徐葆光中山傳信錄所謂舜天日本人皇後裔大里按司朝公男是也舜天之後三世褫國後二百餘年尚圓復位尚圓即舜天之後云）其後二百餘年將軍足利義教賞薩摩守島津忠國功賜以琉球（嘉吉元年明正統六年）爾來隸屬島

津氏為其附庸而貢聘不以時修豐臣氏
伐朝鮮之役命徵兵粮琉球尚寧僅輸其
半德川氏繼豐臣氏命島津家久發兵討
之尚寧降家久引詣江戶慶長十四年明万曆三十七年家久
得德川氏命世管琉球地遣吏人理島政正
經界禁其民挾鋭器檢歲收得十二萬三千
石旋割其八萬八千石之地予尚寧而定其歲
祖納八千石于薩摩島津氏提封七十二萬
石琉球全島實在其中尚寧留鹿兒島三
年放還授尚寧及三司官以法十五條尚寧

三司官各獻誓書自此其後世服薩摩吏治于今經三百年矣法章十五條及誓文開于左

法章十五條

一禁非薩摩之命購買唐國物品

一不堪使用之人雖故舊不可與之祿　一婢妾不可與祿

一不可私約主從　一不可多設寺院

一商人除帶薩州印契外不可許闌市

一不可賂買琉球人送於內地

一年稅及他公物必遵我官吏所定據法收納

一禁不由三司官任用他人　一禁強賣強買　一禁爭鬪

一有於農商定税之外非理徵斂者可至薩州鹿児府告発

一不可由琉球發商船於他國　一斗外用京量不可用其他物

一禁為博奕匪僻之事

右或有違之者可速處嚴科為此宣令

慶長十六年辛亥九月十九日

尚寧誓文

一琉球自古為島津氏之附庸大守龍伯發紋船奉祝識時派使献方物禮義無怠大閤秀吉公定附薩摩從諸般徭役但遠陬不遵法令自招罪戾國破身擒絶生歸之念如鳥在籠中何圖家久公哀憐窮困既得放歸又被割諸島以下賜如此厚恩何以報之永世對薩州之君無敢或背

一子々孫々相傳服此誓言不敢失遺

一所定法度不敢違亂

右有敢背誓
神明殛之

三司官誓文

一琉球自古為薩州附庸凡百之事當唯命是從而頃年疎濶獲罪以致國破主臣成擒無復生歸之念何圖家久公哀憐窮困既縱帰國而又賜以過多釆地如此厚恩何以報之世々奉對薩州之君無敢或背

一若有球國忘此厚恩謀圖惡逆詿誤國主者現署誓之人一意從屬薩州不附黨逆徒

一誓文之案各寫一通世傳子孫奉對薩州不致不忠

右有敢背誓
神明殛之

令也我國一變舊制盡廢建邦易以郡縣即若

薩摩州係琉球本屬之邦亦既易為鹿兒島縣

矣而琉球附庸不得獨免于一統之治固其所
也令照總理衙門来文據實辨覆以求其直
亦非得止也中國王大臣謂認琉球自為一國據
中國除受其職貢外政教禁令聽其自為明
政教禁令得自主自為者可以自為一國政教
禁令不得自主自為者不可以自為一國也我
國於琉球慶長征服之後并之薩摩封土統
其內政兵戍其土吏理其民經其田收其稅布
禁行令不一而足內屬附庸誓文在桉猶得謂
其自為一國耶乃謂琉球服屬兩國天下豈有

兩屬臣民乎哉其兩屬云者則陰陽兩間也耳
且我國保庇島民無所不至有饑殘邺賑之有
讐興兵報之乃若前年台灣生番刼殺琉球難民
我使派兵查辦亦中國之所認為義舉也夫
琉球既非自為一國則廢藩為縣者專由我
政制之變革而非滅人之國絶人之祀者也是
係我國之内事宜得自主而不容他邦干涉也
本大臣所殊惑者中國王大臣既謂認其自為
一國入貢一層無足為重輕而又引修好條規第
一款為斷案盖謂琉球為其所屬邦土也抑自

為一國則非所屬邦土既為所屬邦土則非自為一國者二者不相兩立必居一於是矣要之我於琉球曾征服之治教之與中國王大臣所謂受其職貢聽其自為者不同則廢藩一事絶不與修好條規相交涉也我政府固重鄰誼同文之邦勢同輔車匪寇婚媾開誠由衷不欲違言相當徒為葛藤但至將廢藩一事行僨止斷不能俯就中國王大臣遠觀深察必有所從容裁擇矣

明治十二年七月十五日

五五、日本欽差全權大臣宍户璣爲琉球一案未接本國復音事照會

光緒五年六月初七日　（1879.7.25）

内容提要

日本欽差全權大臣宍户璣照會：接准六月初六日來文内稱，球島一案曾經照會，後又王大臣來晤咨問，今逾一月有餘，未據照覆，實有未解。查，此案本大臣屢經咨回，未接復音。但念本國政府固以和好爲重，決無束閣之理。

檔案來源：軍機處照會

已編入《清代中琉關係檔案七編》第三二七頁

譯漢文

為照復事接准六月初六日來文內開所有琉球島一案曾經照會旋接照復內稱照錄來文咨回本國俟有核示辦復等語在案後又王大臣來署諮問亦答以是意今逾一月有餘未據照復惟為日已久迄未見復本王大臣實有所未解相應照會貴大臣查核迅速照復可也等因前來俱已閱悉查此案本大臣屢經咨回奈未接復音莫由核報但念本國政府因以和好為重決無束閣之理而致復音遲久者蓋何大臣既在敝地商辦或將了局亦未可知也為此照復須至照會者

明治十二年七月二十五日

本書的編纂出版，承蒙日本國沖繩縣教育委員會大力協助，
謹致謝忱！

中國第一歷史檔案館 編

中琉歷史關係檔案

光緒朝（二）

國家圖書館出版社

中琉歷史關係檔案

總 主 編：孫森林
副總主編：李國榮

中琉歷史關係檔案

光緒朝（二）

主　編：王　徵
編　輯：伍媛媛　郭　琪　朱瓊臻　郭子梦

目録

一、總理各國事務王大臣奕訢等爲美國前統領格蘭忒在日調處琉球案事奏摺

光緒五年七月二十一日（1879.9.7）

内容提要

總理各國事務王大臣奕訢等奏報，日本廢琉球爲縣，經出使日本大臣何如璋等與日本外務爭辯，臣等與其使臣宍户璣詰責，往復辯論已歷數月。嗣有美國前統領格蘭忒游歷來華，臣等托其代評此理以持公道，格蘭忒允爲設法調度。兹接何如璋等函稱，美國駐日使臣平安與格蘭忒商一辦法，欲將琉球各島中部歸球，立君復國，中日兩國各設領事保護，南部近臺灣割隸中國，北部近薩摩割隸日本。格蘭忒所擬辦法，日本尚未答復。臣等擬俟定議後另籌辦法。

檔案來源：軍機處録副奏摺

已編入《清代中琉關係檔案七編》第三四一頁

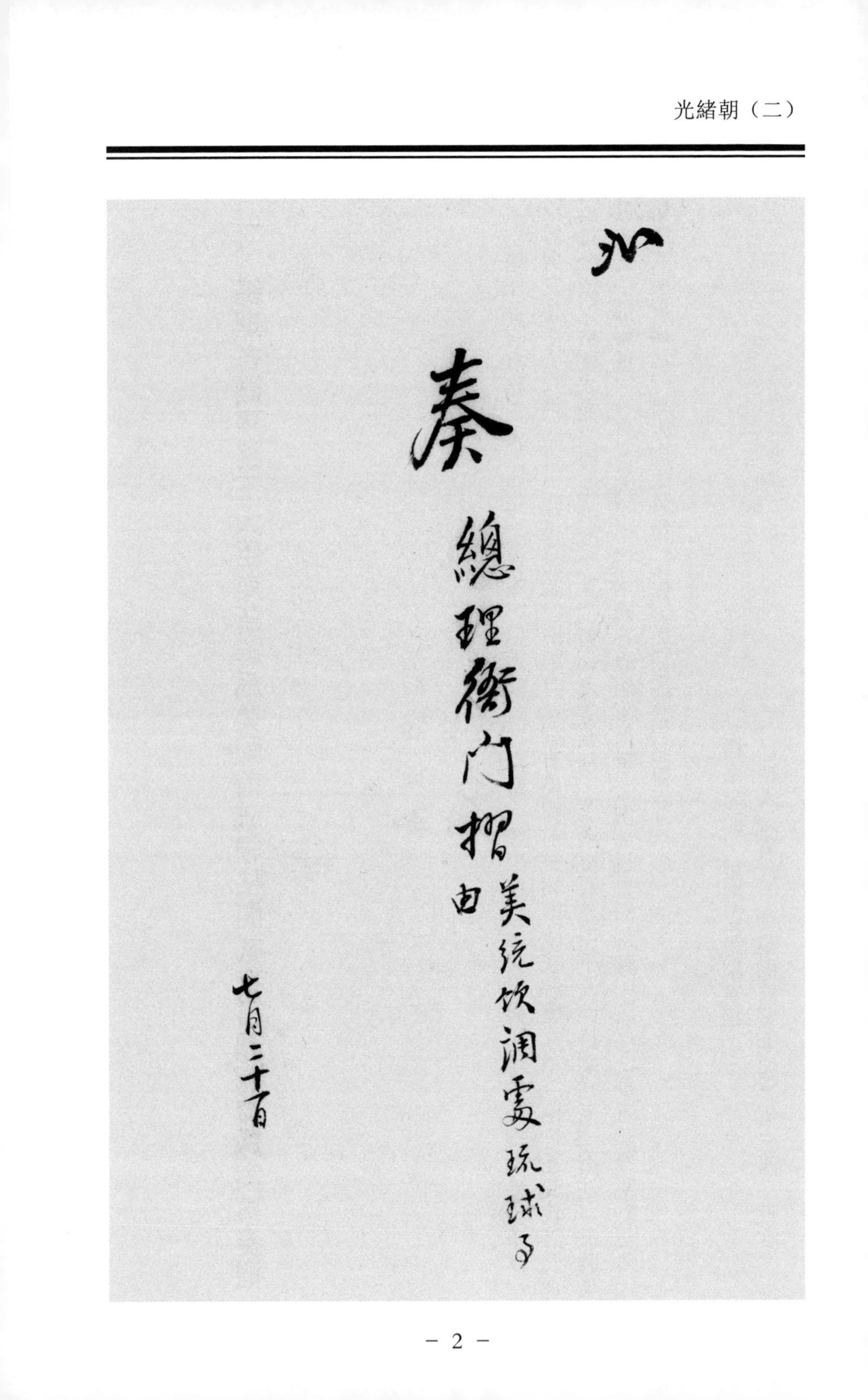

旨

奏

總理衙門摺

由美統領調處琉球事

七月二十日

臣奕等跪

奏為接據出使日本大臣函報美國前總統在日本

調處球事擬有辦法謹將大概情形先行恭

摺密陳仰祈

聖鑒事竊臣衙門前准出使大臣何如璋等電報稱

日本政府已廢琉球為縣遣兵赴球該大臣

與之詰問又日國改遣使臣來華等情於閏三

月初五日具奏在案嗣有美國前總統格蘭忒

游歷來都，亦經臣等於四月二十八日奏明在案。

又臣等以格蘭忒係美國前任統領，用兵定亂，

威望著聞，美國又為日本所畏服，知其即有

日本之行，球事或可從中為力，因於接晤之際

述及此事，格蘭忒亦謂日本無理。臣等即將此事

始末詳細告之，並言琉球久屬中國，日本無故

廢之，滅人國、絕人祀，殊出情理之外，托伊到彼

代詳此理，以持公道。格蘭忒允為設法調處

追由津赴京又經直隸督臣李鴻章與之面商
迭蒙俞允不辭追由李鴻章抄寄格蘭忒在
日本來函內有所託之事俟當妥商辦法不敢預
定等語兹臣等接何如璋等函稱見美國駐日
使臣平安據稱事必須了且必須兩國有光已與
前統領商一辦法查琉球各島本分三部今欲將
中部歸琉立君復國中東兩國各設領事保護
之其南部近臺灣為中國要地劃隸中國其北

鄰近薩摩為日本要地，割隸日本。未於貴國允否，當答以本國意在存球，惟期球祀不絕而已。美使欲就此因以此告日本，廢球為此經何如璋與其外務爭辯，以此與其使以宍户璣詰責，往復辯論已歷數月，彼惟一味強詞奪理，並謂琉球為彼舊屬，始終無一毫悔悟之機。其貪狡為心，固有非情理所能動者。前或所擬以兩法，日本尚未答復，雖能否就範心不可知然當以日人狡詭卑鄙謟事西人甚於美国尤為心悅誠服今已格蘭忒一言我可憎然改計至中国在球設立領事揆請小字之義者無不合惟將琉球南部割隸中国中国豈可因以為利且我

朝廷接待藩服之禮只當姑俟定議除另籌辦法總現在若由何如璋將此意宣示則日本必藉口於中国未允以使大不甘輸服之

私居時格蘭忒楊受兩難情不免於影松動
也又接何如璋筆談稱格蘭忒之意必欲由
中以報且有欲將大局說定然後歸國並乃
可照行須立專條擬請美國一同畫押為
要語是日人仍不遽從亦必別有辦法也乃
似已漸有端倪謹將大略情形先行奉
聞上慰
宸廑所有以楊到去使與本年六月何如璋函稱報美

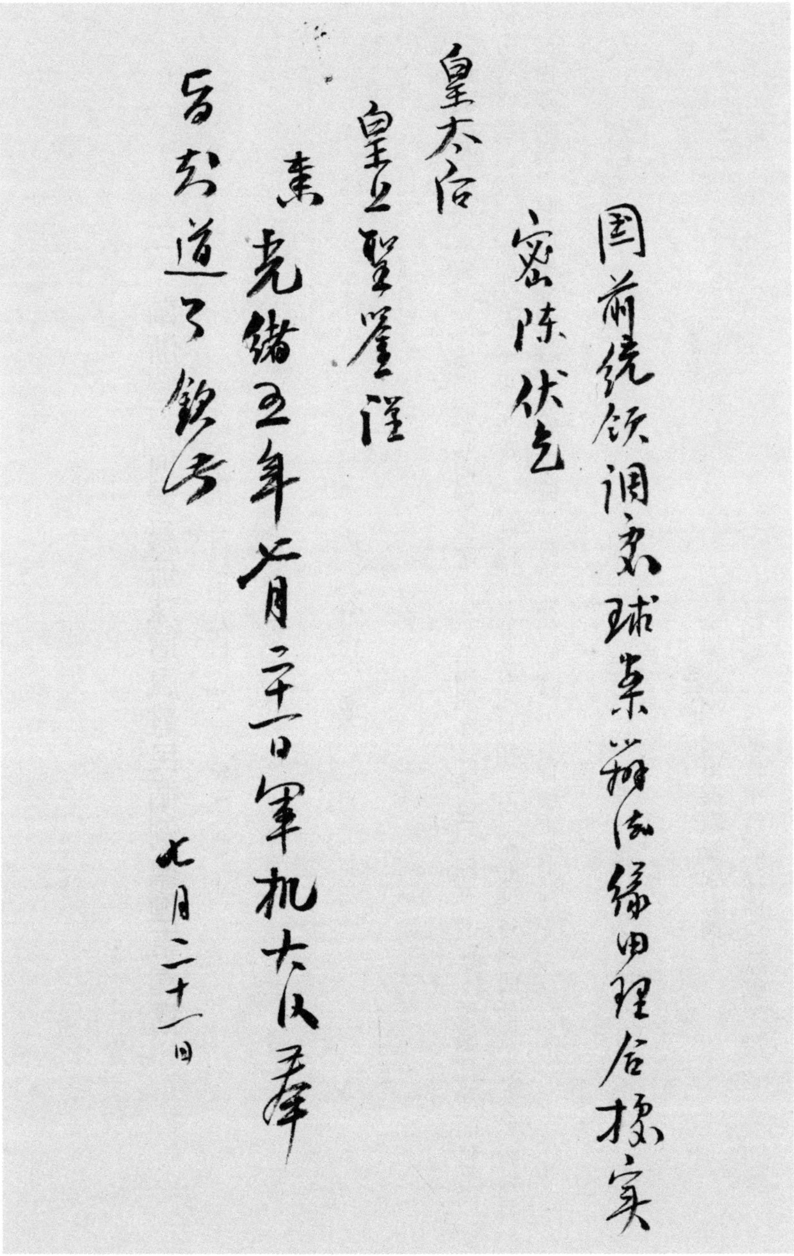

國前後欽調處球案辦法緣由理合據實
密陳伏乞
皇太后
皇上聖鑒謹
奏
光緒五年六月二十一日軍機大臣奉
旨知道了欽此
七月二十一日

二、閩浙總督何璟爲琉球遭風難民循例撫恤事奏摺

光緒五年七月二十八日　（1879.9.14）

内容提要

閩浙總督何璟奏報，琉球國難民向廷槐等十一人駕船在洋遭風，飄至浙江玉環廳轄洋面獲救，經地方官賞給口糧，派船護送至平陽縣。向廷槐等九名於六月初二日駕船進省，殷廷章等二名於六月初七日由陸到驛，照例安插館驛，妥爲撫恤。將來如何回國，另行察看辦理。

檔案來源：軍機處録副奏摺
已編入《清代中琉關係檔案選編》第一一二四頁

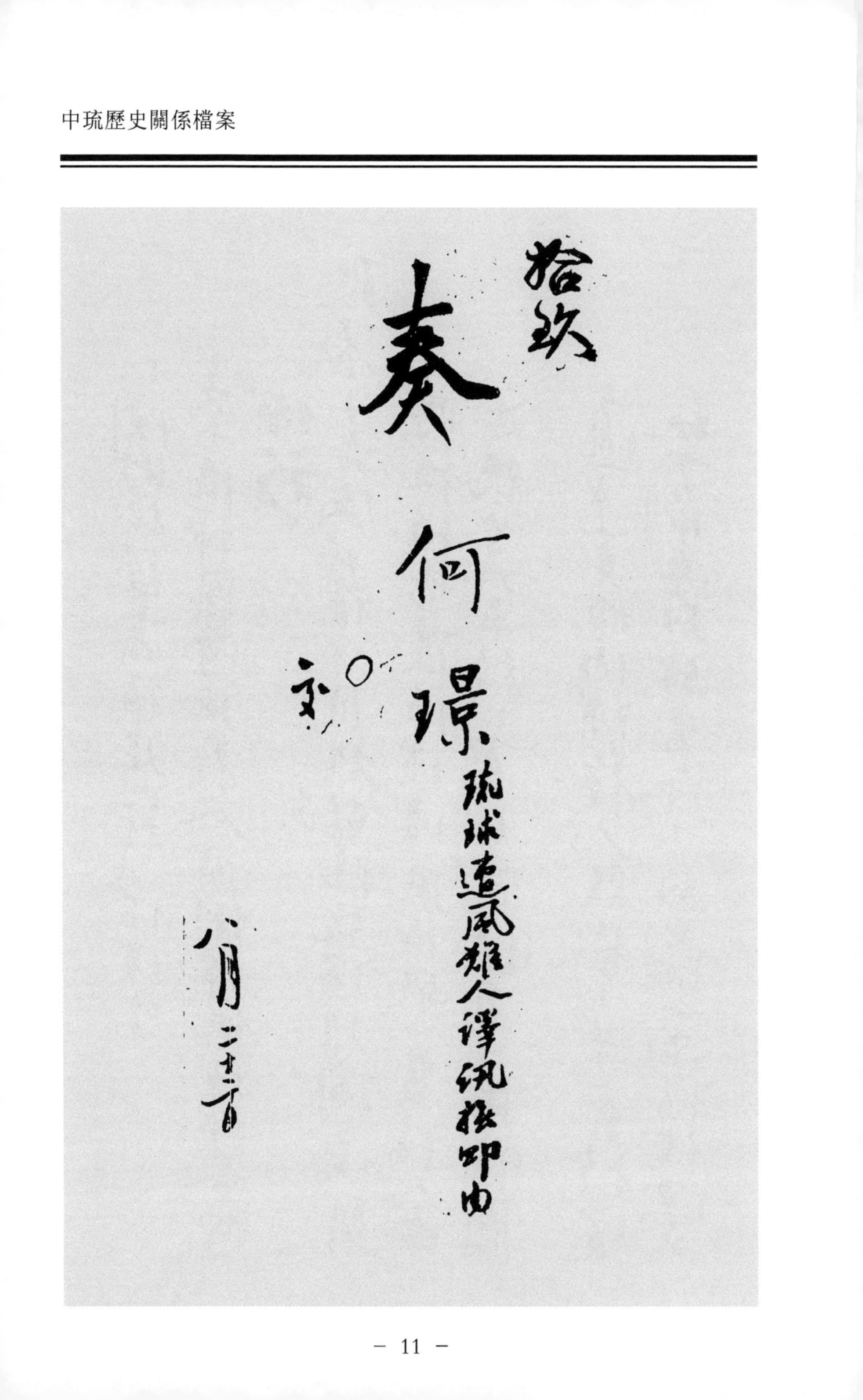

拾玖

奏

何璟

琉球遭風難人譯訊根叩由

示〇

八月二十二日

閩浙總督兼署福建巡撫臣何璟跪

奏為琉球國遭風難人循例譯訊撫卹恭摺

仰祈

聖鑒事。竊據福防同知歐陽駿詳准閩安協副

將稱報：琉球國遭風海船一隻，難人內

延模等九名，於本月初四日進口，當文撫恤，候國

通事吳根譯據琉球難人眼延模等供，系琉球國八重山省

和平村中陸利驛書區外[illegible]別無擅一四物借直道

譯訊據供，守達文擺麻廷佐、殷廷章是官吏，因同坐船之西銘、舵工大嶺等七人都是水梢，通船共十人，俱係琉球那霸府人，駕坐小海船一隻，於本年五月十二日往伊江島購買糧食，遇暴風飄至浙江玉環廳標洋面拋泊，蒙地方官催夫給口糧，據文武官護送至平陽縣，官吏殷廷章等三名另行起旱到縣，而廷佐等九名於七月初一日開船，初二日抵玉環

門隨開進口並將隨身物件等情由藩司

覆核詳請

奏前來臣查該難民向住槐芳航海遭風情殊

可憫亟宜仰洪

皇仁優於加撫按日起每人日給米一升鹽菜銀

六厘回國之日給發行糧一個月並照例加

賞物件折價給領統於存公銀兩動支事

後造冊報銷將來由何回國另容於辦理

除分咨查照外，臣謹恭摺具
奏。伏乞
皇太后
皇上聖鑒。再，琉球人在浙所供各節，前有未符，現已
諭飭夏同善同浙撫提犯訊，臣等似毋庸會銜
合併陳明，謹
奏。
光緒五年八月二十三日軍機大臣奉
旨：知道了。欽此。

七月二十八日

三、日本欽差全權大臣宍户璣爲將球島各節照會抄録咨行本國外務大臣事致王大臣照會

光緒五年七月 （1879.8）

内容提要

日本欽差全權大臣宍户璣致王大臣照會：明治十二年八月二十二日接准貴王大臣照會内稱球島各節，本大臣准此閲悉，除當即將原函抄録咨行本國外務大臣俟有核示辦覆外，相應照覆貴王大臣查照。

檔案來源：軍機處照會

已編入《清代中琉關係檔案七編》第三四五頁

譯漢文

爲照復事明治十二年八月二十二日接准

貴王大臣照會內称琉球島各節本大臣准此閱悉除當即將

貴王大臣原函抄錄咨行本國外務大臣俟有核示辦覆外相應照復

貴王大臣查照可也須至照會者

四、總理各國事務王大臣奕訢等爲美國前統領格蘭忒函稱了結球案辦法事奏摺　原函二

光緒五年八月初五日　（1879.9.20）

内容提要

總理各國事務王大臣奕訢等奏報，前接出使日本大臣何如璋等函報，美國駐日使臣平安與美國前統領格蘭忒已就琉球案商一辦法。茲據李鴻章函稱，美國領事賫到美國前統領格蘭忒致該督臣及臣奕訢信函各一件，内稱須將何如璋前給日本外務省照會撤銷，由兩國另派大員會商。現擬按照美國領事所言，摘録格蘭忒原信要語照會日本外務省，請其另派大員來華會商。

照録譯美前首領致李鴻章函：因受恭親王及中堂委託調停中日琉球一案，擬將兩國爭論者詳細説開，并請出使日本大臣何如璋撤回之前照會，另派大員與日本議辦，當可了結。

照録譯美前首領致奕訢函：因受恭親王及中堂委託調停中日琉球一案，經與日本内閣大臣屢次妥商，日方并無與中國失和之意，擬請撤銷之前中國所發措語太重文書一件，各派大員妥商辦法，球事可望了結。

檔案來源：軍機處録副奏摺

已編入《清代中琉關係檔案七編》第三四六頁

肆

奏

總理衙門摺

美国格蘭忒商办琉球事情形由

八月初五日

臣奕等跪

奏為據接直隸總督臣李鴻章函稱接准美前總統領格蘭忒函稱在日本商辦球事情形恭摺

密陳仰祈

聖鑒事竊臣衙門前據出使日本大臣何如璋函稱

據見美國駐日使臣平安接稱已與前總統領商

一辦法查琉球各島本分三部今欲將中部歸

球立君復國中東兩國各設領事保護其南部

近台湾为中国要地割隶中国北部近萨摩
岛为日本要地割隶日本等语及其尚以格兰忒
所拟办法日本能否就范正不可知并拟俟定
议后另筹办法等因于本年五月二十日奉
阁本
案并抄李鸿章来函称近由美国领事德呢副领
事毕德格赍到美国前统领格兰忒致及奕
訢函及致该晴友函各一件译其来函语意须将
何如璋前给日本外务省照会撤销由两国另

派夫员会商办法始有结局又称美国副将杨
越翰因自致该将军函内云格前统领寄上英许
之函缮毕後已交日君美加复阅看毫无异词美
国领事德呢礼其前统领受臣等面托球事既
由日本君臣议定此信即算是公文拟请摘录
原信要语由臣衙门照会日本外务省请其另
派大员会商等语并译录格兰忒原函二件
前来臣等查此次李鸿章函称各节与前次所如

璋函報情形不同惟格蘭前游歷來都時臣等
將球事詳細告知囑其到日本後持平辯析格
蘭忒允為設法調處迨出都過津又經李鴻章
與之面商伊亦應允不辭茲閱其致臣奕訢函
内有稱但若中國肯寬讓日人日本亦願退讓
中國足見其本心不願與中國失和等語詞
意渾涵未露其所謂寬讓退讓者果何所指
其致李鴻章函云何如璋前有一文書日本深怪

彼宍常見面似亦不能商量不妨將前項文書撤回另派大員與日本議辦尚可設法了結美國前總統並稱球事既經格蘭忒與日本君臣議定此信即算公文各等語似此則球事尚有把握等論前與何如璋來函所述辦法格蘭忒未必與日本議明即使日本允與辦法而未由格蘭忒一手經理另由中日兩國派員會商日本狡譎已甚恐仍未易歸宿然就現在情形

而論似只可照李鴻章函內所稱摘錄格蘭忒
原信要語由臣 衙門照會日本外務省請其另
派大員來華會商一俟接其照覆如何臣等再行具奏請
旨定奪所有臣等接到李鴻章函送格蘭忒原函
商辦球案緣由謹鈔呈原函二件伏乞
皇太后
皇上聖鑒
訓示施行再美國使臣西華七月二十四日來署臣等

詢及格蘭忒乃蹤據云已於數月前自日本
起程回國合併陳明謹
奏
光緒五年八月初五日軍機大臣奉
旨依議欽此
八月初五日

八月初五

伍

照錄譯美前首領致李鴻章函

西歷八月二十日即中國七月初三日我有一句話要向貴中堂陳明祈莫怪我我原不便說的看似多管閒事但受恭親王與貴中堂之託調停琉球事我總未與何公使當面商量我誠心要勸中日兩國不至因此失和先將兩國所爭論者詳細說開使兩國面子上均過得去若照駐東洋各國公使之意不免從旁挑唆生事

他們好出頭攪擾冀得便宜若中日兩國失和交戰兵費浩大人民受殃此極慘惡之事不知幾十年後元氣纔能漸復我風聞何公使遇有交涉事件必與西國那一位公使商議或因是他的好朋友其是否我亦不敢知也美國現有平安公使在此人甚公正我常與密商球事但不能再向各國公使道及因亦不便與何公使說及何公使先前有一文書日本深怪彼此不

常見面公事亦不能商量我盼望中國要妥細
商辦此事不妨將前項文書撤回另派大員與
日本議辦當可設法了結凡與中日兩國相好
皆有是心外另致恭親王一函請貴中堂先看
再為轉寄

格蘭忒拜

八月初五

覽

照錄譯美前首領來信

西歷八月二十三日即中國七月初六日我到日本以後屢次會晤內閣大臣將恭親王與李中堂所託琉球之事妥商設法使中日兩國不至失和看日人議論琉球事與在北京天津所聞情節微有不符雖然不甚符合日本確無要與中國失和之意在日人自謂球事係其應辦並非無理但若中國肯寬讓日人日本亦願退

讓中國足見其本心不願與中國失和從前兩
國商辦此事有一件文書措語太重使其不能
轉彎日人心頗不平如此文不肯撤銷以後恐
難商議如肯先行撤回則日人悅服情願特派
大員與中國之特派大員妥商辦法此兩國特
派之大員必要商定萬全之策俾兩國永遠和
睦譬如兩人行路各讓少許便自過去無須他
人幫助兩國大員會議時如用洋人繙譯亦須

兩邊願意不必再請各國公使調停儻兩國意見實有不合之處可另請一國秉公議辦兩國應各遵行亦不可僅令駐京公使理說亞細亞洲人數居地球三分之二惟中日兩國最大諸事可得自主所有人民皆靈敏有胆又能勤苦省儉儻再參用西法國勢必日强盛各國自不敢侵侮即以前所訂條約喫虧之處尚可徐議更改各國通商獲利之處中國亦不至落後蓋

取用西法廣行通商則民人生理國家財源必
臻富庶不但外國有益本國利益更多矣日本
數年來採用西法始能自立無論何國再想强
勉脅制立約彼不甘受日本既能如此中國亦
有此權力我甚盼望中國亟求自强我深知通
商各大國内有那般奸人願中國日弱他好乘
機圖得便宜我實有愛惜此兩國百姓之誠心
不得不苦口奉勸勿中那般奸人覬覦之計再

過兩禮拜我即啓程回國日後若聽聞中日兩
國為琉球事業經説合並有永遠和好之意我
更十分歡悦我原不肯干預兩國政務越俎多
事但既出此言兩國果皆信以為實球事可望
了結我亦不虛此行與有榮施也前在中國各
處大小官員待我禮貌甚厚至今感念不置

格蘭忒拜具

五、閩浙總督何璟爲琉球遭風難船回國日期事題本

光緒五年八月十六日　（1879. 10. 1）

内容提要

閩浙總督何璟題明，琉球難民瀨名波、鄭精業、松大著等三起先後護送到閩，安插館驛。瀨名波等二名，鄭精業等七名，松大著等除嘉翁長一名病故外，實共四十五名，乘該國存有前此來閩小船一隻，附水稍十四名，統共六十八名，於光緒五年四月二十五日離驛登舟，二十九日乘風放洋，長行回國。

檔案來源：内閣禮科題本

已編入《清代中琉關係檔案續編》第一五三九頁

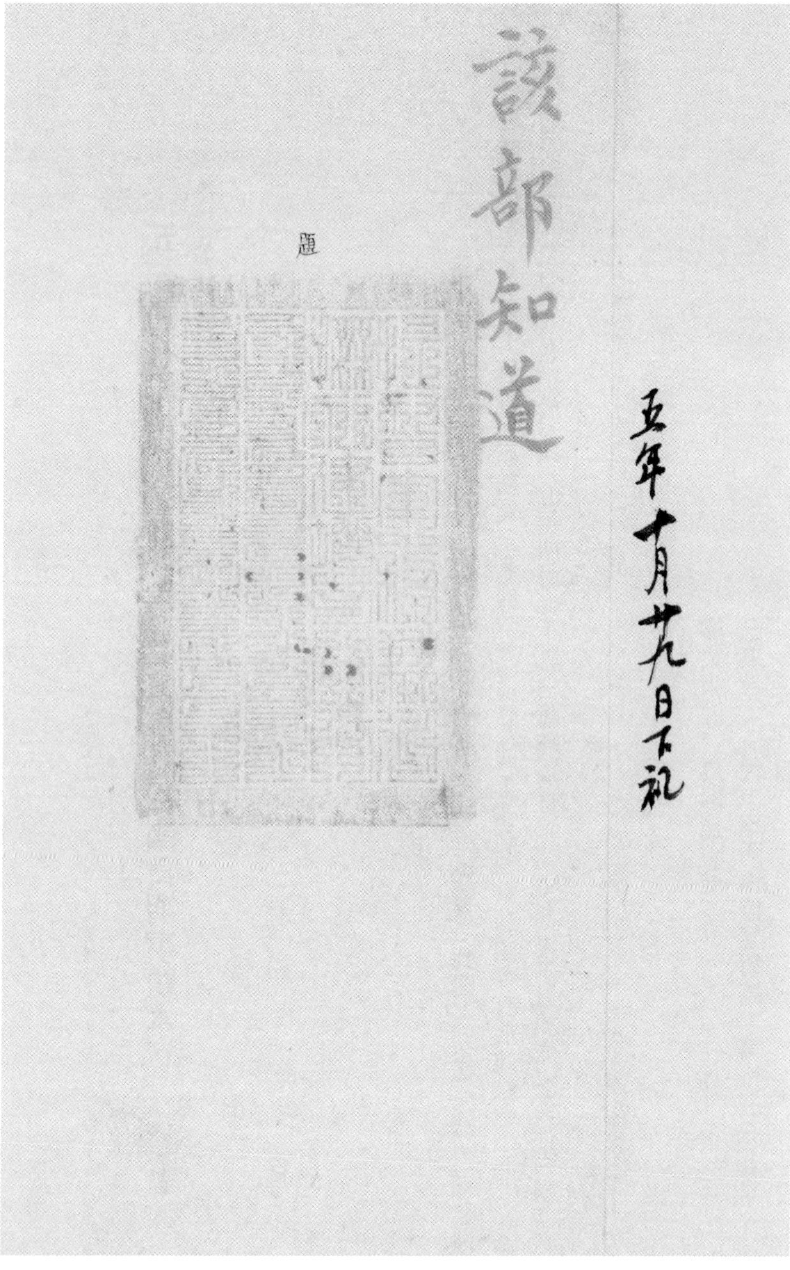

五年十月廿九日下礼

該部知道

題

兵部尚書兼都察院右都御史總督福建浙江等處地方軍務兼理糧餉鹽課兼署福建巡撫臣何璟謹
題爲遣發琉球遭風難民長行回國日期詳請具
題事據福建布政使慶裕呈詳竊照琉球國遭風
難民瀨名波松大著鄭精業等叁起先後護送
到閩於光緒肆年伍月初柒伍年正月貳拾柒
閏叁月拾叁等日安插館驛均經詳蒙
奏咨查該難民等原船或擊破沉失或抛棄無存
茲瀨名波等貳名鄭精業等柒名又松大著等

肆拾陸名除嘉翁長壹名病故外實共肆拾伍
名乘該國存有前此來閩小船壹隻業已修固
且內有金良福等熟諳閩洋海道堪以自行駕
回一并附搭回國並附小船上查庫水梢除上
里石崙貳名病故外尚存壹拾肆名統共陸拾
捌名據報於伍年肆月貳拾伍日離驛登舟飭
取長行回國日期去後茲據署福防同知歐陽
駿詳報該難民瀨名波等陸拾捌名於本年肆

月貳拾玖日乘風放洋長行回國等由到司合
就詳請察核具
題等情前來臣復查無異理合具
題伏祈
皇上聖鑒勅部查照施行爲此具本謹具
題
聞

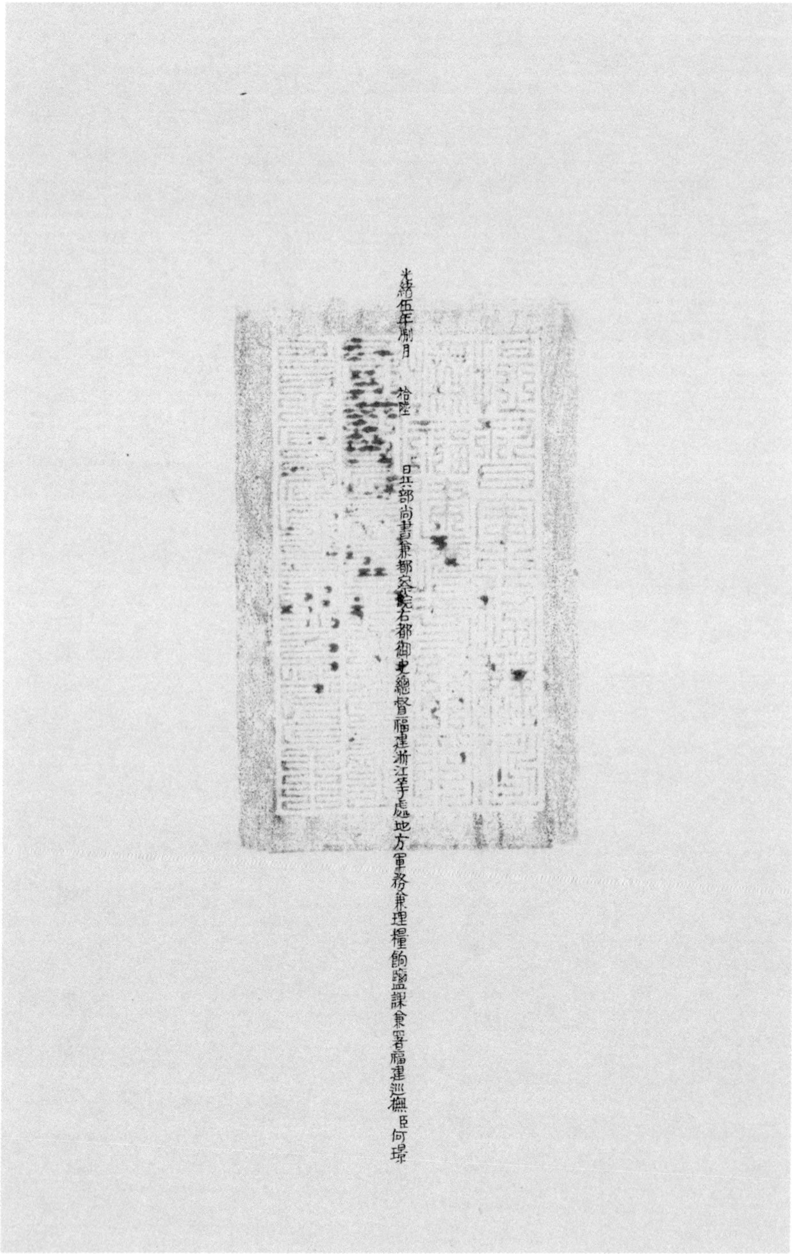

光緒伍年捌月 拾陸 日兵部尚書兼都察院右都御史總督福建浙江等處地方軍務兼理糧餉鹽課兼署福建巡撫臣何璟

兵部尚書兼都察院右都御史總督福建浙江等處地方軍務兼理糧餉鹽課兼署福建巡撫臣何璟謹

題爲遣發琉球遭風難民長行回國日期詳請具

題事據福建布政使慶裕呈詳竊照琉球國遭風難民瀨名波松大著鄭精業等叁起先後護送到閩於光緒肆年伍月初柒伍年正月貳拾柒閏叁月拾叁等日安插館驛均經詳蒙

奏咨查該難民等原船或擊破沉失或拋棄無存茲瀨名波等貳名鄭精業等柒名又松大著等肆拾陸名除嘉翁長壹名病故外實共肆拾伍名乘該國存有前此來閩小船壹隻業已修固

且內有金良福等熟諳閩洋海道堪以自行駕
回一并附搭回國並附小船上直庫水梢除上
里石嶺貳名病故外尚存壹拾肆名統共陸拾
捌名據報於伍年肆月貳拾伍日離驛登舟飭
取長行回國日期去後茲據署福防同知歐陽
駿詳報該難民瀨名波等陸拾捌名於本年肆
月貳拾玖日乘風放洋長行回國等由到司合
就詳請察核具
題等情前來臣復查無異謹具
題
聞

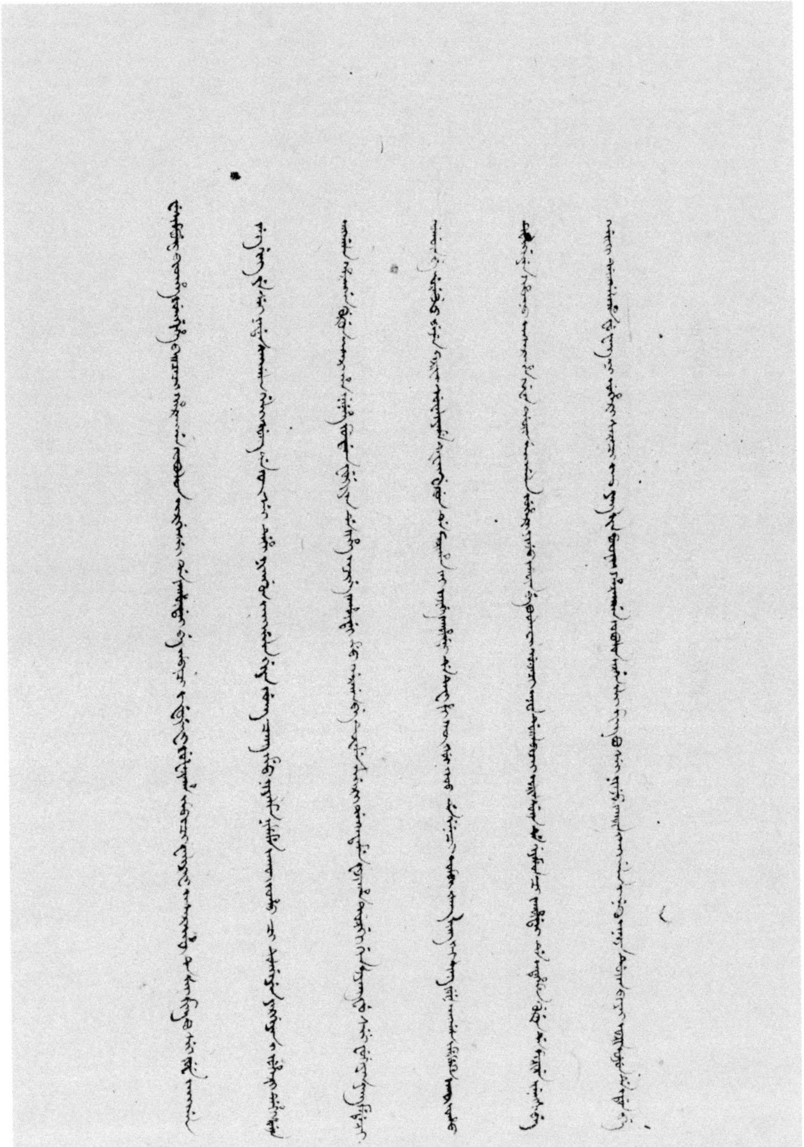

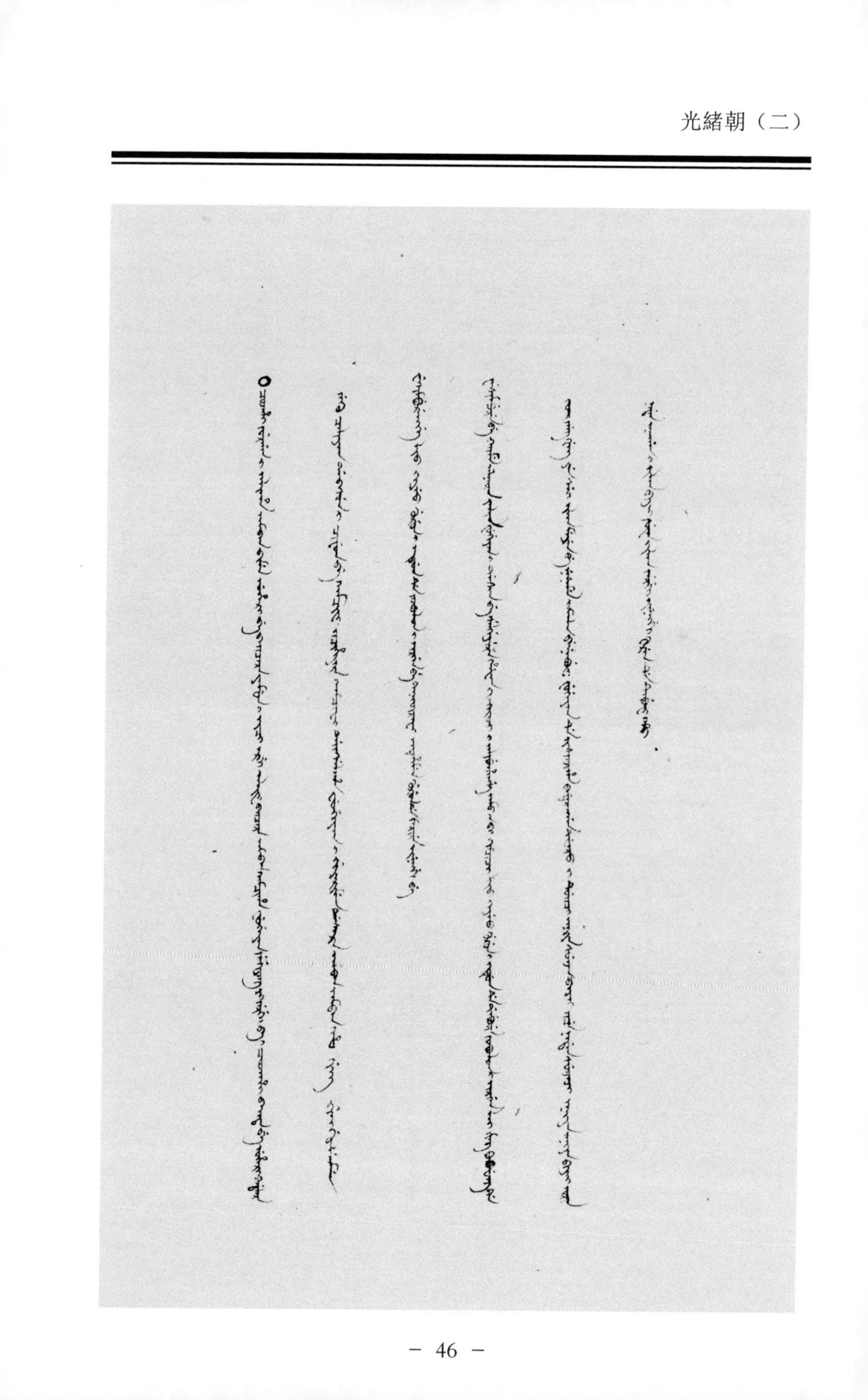

[illegible]

六、浙江巡撫梅啓照爲琉球遭風難民護送赴閩事奏片

光緒五年八月十九日＊（1879.10.4）

内容提要

浙江巡撫梅啓照奏報，琉球國難民向廷槐等十一名在洋遭風，漂泊到浙，援照成案給予薪米，護送赴閩。另，琉球國難民玉代勢等十六人在洋遭風，漂流到浙，援照成案妥爲撫恤，將該船趕修完固，撥派兵役護送赴閩。

檔案來源：軍機處録副奏摺

已編入《清代中琉關係檔案選編》第一一二三頁

奏。

檔存

梅啓照片

再據布政使司案詳稱轉據玉環廳同知詹壽榮稟光緒五年五月十七日有外國遭風難船駛至海口停泊當即會營前往驗勘內載難番三名舵水八名共十一名俱係蓄髮換髻詢問言語不通授以紙筆書寫得悉內有三人均係琉球職官一為向廷槐一為麻廷佐一為殷廷舉欲往福建省城與琉球國官商物件遭風飃泊到此求請送往福建等語除援照成案給予薪米護送轉

遞外稟報查核情形又據平陽縣知縣馮德坤
詳光緒五年五月二十日有外國遭風難船漂到
江口港關前停泊當即親往查勘船內共十六
人詢問言語不通給以紙筆書寫船名馬艦伊
等王代勢等十六人均是琉球國那霸府人於五
月十二日開船到百四十里之八重山載米遭風漂流
至此等語除援照成案修整船隻給予薪米護
送請遞外稟報查照等情由司核詳請

奏，前來除分飭妥為撫卹，優給衣糧，並將該船赶
修完固，派撥兵役護送赴閩，交收並咨部查照
外，理合彙案附片陳明，伏乞
聖鑒。謹
奏。
光緒五年八月十九日軍机大臣奉
旨：知道了。欽此。

七、日本欽差全權大臣宍户璣爲更换本國外務卿事致總理各國事務王大臣照會

光緒五年八月二十二日　（1879.10.7）

内容提要

日本欽差全權大臣宍户璣致總理各國事務王大臣照會：明治十二年九月十日奉上諭，外務卿寺島改任文部卿，工部卿井上改任外務卿。相應恭録諭旨，照會貴王大臣查照。

檔案來源：軍機處照會

已編入《清代中琉關係檔案七編》第三五五頁

譯漢文
大日本欽差全權大臣宍戸　爲
照會事。明治十二年九月十日欽奉
上諭：外務卿寺島著文部卿，工部卿井上著外務卿。欽此。相應恭錄
諭旨照會
貴王大臣查照可也。須至照會者。
右　照　會
大清欽命總理各國事務王大臣
明治十二年十月七日

八、閩浙總督何璟爲琉球遭風難民循例撫恤事奏摺

光緒五年八月二十八日　（1879.10.13）

内容提要

閩浙總督何璟奏報，琉球國難民玉代勢等十六人駕船在洋遭風，漂至浙江平陽縣洋面獲救，由地方官賞給飯食錢文，派撥兵役護送。比嘉一名由營船護送於七月十一日到閩省館驛，玉代勢等十五名於七月二十一日到驛，照例撫恤。將來如何回國，另行察看辦理。

檔案來源：軍機處録副奏摺

已編入《清代中琉關係檔案選編》第一一二五頁

福建

奏

何璟

○

片

琉球遭風難人循例撫卹由

九月二十九日

閩浙總督兼署福建巡撫何璟跪

奏為琉球國遭風難人循例譯訊撫卹恭摺仰祈

聖鑒事竊據署福防同知歐陽駿詳準閩安協副將

移報據護琉球國遭風海船一隻又難人玉代

勢等十五名於七月二十一日晉省又先據琉國遭

事報稱七月十一日有琉球難人比嘉一名到驛

均經照例安插一面飭傳通事譯訊據供玉代

勢是船主嘉平納是舵工比嘉等十四名都是

水手通船十六人俱係琉球國那霸府人駕坐小海船一隻於本年五月初九日開往八重山載米突遇颶風漂出大洋風帆損壞二十日至浙江平陽縣洋面幸遇營船救護並蒙地方官賞給飯食錢文於七月初七日派撥兵役隨船護送比嘉一名登岸買米未回因見風色順利開駛十九日到定海二十一日到閩省館驛其比嘉另由營船護送於七月十一日先行到

駙均等隨身行李等情由藩司慶裕詳請
奏前來查該難人玉代執等航海遭風情殊
可憫應於安插之日起每人日給米一升鹽菜
銀六釐回國之日給發行糧一個月並照例
加賞物件折價給領以廣
皇仁所有各款銀兩統於存公項下動支事竣彙
報銷將來如何回國另行察看辦理除分咨查
照外謹恭摺具

奏，伏乞

皇太后

皇上聖鑒。再琉人在浙所供各節間有未符，現已

譯訊更正，至閩浙總督係以奔任毋庸會銜

會併陳明，謹

奏。

光緒五年九月二十九日軍機大臣奉

旨：知道了。欽此。

八月二十八日

九、日本外務卿井上馨爲請王大臣酌定如何派員會商琉球案事照會

光緒五年八月　（1879.9）

内容提要

日本外務卿井上馨照會：前接王大臣照會内稱美國前統領致函希冀兩國派員會商琉球一案，查美國前統領游歷日本時亦專爲中國勸説，爲銷微嫌尋盟好計，如何派員之處憑貴王大臣酌定。

檔案來源：軍機處照會

已編入《清代中琉關係檔案七編》第三五六頁

譯漢文

爲照覆事。明治十二年十月十一日接准

貴王大臣照會內稱

美國前統領致

貴爵王大臣信函，以若兩國派員會商，始有結局

等情，相應照會，其應如何彼此派員之處，希即照

覆等因。查前此

美國前統領游歷我國，與諸大臣話及球事，亦莫

非以和平爲言，如兩國派員會商之說，蓋該

前統領專爲

貴國勸說至將琉球廢藩一事出自我國釐革内
政屑屑問難竟非鄰好之美此在本卿大臣前次
核覆宍戸大臣咨内詳晰開明想經
貴王大臣轉閲已涣然相諒矣若派大員會商其
意果係銷織嫌尋盟好我國固所願也其應如何
派員之處一憑
貴王大臣酌定可也為此照覆須至照會者

一〇、日本欽差全權大臣宍户璣爲譯録本國外務大臣爲琉球一事回信事照會　信函一　抄稿一

光緒五年九月十二日　（1879. 10. 26）

内容提要

日本欽差全權大臣宍户璣照會：前將貴王大臣照會録咨本國去後，茲接外務大臣回信，當將來信譯録照會貴王大臣希爲查照。

寺島外務大臣致駐北京公使宍户璣信函譯録：琉球自慶長之役舉其全島獻誓效順，尚寧之後，襲任者必立誓文昭信守，其任三司官者必宣忠國之盟，世世無怠，經三百年猶一日。總理衙門來文所舉以爲屬國之證，謂册封、朝貢、正朔，均非所屬之實。琉球廢藩置縣一事確爲我内政，經我國審議而斷行之。

抄稿：琉球尚泰誓文及三司官池城親方誓文。

檔案來源：軍機處照會

已編入《清代中琉關係檔案七編》第三五八頁

譯漢文

大日本國欽差全權大臣宍户　為

照會事，本年八月二十二日准

貴王大臣照称琉球一事當經本大臣録咨本國去後茲准我

外務大臣回信當將来信譯録照會

貴王大臣希為查照可也須至照會者

右照會

大清欽命總理各國事務王大臣

明治十二年十月二十六日

回信譯録

外務卿核覆駐劄北京公使宍戶咨

查中國總理衙門明治十二年八月二十二日（中國光緒五年七月初五日）照會內敘琉球為中國所屬等因、備經照閱、夫琉球屬于我國、不啻信而有徵、前次回函既致詳悉、今唯有要一理直截以了此案、蓋我國於琉球、征而服之、撫而理之、以其事實、而不以其虛文、慶長以前姑置之、慶長之後、舉其全島、獻誓効順、而隣近諸國環拱而視、不敢相攔阻、我掌管之權、於是既專矣、爾來派員遣戍一同内地而尚寧之後襲任者必立誓文昭信守其任三司官者必宣忠國之盟世世無怠（誓文另紙鈔出）經三百年猶一日今者廢藩置縣即仍慶長之遺而舉統治之實終始一律義徹頭尾斷而行之不容他人干涉我處辦琉球如斯而已矣總理衙門来文所舉以為屬國之証者謂冊封朝貢正朔然冊封朝貢正朔則中外羈縻之具文而要非政教之實也從大清會典所載則西洋諸國亦與琉球安南等同居四夷朝貢之一（據魏源聖武紀會典所載西洋謂意太里亞英吉利國等）此將舉

宇內交通之國、被以所屬之名、而不可以通于事實、宜矣。中國王大臣謂職貢一層、不足為重輕也。蓋所屬之實、在于政教征調何如、而不在于名物儀文之末也。王大臣固既知之矣。至謂子弟入國子監肄業、及撫卹遭風船隻、是汎通于隣交之常事、而何足以為所屬之一証也。夫斷案據其實、而不以其名、是則琉球一事、確為我內政、而果與王大臣所引修好條規不相交涉也。若以琉球有與各國換約、為自為一國之証。夫特立之國、可以與外國換約、而與外國換約、未必足以得特立之權、當時我國封建未勢、外交之事、未有統紀、島人踰分犯義、自求冒小國之列、而各國亦未及審其實、是皆由偶然、不足以為一國特立之証據也、所立約欵、崗圖海次、安便、與我國現行條約不扞格、可憑依以履行、而要不與中國相涉也、其他尚圓為舜天之後、有球人蔡鐸中山世譜序可據、而大清文獻通考亦兩說並舉、南島入貢、及足利氏以琉球加封島津忠國、並在朱明之前、所引沖繩志序及小序、係一家私言、非典例所存、今不逐節置

辨、以省煩言耳、要之廢藩一事、我國經審議而
斷行之、令不能轉圜以協中國之意、亦不得已
也、至謂有明白事理之人主持公道、本卿大臣
以為無此要領、夫立國者、進止自擇、即公法所
存也、兩國同文友睦之誼、期之永遠、區々琉球、
中國王大臣固謂其不關輕重、而何至遽引他
人以圖辨理乎、末界微事、屑々問難、竟非隣好
之美、中國王大臣、誼高全宇、幸有所顧全焉、

鈔稿

尚泰誓文

一命嗣先國王之遺職、不易倫序、拜恩之辱、終生不忘

一琉球安泰、深賴貴國之惠、迺我親子兄弟有敢忘恩圖逆者、我一意守貴國之命、无有毫末異心

一此誓文子孫傳之、以昭信守、雖嫡子孫、有敢藏禍心害國法者、即時告白加刑、无有踈緩

右各條、從前規、愈慇篤循守、有敢或違、神明殛之、

安政五年五月九日　尚泰 花押

三司官池城親方誓文

一臣不肖被三司官之命、拜恩之辱、益致忠誠、匪勉奉公

一奉事茂久公齊興公、无敢抱毫末疎意、

一所領條章、堅確循守、有敢企惡謀邪者、即時行告白、

一對國王抽忠勤無有異心
一國中大小之事不以親疎為厚薄
右各條從前規愈篤循守有敢或違神明殛之

安政六年五月九日　池城親方

安邑 花押

一一、總理各國事務王大臣奕訢等爲琉球官員到京乞援擬發資護送回閩事奏摺

光緒五年九月十三日　（1879.10.27）

内容提要

總理各國事務王大臣奕訢等奏報，光緒五年九月初八日有琉球國耳目官毛精長等三人前來臣衙門遞送禀詞，稱因該國遭日本侵滅，將國王、世子執赴其國，迫索詔敕、御書匾額、寶印，并協取簿册暨倉庫所藏錢糧，苛責掠奪，無所不至，故改裝來京奏乞救存，以復貢典。臣等面見該使，妥言撫慰。聞日本曾有拿解琉球人之説，擬發川資并派員護送回閩。

檔案來源：軍機處録副奏摺

已編入《清代中琉關係檔案七編》第三六八頁

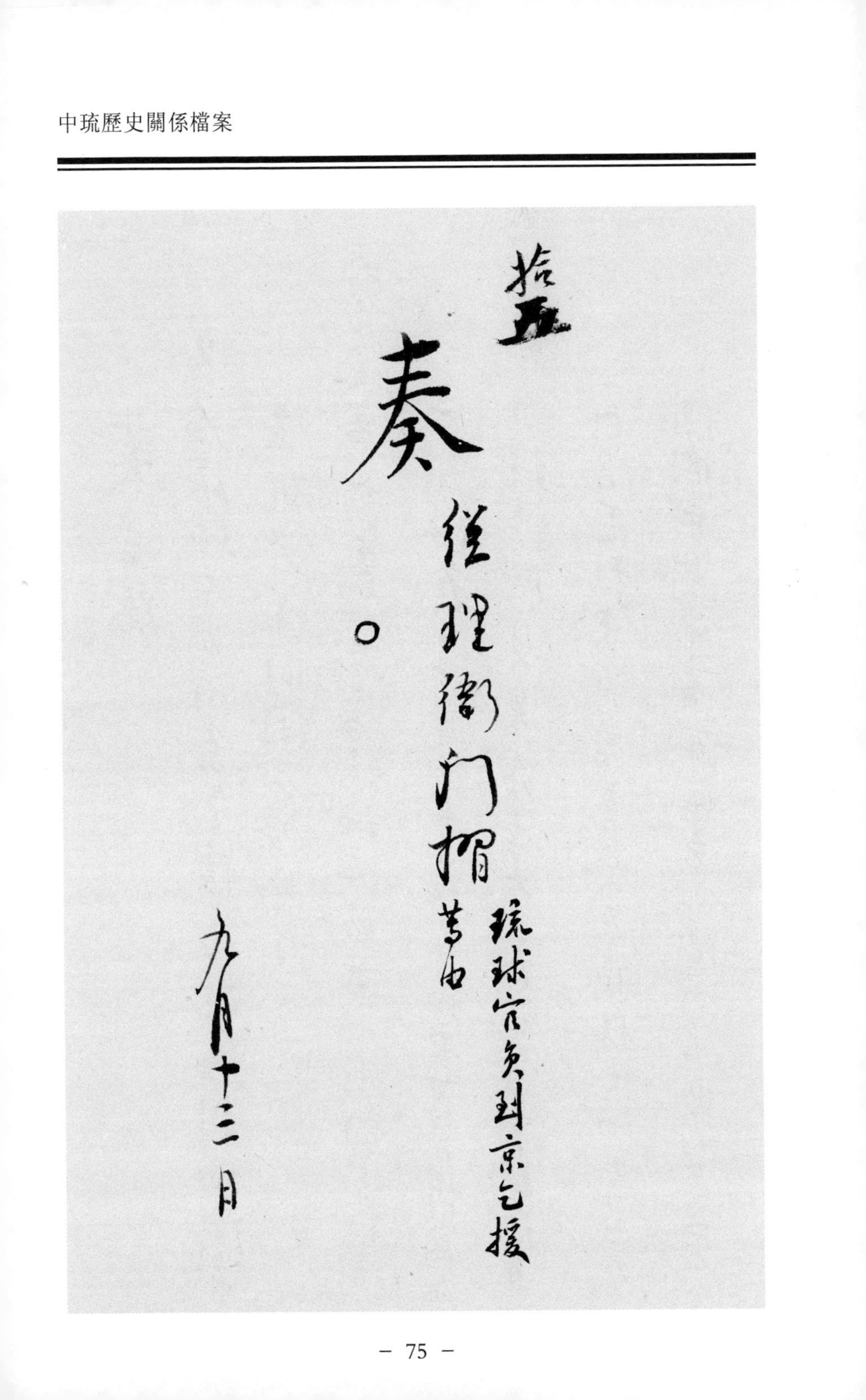

拾五

奏

經理衙門摺

琉球官員到京乞援

等由

○

九月十二日

臣奕　等跪

奏為琉球官員到京乞援當經剴切開導

並擬資遣回閩恭摺密陳仰祈

聖鑒事竊查日本廢琉球為縣一事臣衙門曾於閏

三月初五日七月二十一八月初五等日將密籌

辦理情形具奏在案本月初八日有琉球耳

目官毛精長通事官蔡大鼎林世功等三人

偕同中國通事謝姓來臣衙門求見臣等先令

從亦章京撥員諭球官等面遞稟詞內云
等公同閱看稟詞內稱國遭日本侵滅將國主
世子執赴其國自[illegible]受
詔勅
御書匾額寶印並齎取簿冊籍暨倉庫所藏錢
糧等項擄奪無所不至為此薙髮改裝由閩
附舟北上籲請據情
奏乞

天威迅賜救存以復貢典請等情詞悚迫 及 等因令於
十一日來見琉球官等俱中國服色伏地哭拜
不起所言與稟內大略相同 及 等善言撫慰諭以
爾國之事迭經
奏明設法辦理且宜靜候琉球官等唯唯而出 及
等查琉球官等三人改裝來華乞援情形殊堪
矜憫且聞日本曾有解琉球人之說自宜妥
為保護琉球官等並已在禮部遞呈若守候日

久滯恐別生枝節路多窒礙以籌公同量酌擬由户部衙門發給川資銀三百兩派員送至天津再由李鴻章派員護送回閩以示體卹而廉

皇仁是否有當理合恭摺密陳伏乞

皇太后

皇上聖鑒訓示遵行謹

奏

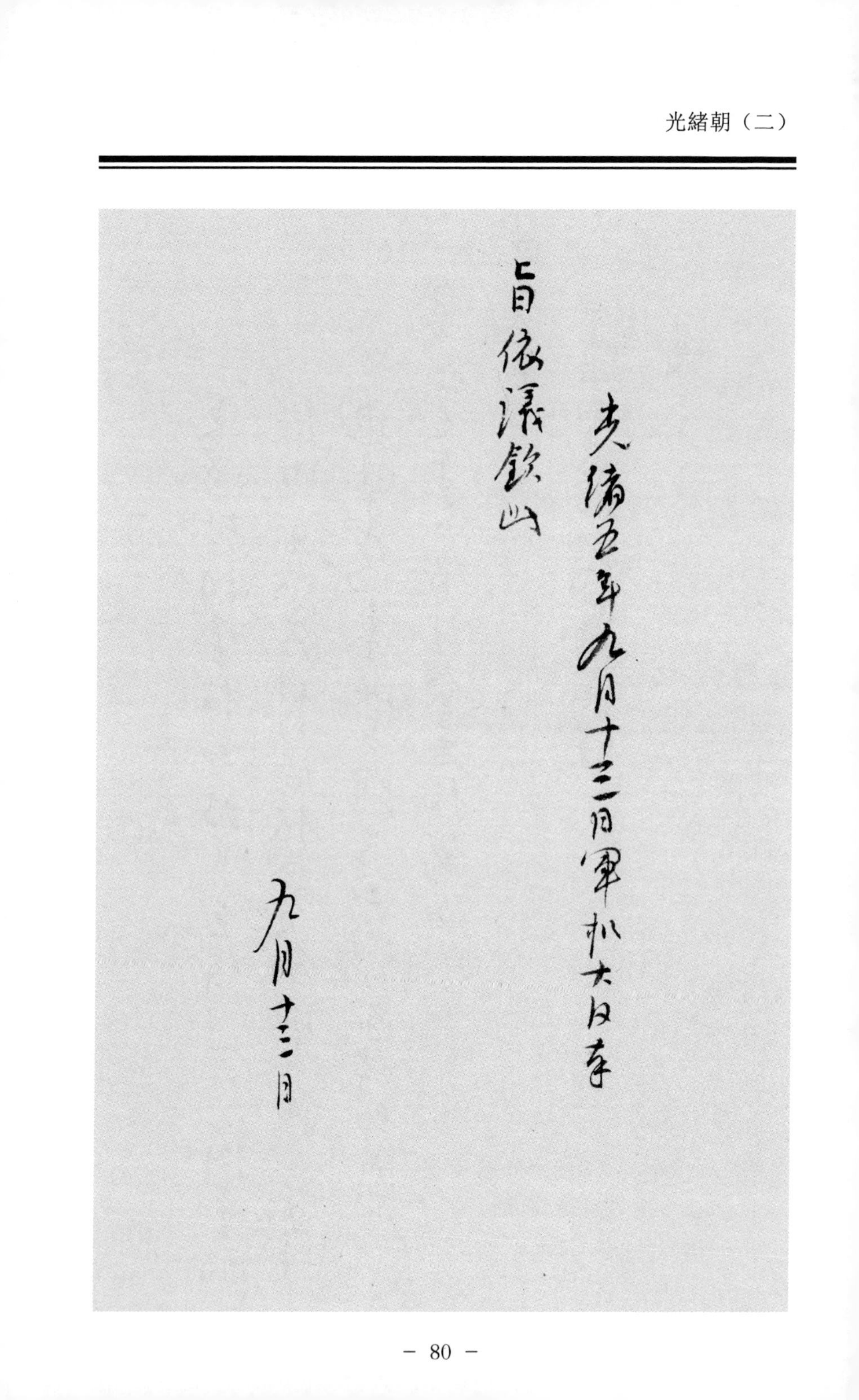

光緒五年九月十二日軍機大臣奉

旨依議欽此

九月十二日

一二、禮部尚書恩承等爲據情轉奏琉球前貢使稟文并請准其暫住四譯館事奏摺 原稟一

光緒五年九月十三日 （1879.10.27）

内容提要

禮部尚書恩承等奏報，琉球國前貢使毛精長等到部呈遞稟詞，臣等公同閲看，係該國遭日本凌虐，懇恩賜救。經查該三人此次來京寓居正陽門外旅舍，恐不足以資防護而示懷柔，請准照該國貢使來京之例令其暫在四譯館居住，給與口糧食物，由臣部飛咨直隸總督迅派妥員來京護送回閩。謹抄録原稟，恭呈御覽。

原稟：琉球國前進貢正使耳目官毛精長等謹稟，敝國自遭日本阻貢以致脅執國主種種凌虐叠經稟明閩省督撫籲請奏聞各在案。現接敝國官吏來閩報稱日本國囚官害民苛責掠奪等事，故改裝附舟北上，奏請賜救，以復貢典。

檔案來源：軍機處録副奏摺

已編入《清代中琉關係檔案七編》第三七一頁

知道了

禮部摺

琉球官毛精長等遞呈乞援轉奏由

奏

九月十二日

禮部尚書臣恩承等謹密

奏為據情轉奏事本月初十日據琉球國前進貢

正使耳目官毛精長都通事蔡大鼎通事林世

功等赴臣部呈遞稟詞臣等公同閱看係因該

國遭日本陵虐懇

恩賜救以復貢典臣等不敢壅於

上聞謹鈔錄原稟恭呈

御覽至毛精長係光緒元年進貢正使蔡大鼎係同治

十二年進貢都通事林世功係同治八年入監
官生前經護送到閩至今未能回國情實可矜
此次來京寓居正陽門外旅舍恐不足以資防
護而示懷柔可否仰懇
天恩准照該國貢使來京之例令其暫在四譯館居
住給與口糧食物一面由臣部飛咨直隸總督
迅派妥員來京護送回閩用彰我
國家優恤遠人之至意臣等未敢擅便謹密
奏請
旨

光緒五年九月　十三　日

革職留任禮部尚書臣恩　承

尚　　書臣徐　桐入闈

署尚　書臣潘祖蔭

左侍郎臣宗室松森

左侍郎臣邵亨豫未到任

署左侍郎臣許庚身

右侍郎臣宗室桂全

右侍郎臣殷兆鏞入闈

九月十三

十八

琉球國前進貢正使耳目官毛精長等謹稟為
國滅主執民不聊生號懇據情
奏請
天恩迅賜救存以復貢典事竊敝國自遭日本阻貢
以致脅執國主種種陵虐疊經稟明閩省督撫
大憲籲請奏聞各在案理宜恭候
天朝辦理何敢冒瀆緣八月初五初七等日據敝國
官吏向好問金德輝楊逢春等來閩報稱先後

奉王弟尚𢐀命飾為漂風抵閩之狀再行告急
敝國慘遭日本侵滅竟將國主世子執赴該國
屢次哀請回國不肯允許乃謂現與中國互相
葛藤應俟大局已結飭行復國本年五月王弟
尚𢐀等業經特飭向廷槐等抵閩請救舉國昕
夕實深盼望詎意日人於六月十四日率領巡
查兵役突入世子宮先將各門緊守迫索
歷朝頒賜

詔勅此乃小邦鎮國之寶虔誠供奉豈敢輕以示人當
即再三懇説日人不聽各官與之據理爭論日
人大怒立召巡查數十名毒打各官直行脅去至
天朝欽賜御書扁額寶印亦恐被其奪掠百方謹護
憂慮滋深又近日上自法司等官下至紳耆士
庶外而屬島監守官筆帖式暨其頭目土役人
等多被倭人刼至各處衙署嚴行拷審或有固
執忠義自刎而死者又將諸署所有簿册暨倉

庫所藏錢糧一概脅取且馳赴諸郡迫以投納
賦稅即行嚴責復將所積米穀擅行封去除此
之外首里久米那霸各府被其蹧蹋者指不勝
屈又本年六七月間有疫癘流行該日人在那
霸地方假設醫局託言療疾强將染病之人帶
去莫知踪跡或有割胸取肝嗚呼日人封豕長
蛇既吞國執主復因官害民苛責掠奪無所不
至非仰仗

聖天子之聲靈迅賜救援別無籌策等語長等一聞
之下肝膽崩裂相共飲泣業已具稟哀懇閣省
大憲據情陳奏迅賜救難伏念敝國累世相承
上膺
冊封久備外藩自國主以迄臣民罔非
天朝赤子今遭倭人荼毒竟致主辱國亡長等誤國
之罪萬死猶輕為此薙髮改裝附舟北上長跽
哀號泣血籲請除稟總理諸位大人外伏乞大

部大人俯憐二百年來効順屬藩被倭陵虐待
拯孔亟恩准據情奏請
皇上宣揚
天威迅賜救存以復貢典則闔國感戴
皇恩憲德實無涯涘之至再此番進京應先稟明閩
省大憲仰候允准而後啟行祇因事在急迫救
主情切是以不揣冒昧瀝情逕稟犯法之罪所
不敢辭惟求恩全不勝激切惶恐之至謹稟

一三、閩浙總督何璟爲琉球遭風難民循例撫恤事奏摺

光緒五年九月二十八日　（1879. 11. 11）

内容提要

閩浙總督何璟奏報，琉球國難民向好問等九人、楊逢春等九人各坐船在洋遭風，分别於八月初五日、八月初七日隨潮順抵五虎門，進口安插，照例撫恤。將來如何回國，另行察看辦理。

檔案來源：軍機處録副奏摺

已編入《清代中琉關係檔案選編》第一一二八頁

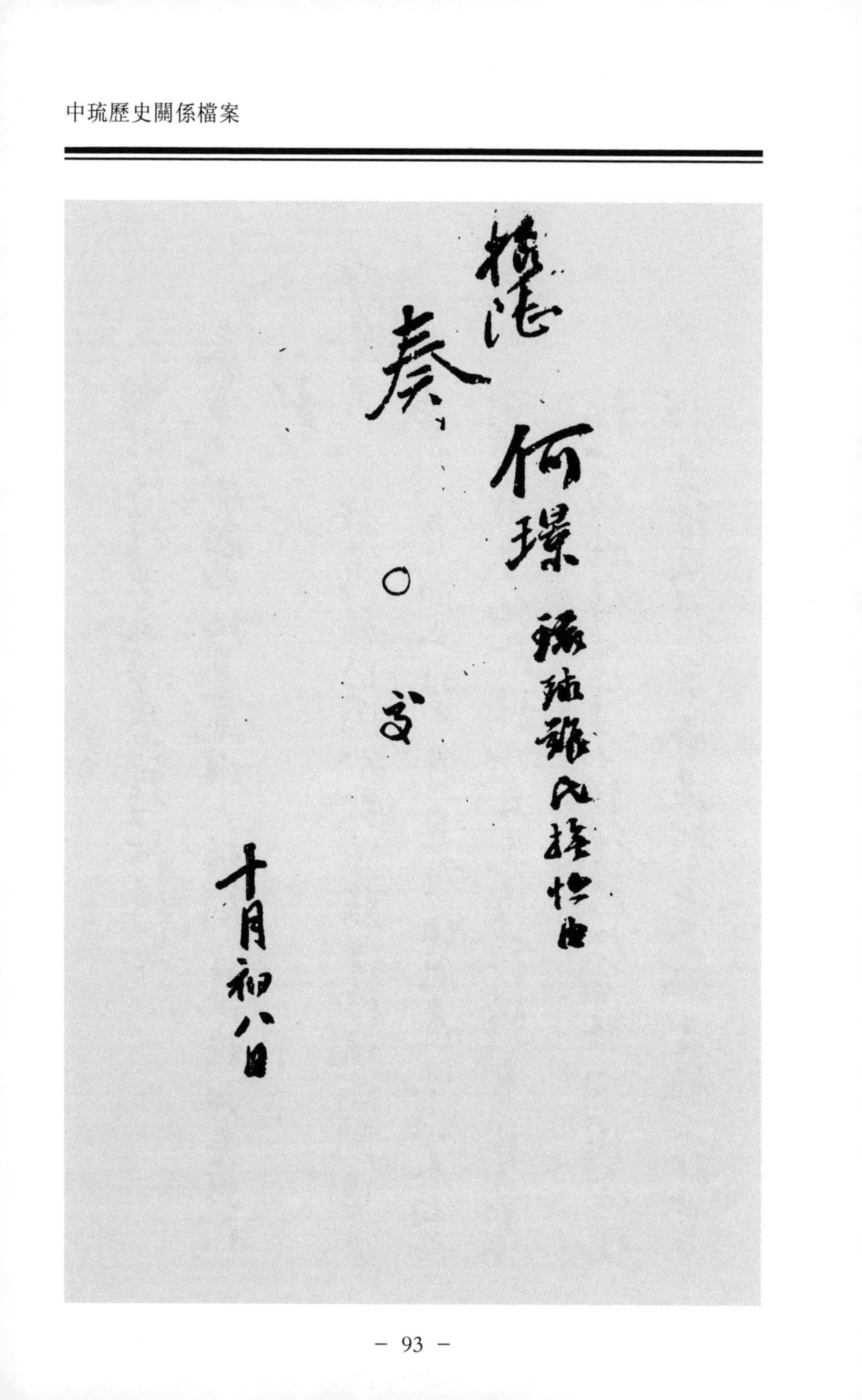

閩浙

奏　何璟　琉球難民撫恤由

○

交

十月初八日

閩浙總督兼署福建巡撫臣何璟跪

奏為琉球國那紀遭風難人循例譯訊撫卹恭摺仰

祈

聖鑒事。竊據署福防同知歐陽駿詳據琉球國通事

具報八月初五、初七等日有該國遭風難人向好

問、著那霸紀各計九名先後到驛，當經分別安

插，一面飭傳通事譯訊。據供：向將、向同金德

輝是官吏，林英盛是船主，玉城是舵工，林世昌

等五人是水手通船九人是爲一起又供楊達春
是官吏國吉是船主宮平是舵工具志堅等
六人是水手通船九人另是一起俱係琉球國
那霸府人各坐小海船一隻於七月十六八月初
二等日分往姑米山八重山買布運來中途遭
遇暴風將船漂出大洋向好問等於八月望
日楊達春等於八月初七日隨潮順抵五虎門
進口安插並免隨具報李等情由藩司康祿

核詳請
奏前來臣查該難民向好聞其楊逢春等航
海遭風情殊可憫亟應俯體
皇仁各於安插之日起每人日給米一升鹽菜銀
六厘回國之日給發行糧一箇月並且賞給衣服
物件折價給領統於存公銀內動支事竣
造冊報銷將來如何回國另行察看辦理
除咨部查照外臣謹恭摺具

奏伏乞

皇太后

皇上聖鑒再閩浙總督係臣本任毋庸會銜合併

陳明謹

奏

光緒五年十一月初八日軍機大臣奉

旨知道了欽此

九月廿八日

一四、着總理衙門等將海防事宜并翰林院王先謙奏陳各條分別妥議事上諭

光緒五年九月三十日　（1879.11.13）

内容提要

軍機大臣密寄總理衙門等，翰林院侍讀王先謙所奏條陳洋務事宜一摺各節不無可采，日本近襲滅琉球，未雨綢繆今日尤爲急務，着李鴻章、沈葆楨即將海防事宜并該侍讀所陳備船械一節籌議具奏，摺内所稱任將、擇使二事隨時密奏，其餘與海防相關各條着總理各國事務衙門等分別妥議具奏。

檔案來源：軍機處洋務檔

已編入《清代中琉關係檔案七編》第三七七頁

軍機大臣　密寄
總理各國事務衙門　大學士直隸總督一等
肅毅伯李　兩江總督沈　光緒五年九月三
十日奉
上諭翰林院侍讀王先謙奏條陳洋務事宜一摺所
奏審敵情振士氣籌經費備船械各節不無可採
洋人蓄謀生事隱患日深日本近在東隅竟敢襲
滅琉球毫無顧忌尤為叵測臺灣朝鮮均距東洋

較近駸駸窺伺亦在意中未雨綢繆今日尤為急
務此時籌辦海防原非為窮兵海外之計但期戰
守可恃藩籬自固方可隨宜制敵不至掣肘於臨
時前據恭親王等面奏疊經總理各國事務衙門
函商南北洋大臣豫籌海防事宜尚未定議此事
關繫極重斷不宜再事遷延著李鴻章沈葆楨即
將海防事宜並該侍讀所陳備船械一條切實籌
議先行具奏期於事在必行至王先謙摺內所稱

任將擇使二事亦為儲才起見李鴻章等如有所
知著隨時密行陳奏以備錄用此外各條皆與海
防相為表裏是否可行並如何籌辦之法著總理
各國事務衙門南北洋大臣分別妥議具奏原摺
均著抄給閱看將此密諭總理各國事務衙門並
由五百里密諭李鴻章沈葆楨知之欽此遵
旨寄信前來

一五、浙江巡撫梅啓照爲琉球遭風難民照例撫恤事奏片

光緒五年十月初八日*（1879.11.21）

内容提要

浙江巡撫梅啓照奏報，琉球國難民十三人在洋遭風，漂流到浙，照例優給衣糧，妥爲撫恤，雇匠將船隻趕修固完，派撥兵役護送赴閩。

檔案來源：軍機處録副奏摺

已編入《清代中琉關係檔案選編》第一一二七頁

○咨

伍

梅碩照片

再據布政使詳據太平縣知縣賀先瑞稟稱光緒五年六月十七日有外國遭風船一隻收護進口當即會同營往勘該船從桅杆斷風篷纜索船板槓具殘缺不全船內有十二人及勤領一名言語不通當給紙筆書寫伊等凡姓新崎壽均係琉球國那霸人今年三月二十六日在八重山取納貢米一千八十俵六月初七日開船而行日到不知洋面海中遭風船隻漂溺當

將未投海中隨風漂流到此只應護送回閩

籌辦現經妥為撫卹安頓一面將船僱匠修

整以資駕駛等情由司核詳請

奏前來臣覆查無異除飭令優給衣糧妥為撫卹

並將船隻趕修固完派撥兵役小心護送赴

閩外謹合附片陳明伏乞

聖鑒謹

奏

光緒五年十月初八日軍機大臣奉

旨知道了欽此

一六、總理各國事務衙門爲琉球官員毛精長等不肯離京現又患病難行事奏片

光緒五年十月十五日＊（1879.11.28）

内容提要

總理各國事務衙門奏報，光緒五年九月間琉球耳目官毛精長等三人改裝來京赴臣衙門呈遞禀文乞援，奏奉諭旨賞給川資三百兩派員護送回閩。該球官等以目下無國可歸等爲由籲請暫緩，求准在京暫居，毛精長現又患病在床，勢難遄行，擬俟其病愈後，再行察看情形辦理。

檔案來源：軍機處録副奏摺

已編入《清代中琉關係檔案七編》第三七九頁

○

總理衙門片

再本年九月間琉球耳目官毛精長通事林

世功蔡大鼎等改裝來京以日本廢球一事赴臣

指駁

衙門呈遞字詞乞援當經臣等公同商酌擬先

資遣回閩等因奉

諭旨依議欽此遵於九月十三日飭傳該琉球官等到

臣衙門派總辦章京諭以所遞字詞已經據

情入

奏

大皇帝賞給爾等川資三百兩可以領去回閩駐候。該
琉球使者始則不領川資，繼經臣衙門章京遂屢
諭慰，雖將川資領去，仍是求准在京暫住。嗣後
兩次來衙門懇請留京，後經臣等再三飭諭，
該琉球使者伏地哀求，聲稱目下無國可歸，此次
數千里來京乞援，若即出京，恐本國加罪等語。
日以來飭衙疊次往催，其耳目官毛精長現又
患病，勢難遄行。臣等查該琉球使者此次改裝

来京乞援，情殊可悯。张以在京日久，又恳枝帅横
生前衅，因拟请酌给川资，作为护送回闽，现既
一味哀求，欲请暂缓，且毛精长又被病在床，
君必催令赶紧出京，殊不足以示体恤，除俟毛
精长病愈再行察看情形办理外，理合附片
陈明，伏乞
圣鉴。谨
奏。

光緒五年十月十五日軍機大臣奉

旨知道了欽此

一七、閩浙總督何璟等爲琉球遭風難民循例撫恤事奏摺

光緒五年十二月十八日（1880.1.29）

内容提要

閩浙總督何璟等奏報，琉球國難民彭正春等十三名駕船在洋遭風，於六月十七日漂至浙江太平縣轄洋面獲救，經地方官安頓公所，給發飯食，加賞衣被錢物，并將原船修葺完固，派撥兵役護送，於十月十七日進五虎口，十九日到驛安插，照例撫恤。將來如何回國，另行察看辦理。

檔案來源：軍機處録副奏摺

已編入《清代中琉關係檔案選編》第一一二九頁

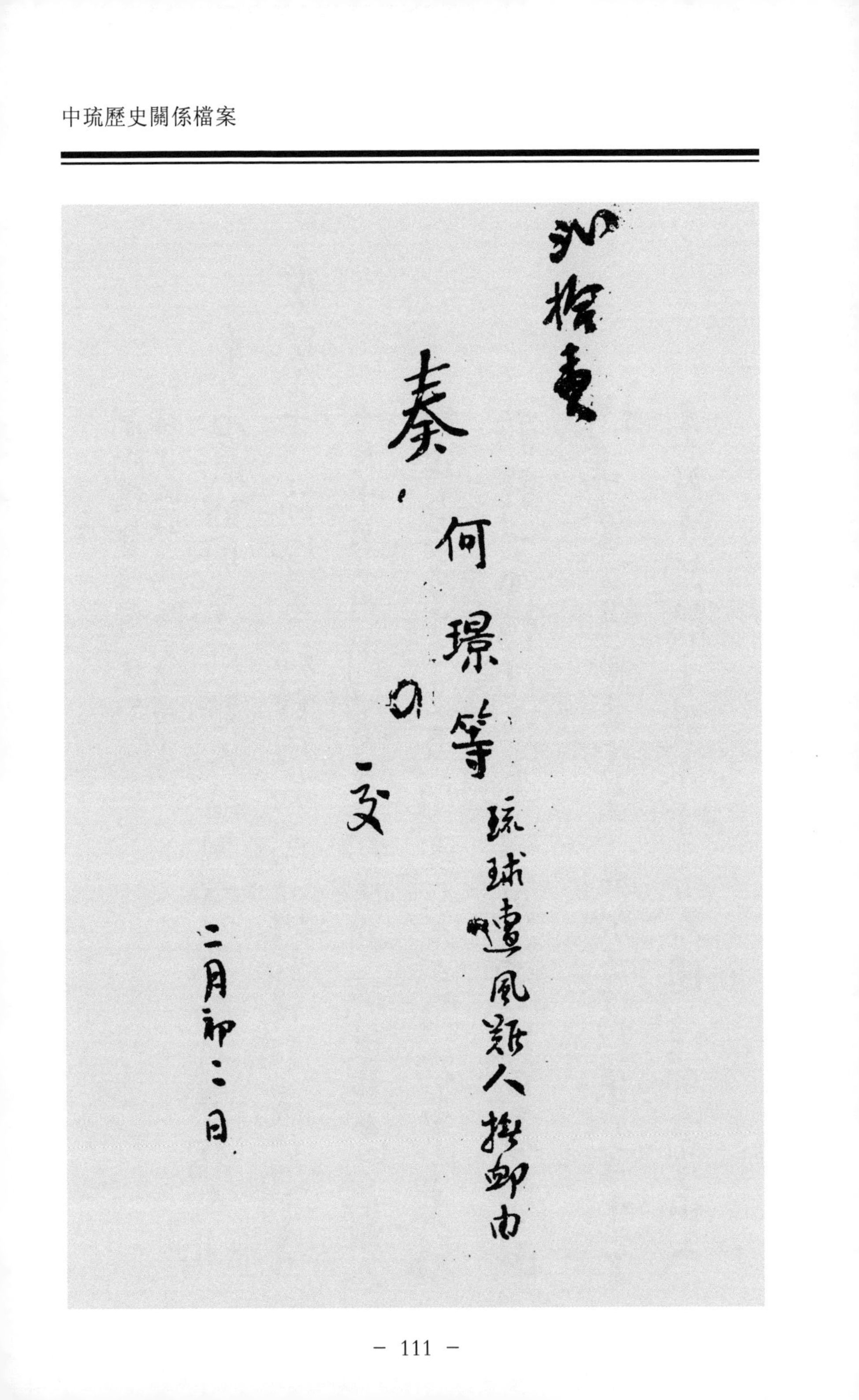

另摺具

奏

何璟等琉球遭風難人撫卹由

內一文

二月初二日

閩浙總督臣何璟跪
福建巡撫臣勒方錡

奏為琉球國遭風難人循例譯訊安插恭摺仰祈
聖鑒事竊據署福防同知歐陽駿詳稱光緒七年
十月十九日准浙江太平縣送到琉球國遭風難人
胡正春等十三名及隨身行李雜物當即安插
館驛一面飭傳通事譯訊據供胡正春即山
樽筑登之是船主宮平里舵工仲村渠筑等十一名
並水手共船主舵水十三名俱係那霸府人

篙坐小海船一隻往八重山島催運糧米併買
布棉等物於六月初七日開船忽遇颶風吹出
大洋損壞帆檣捏將船上米物拋棄下海十七
日漂至浙江太平縣轄洋面幸遇營船救護蒙
地方官安頓公所給發飯食加賞衣被錢物並
將原船修葺完固派撥兵役護送經過溫州
一帶地方亦蒙地方官賞給米肉鹽菜錢文十
月十七日進五虎口十九日到驛安插等情由據司

慶裕覈詳請

奏前來臣等查該難人琇正春等顛沛於驚濤

駭浪之間飢渴勞頓情殊堪憫亟應仰體

皇仁於發撫之日起每人日給米一升鹽菜銀六釐回

國之日各給行糧一箇月折價發領統於存公

銀內動支事竣造册報銷之該難人等留

浙省資卹閩省由廣東由資收來如何回國另行

奏眷以憫理除分咨外臣等謹合詞恭摺具

奏伏乞

皇太后

皇上聖鑒再此案尚未據准浙省咨會其在浙驗

供各節尚有未符現已譯訊更正合併陳明謹

奏

光緒六年二月初二日軍機大臣奉

旨知道了欽此

十二月十八日

一八、日本外務卿井上馨爲琉球一案願照美國前統領之意保全和好事照會

光緒六年正月二十九日　（1880.3.9）

内容提要

日本外務卿井上馨照會：明治十三年一月十五日接准貴王大臣照會内稱，琉球一案既經美國前統領從中勸解，願將從前辯論各節暫置弗提，照美國前統領信内所稱情事次第辦理。照前統領勸解之意務保全和好，本大臣亦所同願。

檔案來源：軍機處照會

已編入《清代中琉關係檔案七編》第三八一頁

照會

大日本國參議兼外務卿勲一等井上
及照覆候事明治十三年一月十五日
貴王大臣ノ照會ヲ接准ス内ニ稱ス
琉球ノ一案既ニ美國前統領從中勸
解ヲ經本王大臣因テ從前辨論ノ各
節ヲ將テ暫ク置テ提ケス願クハ美
國前統領信内ニ稱スル所ノ情事ヲ
照シ次第ニ辨理セン等ノ因查スル
ニ貴王大臣從前辨論ノ各節ヲ將テ
置テ提ケス本大臣深ク以テ慽フト

為ス前統領勸解之意ヲ照シ務テ和好
ヲ保全スルニ至テハ本大臣モ亦同ク
願フ所也此段及照覆候也右
大清欽命總理各國事務王大臣ヘ照會ス

明治十三年三月九日

譯漢文

為照覆事、明治十三年一月十五日、接准
貴王大臣照會、內稱琉球一案、既經
美國前統領從中勸解、本王大臣因將從前
辯論各節、暫置弗提、願照
美國前統領信內所稱情事、次第辦理等
因、查
貴王大臣將從前辯論各節、置而弗提、本
大臣深以為愜、至照
前統領勸解之意、務保全和好、本大臣亦

所同願也、為此照覆、須至照會者、

一九、日本參議外務卿井上馨爲派公使宍户璣商辦琉球一案事致總理各國事務王大臣照會

光緒六年五月二十二日　（1880.6.29）

内容提要

日本參議外務卿井上馨致總理各國事務王大臣照會：明治十三年五月十日准貴王大臣照會内稱，琉球一案如已派定商辦官員，希將姓名先行知照。今將商辦事宜任之宍户公使，希貴王大臣秉公由恕與之商議。

檔案來源：軍機處照會
已編入《清代中琉關係檔案七編》第三八六頁

照會

大日本國參議外務卿勳一等井上　爲
照覆事明治十三年五月十日准
貴王大臣照會内稱彼此意見相同未知貴國
現派何員前来商辦　如已派定希將何姓何名
先行知照等因本大臣查琉球一案本自
貴國發端今欲商辦之
貴國先繳消行文又先派員前来於理爲宜但
貴國似不喜先行此二事敝國一以保全和好爲旨
不必要求
貴國所不喜故今將商辦事宜任之宍戸公使

希
貴王大臣秉公由恕與之商議辦法使兩情浹
洽可也爲此照覆須至照會者

右　照　會

大清國欽命總理各國事務王大臣

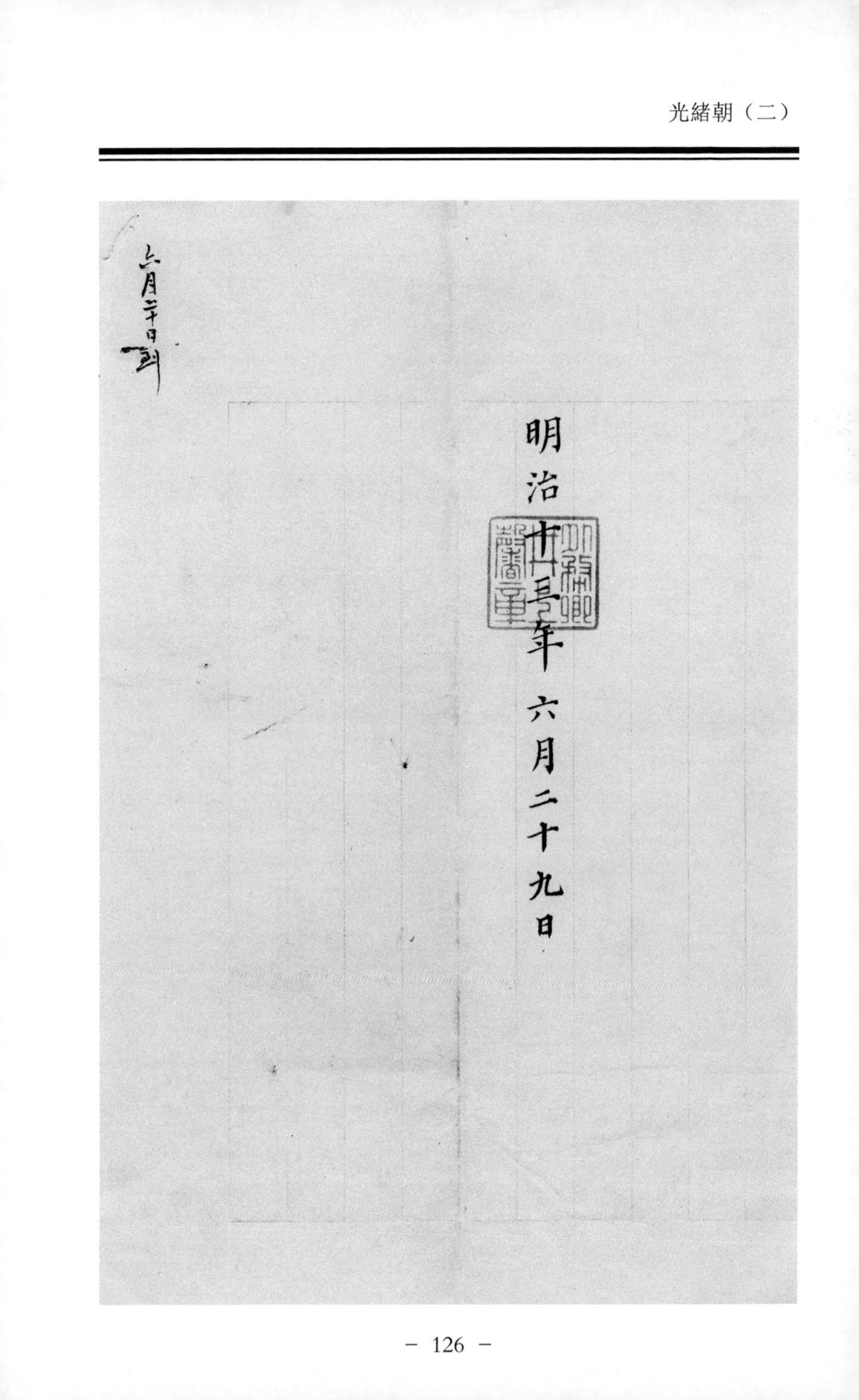

明治廿五年六月二十九日

六月三十日到

二〇、日本欽差全權大臣宍户璣爲奉諭商辦琉球案事致總理各國事務王大臣照會

光緒六年六月二十日　（1880.7.26）

内容提要

日本欽差全權大臣宍户璣致總理各國事務王大臣照會：本大臣已於六月廿九日奉上諭辦理琉球一案，相應恭録諭旨照會貴王大臣，并請問貴國所派何員及於何地會商。

檔案來源：軍機處照會

已編入《清代中琉關係檔案七編》第三九〇頁

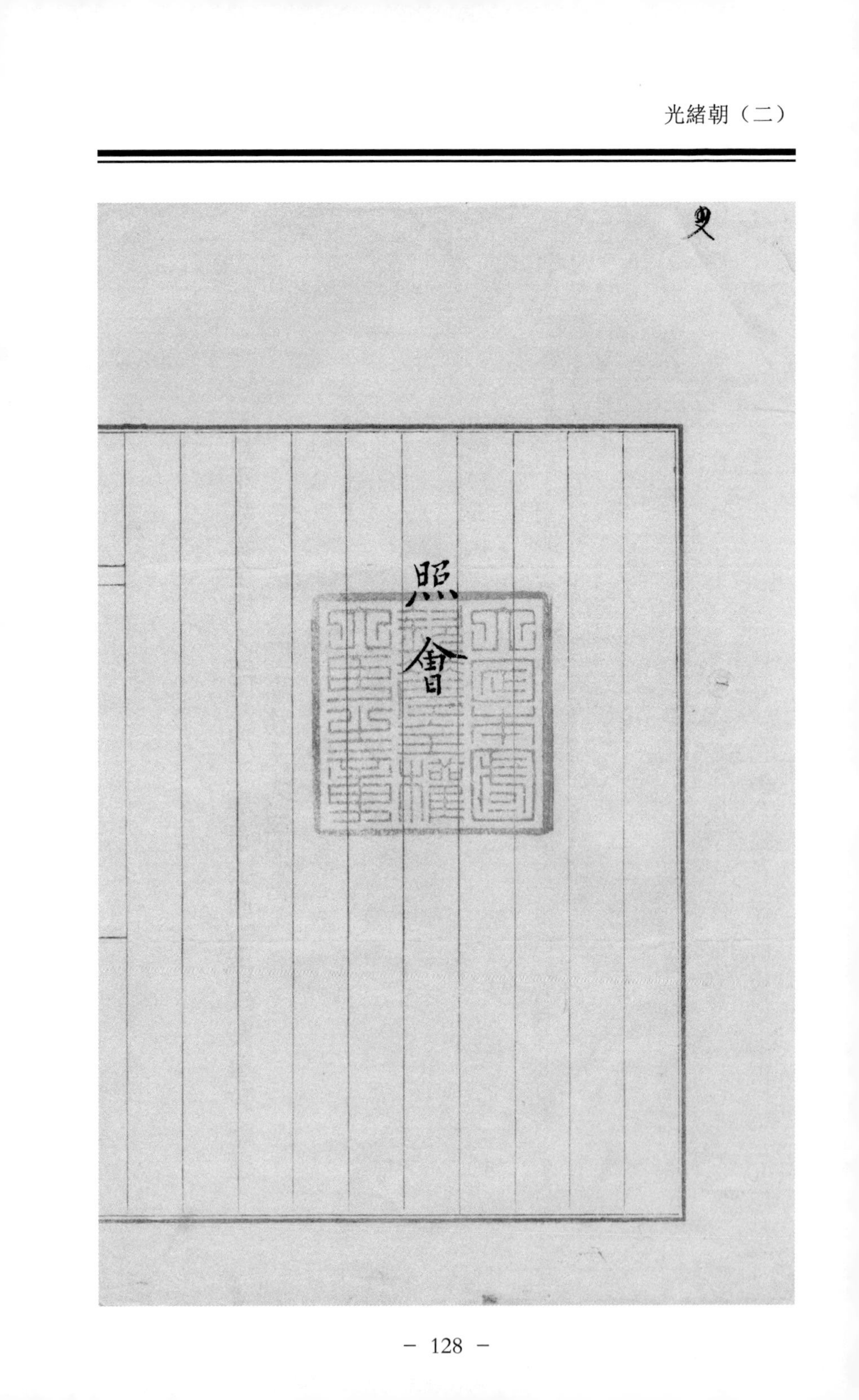

照會

大日本欽差全權大臣宍戸及照會候事現ニ本國外務大臣ノ咨ヲ准ズルニ本大臣已ニ六月廿九ニ於テ旨ヲ奉ズ議球ノ事件著シテ宍戸璣ニ辦理セシム此ヲ欽セヨ等ノ因ヲ申越セリ依テ諭旨ヲ恭錄シテ貴王大臣ヘ照會シ査照セシム因此敢テ問フ貴國ヨリ何員ヲ派シ又何處ニ於テ會同スルヤ理合サニ貴王大臣ヘ照會シ査照ニ備フベク此段及照會候也右大清欽命總理各國事務王大臣ヘ照會ス

明治十三年七月二十六日

譯漢文

大日本欽差全權大臣宍戶　　為

照會事現准本國外務大臣咨開本大臣已於六月廿九日

奉

上諭議球事件著宍戶璣辦理欽此等因前來相應恭錄

諭旨照會

貴王大臣查照因此敢問由

貴國派何員又於何地方會同理合照會

貴王大臣查照可也須至照會者

右　照　會

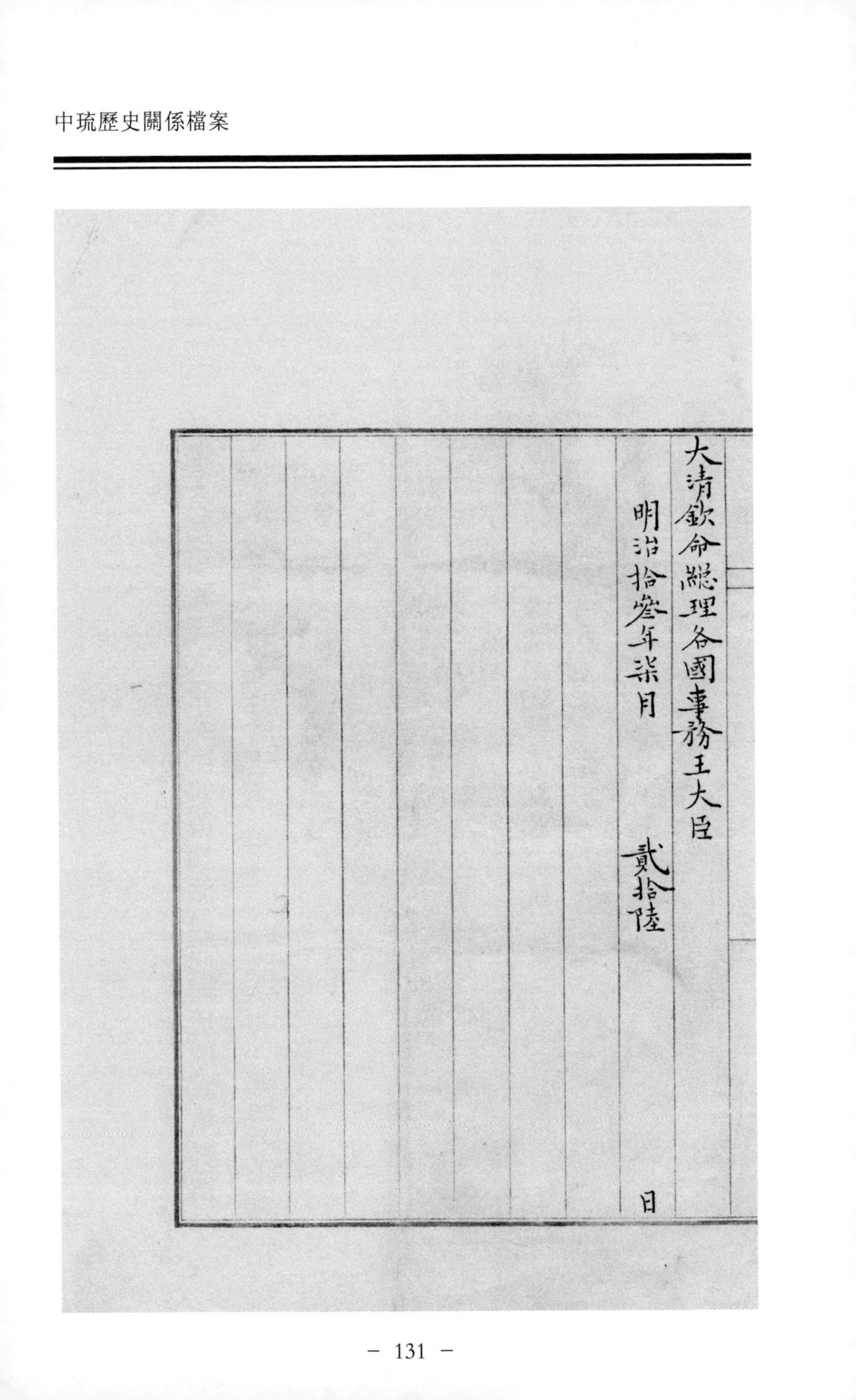

大清欽命總理各國事務王大臣

明治拾叁年柒月貳拾陸日

二一、總理各國事務王大臣奕訢等爲請派員商辦琉球案事奏摺

光緒六年六月二十四日　（1880.7.30）

内容提要

總理各國事務王大臣奕訢等奏報，查日本廢置琉球一案，臣衙門與出使大臣何如璋等先後照會日本使臣并外務卿反復辯論及面與争執各情叠經奏報在案。經美國前統領格蘭忒擬定辦法，仍就各情節往來照會反復辯商已越年餘，迄無端緒，此事有無可商實未可知，應否特派大員會同該使臣商辦，抑或即派臣衙門堂官會同辦理之處，伏候聖裁。

檔案來源：軍機處録副奏摺

已編入《清代中琉關係檔案七編》第三九四頁

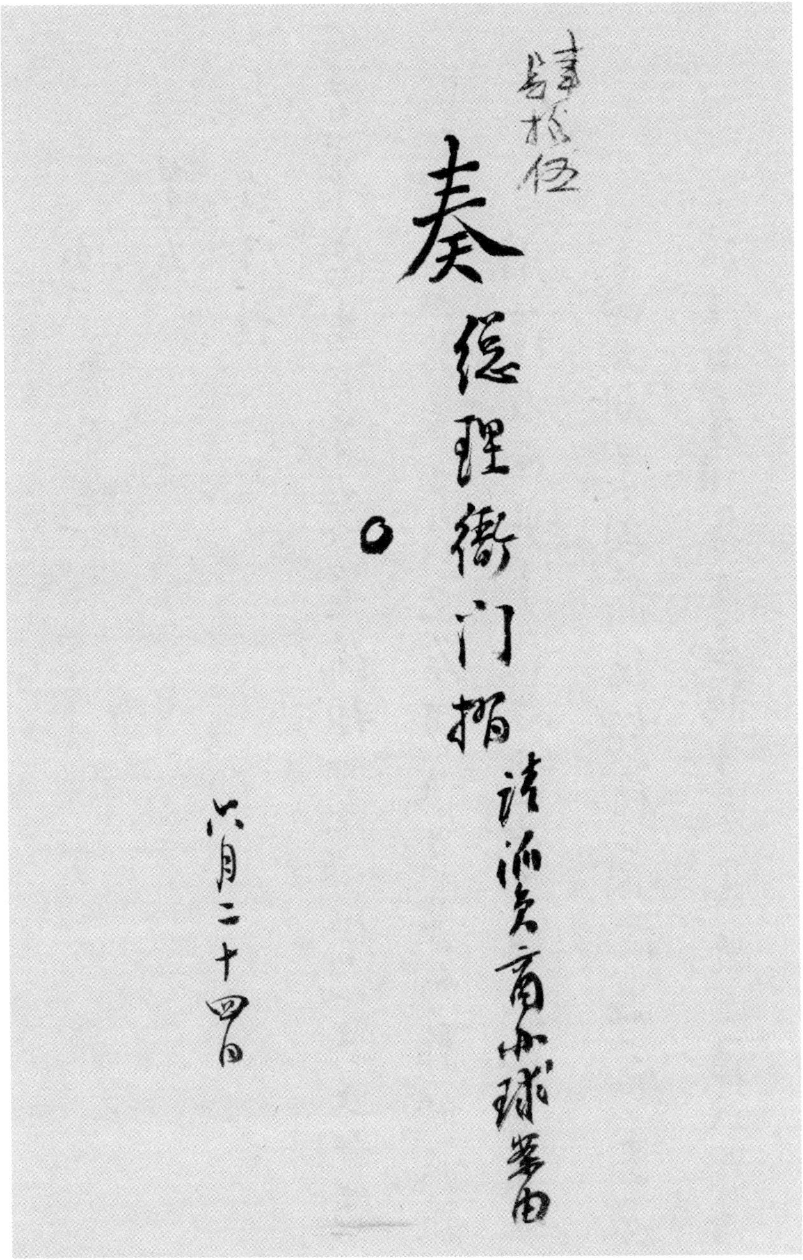
奏
總理衙門摺
○
請派員商琉球案由
六月二十四日

奴才奕等跪

奏為

奏聞請

旨事竊查日本廢置琉球一案臣衙門與出使大臣

何如璋等先後照會其使臣並外務卿反覆

辯論及面與爭執各情曾經奏摺在案上

年四月間美國前總統格蘭忒游歷來京欲

前往日本臣等及李鴻章先後與之談及此案

格蘭忒允為設法調處去後臣等接何如璋報稱美國駐日使臣平安稱格蘭忒擬一辦法球地本分兩三島設將北島歸日本中島還琉球南島歸中國似此可否了此兩國之事又稱格蘭忒將大局談定然後回國云云臣等方謂可有可商於上年

七月二十一日

東洋接據李鴻章寄到格蘭忒致臣奕 及該督各一函譯出詳閱大意謂急將何如辦理前往日

本照會撤銷由两国另派大員會辦嗣另信函
並言中国肯寬讓日本日本亦願退讓中国
其本心不願與中国失和等語臣等以其與伊
始譯所議不符知系又一變較所擬三分之說或日
本不願遵照也且據井閣咸手書並照會信日君
美加多閣君毫無虛詞似以只能照函中請
意辦理書於上年八月初五日具陳一切奉
旨依議欽此臣衙门即遵

旨照會日本外務卿請其派員會商九月間接其
照復稱琉球向係其屬華内政屢屢詢難能諧好
之美若派員會商果係錯媾和好國所願也等
語仍係躲閃之詞臣衙門又擬給照會請派經
美前總統顧解勸從前辯論暫置弗提願照美
前總統顧信内所稱須籌辦理如貴國亦願照辦
以希見復云云詎宍戶璣來臣衙門晤談再四辯
難始明言要中國先撤何琉球所信照會臣等答

以此格蘭忒原設但原設內中國所派辦者只此一事其餘皆貴國委辦之事須請派員會商以辦理如何分際定設之際中國先撤與會方是正理宍戶璣含詞而退本年二月十九日接外務照覆則稱從前辯論置而弗論緣以為恨美前總統顧勸解之意務保和好亦所同願云云仍是空言搪塞其時適李傅相函探該國外務卿遣竹添進一郎謁見述其執政之意願

收南島歸於中國而欲更改約章增入內地通商
各款並稱此來只是私相探問不算出於中國
亦以俟允再遣使來議等語 臣等思南島歸
我是格蘭忒原議而抹去中島復球一層與中
國欲延球祀之 命之意不符且無端議改從前屢請
未許之條款均屬了不可行與李鴻章往返函商
意見相同李鴻章遂嚴詞拒之而去乃竹添
卿離後及宍戶璣均不提一字可謂狡獪之極

以衙門於二月十一日又經照會彼外務詢以意
見相同現派何員前來先行商照等語六月二
十日接其照復內稱先撤行文及派員二事貴
國既不喜敝國以保全和好為旨必不要求
貴國所不喜今將商辦之宜任之宍戶璣希
東公由好意與之商議使兩情浹洽等語又准宍戶
璣照會稱球案件既歸商理請詢貴國派何
員於何地方等因前來臣等查琉球一案議論已

越自解逭至諉借日本輒指為彼之屬國而
以廢置為其內政經格蘭忒從中調處後彼外
務卿易井上馨與何如璋會晤詞氣較為和平
此次照覆各語與格蘭忒原議尚無不合惟彼
族心懷叵測此後有無反覆實未可知應否
特派大員會同該使臣商辦抑或即
派臣衙門堂官會同辦理之處臣等未敢擅便伏候
聖裁所有擬請

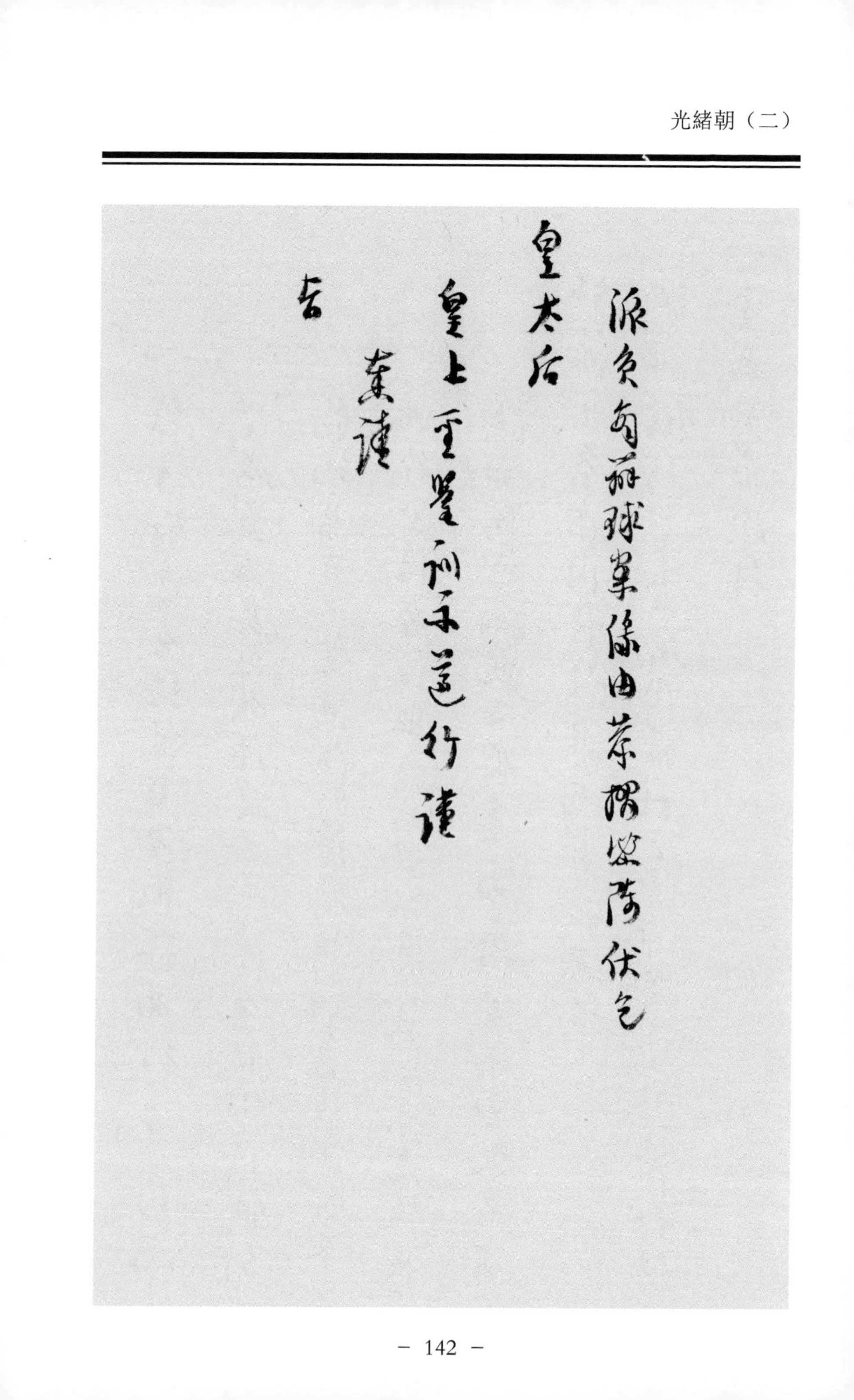

派員會辦球案緣由恭摺密陳伏乞

皇太后

皇上聖鑒訓示遵行謹

奏請

旨

二二一、着派總理各國事務衙門王大臣會同日本使臣商辦球案事

光緒六年六月二十四日 （1880.7.30）

内容提要

軍機大臣面奉諭旨，總理各國事務衙門奏請派員商辦琉球事件一摺，着派該衙門王大臣會同日本使臣妥商辦理。

檔案來源：軍機處洋務檔
已編入《清代中琉關係檔案七編》第三九九頁

交總理各國事務衙門本日軍機大臣面奉
諭旨總理各國事務衙門奏請派員商辦琉球事件
一摺著派該衙門王大臣會同日本使臣妥商辦
理欽此相應傳知
貴衙門欽遵可也此交

六月二十四日

二三、日本欽差全權大臣宍户璣爲照覆商辦琉球案事致總理各國事務王大臣照會

光緒六年九月初十日　（1880. 10. 13）

内容提要

日本欽差全權大臣宍户璣致總理各國事務王大臣照會：昨接准貴王大臣照會内稱，琉球一案已商定大致，請轉報日本外務卿迅賜答復。查貴王大臣前次節略有二島設立君長由中國主持等語，以此轉報本國，本大臣決知其不便了局，深望貴大臣更平心商量，務期妥辦。

檔案來源：軍機處照會

已編入《清代中琉關係檔案七編》第四〇〇頁

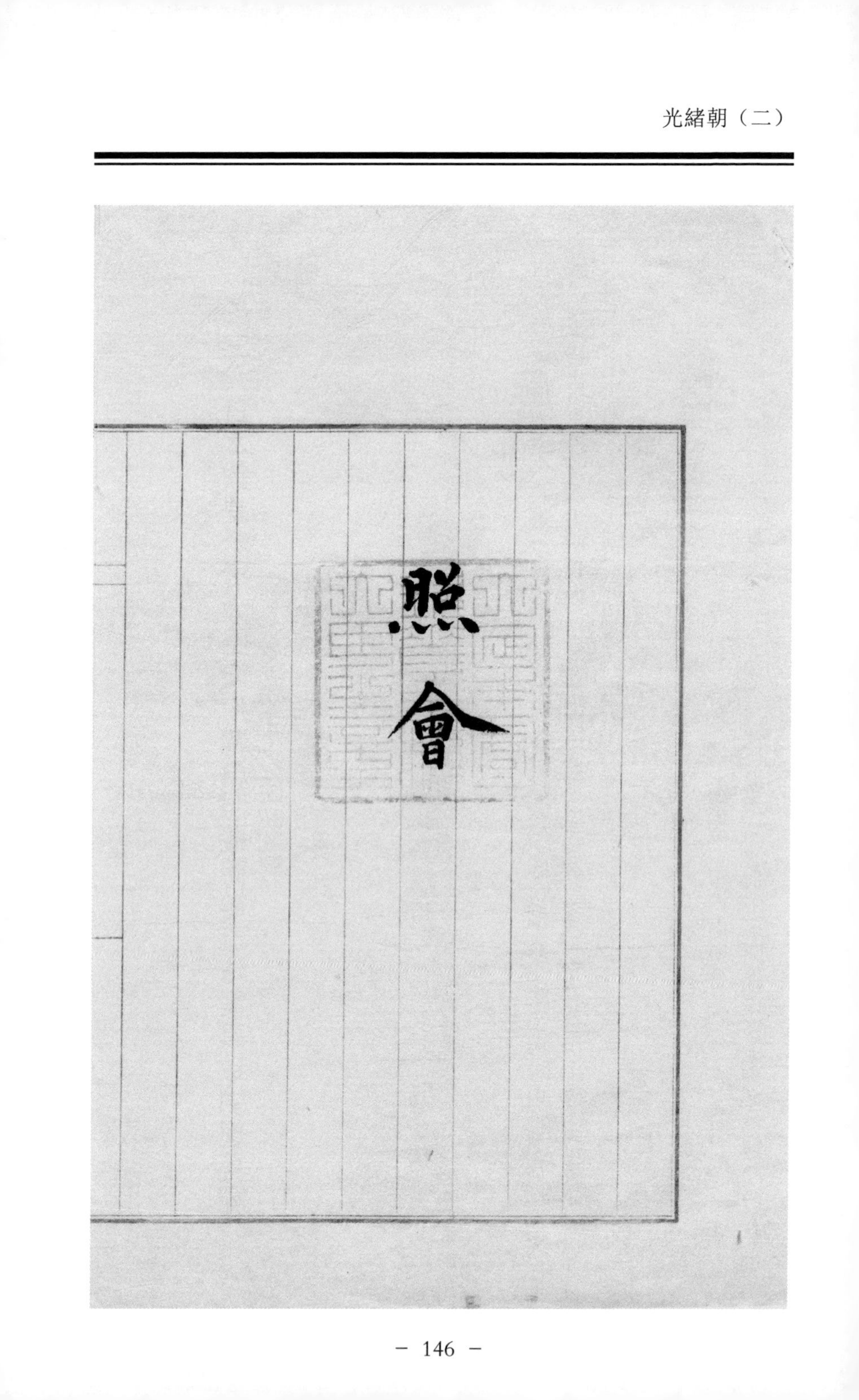

照會

大日本國欽差全權大臣宍戸　為
照覆事、昨接准
貴王大臣照會、内稱、兩月以來、已商定大
致、擬加約條、并另立憑單、彼此意見相同、
在宮古八重山兩島所有辦法、先行聲明、
以免將來滋議、中國用意所在、應請貴大
臣轉報貴外務卿、迅賜答復等因、惟本大
臣奉辦理之
旨以來、一意希圖保全大局、與
貴王大臣衷情既熟、兩國痛癢之處、互相

體悉、可以斟酌了事、若將
貴王大臣所稱、逕行轉報我外務大臣、本
大臣或恐辦法未成、彼此再提出前論之
不免也、所以本大臣前日謂待定議畫押
之後、徐行照會、仍應請示本國也、
貴王大臣或未察本大臣之意耳、
貴王大臣前次節畧、有二島設立君長由
中國主持等語、本大臣謂二島既歸于
貴國之後、以二島之人、置二島之君長、不
過以

貴國之人經理
貴國之土地、我國不相干預、此則可以先
行聲明、不復須轉報本國也、今
貴王大臣之意、如在得我國編籍之人以
為二島之君長者、我國理不得不相涉假
使我國交付
貴王大臣意中之人、以為
貴國置立君長之地、是即在我國、一面廢
琉球、一面立琉球、自相矛盾、不成體面、以
此轉報本國、本大臣決知其不便了局也、

深望
貴王大臣更平心商量、務期妥辦、兩國之
慶、實在于此矣、須至照會者、

右　照　會

大清國欽命總理各國事務　王大臣
明治十三年拾月　拾叄日

二四、總理各國事務王大臣奕訢等爲擬商議辦結廢球一案事奏摺　條約一　加約一　憑單一

光緒六年九月二十五日　（1880.10.28）

内容提要

總理各國事務王大臣奕訢等奏報，日本使臣宍户璣面遞節略，欲照各國一體均沾之例酌加條約而割琉球南部宫古、八重山二島以屬中國，南洋大臣劉坤一、北洋大臣李鴻章等持論各有所見，而皆以存琉祀爲重，與臣衙門争論此事本意相同。其一體均沾一條特爲了結球案允准，俟二島定期交割以後開辦，其加關税管轄商民兩事另立憑單，俟日本與各國訂定後再行酌議。謹將所擬球案專條一件，加約條款一件，憑單一件一并照録，恭呈御覽。

琉球案條約擬底：中日議定沖繩島以北屬日本，宫古、八重山屬中國，以爲兩國疆界，專條畫押鈐印爲據，俟御筆批准後三個月内互换，光緒七年正月交割兩島。

琉球案條約加約擬底：中日辛未年所訂條約酌加一體均沾一條，爲加約第一、二款。

通商事宜預立憑單擬底：條約内管理商民查辦犯案各款暨海關税則，俟日本與他國訂定後，中日再行酌議。

檔案來源：軍機處録副奏摺

已編入《清代中琉關係檔案七編》第四〇五頁

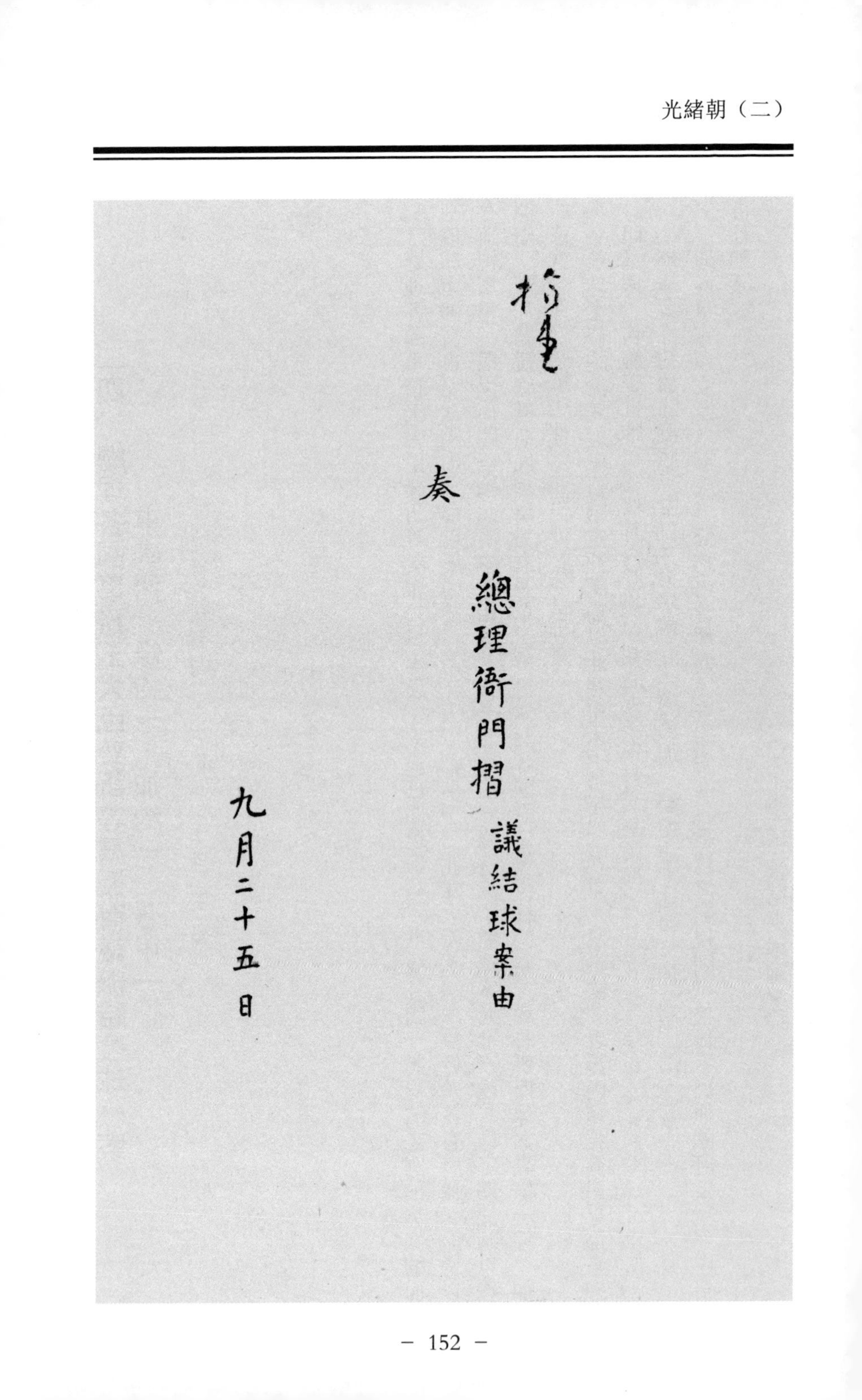

[illegible]

奏

總理衙門摺

議結球案由

九月二十五日

臣奕訢等跪

奏為日本廢球一案臣衙門現與日本使臣宍戶

璣商議辦結恭摺奏祈

聖鑒事竊臣衙門前奉

上諭詹事府右庶子張之洞奏俄人恃日本為後路

宜速聯絡日本所議商務可允者早允但得彼國

兩不相助俄勢自阻等語著總理各國事務王大

臣酌度辦理等因欽此當經臣等於七月十九日

具奏現在正與日本使臣宍戶璣會商隨時察
度情形奏明請
旨在案嗣宍戶璣來臣衙門面遞節略大意欲照各
國一體均霑之例酌加條約而割琉球南部宮
古八重山二島以屬中國云云臣等查日本廢
球一事臣衙門與出使大臣何如璋等先後照
會其使臣並外務卿反覆爭論迄無端緒本年
六月始據其外務照覆臣衙門將商辦事宜任

之宍戶璣等語今宍戶璣請以二島屬中國南洋大臣劉坤一謂以南兩島重立琉球俾延一綫之祀庶不負存亡繼絕初心且可留為後圖北洋大臣李鴻章謂南部兩島交還已割琉球之半此事中國原非因以為利應還球王駐守就此定論或不至於俄人外再樹一敵若球王不復南島枯瘠不足自存中國設官置防徒增後累各等語持論各有所見而皆以存球祀為

重與臣衙門爭論此事本意相同雖兩島地方
荒瘠要可借為存球根本况揆諸現在事勢中
國若拒日本太甚日本必結俄益深此舉既以
存球並以防俄未始非計臣等因與宍戶璣議
定專條載明分界以後彼此永遠不相干預庶
以後中國如何設法存球日本無從置喙並與
宍戶璣議明以光緒七年正月交割此地及彼
此派員如何會辦開列專條之後至宍戶璣請

加一體均霑之條臣等查各國約內俱有此項
明文當時李鴻章與日本訂立修好條規力持
此條未允辯理頗費苦心其後日本使臣屢以
為言臣衙門均經照約駁覆轉瞬修約屆期必
來嘵瀆今因琉球一案遂舉其蓄意多年者請
為加約緣各國皆准在中國內地通商日本條
款第十四十五兩款載明兩國商民不准出入
內地日本商民不如各國得霑中國利益之多

故願照各國例加入一體均霑之條以抽換十
四十五兩款臣等揣其情形若仍照前堅執不
允球案必無從辦結惟日本條規逐條皆從兩
面立論今雖稍予通融仍應預防流弊且既一
體霑受其益必須一體遵守其章將來辦法庶
歸一律至此條特為了結球案允准應俟二島
定期交割以後開辦以上各節皆為最要關鍵
臣等與宍戶璣往返辯論始定為加約第一第

二兩款宍戶璣初議以該國現與西洋各國商議增加關稅管轄商民兩事美國已經應允請一併加入條約臣衙門前據出使大臣何如璋等函述大略相同日本既與各國商議中國豈能獨不與聞因與宍戶璣議明另立憑單聲明俟日本與各國訂定後再行彼此酌議無庸併入加約以上均係有關商務之事臣等分別緩急如一體均霑一條其勢不能不允者則允之

如加關稅管商民兩事其勢尚可從緩者則緩
之凡此皆為顧全大局聯絡日本起見謹將所
擬球案專條一件加約條款一件憑單一件一
併照錄恭呈
御覽所有議結琉球一案緣由是否有當伏乞
皇太后
皇上聖鑒訓示謹
奏請
旨

光緒六年九月二十五日

臣奕訢

臣寶鋆

育荃

擬奏

謹將球案條約擬底恭呈

御覽

大清國

大日本國以專重和好故將琉球一案所有從前

議論置而不提

大清國

大日本國公同商議除沖繩島以北屬

大日本國管理外其宮古八重山二島屬

大清國管轄以清兩國疆界各聽自治彼此永遠
不相干預
大清國
大日本國現議酌加兩國條約以表真誠和好之
意茲
大清國總理各國事務王大臣
大日本國　欽差全權大臣　勲二等宍戶　各
憑所奉

上諭便宜辦理定立專條畫押鈐印為據

現今所立專條應由兩國

御筆批准於三箇月限内在

大清國都中互換光緒七年正月交割兩島後之

次月開辦加約事宜

謹將加約擬底恭呈

御覽

大清國

大日本國辛未年所訂條約允宜永遠信守惟以

其內條款有須一二變通是以

大清國

欽命總理各國事務王大臣

大日本國　欽差全權大臣勲二等宍戶

各遵所奉
諭旨公同會議酌加條款所有議定各條開列於左
第一款
兩國所有與各通商國已定條約内載予通
商人民便益各事兩國人民亦莫不同獲其美
嗣後兩國與各國加有別項利益之處兩國人
民亦均霑其惠不得較各國有彼厚此薄之偏
但此國與他國立有如何施行專章彼國若欲

援他國之益使其人民同霑亦應於所議專章
一體遵守其條另有相酬條款纔與特優者兩
國如欲均霑當遵守其相酬約條
第二款
辛未年兩國所定修好條規及通商章程各條
款與此次增加條項有相碍者當照此次增加
條項施行
現今所立加約應由兩國

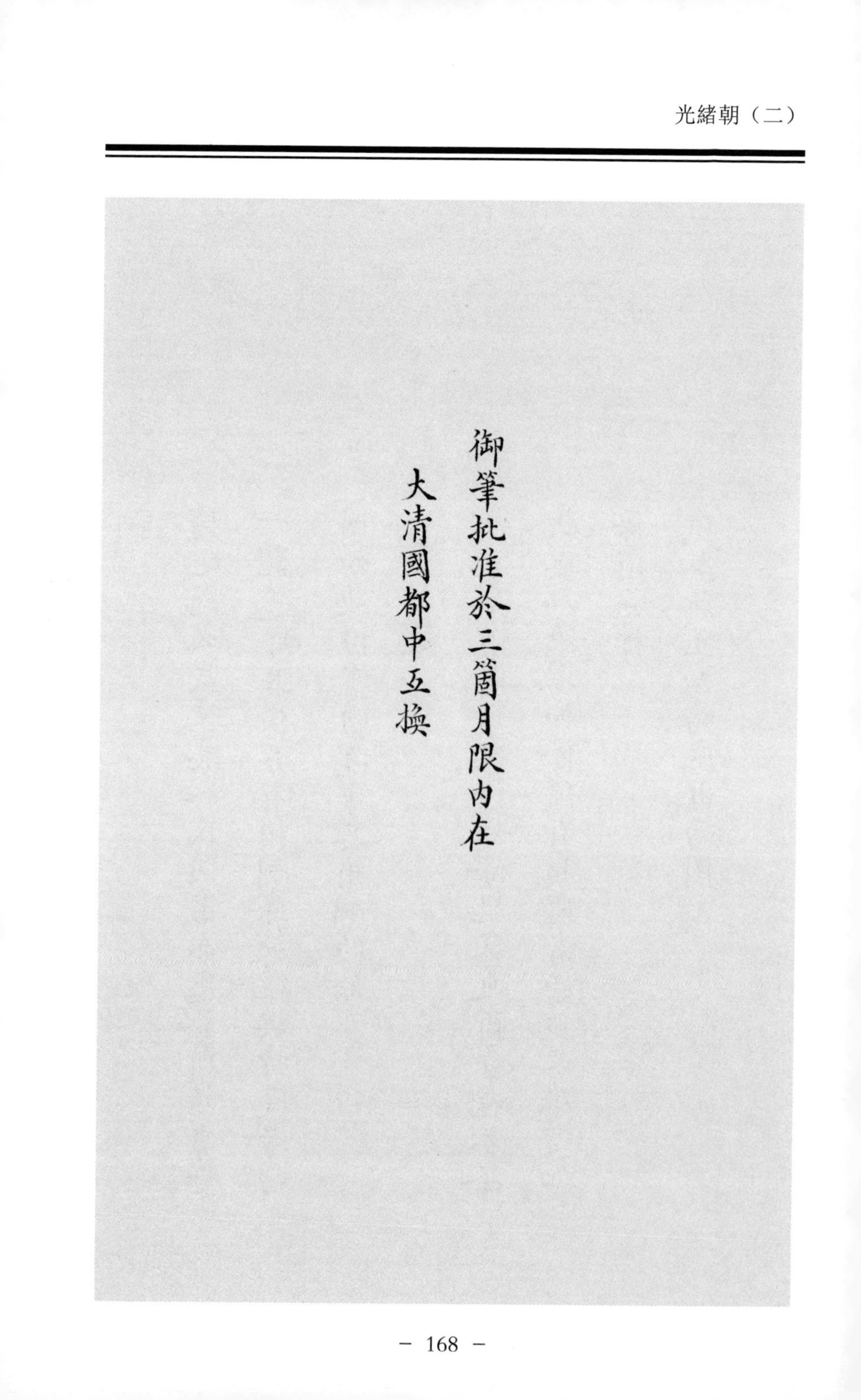

御筆批准於三箇月限内在
大清國都中互換

擡

謹將憑單擬底恭呈

御覽

兩國通商事宜有與他通商各國隨時變通之處彼此預為言明嗣後此國有將與他各國現行條約内管理商民查辦犯案各款暨海關稅則更行酌改俟與他各國訂定後再行彼此酌議因此預立憑單畫押為據

二五、總理衙門爲請以南島存琉球一綫之祀事奏片

光緒六年九月二十五日　（1880.10.28）

内容提要

總理衙門奏報，琉球不獨北島久爲日本所踞，即中島南島亦均歸日本收税，隸中國其名而屬日本其實，此時若不與日本定議，亦無策以善其後，請以南島存琉球一綫之祀，以求名義所在。

檔案來源：軍機處録副奏摺
已編入《清代中琉關係檔案七編》第四一五頁

九月廿五

抄式

總理衙門片

再臣衙門現與日本商辦球案並擬議加約各情形業經另摺奏明在案查琉球共計三島北島久為日本佔去至中島係琉球國王所居之島現亦專歸日本南島土產據北洋大臣李鴻章函稱詢諸琉球國臣向德宏云每歲出穀不過二萬石並云琉球自屬日本以來所產各物日人肆行取納或隨人口增稅與日人言皆舉大約之數等因是不獨北島久為日本所踞即

中島南島亦均歸日本收稅琉球之隷中國其名而屬日本其實此時若不與定議亦無策以善其後兼之俄國兵輪現均停泊東洋海島球事不定恐俄人要結日本又將另樹一敵臣等再四籌商雖以南島存球一綫之祀地小而瘠將來亦不易辦而名義所在與辯論初衷尚無不合臣等愚見如斯是否有當恭候

聖裁伏乞

聖鑒訓示謹

奏

二六、右庶子陳寶琛爲倭案不宜遽結倭約不宜輕許事奏摺

光緒六年九月二十六日　（1880. 10. 29）

内容提要

日講起居注官右春坊右庶子陳寶琛奏報，聞日本使臣請結琉球一案及改約兩條等事宜與總理各國事務衙門已有成議，日本擅滅琉球，與中國一分爲二，又改約兩條，實爲居心叵測，不應慮及俄事遽結琉球一案，輕許改約。伏祈飭下總理衙門與日本使臣暫緩定議，并將臣疏密寄李鴻章左宗棠等詳議。

檔案來源：軍機處録副奏摺
已編入《清代中琉關係檔案七編》第四一六頁

右庶子陳寶琛摺　倭案不宜遷結由

拾叁

奏

九月二十六日

日講起居注官右春坊右庶子臣陳寶琛跪

奏為俄事垂定倭案不宜遽結倭約不宜輕許勿墮狡謀而開流弊恭摺瀝陳仰祈

聖鑒事臣聞日本使臣近因俄約未定乘間請結琉球一案啗我以南島而不許存中山之祀復欲改約二條總署惑於聯倭防俄之說辨理已有成議臣聞之且疑且愕以為分琉球一誤也因分琉球而改舊約又一誤也分島之誤近于商

於六里之誑因分島而改約之誤近於從井救
人之愚中國受其實害而琉球並不能有其虛
名五尺童子猶不肯隨其術中堂堂
大朝奈何出此竊謂俄倭沓至總署當持以鎮定
朝廷當示以權衡俄強國也倭弱國也馭俄人宜
剛柔互用而倭則可剛不可柔處俄事已不能
過緩而倭則宜緩不宜急敢抉其利弊權其情
勢為我

皇太后
皇上縷析陳之日本既與我立約通商無故擅滅琉球虜其王縣其地中國屢與講論則創為兩屬之說橫相抵制彼即以上朘歸我而中國意在興滅繼絕尚未可義始而利終況所割南島皆不毛之地置為甌脫則歸如不歸若用以分封尚氏苗裔則貧不能存險無可守他日必仍為倭奴所吞併此分割琉球之說斷不可從者也

琉球中北諸島日本既全據之若為持平之論
日本應聽我擇有利于中無損于東之事加入
約内以相償抵而今所改之約則大不然道路
傳聞謂止改約兩條一曰利益均霑一曰舊約
與加約有礙照加約行其居心叵測無非欲與
歐洲諸國深入内地蠅聚蚋嘬以竭中國脂膏
況此外又有管轄商民酌加税則俟與他國定
議後再與中國定議等語則是二條之外又增

二條且故為簡括含混之詞留一了而不了之局以為他日刁難地步此酌改條約之說斷不可從者也論者謂速結琉球之案即可聯倭以拒俄臣愚殊不謂然夫中國所慮於日本者接濟俄船煤米耳以長崎借俄屯兵耳然倭人畏俄如虎中國之力終不能禁日本之通俄日本之親我與否亦視我之强弱而已中國而强於俄則日本不招而自來中國而弱於俄雖甘言

厚賂與立互相保護之約一旦中俄有衅日本之勢必折而入于俄者氣有所先懾也萬一中國為俄所挫倭人見有隙可乘必背盟而趨利便者又勢有所必至也夫利害所關形勢所迫雖信義之國不能保其必守盟約而況貪狡齷齪如日本者乎使日本而能守約則昔歲無臺灣之師近年無琉球之役矣何也此二事皆顯背條約者也然則琉球一案與日本之和不和

何涉日本之和不和又與俄事之輕重利害何涉而目論之士動謂結琉案即以聯倭交聯倭交即以分俄勢亦可謂懵於事理者矣況極其流弊琉球案結則禍延於朝鮮日本約改則勢蔓於巴西諸國何以言之俄人遣海部派師船麕集於長崎蟻屯於海濅葳成師而出必不虛歸若我為弦高阻秦之舉則俄必為孟明滅滑之謀朝鮮之永興灣久為俄人所垂涎猶冀中

俄盟成朝鮮爲我屬國彼時可令與各國立約通商藉以解紛排難而俄亦鑒於中國力庇琉球貪謀或戢昔布以宗人王羅馬首敗巴黎斯約各國置若罔聞於是俄始問津黑海英人責之俄反詰英何以恕布仇俄英人語塞今我若輕結琉球之案則俄人有例可援中國無詞可措以俄兵取高麗如湯沃雪而其勢與關東日逼非徒脣齒之患實爲腹心之憂禍延於朝鮮

而中國之邊事更亟矣自道咸以來中國為西
人所侮屢為城下之盟所定條約挾制欺陵大
都出地球公法之外惟日本巴西等國定約在
無事之時亦值中國稍明外事曾國藩主之於
前李鴻章爭之於後始將均霑一條駁去既藉
此以為嚆矢未嘗不思乘機伺便由弱國以及
强國潛移默轉於無形也今日本首決藩籬巴
西諸國必且圜視而起中國將何以應之勢蔓

於巴西諸國而中國之財力更竭矣就日本近
事而論政府薩長二黨不和民黨又倡國會之
議以與政府相抗廣張匿名揭帖欲伺外釁而
動其君臣惴惴朝不謀夕內事之亂如此通國
經制之兵纔數萬人分布六鎮數益單薄以之
彈壓亂萌尚且不足兵力之絀如此比年借民
債三千餘萬圓借英債二千餘萬圓近又以關
稅鐵路抵借洋債三百萬圓不能驟得財力之

匱又如此結之不足以助我禦俄絕之亦不足
以助俄攻我若我中國大勢内政清明將相輯
睦與倭霄壤固不待言即論兵力財力以之拒
俄咸當全力支柱以之拒倭實為恢恢有餘現
因俄事籌防南北洋徵軍調將所費不貲既欲
與俄乘便轉圜即可留以為防倭之用是我失
諸俄而猶得諸倭也雖目下鐵艦衝船尚未購
齊水師未成沙線未習猶未能張皇六師以規

復琉球為取威定霸之舉而我不能往寇亦不
敢來莫如暫用覊縻推宕之法彼去年以此法
待我矣今我不急與議彼又何辭而我則專意
俄事俟定約後擁未撤之防兵待將成之戰艦
先聲後實與倭相持如倭人度德量力願復琉
球守舊約是不戰而屈人也如其不應則閉關
絕市以困之倭商以海鮮為大宗專售中國歲
食其利若中國禁其互市勢必坐困華商在東

亦傳貿易則彼榷稅頓絀紙鈔不銷且慮華商
蠭聚煽變內顧不暇必急求成如此猶不應則
仗義進討以創之三五年後我兵益精我器益
備以恢復琉球爲名宣示中外沿海各鎮分路
並進抵隙攻瑕師數出而倭必舉此中國自强
之權輿而洋務轉捩之關鍵也不然案一結則
琉球之宗社斬矣約一改則中國之隄防潰矣
俄以一伊犂餌吾改約日本又以一荒島餌吾

改約是我結倭驩以防俄而重受其紿倭乘俄
衅以挾我而坐享其利也一月之内既辱於北
復蹙於東國勢何以支國威何以振臣所由拊
膺扼腕而不能不痛切上陳者也伏祈一面
飭下總理衙門與日本使臣暫緩定議一面將臣疏
密寄李鴻章左宗棠等詳議以
聞是否有當伏乞
皇太后
皇上聖鑒謹
奏
光緒六年九月　二十六　日

二七、詹事府少詹事寶廷爲與日本定約不宜率定請飭廷議事奏摺

光緒六年九月二十九日　（1880. 11. 1）

内容提要

詹事府少詹事寶廷奏報，近日外間紛傳爲琉球事又欲與日本定約，此事所關甚大。俄事之誤，誤於定約草率，貽禍至今。宜設法延宕，俟俄事大定之後，再酌事勢與之定約。請旨飭下廷臣會議并飭沿海各督撫速議具奏。

檔案來源：軍機處録副奏摺

已編入《清代中琉關係檔案七編》第四二四頁

弍拾弍

少詹寶廷摺日本定約請飭廷議等由

奏

九月二十九日

詹事府少詹事奴才宗室寶廷跪

奏為日約不宜率定恭摺仰祈

聖鑒事竊近日外間紛傳為琉球事又欲與日本定

約此事所關甚大琉球可滅則朝鮮越南皆將

為外洋所併從此中國孑然孤立矣聞李鴻章

亦意在駁詰球案不願率結奴才固不敢遽請

朝廷立與日本決絕竊有管見欲為我

皇太后

皇上陳之俄事之誤誤於定約草率貽禍至今未已
今我方辦俄事之不暇日本忽欲與我定約是
乘我之危也此時與其急切不如周詳奴才敢以
兩言蔽之我果欲與俄戰則當急與日和不得
不諸事遷就我若決與俄和則不必過於遷就
日本此時我與俄戰和未定自難定日約之准
駁奴才愚見總宜設法延宕俟俄事大定之後再
酌事勢與之定約以免後悔此舉關係屬國存

亡即關係中國强弱千萬不可草草傳聞之詞
議論不一𡚱未知詳細不敢臆斷請
旨飭下廷臣會議並飭沿海各督撫速議具奏以期
周妥是否有當伏乞
皇太后
皇上聖鑒謹
奏
光緒六年九月　　廿九　　日

二八、着將球案一事應否照總理衙門原奏辦理并此外有無善全之策切實具奏事上諭

光緒六年十月初四日　（1880.11.6）

内容提要

軍機大臣密寄大學士直隸總督李鴻章，總理各國事務衙門奏議結琉球一案，經右庶子陳寶琛、左庶子張之洞等奏，并惇親王等議奏，惟事關中外交涉，不可不慎之又慎，着李鴻章統籌全局，將琉球一案是否應照原奏辦理并此外有無善全之策切實具奏。

檔案來源：軍機處洋務檔

已編入《清代中琉關係檔案七編》第四二七頁

軍機大臣　密寄

大學士直隸總督一等肅毅伯李　光緒六年

十月初四日奉

上諭前據總理各國事務衙門奏議結琉球一案又據

右庶子陳寶琛奏球案不宜遽結舊約不宜輕改

當經惇親王等酌議宜照總理各國事務衙門所

奏辦理業經允准旋據左庶子張之洞奏日本商

務可允球案宜緩復經惇親王等議以日本與俄

深相邀結又與福建江浙最近今若更動已成之局未必甘心且恐各國從而搆煽卒至仍歸前說或併二島而棄之益為所輕等語所議自為揆時度勢聯絡邦交起見惟事關中外交涉不可不慎之又慎李鴻章係原議條約之人於日本情事素所深悉著該督統籌全局將此事應否照總理各國事務衙門原奏辦理並此外有無善全之策切實指陳迅速具奏總理各國事務衙門摺片各一

件單三件陳寶琛張之洞摺各一件均著抄給閱看劉銘傳前經賞假兩箇月本日已有旨令裕祿傳知該提督不必拘定假期迅速來京矣將此由五百里密諭知之欽此遵旨寄信前來

二九、直隸總督李鴻章爲遵旨妥籌日本議結球案牽涉改約暫宜緩允事奏摺

光緒六年十月初九日　（1880.11.11）

内容提要

直隸總督李鴻章奏報，奉旨統籌全局切實指陳是否應照總理衙門原奏辦理琉球一案并此外有無善全之策。日本以割島分隸議結琉球一案，及所涉議改舊約種種，顯係有挾而求，藉中俄之約未定圖占便宜，陷我兩難，現惟用支展之法，暫宜緩允，專聽俄事消息以分緩急，俟三月限滿再行定奪。

檔案來源：軍機處録副奏摺

已編入《清代中琉關係檔案七編》第四二九頁

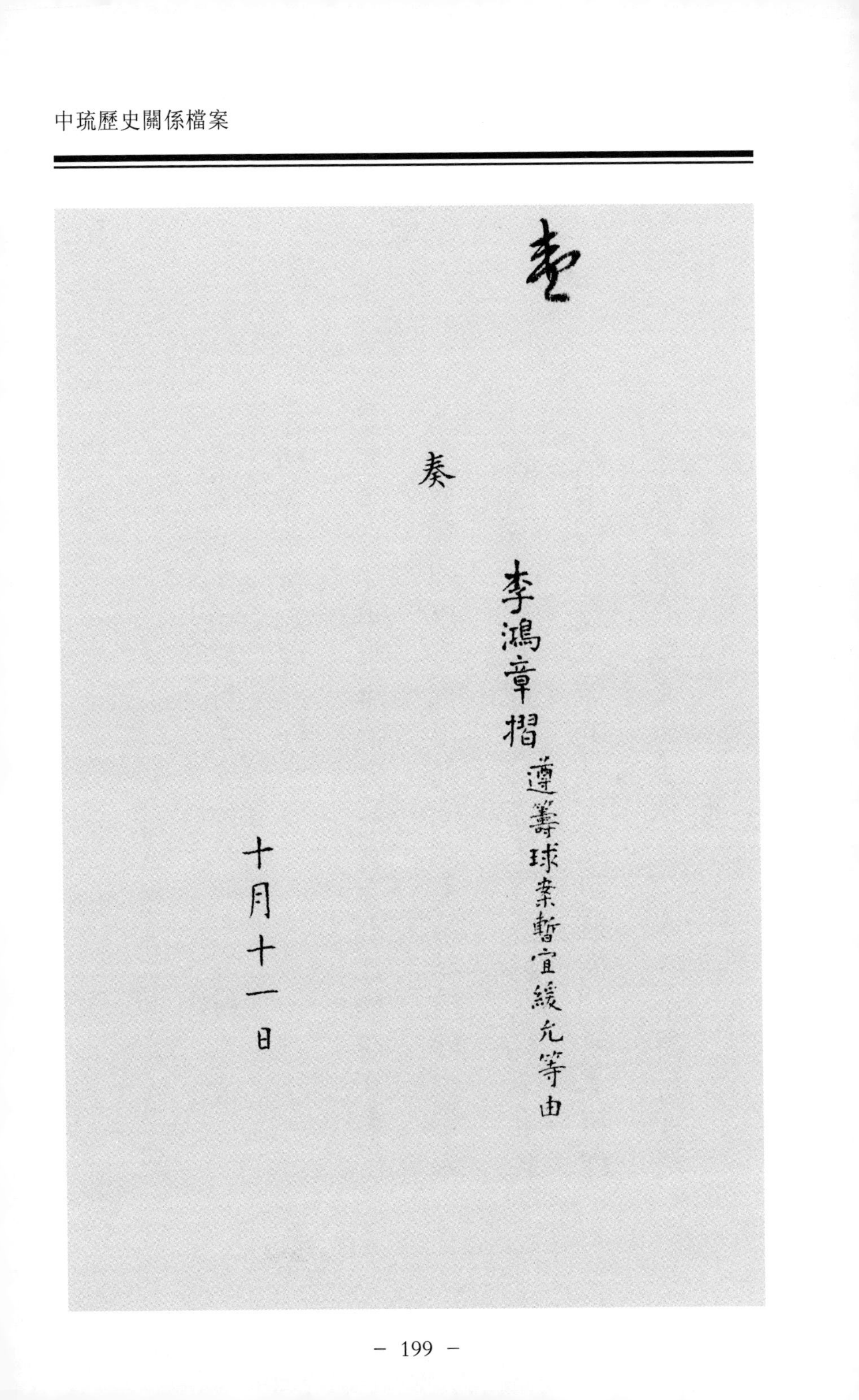

覽

李鴻章摺遵籌球案暫宜緩允等由

奏

十月十一日

欽差大臣大學士直隸總督一等伯臣李鴻章跪

奏為日本議結球案牽涉改約暫宜緩允遵

旨切實妥籌恭摺仰祈

聖鑒事竊臣承准軍機大臣密寄十月初四日奉

上諭前據總理各國事務衙門奏議結琉球一案又

據右庶子陳寶琛奏球案不宜遽結舊約不宜輕

改當經惇親王等酌議宜照總理衙門所奏辦理

業經允准旋據左庶子張之洞奏日本商務可允

球案宜緩復經惇親王等議以日本與俄深相邀
結又與福建江浙最近今若更動已成之局未必
甘心且恐各國從而構煽卒至仍歸前說或併二
島而棄之益為所輕等語自為揆時度勢聯絡邦
交起見惟事關中外交涉不可不慎之又慎李鴻章
係原議條約之人日本情事素所深悉著該督統
籌全局將此事應否照總理衙門原奏辦理並此
外有無善全之策切實指陳迅速具奏總理衙門

摺片各一件單三件陳寶琛張之洞摺各一件均
著抄給閱看等因欽此仰見
聖主審於馭遠虛衷采納不厭精詳曷勝欽服從前
中國與英法兩國立約皆先兵戎而後玉帛被
其迫脅兼受朦蔽所定條款喫虧過鉅往往有
出地球公法之外者厥後美德諸國及荷蘭比
利時諸小國相繼來華立約斯時中國於外務
利弊未甚講求率以利益均霑一條列入約内

一國所得諸國安坐而享之一國所求諸國羣
起而助之遂使協以謀我有固結不解之勢同
治十年日本遣使來求立約曾國藩建議宜將
均霑一條删去及臣與該使臣伊達宗城往復
商訂並載明兩國商民不准入內地販運貨物
限制稍嚴嗣後該國屢欲翻悔均經駁斥自是
秘魯巴西立約亦稍異於前誠以內治與約章
相為表裏苟動為外人所牽制則中國永無自

强之日近聞各國駐京公使每有事會商日本
獨不得與其尚未聯為一氣者未始不因立約
之稍異也至内地通商西人以置買絲茶為大
宗貲本較富稍顧體面日本密邇東隅文字語
言略同其人貧窘貪利無恥一聞此例勢必紛
至沓來與吾民爭利或更包攬商税為作奸犯
科之事明代倭寇之興即由失業商人勾結内
地奸民不可不防其漸此議改舊約尚宜酌度

之情形也琉球原部三十六島北部九島中部十一島南部雖有十六島而周迴不及三百里北部中有八島早被日本佔去僅存一島去年日本廢滅琉球經中國疊次理論又有美前統領格蘭忒從中排解始有割島分隸之說臣與總理衙門函商謂中國若分球地不便收管只可還之球人即代為日本計算舍此別無結局之法此時尚未知南島之枯瘠也本年二月間

日本人竹添進一來津謁見稱其政府之意擬以北島中島歸日本南島歸中國又添出改約一節臣以其將球事與約章混作一案顯係有挾而求嚴詞斥之不稍假借曾有筆談問答節略兩件抄寄總理衙門在案旋聞日本公使宍戶璣屢在總理衙門催結球案明知中俄之約未定意在乘此機會圖佔便宜臣愚以為琉球初廢之時中國以體統攸關不能不亟與理論

今則俄事方殷中國之力暫難兼顧且日人多
所要求允之則大受其損拒之則多樹一敵惟
有用延宕之一法最為相宜蓋此係彼曲我直
之事彼斷不能以中國暫不詰問而轉來尋衅
俟俄事既結再理球案則力專而勢自張近接
總理衙門函述日本所議臣因傳詢在津之琉
球官向德宏始知中島物產較多南島貧瘠僻
隘不能自立而球王及其世子日本又不肯釋

還遂即函商總理衙門謂此事可緩則緩冀免
後悔此議結球案尚宜酌度之情形也臣接奉
寄諭始知已成之局未便更動而陳寶琛張之洞等
又各有陳奏正籌思善全之策適接出使大臣
何如璋來書並抄所寄總理衙門兩函力陳利
益均霑及内地通商之弊語多切實復稱詢訪
球王謂如宫古八重山小島另立王子不止王
家不願闔國臣民亦斷斷不服南島地瘠産微

向隸中山政令由其土人自主今欲舉以畀球而球人反不敢受我之辦法亦窮等語臣思中國以存琉球宗社為重本非利其土地今得南島以封球而球人不願勢不能不派員管理既蹈義始利終之嫌不免為日人分謗且以有用之兵餉守此甌脫不毛之土勞費正自無窮而道里遼遠音問隔絕實覺孤危可慮若憚其勞費而棄之不守適墮日人狡謀且恐西人踞之

經營壟斷扼我太平洋咽喉亦非中國之利是
即使不議改約而僅分我以南島猶恐進退兩
難致貽後悔今彼乃議改前約儻能竟釋球王
畀以中南兩島復為一國其利害尚足相抵或
可勉强允許如其不然則彼享其利而我受其
害且並失我內地之利臣竊有所不取也謹繹
總理衙門及王大臣之意原慮日本與俄要結
不得不揆時度勢聯絡邦交洵屬老成持重之

見然日本助俄之說多出於香港日報及東人
倜唱之語議者不察遂欲聯日以拒俄或欲暫
許以商務皆於事理未甚切當查陳寶琛摺内
所指日本兵單餉絀債項纍纍黨人爭權自顧
不暇倭人畏俄如虎性又貪狡中國即結以甘
言厚賂一旦中俄有釁彼必背盟而趨利均在
意計之中何如璋節次來書亦屢稱日本外彊
中乾内變將作讓之不能助我不讓亦不能難

我洵係確論蓋日本近日之勢僅能以長崎借
俄屯駐兵船購給煤米彼蓋貪俄之利畏俄之
强似非中國力所能禁也豈惟日本一國即英
德諸邦及日斯巴尼亞葡萄牙各國皆將伺俄
人有事調派兵船名為保護商人實未嘗不思
藉機漁利是俄事之能了與否實關全局俄事
了則日本與各國皆戢其戎心俄事未了則日
本與各國將萌其詭計與其多讓於倭而倭不

能助我以拒俄則我既失之於倭而又將失之於俄何如稍讓於俄而我因得借俄以懾倭夫俄與日本强弱之勢相去百倍若論理之曲直則日本之侮我為尤甚矣而議者之謀若有相反者此臣之所未喻也至若江蘇之上海浙江之甯波福建之福州厦門均係各國通商口岸日本即欲來擾既無此兵力餉力亦必不敢開罪於西人惟臺灣孤懸海外地險產饒久為外

人所窺伺茍經理得宜亦足控蔽東南應請
廟謨加意區畫漸收成效中國自强之圖無論俄事
能否速了均不容一日稍懈誠以洋務愈多而
難辦外侮迭至而不窮不可不因時振作臣前
奏明南北洋須合購鐵甲船四號其數斷難再
減所有請撥淮商捐項一百萬兩僅准戶部議
撥四十萬不敷尚多應請
旨飭令全數撥濟各省關額撥海防經費前經奏明

嚴定處分章程仍未如額籌解儻再延玩尚擬

請

旨嚴催水師電報各學堂亦已陸續興辦數年之後

船械齊集水師練成聲威既壯縱不必跨海遠

征而未始無其具日本囂張之氣當為之稍平

即各國輕侮之端或亦可漸弭又總理衙門處

及日本於內地運貨蓄意已久轉瞬修約屆期

彼必力請均霑之益或祇論修約不提球案恐

並此南島而失之臣愚以為南島得失無關利
害兩國修約須彼此互商斷無一國能獨行其
志者日本必欲得均霑之益儻彼亦有大益於
中國者以相抵未嘗不可允行若有施無報壹
意貪求此又當內外合力堅持勿允者也臣再
三籌度除管理商民更改稅則兩條尚未訂定
應俟後日酌議外其球案條約及加約曾聲明
由

御筆批准於三箇月限内互換竊謂限滿之時准不
准之權仍在
朝廷此時宜用支展之法專聽俄事消息以分緩急
俟三月限滿儻俄議未成而和局可以豫定彼
來催問換約或與商展限或再交廷議若俄事
於三箇月内即已議結擬請
旨明指其不能批准之由宣示該使即如微臣之執奏
言路之諫諍與彼之不能釋放球王有乖中國

本意皆可正言告之者臣料倭人未必遽敢決
裂即欲決裂亦尚無大患
明詔既責臣以統籌全局切實指陳臣不敢因
朝廷議准在先曲為迴護亦不敢務為過高之論致
礙施行若照以上辦法總理衙門似尚無甚為
難之處所有日本議結球案牽涉改約暫宜緩
允遵
旨妥籌緣由恭摺由驛五百里密陳是否有當伏乞

皇太后
皇上聖鑒訓示謹
奏

光緒六年十月　初二　日

三〇、着南北洋大臣將前奏擬結琉球一案各摺片妥議具奏事上諭

光緒六年十月十四日　（1880.11.16）

内容提要

交總理各國事務衙門，本日軍機大臣面奉諭旨，前據總理各國事務衙門奏擬結琉球一案各摺片，着交南北洋大臣等妥議具奏。

檔案來源：軍機處洋務檔
已編入《清代中琉關係檔案七編》第四三九頁

交總理各國事務衙門本日軍機大臣面奉
諭旨前據總理各國事務衙門奏擬結琉球一案各
摺片著交南北洋大臣等妥議具奏俟覆奏到日
再降諭旨欽此相應傳知
貴衙門欽遵可也此交

十月十四日

三一、着兩江總督劉坤一等妥議結琉球一案事上諭

光緒六年十月十六日　（1880.11.18）

内容提要

軍機大臣密寄兩江總督劉坤一等，據總理各國事務衙門奏議結琉球一案，又據陳寶琛奏球案不宜遽結，張之洞奏球案宜緩，均經惇親王等酌議，復諭李鴻章統籌全局切實指陳，嗣據復奏宜用支展之法，專聽俄事消息以分緩急，又經惇親王等議奏請飭妥議等語。此事關係全局，自應博訪周咨以期妥協，着劉坤一、何璟、張樹聲、吴元炳、譚鍾麟、勒方錡、裕寬等悉心妥議，切實陳奏。

檔案來源：軍機處洋務檔

已編入《清代中琉關係檔案七編》第四四〇頁

軍機大臣　密寄
兩江總督劉　閩浙總督何　兩廣總督張
江蘇巡撫吳　浙江巡撫譚　福建巡撫勒
廣東巡撫裕　光緒六年十月十六日奉
上諭前據總理各國事務衙門奏議結琉球一案又
據右庶子陳寶琛奏球案不宜遽結當經惇親王
等酌議宜照總理衙門所奏辦理旋據左庶子
張之洞奏日本商務可允球案宜緩復經惇親王

等議以日本與俄深相邀結又與福建江浙最近且恐各國從而搆煽卒至仍歸前說或併二島而棄之益爲所輕等語復諭令李鴻章統籌全局切實指陳嗣據覆奏宜用支展之法專聽俄事消息以分緩急又經惇親王等議奏因此搆衅未爲得計且即天津海口可恃江浙閩粵各口究未可知請飭妥議等語此事關繫全局自應博訪周諮以期妥協著劉坤一何璟張樹聲吳元炳譚鍾麟

勒方錡裕寬悉心妥議切實陳奏總理衙門摺片各一件單三件陳寶琛張之洞李鴻章摺各一件均著抄給閱看將此由四百里各密諭知之欽此遵旨寄信前來

抄交總理衙門

三二、日本欽差全權大臣宍户璣爲琉球一案訂約卒然中阻不堪惋异事致總理各國事務王大臣照會

光緒六年十月二十一日　（1880. 11. 23）

内容提要

日本欽差全權大臣宍户璣致總理各國事務王大臣照會：前與貴王大臣就琉球一案商議擬結，面經聲明畫押訂約當在十日内外。現接貴王大臣照會内稱奉旨將該案着交南北洋大臣妥議具奏，以致卒然中阻，本大臣不堪惋异。特抄録來文咨送本國政府，相應照覆貴王大臣查照。

檔案來源：軍機處照會

已編入《清代中琉關係檔案七編》第四四二頁

照會

大日本國欽差全權大臣宍户　爲

照復事、明治十三年十二月十七日、接准

貴王大臣照會、内稱、光緒六年十月十四日、欽

奉

諭旨總理各國事務衙門奏擬結琉球一案各摺

片、著交南北洋大臣等妥議具奏、俟覆奏到日、

再降諭旨欽此等因、查、本大臣與

貴王大臣、各奉

諭旨、商辦該案、本大臣開懷布忱、一以和好爲主、

竟致妥協、至

貴王大臣面經聲明畫押訂約當在十日內外、詎圖卒然中沮、本大臣不堪惋異、惟
貴衙門既總理各國事務、
貴王大臣又特奉
諭旨、辦理該案、而其言之不可爲準如此、本大臣將何從而取信、
貴王大臣於該案欲有所更端相商、本大臣實不願預聞也、除鈔錄來文、咨送本國政府、以取進止外、相應照復
貴王大臣查照可也、須至照會者、

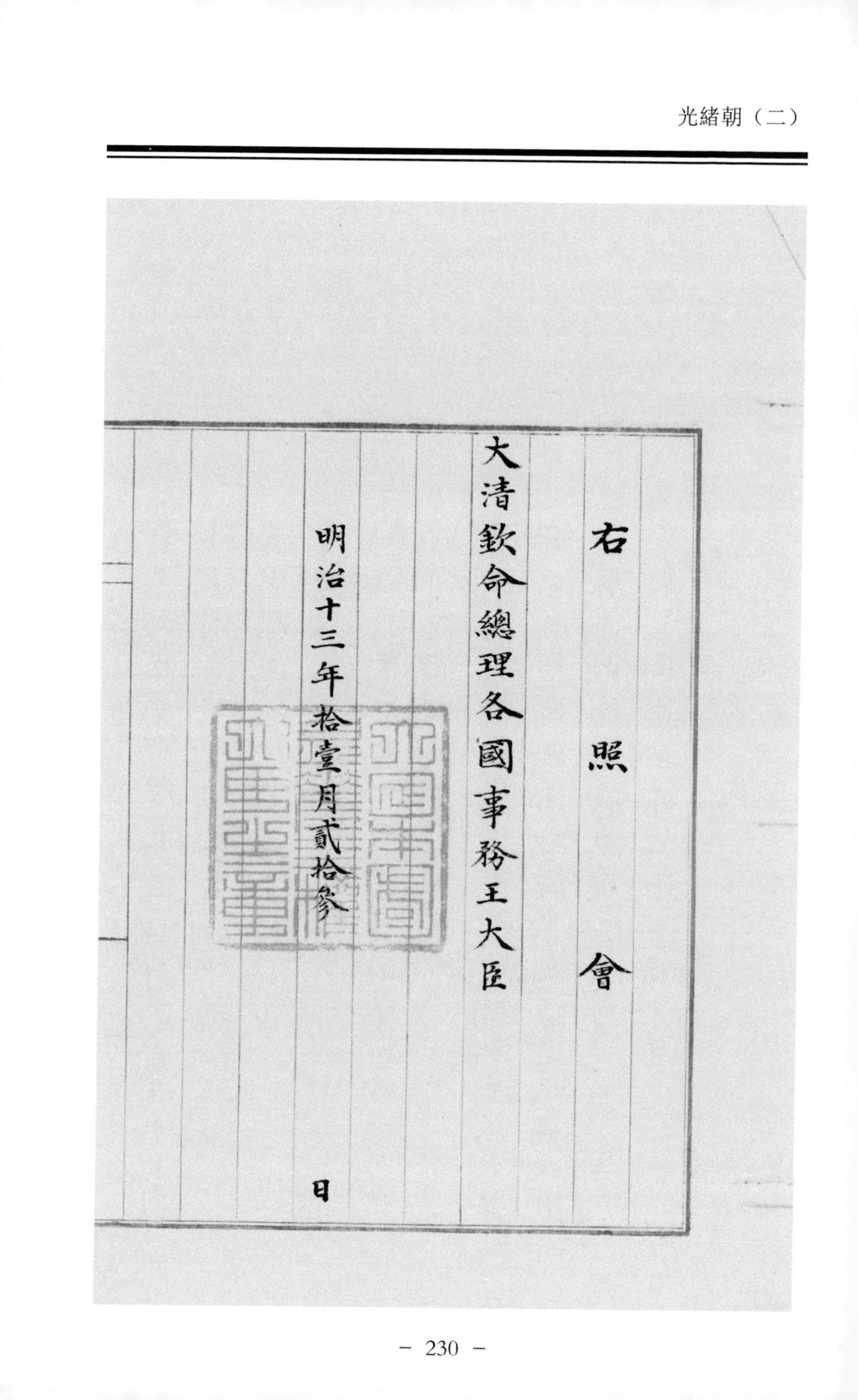

右　照　會

大清欽命總理各國事務王大臣

明治十三年拾壹月貳拾參　日

三三、江蘇巡撫吴元炳爲議復琉球一案及與日本議約事奏摺

光緒六年十月二十六日（1880.11.28）

内容提要

江蘇巡撫吴元炳奏報，遵旨籌議總理衙門議結琉球一案。閲看陳寶琛、張之洞、李鴻章等摺，日本欲藉俄事與中國議定琉球一案并改約，臣以爲球案與俄事及改約均無涉，宜采李鴻章支展之法，事可徐圖，必不致遽啓衅端。

檔案來源：軍機處録副奏摺

已編入《清代中琉關係檔案七編》第四四六頁

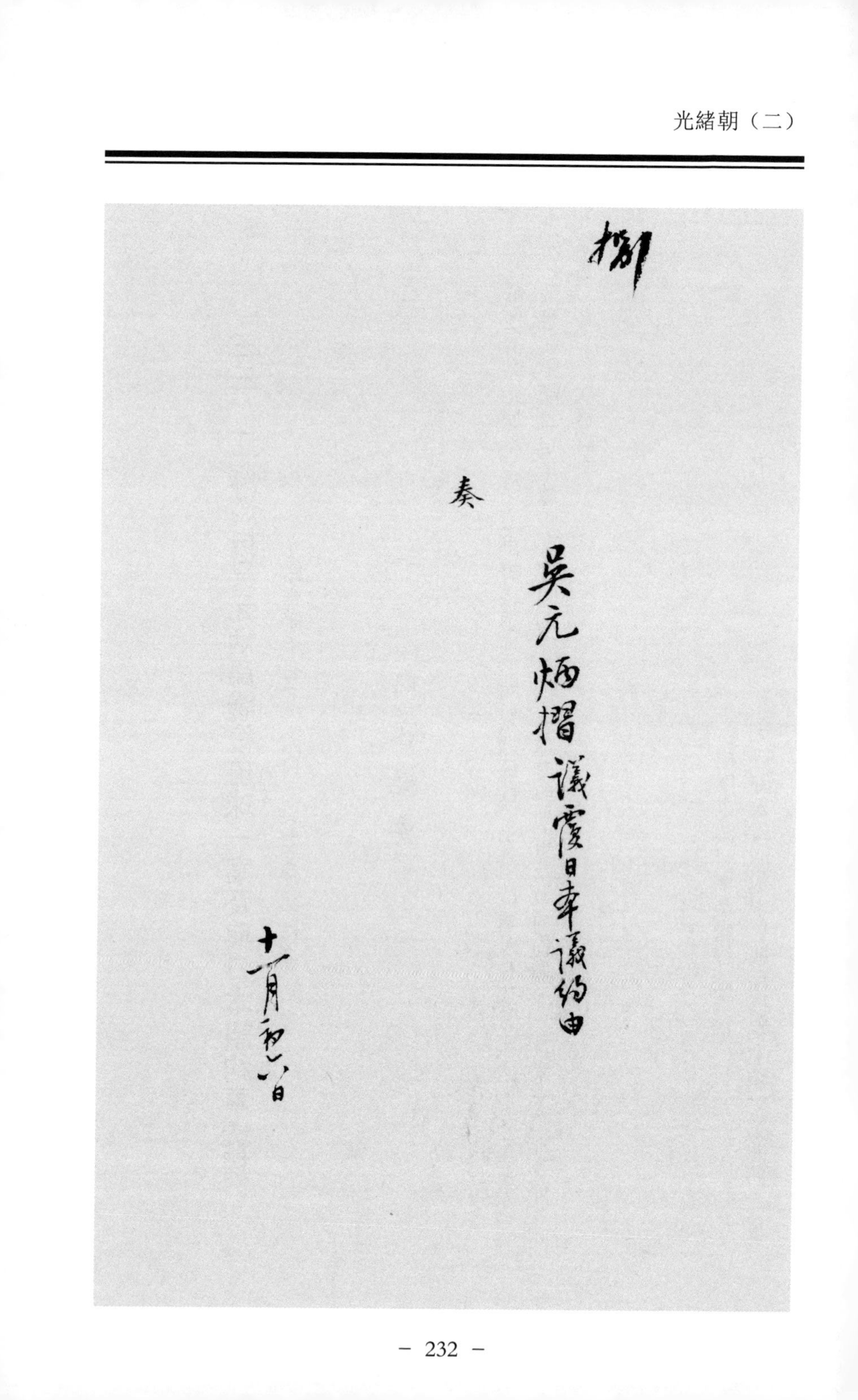

摺

吳元炳摺 議覆日本議約由

奏

十一月初八日

江蘇巡撫臣吳元炳跪

奏為遵

旨籌議密陳恭摺仰祈

聖鑒事竊臣於光緒六年十月二十四日密奉

寄諭前據總理各國事務衙門奏議結琉球一案又

據右庶子陳寶琛奏球案不宜遽結當經惇親王

等酌議宜照總理衙門所奏辦理旋據左庶子張

之洞奏日本商務可允球案宜緩復經惇親王等

議以日本與俄深相邀結又與福建江浙最近且
恐各國從而搆煽卒至仍歸前說或併二島而棄
之益為所輕等語復諭令李鴻章統籌全局切實
指陳嗣據覆奏宜用支展之法專聽俄事消息以
分緩急又經惇親王等議奏因此搆衅未為得計
且即天津海口可恃江浙閩粤各口究未可知請
飭妥議等語此事關繫全局自應博訪周諮以期
妥洽著悉心妥議切實陳奏總理衙門摺片各一

件單三件陳寶琛張之洞李鴻章摺各一件均著
抄給閱看欽此仰見
皇太后
皇上於中外交涉之事慎益加慎下懷莫名欽感臣
按日本為東洋蕞爾之邦近年來與泰西各國
通商立約毅然以與國自居妄自尊大前年夷
球為縣之舉經中國再三責問無辭可對支吾
掩飾者兩載於茲今忽乘中國與俄議約未定

之時迺以球南荒島紿我結案并要求改約同霑利益貪狡之謀畢露要挾之心如見議者以為中國不即允許恐其助俄為患多樹一敵臣竊以為不然中國與俄和戰尚在未定萬一俄事竟爾決裂俄兵擾我海疆則長崎一帶屯師濟餉以為接應勢所必然此時倭人即與中國結好有海誓山盟之約能閉關以拒俄師乎能助中國以截擊俄人之後路乎皆不能也强弱

之勢俄足制倭倭不足以制俄也如果俄議漸次就範兩國不啟兵端則沿海各省均係通商口岸目前整頓海防簡兵厲卒倭人亦既聞知內地無可進兵即臺灣一處前年倭兵亦嘗屢其地矣瘴癘之毒不戰而傷亡者七八百人攻之不易得得之不易守即欲狡焉思逞而揆時度勢臣料倭人必不敢犯其所難然則倭之助俄不助俄在中俄之言戰不言戰而與球案之

結不結約之改不改均無涉也若震懾於恫喝之游談而欲藉結案改約以交歡是正墮其要挾之計而二島僅存球祀不繼利益已霑後悔莫及臣未見其可也右庶子陳寶琛持論正大洞中竅要其言實有可採直隸督臣李鴻章支展之說聽俄事消息以分緩急老謀深算出於萬全況球事經中國責問之後倭人支吾其說者二年有餘今即以支吾中國之法還而施之

於彼理無不順事可徐圖必不致遽啟衅端也
愚昧之見是否有當所有遵
旨籌議覆陳緣由理合恭摺由馹馳陳伏乞
皇太后
皇上聖鑒訓示謹
奏
光緒六年十月　　廿六　　日

三四、兩江總督劉坤一爲球案宜妥速議結改約宜慎重圖維事奏摺

光緒六年十一月初五日　（1880.12.6）

内容提要

兩江總督劉坤一奏報，奉旨妥議總理衙門所奏議結琉球一案。琉球遠隔大洋，與高麗、越南等國迥別，得失無關痛癢，球案宜妥速議結，南島尚可存琉球之祀，足以對琉球而示天下。中日换約自有定期，與球案毫無牽涉，日本所提改約各條亦難輕許，可彼此會商，期歸妥協，宜慎重圖維。

檔案來源：軍機處録副奏摺

已編入《清代中琉關係檔案七編》第四五〇頁

存

劉坤一摺遵議球案宜妥速議結倭約宜慎重圖維由

奏

十二月十二日

頭品頂戴南洋通商大臣兩江總督臣劉坤一跪
奏為球案宜妥速議結倭約宜慎重圖維外杜紛
紜內嚴防範遵
旨密摺覆陳仰祈
聖鑒事竊臣於光緒六年十月二十三日接准軍機
大臣密寄光緒六年十月十六日奉
上諭前據總理衙門奏議結琉球一案此事關繫全
局自應博訪周諮以期妥協著劉坤一悉心妥議

切實陳奏等因欽此仰見
朝廷全盤在握兼聽為明跪誦之餘莫名感悚臣
查球案與倭約本係兩事直隸督臣李鴻章與
右庶子陳寶琛左庶子張之洞所言倭約不宜
更張附益以免另生枝節誠為有見至謂球案
宜緩以及支展之法無非欲俟中俄定局勒令
日本全退球地重立廢王以張義聲而綏藩服
則似未將是非利害深維始終權衡輕重也夫

琉球與高麗越南緬甸等國同列外藩中國之
所以懷柔之者亦略相等究之該各國之於中
國是否相關既有名實之判中國之於各國能
否兼顧亦有難易之殊蓋外藩者屏翰之義也
如高麗越南緬甸等國與我毗連相為脣齒所
謂天下有道守在四夷而高麗附近
陪都尤為藩籬重寄臣屢函致總理衙門及李鴻
章與出使日本大臣何如璋務勸高麗結好泰

西以杜倭俄窺伺該國萬一有警中國亦應明
目張膽遣兵赴援為該國策安全即為中國固
封守與英國之保土國情形相同即臣前在粵
督任内於叛鎮李揚才竄擾越南力主進剿責
令廣西提督馮子材捦賊自效者亦恐越南不
支必借師於法人以後為其所制而兩粵之外
障益隳此外藩之必須極力扶植者至於琉球
則與高麗越南等國迥别琉球臣事中國數百

年朝貢極其恭順嚮風慕化誠屬可嘉然與中國遠隔大洋得失無關痛癢且琉球臣中國祇假我聲靈琉球臣日本實奉其號令平日無端剝削無故拘囚一任日本所為琉球未嘗赴訴中國中國亦未嘗過問故一旦夷為郡縣指揮即定而欲中國强與之爭務使日本俯首聽命琉球吐氣揚眉烏可得哉如張之洞所言中國閉關絶市擯斥日本不復與通原為計之至善

沿海籌防有年自不如前明之受其蹂躪然謂
此即足以制日本而復琉球則未必然如陳寶
琛所言中國聲罪致討跨海東征以今日之整
練水師亦決無元初覆軍之懼然以日本二千
餘年之國此舉未必掃穴犂庭儻使設伏以邀
我固守以老我彼熟我生彼主我客懸軍深入
大屬可虞即使日本懾我兵威一戰而敗請受
約束許復琉球而琉球近在日本卧榻之側我

能留兵守之否我歸而彼復奪之豈能再為出師以蹈波濤之險竭中國而事外夷自古以為詬病況今日中國之於琉球乎我

朝定鼎之初經略西南各國獨置琉球於度外今日乃為之致死於日本乎張之洞陳寶琛二策既不可行則李鴻章所謂支展者將來仍以口舌折之或以虛聲脅之以日本之崛強未必有濟且支展之法日人未必不知知之則必附俄

與我為難勢所必至臣前在京邸日本使臣來見屢陳鷸蚌相持之戒原有所為而言然於琉球有騎虎之危而於中國有奪牛之懼安得不思鋌險以舒禍目前俄得日本推波助瀾可以東西牽制蜂蠆有毒曷若與之講好釋嫌縱不拒俄亦不助俄之為愈也是支展一策亦屬無益有損夫琉球之於中國雖朸可投中國之於琉球馬腹難及中外莫不共曉第以字小之仁

不忍視同蠻觸之爭聽其湮滅今我為之索還南島俾有所歸以守先王之祀亦足以對琉球而示天下矣齊桓存三亡國然於衛則遷之楚邱於邢則遷之夷儀今之南島亦琉球之楚邱夷儀也尚氏不能守先人成業亡國之餘等於杞宋以圖一線之延尚何擇乎肥瘠臣前在兩廣任內適琉球之八重山五十餘人遭風飄至廉州護送到省經臣傳見該頭目等與之筆談

數紙察看其人甚屬循良並問悉其境長一百八十餘里如於該處擇立尚氏加以宮古之地亦足以為附庸現在泰西七十餘國有百餘里數十里者南島猶未為甚小也傳曰疆場之事一彼一此尚氏果能發憤為雄則夏之一成楚之三戶失可復得弱可轉强如其不能有為祇憑中國覆翼即使盡復故物亦若幕燕釜魚蓋寇在門庭而援在天末何能有恃不恐耦俱無

猜臣意非欲棄球實欲存球顧以今日事勢無
論中島決不可得即使得之而有日本偪處之
憂不如退居南島尚可守此一片乾淨土也唯
是新造之邦中國之所以佽助之者正非易易
且日人狡獪之技必須先與中明即以南島重
立尚氏後人仍由其君自主並與共立保護之
約一面宣示尚氏與該南島務期永遠相安各
無翻覆日本儻有異詞或尚氏不願鬱鬱居此

而南島亦無推戴之忱中國受此南島如獲石
田冒不韙之名受無窮之累不得不作罷論此
則球案之亟宜斟酌不可稍涉猶豫者如慮俄
人覬覦高麗誠所難免然謂其視球案為進止
則法人之侵越南英人之侵緬甸亦何不可以
藉詞高麗立國不同琉球高麗與俄亦不同琉
球之於日本以彼夙無嫌怨俄人何出無名之
師即使突啟兵端高麗亦屬有險可守而我東

三省馬步諸軍星馳電赴與之犄角俄人亦未
必唾手得之中國之於高麗向係視同內地賑
饑則不憚轉輸討賊則不靳爵賞固非與琉球
一例現在强鄰眈視舉國寒心如何為之彌縫
如何與之聯絡
廟謨廣運是必迎機導之借箸籌之高麗在隋唐
時亦稱勁敵今其土地人民猶是但得中國左
提右挈使之整軍經武未始不足自固其圉為

我輔車至於中日換約自有定期與球案毫無牽涉球案如此議結日本所獲實多豈可志在居奇復圖進步據理與辯彼復何辭其利益均沾與入內地一條將來換約亦難輕許萬不獲已則如總理衙門王大臣及李鴻章所議必須一體遵守彼亦以便於我者相償方為平允屆時或力持前議或量為變通自可彼此會商期歸妥協不得與琉球一案相提並論也儻日本

貪求無厭强我難從不得已而用兵沿海各省
似尚可以支拄唯臺灣孤懸臣浸福建督撫與
船政大臣應已豫為綢繆臣承乏南洋自當力
扼江蘇以固上游五省門户雖長江深闊洋船
可以通行不如天津之節節阻礙然如圌山關
焦山等處亦屬天設之險臣與前兵部侍郎臣
彭玉麟等逐一部署以遏其衝決不任其長驅
而前入我腹地以撼東南大局禦倭如是即禦

俄亦如是臣職在封疆責無旁貸第以修攘之
術論是非亦計利害琉球式微可憫要非我所
得全日本虛耗已形亦非我所能取琉球即無
恙不如高麗等國捍我邊陲日本即逞强不似
俄羅斯國占我疆土究其始終較其輕重則是
竭華以爭球讓俄而抑倭謂為遠交近攻取威
定霸非臣所敢聞矣謹就臣管見所及以球案
宜妥速議結倭約宜慎重圖維密摺覆陳伏乞

皇太后
皇上聖鑒訓示謹
奏
光緒六年十一月　初五　日

三五、浙江巡撫譚鍾麟爲球案以速定爲要改約於商務無損事奏摺

光緒六年十一月初六日　（1880. 12. 7）

内容提要

浙江巡撫譚鍾麟奏報，奉旨籌議總理衙門所奏議結琉球一案。現琉球之廢已有兩年，爲琉球尚氏延祀計則宜速定爲要。條約所改則在與西人均沾利益一條，實於商務無損，不若明載條約，一體均沾。

檔案來源：軍機處録副奏摺
已編入《清代中琉關係檔案七編》第四五九頁

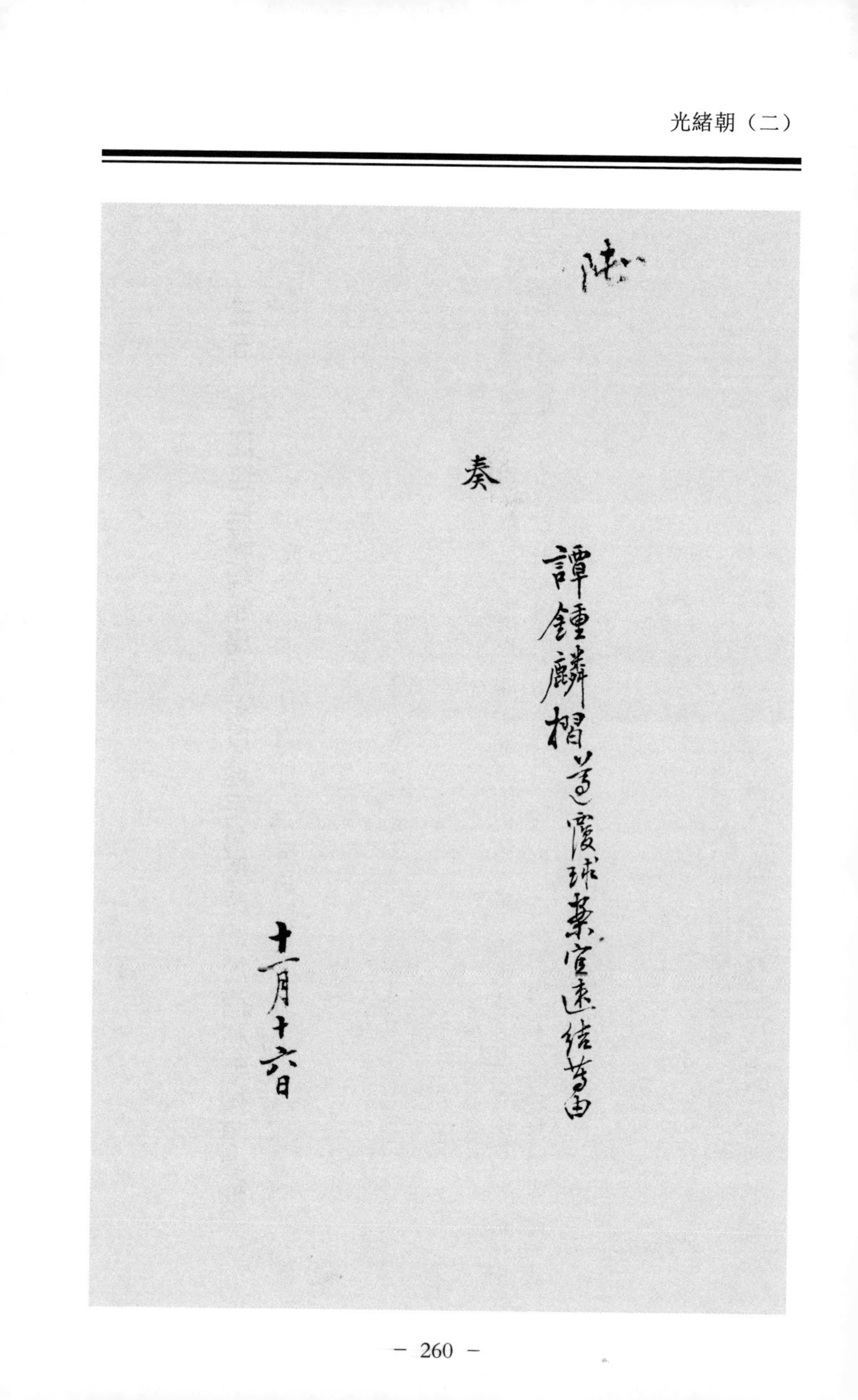

陸

譚鍾麟摺遵覆球案宜速結等由

奏

十一月十六日

頭品頂戴浙江巡撫臣譚鍾麟跪

奏爲遵

旨籌議切實密陳恭摺仰祈

聖鑒事竊臣承准軍機大臣密寄十月十六日奉

上諭前據總理各國事務衙門奏議結琉球一案此事關繫全局自應博訪周諮以期妥協等因欽此

仰見

聖謨廣運兼採芻蕘之至意曷勝欽服臣維日本一

案論事理誠宜與之絕揆時勢宜姑與之聯此總理衙門本意也陳寶琛一摺言事理也不惟拒之必當伐之然跨海遠征勞費百倍自揣數年之內力恐有所未能李鴻章支展之計亦審時度勢有不可遽絕之意第總理衙門既與定議矣旋與之而旋拒之似乎中國所議事事不足取信於人不特倭人不服俄人將援為口實而所議必不成此不可不審也臣愚竊謂球案

以速定為要改約於商務無損我既不能與之絕不妨姑從所請為尚氏謀一綫之延蓋琉球之廢已兩年矣其君民日喁喁然冀中國有以拯之而乃瞻顧徘徊迄無定策球民知所望終絕不得不附倭以求安年復一年民忘舊主而球祀斬矣趁此修約之時與商存球之策彼能歸還中島復其故國固球人之幸否則暫以南島為球王棲息之地他日我之力誠足以舉倭

聲罪致討悉令反所侵地不愁師出無名與其
遷延而絶球人之望不若遷就以慰球人之心
此球案之宜速結也至於條約所争在均霑利
益一語泰西各國和約皆有之中國之利被西
人佔盡多一霑者不見絀少一霑者不見盈若
强者任意要求而輒許弱者欲稍分潤而不能
不足以服其心日本前約雖有商民不准入内
地販運貨物一條而近來倭人之游歷者踵相

接其為商為民曾否販運貨物無從稽考況華商之黠者且假西人聯票肆行内地而莫之禁豈倭人狡獪不知出此名曰不准霑而霑者如故曷若明載條約俾之一體均霑極其流弊不過海口多一倭商於中國無損也日本之附俄非心服也迫於勢也臣前接使臣何如璋函述其外務卿談及俄事有不平之意此輩詭譎原不足信而其情可見矣彼無故而滅人之國自

知不容於公論何嘗不慮中國旦夕有以圖之
宍戶璣之請歸兩島未必非藉此爲嘗試姑與
周旋以遂其釋怨交歡之望當不至助俄以擾
我東南無事可分餉力以濟東北亦兩全之策
也愭親王等恐因此搆衅江浙閩粤各口未可
深恃洵老成持重統籌全局之見竊謂今日所
患者貧耳誠使府庫充盈數萬勇士可立致以
摧强敵如摧枯何有於倭人浙洋與日本對照

輪船數日可至臣數月以來密為布置未敢張
皇雖海口紛歧不免備多而力分現已募足勇
丁二十營擇要阨守激厲將士敵愾同仇雖無
必勝之權咸有敢戰之氣臣忝膺疆寄有地方
之責彼侵我疆惟有戰耳既不敢希冀和局稍
懈一日之防亦不敢創為異議以快一時之論
既奉
諭旨令臣悉心妥籌切實陳奏謹就管見所及繕摺

密陳是否有當伏乞

皇太后

皇上聖鑒訓示謹

奏

光緒六年十一月初六日

三六、兩廣總督張樹聲等爲球案不必急議并改約宜緩允事奏摺

光緒六年十一月二十五日　（1880. 12. 26）

内容提要

兩廣總督張樹聲等奏報，奉旨籌議總理衙門所奏議結琉球一案，李鴻章等諸臣言詳計審。球案與改約無涉，斷不能牽連并議。割島議結即斬中山之祀，現在俄約未定，可用支展之法。中日改約亦可循成案緩允，以求無弊。

檔案來源：軍機處録副奏摺
已編入《清代中琉關係檔案七編》第四六四頁

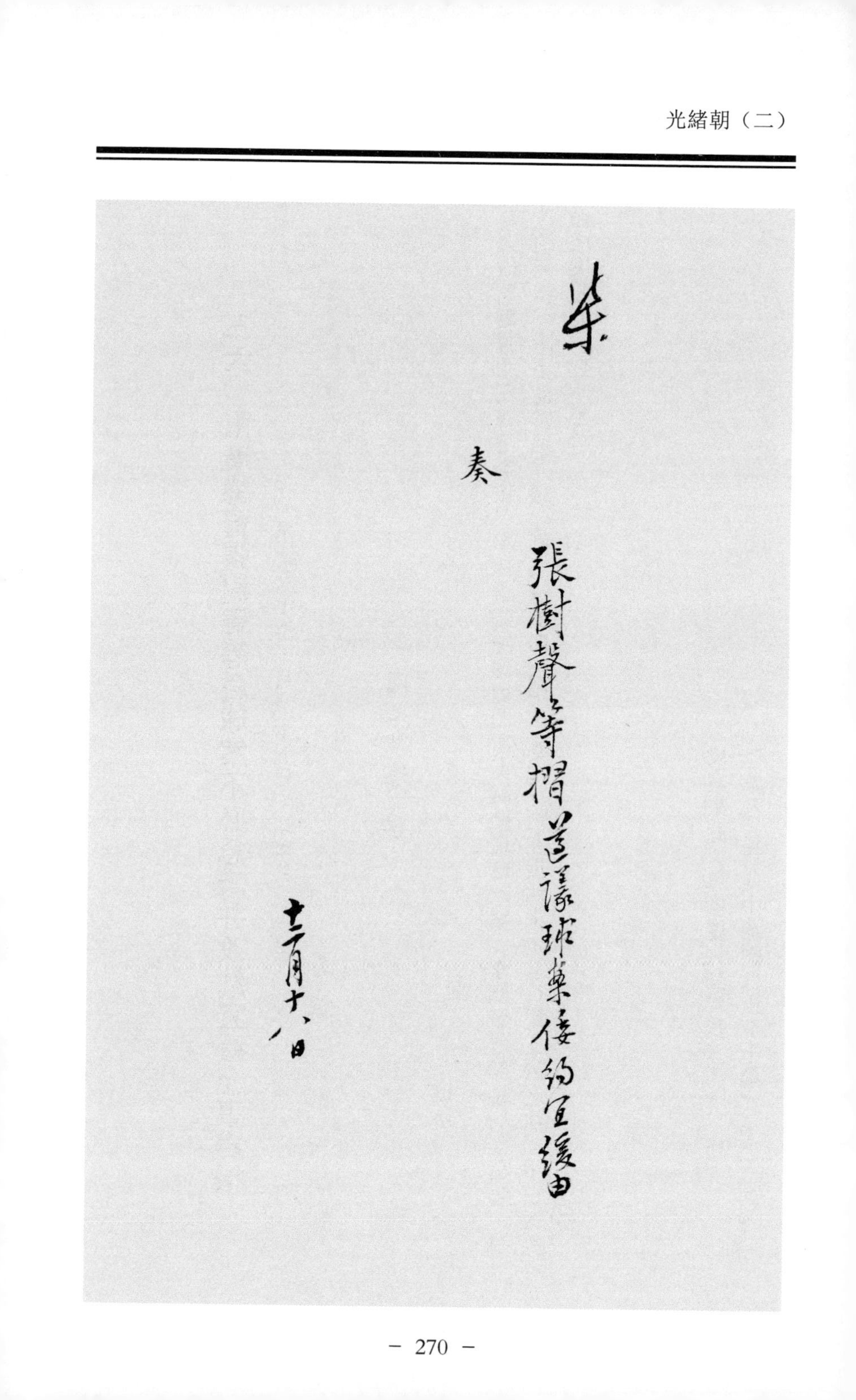

朱

張樹聲等摺遵議球案倭約宜緩由

奏

十二月十八日

兩廣總督臣張樹聲
廣東巡撫臣裕寬跪

奏為球案不必急議倭約未便牽連宜緩允以求

無弊遵

旨切實覆陳仰祈

聖鑒事竊臣等於光緒六年十一月初七日承准軍

機大臣密寄光緒六年十月十六日奉

上諭前據總理各國事務衙門奏議結琉球一案又

據右庶子陳寶琛奏球案不宜遽結當經惇親王

等酌議宜照總理衙門所奏辦理等因欽此仰見
宸謨柔遠不辭芻蕘之詢務出萬全之策欽服曷勝
竊惟日本貪狡無賴虐球畏俄其力不足以助
寇其性不可以恩結李鴻章陳寶琛諸臣言之
詳計之審矣至割島以結球案結案而涉改約
則理勢明而利害見
皇太后
皇上可端拱而決策者也琉球自明初尚巴志滅山

南山北並有中山服事中國維謹一姓相承至
今無改宮古八重山皆南夷荒島亦於洪武間
始屬中山不過歲修貢職與三省屬府之近隸
宇下衣租食稅者不同今中山殘滅別援尚氏
之後置之兩島之間與土人則枝指駢拇不相
附麗言立國則甲兵賦稅無可經營倭伺其旁
顛危可待其君既為中國所樹仍中國不了之
事目前暫圖收束後患正自無窮夫日本無故

滅球中國以大義與之爭論彼曲我直我不與彼決裂彼難與我啟衅爭論雖無就緒終存光復之基割島不能自存即斬中山之祀此僅割兩島議結球案之非計其理易明也日本通商章程第三十二款兩國現定章程嗣後若彼此皆願重修應自互換之年起至十年為限可先行知照會商酌改今已將屆十年原可知照商改但我以利益與彼彼亦當以利益償我若一

國欲專其利即與修約之義相違矣況琉球一案與中日通商如風馬牛之不相及彼既虜球君縣球土因中國責言始以無足重輕之兩小島來相搪塞中國何負於倭倭何德於中國顧欲責償於中國之改約耶彼則鯨吞蠶食之不已復欲乘我之危機我則興滅繼絕之未能轉又予彼以利益五洲萬國蓋不經見此球案改約二事斷不能牽連併議其理又易明也從前

洋務初起與各國訂立和約其時在事臣工多未諳外事重以承平日久武備空虛所定條款皆由欺誑挾制而成蓋多非理所有而束縛於勢者自時厥後中國講求交涉利弊造船築臺練兵簡器所以力求自强者非一朝夕矣度德量力雖不能爭雄於歐土亦何至受制於倭奴且俄以伊犂餌吾立約猶曰代中國收已失之地今舉而還之中國不可無報稱之誼也倭以

球案要吾改約將何說之辭無說而從之恐不
免短中國之氣生西人之心此即舍理言勢而
割島改約之不可曲從尤易明也自古列國相
交往往以機智詐力相勝恆視乎所以應之倭
人滅球已涉兩年屢與力爭遷延不決今當俄
事未定之秋亟相催促窺其隱私未嘗不慮中
國或與俄修好可乘備俄之力問罪於倭是其
借端以逞大欲或亦時急而後相求如曰姑徇

所請聯絡邦交慮適中其狡計究其流弊必有如陳寶琛所言禍延於朝鮮勢蔓於巴西諸國張之洞所言環海萬國接踵效尤者當時李鴻章與日本訂立修好條規於一體均霑之條力持未允誠如王大臣等所云辦理頗費苦心此次巴西立約亦多中國力佔地步之處此後各國修約辯論有據未嘗非返弱為强之本區區日本乃欲一旦決而去之從此眈眈逐逐相逼

而來外國盡爭利便中國無不喫虧民安得不
窮國安得不困日日自强而不足一事自弱而
有餘此利害樞機不可不深長思也總理衙門
及王大臣等量敵審時持重應變誠老成謀國
之經臣等忝領疆圻亦不敢鹵莽滅裂特念俄
倭强弱相去懸殊俄約轉圜中國亦當有自處
之道苟其一意孤行誅求無厭恐亦難必以玉
帛而不以干戈今倭之議結球案也揆理度勢

中國均無自處之道孰權利害似有未可遷就者總之日本視俄事為轉移俄局果變倭必不因球案既結而顧惜信義俄釁不開倭亦未必因球案不結而遂起戎心倘有萬一之虞或竟狡焉思逞以北洋之力制之固當恢恢游刃粵省海口雖以經費支絀備禦多虛然以之禦俄則誠略無把握以之禦倭必當勉與支持現在俄約尚在未定與倭人用支展之法無可疑者

伏願

聖主審俄事之機宜以為球案之操縱其現定球案

條約及加約各款限滿雖當互換批准權在

朝廷或屆時未能斥絕再集衆思於廷議博採輿論

於疆臣均無不可英國戊辰新約因商會議阻

至今未經交換煙臺條約議定已越四年亦尚

有未經批准之條事有成案執此無可致詰拒

之不患無詞也至於中國籌防自茲以往不可

一日復弛惟望
聖謨廣運統籌全局中外一心務令邊海嚴疆裕其
度支寬其餘力責以簡練營伍造就人材整齊
船械皆有屹然不揺之勢則所以復球者在此
所以服倭者在此即所以駕馭泰西各國者亦
無不在此所有臣等遵
旨妥議日本議結球案不便與改約併議宜緩允以
求無弊緣由謹恭摺由驛密陳是否有當伏乞

皇太后
皇上聖鑒訓示謹
奏

光緒六年十一月二十五日

三七、日本欽差全權大臣宍户璣爲是否可依成議妥結琉球一案請迅賜照覆事致總理各國事務王大臣照會

光緒六年十一月二十六日　（1880.12.27）

内容提要

日本欽差全權大臣宍户璣致總理各國事務王大臣照會：前據兩國特派大員會商琉球一案辦法，已商妥三通約稿及各相關日期等情在案。貴王大臣又稱奉旨着南北洋大臣等妥議具奏。該大臣等實與琉球一案無關，此舉徒曠時日。現接本國咨文亦譴緩慢，是否可依成議妥結琉球一案，請迅賜照覆。

檔案來源：軍機處照會

已編入《清代中琉關係檔案七編》第四七一頁

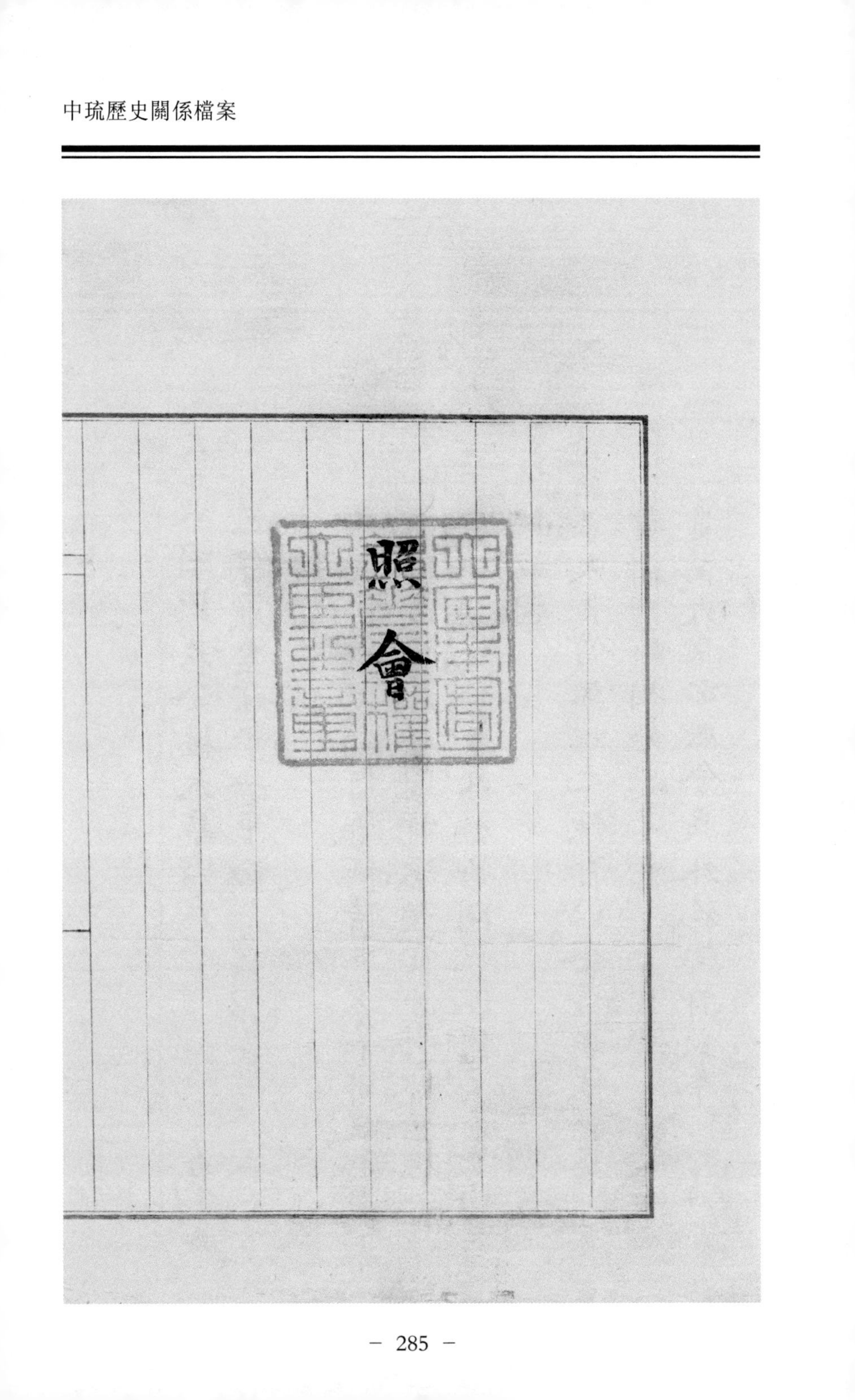

照會

大日本國欽差全權大臣宍户　爲

照會事、查球案一事、初

貴衙門願照

美國前統領信内所稱情事次第辦理、

前統領意在兩國特派大員妥商辦法、

貴衙門照會我外務卿問現派何員前來商

辦、我國

特簡本大臣、當辦理之任、付以全權字據、照覆

貴衙門以相知照、而

貴王大臣亦照會我外務卿、將欽奉

上諭、著該衙門王大臣會同、妥商辦理之
旨、見相報明在案、蓋本大臣奉全權辦理之
旨、實由
貴國發端、願專照
美國前統領信内之意、而
貴王大臣特奉辦理
諭旨、亦明據兩國特派大員妥商辦法之意、以與
本大臣相值、夫要兩國特派大員者、將舉兩
國之議、嵩委該兩大員、任其妥商、以杜多岐、
且以便于議協之後、畫押爲據、不然、則何取

于特派之義、而
前統領亦何以此相勸說乎哉、此
貴國顧照
前統領信内情事之日、蓋業經明悉、不待更
說也、爾來兩國大臣籌商措畫、經三閱月、章
得彼此意見相同、貴歷九月初七日照會云、兩月以來、已商定大致、擬
加約條、及另立憑單、彼此意見相同、最後接
貴函、以商得辦法大畧、期日面晤、及期、
貴大臣提出三通約稿、一琉球條約案、一增
加條約案、一要修改現行條約憑單、本大臣

並無異議、
貴大臣說、二通條約案畫押之後、要
批准交換、本大臣乃期三個月後、在
大清國都交換、
貴大臣即時抄錄、以附于原稿之後、
貴大臣又見詢以交受兩島之期、本大臣期
來年陽歷二月、（貴歷正月）定爲派員交受之時、
貴大臣又說待交付兩島之次月、開辦加約
事宜等語、亦均經
貴大臣抄錄以附于稿後、事實在十月二十

一日、十八日貴歷九月此乃開辦施行、已有一定之期、皆出于
貴王大臣之口、而成于
貴王大臣之筆、均具在案、不可撤銷、想
貴王大臣亦無異辭也、夫兩國專簡大員、以
議大事、任其妥商、而兩國大員意見協同、言
明在案、指日畫押、詎料遽將奉著南北洋大
臣等妥議具奏
諭旨見報明、本大臣專準據有前日著該衙門王
大臣辦理之

諭旨、一意與
貴衙門商事、固與
南北洋大臣没相干涉、本大臣既受辦理之
專命、本大臣所説、是代本國説、
貴王大臣前日特奉辦理之
諭旨、
貴王大臣所説、即代
貴國説、本大臣純知以
貴王大臣之言、爲憑爲據、豈知
貴衙門之外、更有妥議大臣耶、言出于

貴王大臣之口、文成于
貴王大臣之筆、而猶不足爲妥商之準、不知
貴王大臣前日所奉者何旨、所謂辦理者何
事、
貴王大臣或謂未奉專對之命歟、將置
前統領特派大員之旨于何地焉、又或謂前
言未足爲準、辦理之命未足據歟、則前日之
事、不異于姑爲假冒以欺弄我國、是豈和好
之國所宜有也耶、本大臣荷商辦大事、全權
字據、夾帶在躬、不能忍受欺弄、徒曠時日、昨

接本國咨文、本大臣亦不免緩慢之譴、所以
更為
貴王大臣極論不諱、今只得有言明
貴王大臣日內不能依成議以了此局、則本
大臣斷知
貴國意果不在和好也、
貴王大臣幸迅賜照覆可也、須至照會者、
右　照　會

大清欽命總理各國事務王大臣

明治拾叁年拾貳月貳拾柒日

三八、福州將軍穆圖善等爲遵旨議復球案并謹陳閩省防務情形事奏摺

光緒六年十一月二十六日　(1880.12.27)

内容提要

福州將軍穆圖善等奏報，奉旨籌議總理衙門所奏議結琉球一案。閩省防務與天津形勢懸殊，亦非江浙粵東之比，唯有就現在之財力辦現在之邊防，先擇緊要之區嚴營固守。日本議結琉球案并請加約二條，明係乘俄事未定冀伸其有挾而求之技，總理衙門不得已而定此議，宜分別定結。

檔案來源：軍機處録副奏摺
已編入《清代中琉關係檔案七編》第四八一頁

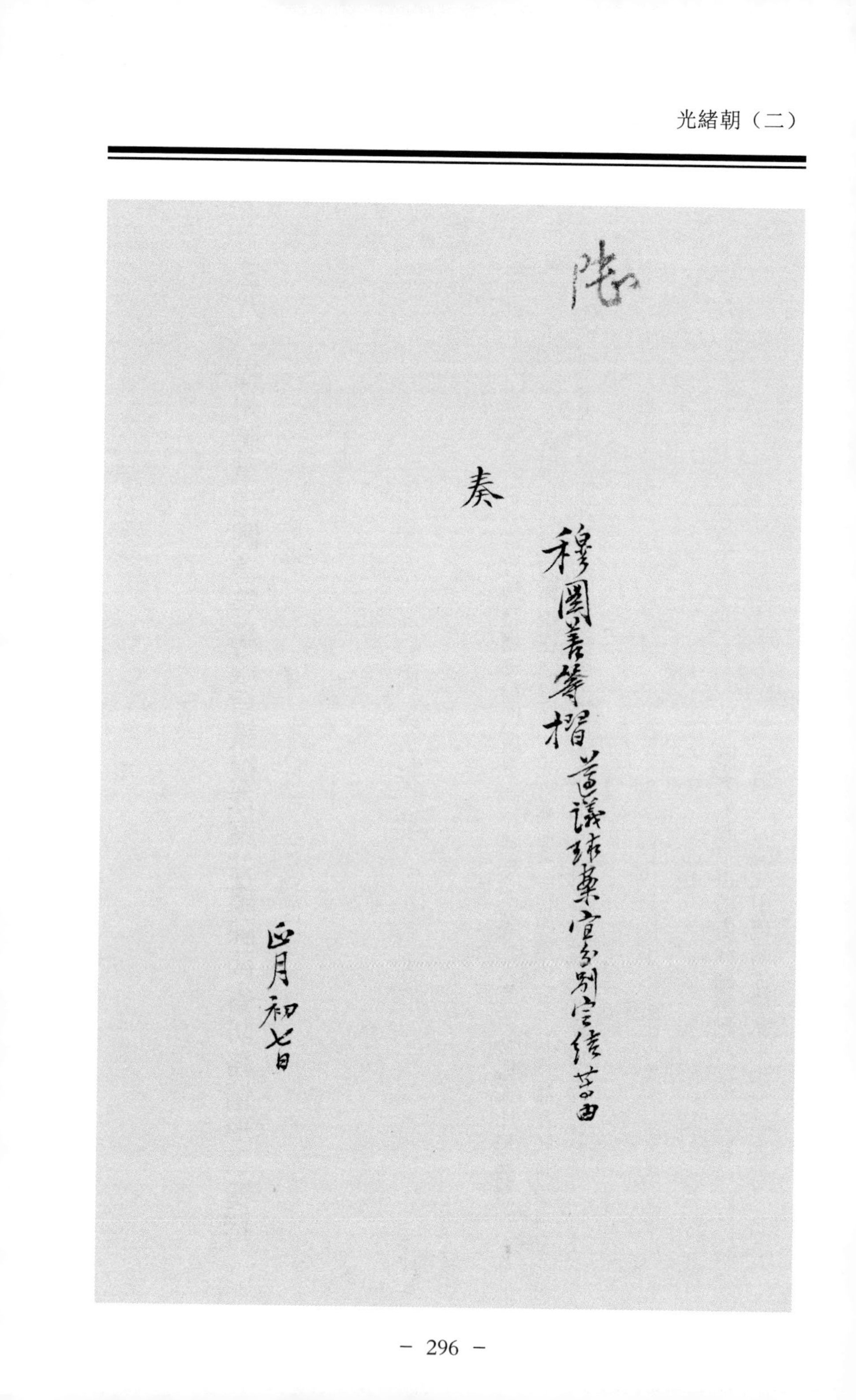

陪

穆圖善等摺 會議球案宜分別定結等由

奏

四月初七日

閩浙總督臣何璟
福州將軍臣穆圖善
福建巡撫臣勒方錡跪

奏為謹陳閩省防務情形及球案宜分別定結遵

旨議復恭摺仰祈

聖鑒事竊臣璟於光緒六年十一月初八日承准軍

機大臣密寄本年十月十六日奉

上諭前據總理各國事務衙門奏議結琉球一案又

據右庶子陳寶琛奏球案不宜遽結左庶子張之

洞奏日本商務可允球案宜緩復諭令李鴻章統

籌全局切實指陳嗣據復奏宜用支展之法又經
惇親王議奏因此搆衅未為得計且即天津海口
可恃江浙閩粤各口究未可知請飭妥議等語著
臣等悉心妥議切實陳奏欽此欽遵鈔錄各摺片
寄信到閩仰見
聖主垂念海疆虛衷下問曷勝欽佩時臣方錡帶印
巡臺臣璟遵即密繕咨商旋准總理衙門與臣
穆圖善等公函詳及此事顛末當以事關機要

臣璟先與臣穆圖善連日妥議間適接臣方錡回函意見相同伏查閩省三面臨海臺澎又孤懸海外固與天津形勢懸殊亦非江浙粵東之比歲入稅釐久已窮於撥協今春提湊六十萬金購備鐵艦庫帑遂為一空從前倭人弄兵臺南前兩江督臣沈葆楨專顧一隅調勇至三十餘營今則全局兼顧所用營勇僅及從前三分之二海汊林立處處須防臣等早夜思維唯有

就現在之財力辦現在之邊防先擇緊要之區
嚴營固守其餘小口巨艦不通檄飭地方官各
辦鄉團杜其外誘如有緩急再行相機應援雖
成敗利鈍未可預知總當勉竭愚忱力圖戰守
之策激勵將士同興敵愾之思若云確有把握
斷不敢自欺以欺
君父也至日本議結球案並請加約二條明係乘俄
事未定之時冀伸其有挾而求之伎總理衙門

與之辨論舌敝脣焦幾經時日不得已而定此
議辦理自費苦心惟方今大局轉關祇在於俄
若倭人倖禍之心豈能窮詰其賣煤與俄者貪
其利也長崎諸處許俄泊船者畏其勢也是倭
之助俄與否非義所能禁恩所能結也今琉球
南部二島以還尚氏不足以立國自存我若遣
戍置官不唯費用不貲且徒與倭人分謗是則
分歸中國尤屬非宜至所要均霑利益一層於

商務原不能無礙直隸督臣李鴻章所陳支展之法自亦具有深意曩時中國與英修約議定後英商以為不便遂閣不行援此為詞尚不患轉圜無說萬不獲已亦祇得於此事勉與通融查泰西各國唯秘魯古巴未經允准日本近接中國想望通商已非一日前者李鴻章定約時所以力持此節者殆慮倭人素狡流弊易滋惟中國若專論禦倭自有餘力萬一滋弊由各省

督撫奏請停止即可嚴以絕之如能彼此相安則各國既已均霑多一日本不過多一通商之國耳若球案曲實在彼儻能復還中島永不侵陵使尚氏仍返故都猶是繼絕存亡之義今南部二島荒瘠殊甚予之尚氏徒被空名列之條約遂成實案竊謂總理各國事務衙門尚可以事後查詢得實再與力爭本無利人土地之心何事受其虛誑如慮激而生變助俄為惡則彼

得同霑利益固已塞其所請此而不已即並二
島予之亦無以化其頑梗矣至管理商民議改
稅則日本與他國訂議他國若允中國亦自可
聽之臣等愚昧之見是否有當理合具摺密陳
伏乞
皇太后
皇上聖鑒謹
奏

光緒六年十一月　　二十　　日

三九、日本欽差全權大臣宍户璣爲琉球一案中國自棄前議事致總理各國事務王大臣照會

光緒六年十二月初六日　（1881.1.5）

内容提要

日本欽差全權大臣宍户璣致總理各國事務王大臣照會：前接貴王大臣照覆内稱議定約案奉旨着南北洋大臣等議奏，并無欺弄之意。查派使有道必附其權，會商爲據必依畫押。自謂無專對畫押之權，是爲欺弄他國，自棄會商之通法。現琉球一案，貴國却我好意，自棄前議，今後理當永遠無復容异。

檔案來源：軍機處照會

已編入《清代中琉關係檔案七編》第四八六頁

照會

大日本國欽差全權大臣宍户　爲
照會事、准
貴王大臣光緒六年十二月四日照復、内稱、
前所議定約案、彼此遵旨會商、意見相同、奏
明請
旨、奉
上諭、著南北洋大臣等議奏等因欽此、所以格外
詳慎、以昭鄭重、並無所欺弄、意實重在和好
等語前來、查、派使有道、必附其權、會商爲據、
必依畫押、無權之使、使非其使也、兩國有違

言、特簡大使會商、意見既同、而一使中沮、自
謂無專對畫押之權、是為欺弄他國、不得謂
意在和好、本大臣前次照會既悉、而
貴王大臣諉為
貴國之例、惟
貴國自行
貴國之例、本大臣亦不能曠本國之
命、琉球一案、原由
貴國發論、簡使會商、亦從
貴國所求、本國自理內政、本無須與

貴國娓娓解説、今
貴國自棄會商之通法、是自棄前議也、前約
二島交受、期以二月、今已迫矣、而
貴王大臣仍不能計日畫押、本大臣已知使
事之不成、無復意于期必成焉、查内政不相
擾、兩國之約欵也、議約不相欺、萬邦之通義
也、徵之公道、無須多言、今除以使事不成、復
命本國、兩國大局、一由本國處分外、本大臣
只得有聲明、曰、琉球一案、
貴國却我好意、自棄前議矣、自今之後、理當

永遠無復容異焉、須至照會者、

右照會

大清欽命總理各國事務王大臣

明治拾肆年壹月初伍日

四〇、日本欽差全權大臣宍户璣爲琉球一案貴國自棄前議功虧於潰事致總理各國事務王大臣照會

光緒六年十二月十六日　（1881.1.15）

内容提要

日本欽差全權大臣宍户璣致總理各國事務王大臣照會：自琉球一案發端至今，本大臣與貴王大臣遵旨辦理。貴國自棄前議，功虧於潰。現在本大臣回國，貴國欲再提前議亦既無及，特兹言明，不願答復。

檔案來源：軍機處照會

已編入《清代中琉關係檔案七編》第四九一頁

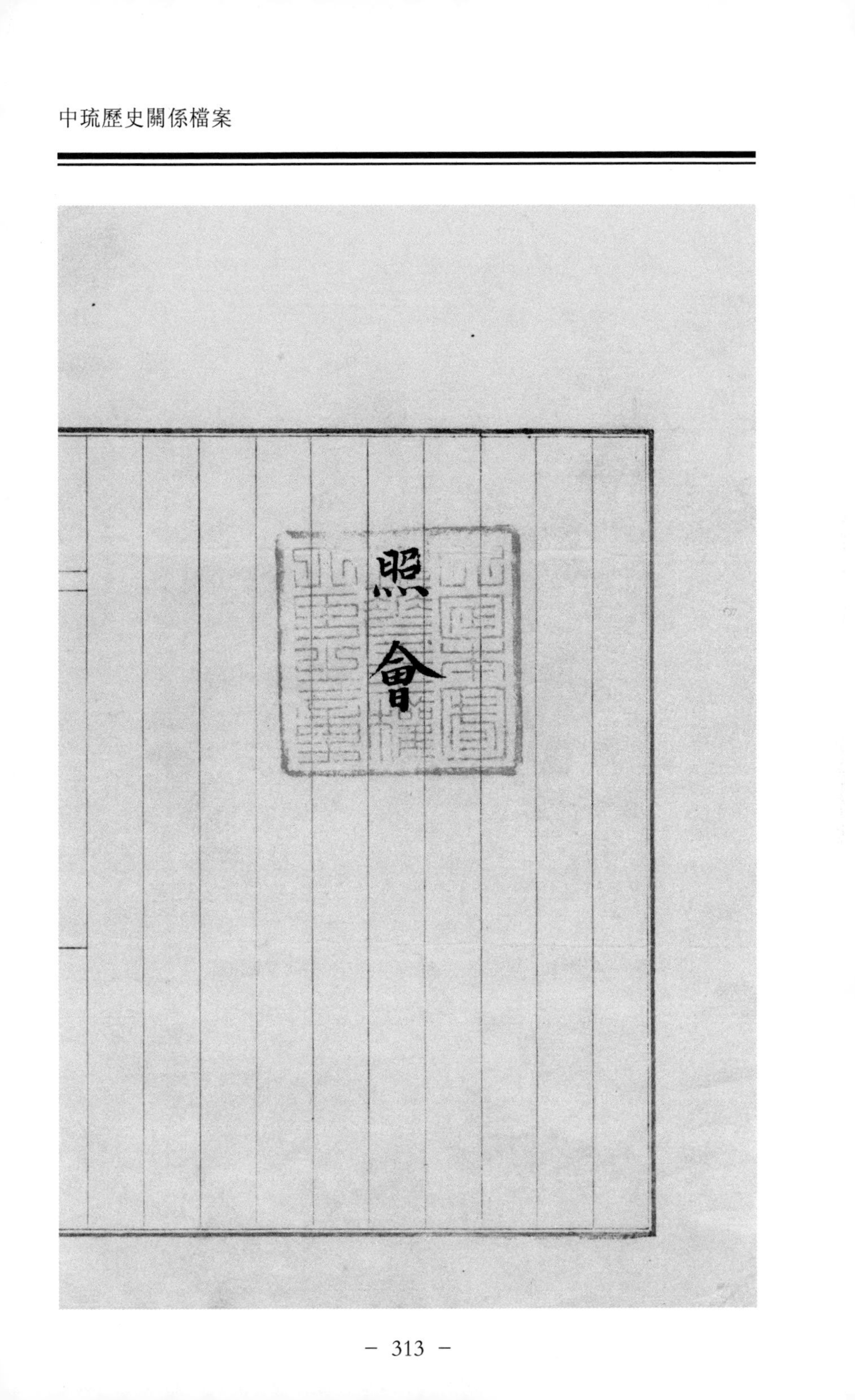

照會

大日本國欽差全權大臣宍户　爲

照會事、明治十四年一月十一日、接

貴王大臣照覆、查自球案發端、三閱年所、

本大臣與

貴王大臣、遵

旨辦理、亦更六月、使員之簡、無專對之權、會商

通義、委之塗泥、非自棄前議而何、是爲辦

理不成之始末。日前兩次照會、並本大臣及

田邊參贊經晤談各節、均反復此意、而

貴王大臣猶不留聽、功虧一簣、其咎孰歸、

現在本大臣回國、今後
貴國欲再提前議、亦既無及也、特兹言明、
不願荅覆、相應照會
貴王大臣查照可也、須至照會者、

右　照　會

大清欽命總理各國事務王大臣

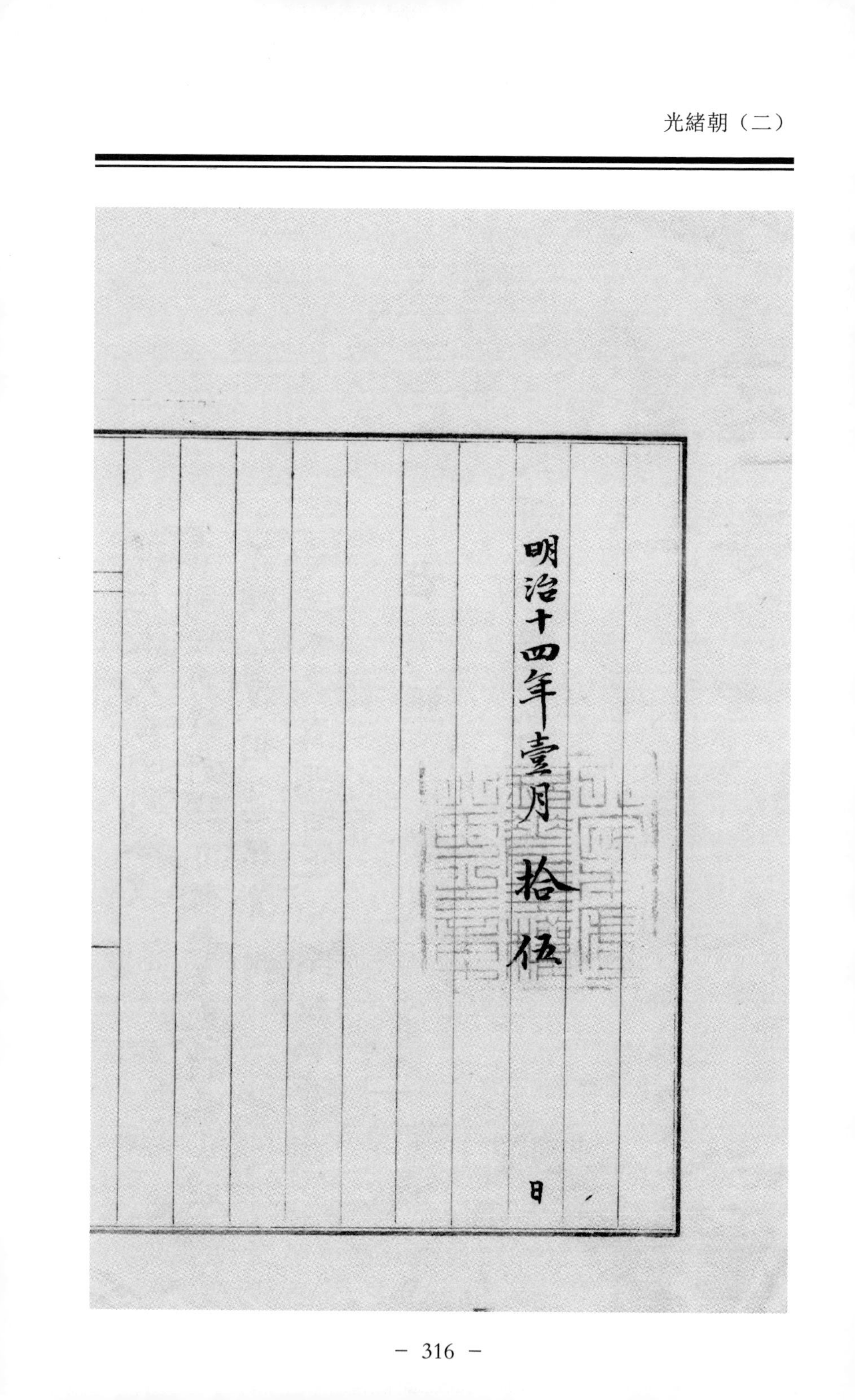

明治十四年壹月拾伍日

四一、日本欽差全權大臣宍户璣爲琉球一案中國自棄前議事致總理各國事務王大臣照會

光緒六年十二月十八日　（1881.1.17）

内容提要

日本欽差全權大臣宍户璣致總理各國事務王大臣照會：查兩國立約或辦理一事之通法，彼此各派使員附以全權公同會商，其意見已合，具文作案，畫押蓋印爲據，然後奏請批准。尚未畫押，無請批之例，又無再議之例，尤爲通法所無。貴國相沿之例則一國之例，可行之於内政，而不可通行之於兩國之際，是貴國自棄前議而非本大臣絶於貴國。

檔案來源：軍機處照會

已編入《清代中琉關係檔案七編》第四九五頁

照會

大日本國欽差全權大臣宍户　爲
照復事。昨接
貴王大臣照復，中外交涉約章，奏明候
旨及交臣工會議，此事理之常，不可謂之自
棄前議等因前來。本大臣殊深駭異。査
兩國立約或辦理一事，彼此各派使員，附
以全權，公同會商，其意見已合，具文作案，
兩員均畫押蓋印爲據，然後奏請批准，是
爲通法，即萬國之所俱由也。如
來文所言奏明以後，或交議院再議者，即

使員畫押之後、請批之日所僅有也、但未
畫押、無請批之例、又無再議之例、若容有
之、則是使員無專對之權、何在于其爲欽
命全權、至此員爲先請旨、耽閣畫押、使彼
員曠日廢命、尤通法之所無也、蓋兩國相
涉、須要兩面平行相顧、故立約之法、必要
兩員畫押之後、同時請批、定期交换、若必
以約章未畫押之前、獨先請
批爲
貴國相沿之例、則一國之例、可行之于內政、

而不可通行之于兩國之際、本國斷不能偏
聽俯就、總之使臣辦理、必要全權、使臣無
權而冒權、是為欺弄、具文不畫押、先行請
批、及交臣工再議、果如
來文之意、是使臣有抄錄約稿之權、而無
專對畫押之權、信乎其無全權也、此義明
白、不假煩說、本大臣固以爲此等事理、
貴王大臣已經諳悉、詎意偶失考察、還以
爲事理之常也、故臨歧匆匆、猶爲一言、
貴王大臣一加自省、則知是

貴國果自棄前議而非本大臣絶於
貴國也耳、爲此照覆、須至照會者、

右　照　會

大清欽命總理各國事務王大臣

明治拾肆年壹月拾柒日

四二、總理各國事務王大臣奕訢等爲日本使臣宍户璣離京回國事奏摺

光緒六年十二月二十七日　（1881.1.26）

内容提要

總理各國事務王大臣奕訢等奏報，前奏與日本擬結球案一摺奉旨交南北洋大臣等妥議具奏，俟復奏到日再降諭旨。日本使臣宍户璣咨報本國并屢次來署催詢，先後照會四件，以爲中國自棄前議。今該使奉咨回國，茲已於光緒六年十二月二十一日由陸路出京，相應知照直隸、山東、江蘇各省督撫沿途保護，并函致閩省將軍督撫嚴密預防。

檔案來源：軍機處録副奏摺

已編入《清代中琉關係檔案七編》第五〇〇頁

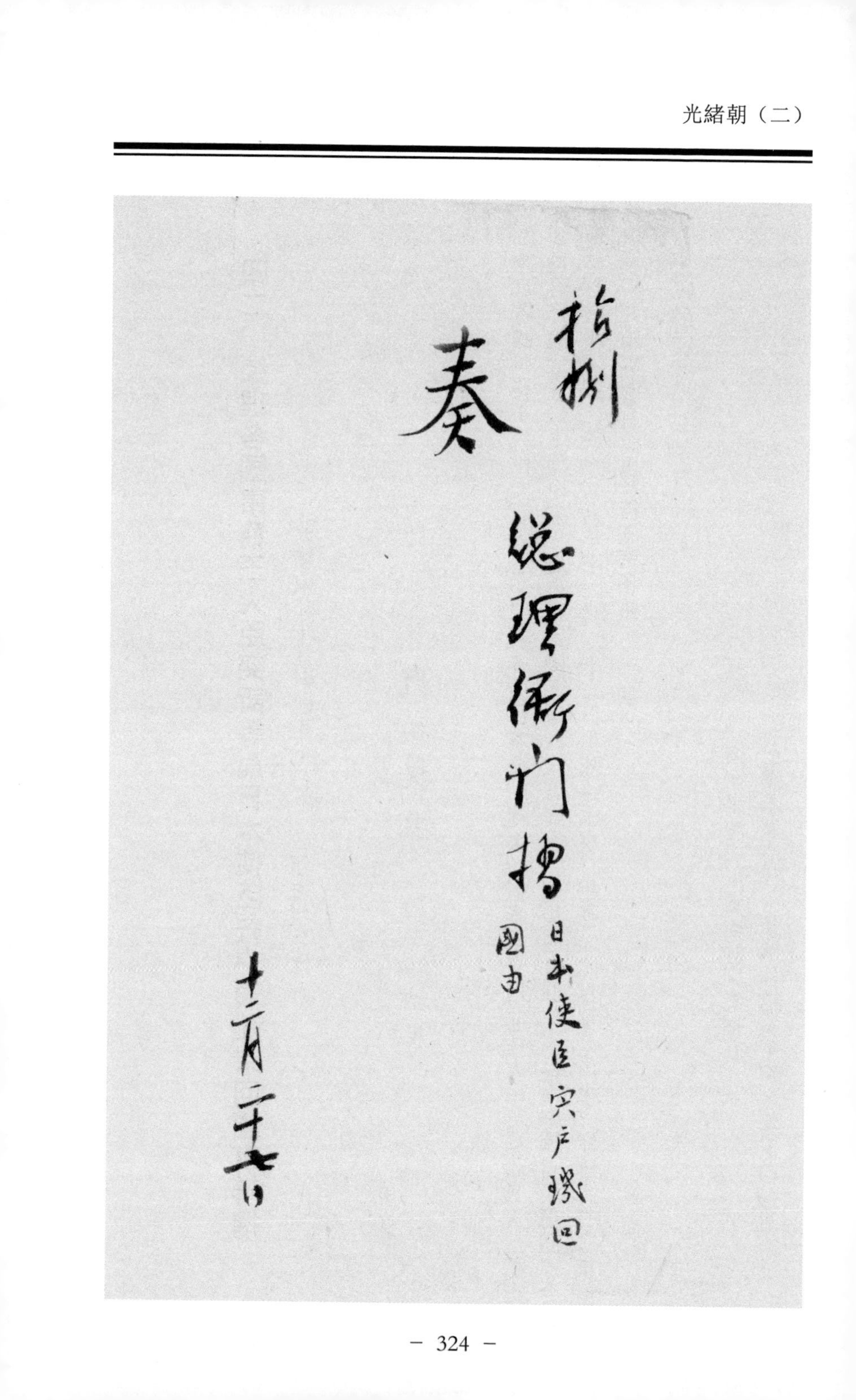

拾捌

總理衙門摺

日本使臣宍戸璣回國由

奏

十二月二十七日

臣奕劻跪
奏為奏
聞事光緒六年九月二十五日臣衙門具奏與日本
使臣宍戶璣擬結球案一摺欽奉
諭旨前據總理各國事務衙門奏擬結琉球一案所
摺片著交南北洋大臣等妥議具奏俟覆奏
到日再降諭旨等因欽此當即恭錄照會日本使
臣宍戶璣去後旋據照覆已抄錄咨報本國嗣

又屢次來署催詢，臣等告以俟南北洋各處復奏
到齊，奏
上旨之後即行知照。近又接其先後照會四件，大致謂此
事遷擱不定，無復期於必成，並以為中國自棄
前議，今後琉球一案理當永遠無復異議等語，
均經臣等據理答覆。本月十二日接其照會稱，
宍戸回國，係其參贊田邊太一暫署使臣。又
再稱琉球案不敢使他人代理，免臣等察案其詞

氣頗不憚煩之意其究竟因何出京及是否
別有意見殊不可知茲亦未便強為挽留並已
於二十一日由陸路出京矣除電飭直隸
山東江蘇各省督撫飭屬沿途妥為保護並函
致閩省將軍督撫嚴密預防及電致出使大臣
何如璋外理合恭摺
奏
陳伏乞

皇太后

皇上聖鑒謹

奏。

光緒六年十二月廿七日軍機大臣奉

旨知道了欽此

十二月二十七日

四三、兩江總督左宗棠爲議陳日本侵占琉球及密飭海疆預爲戒備事説帖

光緒七年二月初四日　（1881.3.3）

内容提要

敬閲發下總理衙門等各奏摺片，得悉擬結球案及日本所請商務詳細情形。内外議論紛紜尚未衷諸一是，而日本使臣覺所欲難遂即謂由我自棄前議悻悻而歸。臣查復琉球南部地瘠産微，以畀琉球，難以立國。應將不能批准之由向日使明白指示，并飭海疆各督撫提鎮密飭防營預爲戒備。

檔案來源：軍機處録副奏摺

已編入《清代中琉關係檔案七編》第五〇三頁

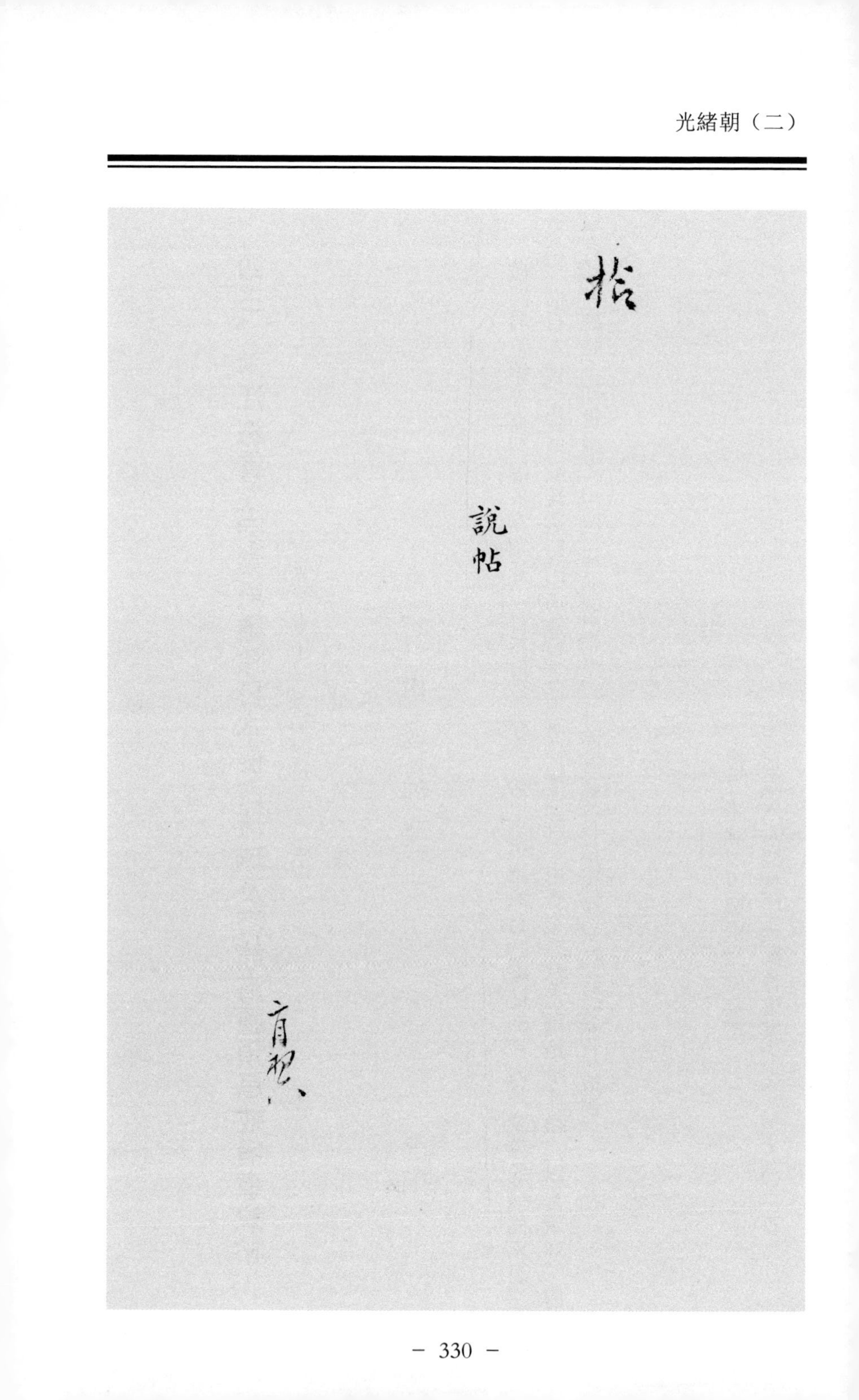

摺

說帖

育想

二月初二日軍機處敬閱

發下總理衙門摺片惇親王等奏片李鴻章張樹聲

吴元炳何璟等譚鍾麟各摺劉坤一陳寶琛張

之洞各摺片得悉擬結球案及日本所請商務

詳細情形竊維各摺片均在中俄和局未定之

先故内外議論紛紜尚未衷諸一是而日本使

臣宍戸璣覺所欲難遂即謂由我自棄前議悻

悻而歸詞意決絶兹據曾紀澤所發電報商務

界務漸有成說和議可諧似出日本意料之外
將遂斂手待命乎抑溺人必笑仍思一逞未可
知也就廢球一事言之日本與琉球共處一方
由來已久球之為日本屬國與否中國無從詳
知至琉球之累代請封積年入貢久為我中國
不侵不叛之臣史册昭彰固天下所共知者即
使琉球内附中國兼屬日本為日本計尤宜加
意撫輯俾其相庇以安庶於字小之義有合何

乃率意徑行事前不相聞問遽遷其國王併其
土地廢其禋祀迫其民人虐視之至此中國頻
相詰問日本守意自如美國總統格蘭忒聞之
不遠數萬里而來代為調處遂主分地之說圖
解其紛與中國復琉球存禋祀本懷有合但使
琉球速復邦人得所中國亦又何求姑妄聽之
尚非不可惟日本所劃兩島是否足為琉球立
國久遠相安非詳加考察無以慎許與而請

御批卽無以重商務而昭劃一宍户璣乃以自廢前議諉過於我悻悻而去何耶近見疆臣查覆琉球原本三十六島舊為三部北部九島其中八島早為日本所佔中部十一島南部名雖十六島周圍不及三百里地瘠產微以畀琉球何能立足復球之案不能擬結日本且自絶於中國尚何睦誼之足云睦誼中乖尚何改約一體均霑之足云乎宗棠竊擬宍户璣此去在中俄和

議未諳之先茲聞事體頓殊或要求之意亦緩
應將不能批准之由明白指示看其如何登復
一面請
旨飭下海疆各督撫提鎮密飭防營預為戒備靜以
待之大約以防俄之法防倭蔑不濟矣至跨海
與戰先蹈危機斷不宜輕為嘗試亦無取揚言
遠伐以虛聲相震撼俟其窺犯深入一再予以
重創自可取威而彰遠略近聞日本造小鐵甲

輪船兩隻可駛入長江亦宜留意準備免為所
乘臺灣瘴癘最盛地險易防或免致寇惟定海
一廳四面環海宜增調閩造輪船以助浙防又
俄之兵船久泊日本長崎軍火糧食多屯於此
將來或藉以資寇應預為察禁愚見所及合併
聲明以備採擇二月初四日左宗棠謹具

四四、着沿海各省防務嚴行戒備并督飭各營妥爲預備事上諭

光緒七年二月初六日　（1881.3.5）

内容提要

軍機大臣密寄直隸總督李鴻章等，日本使臣於商議琉球案中未經議定即自棄前議悻悻而去，其所請各節於中國存球之意尚未盡善，未能即予准行。該國不遂所求，尤難保無藉端要挾情事，着李鴻章等督飭各營妥爲預備，并彭玉麟等加意籌備，毋爲日本所乘。定海廳應增調閩省輪船以助兵力，着何璟等會商辦理。

檔案來源：軍機處洋務檔

已編入《清代中琉關係檔案七編》第五〇六頁

軍機大臣　密寄

大學士直隸總督一等肅毅伯李　兩江總督

劉　閩浙總督何　兩廣總督張　前兵部右

侍郎彭　江蘇巡撫吳　浙江巡撫譚　福建

巡撫勒　山東巡撫周　廣東巡撫裕　傳諭

三品卿銜督辦船政事宜黎兆棠　長江水師

提督李成謀　光緒七年二月初六日奉

上諭前據總理各國事務衙門奏與日本國商議琉

球一案降旨交南北洋大臣等籌議日本使臣宍
户璣於未經議定之先即自棄前議悻悻而去其
所請各節於中國存球之意尚未盡善未能即予
准行該國不遂所求尤難保無藉端要挾情事所
有沿海各省防務自應嚴行戒備著李鴻章劉坤
坤何璟張樹聲吴元炳譚鍾麟勒方錡周恒祺裕
寬督飭各營妥為備豫不動聲色静以待之毋得
稍有疏懈聞日本造小鐵甲輪船兩隻可以駛入

長江並著彭玉麟李成謀加意籌備毋為所乘定
海一廳四面環海應增調閩省輪船以助兵力並
著何璟勒方錡譚鍾麟黎兆棠會商辦理將此由
五百里密諭李鴻章劉坤一何璟張樹聲彭玉麟
吳元炳譚鍾麟勒方錡周恆祺裕寬並傳諭黎兆
棠李成謀知之欽此遵
旨寄信前來

鈔交總理衙門

四五、着總理各國事務衙門王大臣再與日本使臣妥商琉球案事上諭

光緒七年二月初六日　（1881. 3. 5）

内容提要

總理各國事務衙門奉上諭，所奏擬辦球案一摺經李鴻章、劉坤一等先後妥籌復陳在案。原議商務一體均沾一條非必不可行，惟此議以存球爲重，着總理各國事務衙門王大臣再與日本使臣悉心妥商，俟球案妥結，商務自可議行。

檔案來源：軍機處洋務檔

已編入《清代中琉關係檔案選編》第五〇八頁

光緒七年二月初六日奉

上諭前因總理各國事務衙門奏擬辦球案一摺當

諭李鴻章劉坤一等妥籌具奏茲據該督等先後

覆陳覽奏均悉原議商務一體均沾一條為日本

約章所無今欲援照西國約章辦理尚非必不可

行惟此議因球案而起中國以存球為重若如所

議劃分兩島於存球祀一層未臻妥善著總理各

國事務衙門王大臣再與日本使臣悉心妥商俟

球案妥結商務自可議行欽此

封交總理衙門不發鈔

四六、翰林院編修陸廷黻爲請征日本以張國威事奏摺

光緒七年二月三十日（1881.3.29）

内容提要

翰林院編修陸廷黻奏報，日本近乃忽思蠢動，臺灣之役既蕩我邊疆，琉球之役復翦我屬國，且不内恤其政而外求逞於人，如不先發制之，東南數省遭害必同明代，現機有可乘，勢有可因，不可不征。

檔案來源：軍機處録副奏摺

已編入《清代中琉關係檔案七編》第五〇九頁

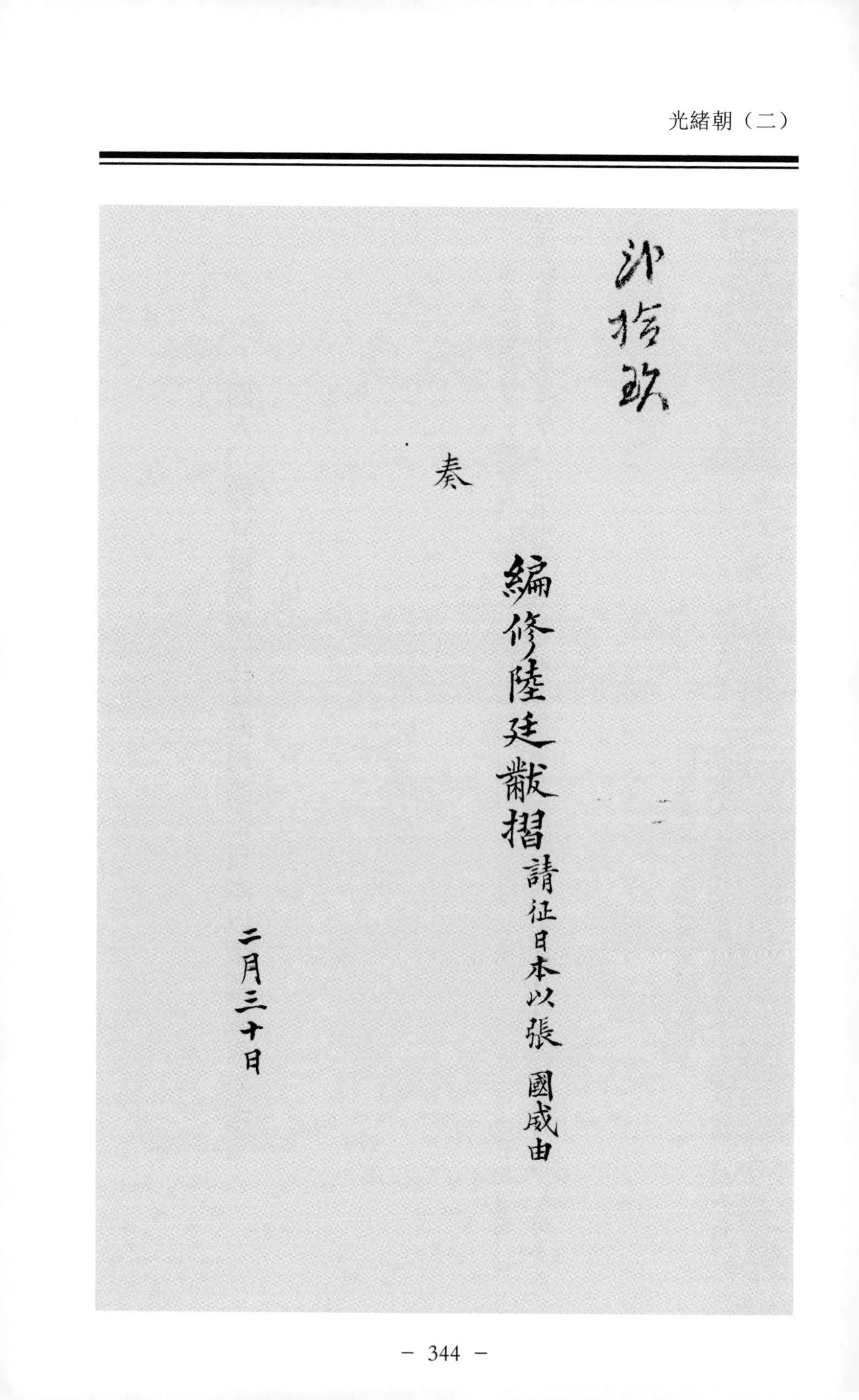

沙摺政

編修陸廷黻摺

請征日本以張國威由

奏

二月三十日

翰林院編修臣陸廷黻跪

奏為請征日本以張
國威而弭敵患敬陳管見仰祈
聖鑒事竊維禦邊之策必審事勢勢有難易事有後先難者後之利用撫所謂固國之本觀釁而後動者也今日之於俄是已易者先之利用征所謂奪人之心暫勞而永逸者也今日之於日本是已攷日本自漢魏以迄宋元未嘗為患中國其後改新羅之貢道而出

甯波於是往來數數知我中國之虛實山川之險易
至明中葉後而東南糜爛甯波首蒙其禍
國朝鑒明前事絕其貢獻二百餘年來相安無事近乃
忽思蠢動其中蓋有所恃臣愚以為今日之事有不
可不征者五而有可征者三何言之日本海東一小
島耳土地之廣人民之衆不及中國十分之一乃臺
灣之役既蕩我邊疆琉球之役復翦我屬國豈有
大一統之天下而甘受小邦之侵侮此不可不征者一

昔齊桓封邢救衛春秋予之而後儒猶譏其遲至二年之久以為安忍而喜名今琉球之亡迨逾此矣固宜為之聲罪而致討矣不服日本何以復琉球此不可不征者二人之患狂疾者奔哭叫跳不至升屋不已日本不內恤其政而外求逞於人何異狂疾不先發以制之虎狼無厭又將肆其西封東南數省遭害必同明代此不可不征者三泰西諸國自通商以來非特給之以恩示之以信抑亦懾之以威耳而彼日

夜窺我動靜我强則退我柔則進使日本一小國而猶不能制益將輕我而啟戎心何以弭伺我者之隙此不可不征者四朝鮮國小而貧屢為敵國所覬覦而臣服於我最久最固實為我東隅之屏蔽若坐視琉球之亡而不救朝鮮必為其續矣他若安南諸國懼有攜志矣何以堅服我者之心此不可不征者五則請更言可征之故一曰名有可居也臣聞救災恤難字小之仁興廢繼絶王政之大若惟是為臺灣故

以求釋憾於日本猶非示天下以公今奉辭伐罪責
其何以傾人社稷覆我屏藩名正言順彼必帖然無
辭一曰機有可乘也日本之君長不惜濡首以從人
甚且易服制矣而其國人固有陽奉而陰違者特蓄
怒而不敢言耳而彼君長復虐用其民誅求無藝更
多借國債以供其造輪船開鐵路諸費銀錢既罄市
上率用紙鈔空虛已極財匱於上民怨於下上下離
心罔有固志

天威所至有不倒戈相向者乎一日勢有可因也往歲為
備俄故沿海各口俱置重兵老成宿將盡時徵用洋
鎗洋礮輪船鐵甲船之屬陸續購置今聞俄事將有
成議可紓西北之憂而兵未撤防將未歸鎮器械既
精聲勢復盛有無待異軍特起者矣夫勞師襲遠前
志所戒顧王者不得已而用兵豈避艱險況有不必
涉遠而可先聲以奪其氣者今試數日本之罪明告
通商各國尋遣一介以告日本要其必復琉球而後

止復於東南各海口盛張兵威以待之否則諸道之
師刻期並進竊料日本未必不懼而聽命以不可不
征者如彼而有可征者如此而又未必遽出於戰使
必昧利害之勢違進退之機一以羈縻為事臣恐貽
患於後勢難追悔於前臣又聞日本之長崎海道五
日可達甯波輪船不過二日日本若發難臺灣而外
必及甯波財賦之區實其所豔臣籍隸該處固為切
近之災而臣鄉人來往彼疆亦頗有知其國中之虛

實山川之險易者每為臣言之臣既有見聞不敢不
據實上陳是否有當伏乞

皇太后

皇上聖鑒訓示謹

奏

光緒七年二月　三十　日

四七、兩江總督彭玉麟爲遵旨巡閱長江水師嚴密預防事奏片

光緒七年三月初五日＊（1881.4.3）

内容提要

兩江總督彭玉麟奏報，奉上諭據總理各國事務衙門奏與日本商議琉球一案等因，欽此欽遵。臣即恭録傳諭李成謀，飭長江水師各營不動聲色嚴密預防。查定章，今年巡閱，臣係由下江溯流而上，長江提督李成謀衙署向駐下江，臣并函商該提督從緩出巡，以便就近督率水師，嚴防由海入江各要隘。

檔案來源：軍機處録副奏摺

已編入《清代中琉關係檔案七編》第五一四頁

○

肆

彭玉麟片

再前月十四日奉

上諭據總理各國事務衙門奏與日本商議琉球一案

等因欽此欽遵臣當即恭錄傳諭李成謀迅速函

飭長江水師各營不動聲色嚴密豫防靜以待

動不致稍涉疏虞查定章今年巡閱臣係東下

江溯流而上長江提督李成謀歷年向駐下江臣

並函商該提督從緩出巡以便就近督率水師以

期嚴防由海入江各要隘此外其年當無異言臣自

應仍照章巡閱上駛，設或下江有警，該提督李
成謀老成諳練，調度有方，極為可靠，再會同瓜
洲鎮總兵吴家榜督率水師船板，壹志同心，相
機辦理，必可無虞。臣無論行抵上江何處，一聞警報，
立即附搭商輪船星夜下駛，以重防務而慰
宸廑。合併奏聞，伏乞
聖鑒訓示。謹
奏。

光緒七年三月初三日軍機大臣奉
旨：知道了。欽此。

四八、着岑毓英悉心規劃臺灣防務并妥籌福建沿海防務事上諭

光緒七年四月初八日　（1881.5.5）

内容提要

軍機大臣字寄閩浙總督何璟等上諭，臺灣爲南洋門户，防務緊要，日本前議琉球一案未允所請，該使臣悻悻而去，難保不藉端生衅，自應思患預防，嚴行戒備。着福建巡撫岑毓英將臺灣防務悉心規劃，與閩浙總督何璟會商布置，務期有備無患。福建沿海防務，并着該督撫妥籌辦理，毋稍疏懈。

檔案來源：軍機處洋務檔
已編入《清代中琉關係檔案七編》第五一五頁

軍機大臣　字寄
閩浙總督何　調任福建巡撫岑　光緒七年
四月初八日奉
上諭本日已有旨將岑毓英調補福建巡撫勒方錡
調補貴州巡撫並令岑毓英即赴新任矣臺灣為
南洋門戶防務緊要日本前議琉球一案未允所
請該使臣悻悻而去難保不藉端生衅自應思患
豫防嚴行戒備岑毓英久歷戎行諳習兵事即著

責成該撫將臺灣防務悉心規畫與何璟會商布
置務期有備無患其開山撫番未盡事宜亦當體
察情形次第經理以為久遠之計該撫當隨時前
往該郡履勘巡閱實事求是認真整頓用副委任
遇有緊要事件即由該撫親往督辦至福建沿海
防務並著該督撫妥籌辦理毋稍疏懈將此由四
百里各諭令知之欽此遵
旨寄信前來

四九、着李鴻章等將海防事宜通盤籌劃會同妥議具奏事上諭

光緒八年正月初十日　（1882. 2. 27）

内容提要

軍機大臣密寄直隸總督李鴻章等上諭，海防邊防爲目前當務之要，亟應統籌全局，因時制宜，必有折衝禦侮之實，始可爲長駕遠馭之計。翰林院侍講張佩綸所陳各節，着李鴻章、左宗棠等將海防事宜通盤籌劃，會同妥議具奏。

檔案來源：軍機處洋務檔
已編入《清代中琉關係檔案七編》第五一七頁

軍機大臣　密寄

大學士直隸總督一等肅毅伯李　大學士兩江總督二等恪靖侯左　閩浙總督何　兩廣總督張　雲貴總督劉　前兵部右侍郎彭　江蘇巡撫衛　浙江巡撫陳　福建巡撫岑　廣東巡撫裕　廣西巡撫慶　雲南巡撫杜　傳諭護理江蘇巡撫布政使譚鈞培　光緒八年正月初十日奉

上諭翰林院侍講張佩綸奏瀝陳保小扞邊當謀自强之計一摺據稱日本既廢琉球法蘭西亦越境而圖越南馭倭之策宜大設水師以北洋三口為一軍設北海水師提督天津通永登萊等鎮屬之師船分駐旅順煙臺大連灣以控天險江南形勢當先海而後江宜改長江水師提督駐吳淞口外狼山福山崇明三鎮均隸之專領兵輪出洋聚操責大臣以巡江兼顧五省責提督以巡海專顧一

省移江南提督治淮徐轄陸路閩浙同一總督轄
境宜改福建水師提督為閩浙水師提督以浙江
之定海海門兩鎮隸之浙江提督專轄陸路至滇
粵邊防宜責粵督治水師為奇兵廣西雲南治陸
師為正兵扼險以伺利便劉永福等皆可羅致為
用復以水師大船坐鎮珠厓快船水雷出入於越
南神投海口與為聯絡等語海防邊防為目前當
務之要亟應統籌全局因時制宜必有折衝禦侮

之實始可為長駕遠馭之計該侍講所陳各節不
為無見即著李鴻章左宗棠何璟張樹聲彭玉麟
等將海防事宜通盤籌畫會同妥議具奏其滇粵
邊防即著張樹聲劉長佑等各就地方情形實力
籌辦期於綏邊弭釁永固疆圉原摺均著抄給閱
看將此由五百里密諭李鴻章左宗棠何璟張樹
聲劉長佑彭玉麟衛榮光陳士杰岑毓英裕寬慶
裕杜瑞聯並傳諭譚鈞培知之欽此遵
旨寄信前來

鈔交總理衙門

五〇、閩浙總督何璟爲琉球難民循例撫恤事奏摺

光緒八年七月十九日　（1882.9.1）

内容提要

閩浙總督何璟奏報，琉球國難民監良仁等十一名駕坐海船一隻來閩，忽遇暴風，漂至浙江寧波府轄洋面，轉護來閩。難民宏仁達一名於光緒八年四月十四日先行起旱到驛，難民監良仁等十名候船修竣，於五月二十五日進省，安插館驛，照例撫恤。將來如何回國，另行察看辦理。

檔案來源：軍機處録副奏摺

已編入《清代中琉關係檔案選編》第一一三〇頁

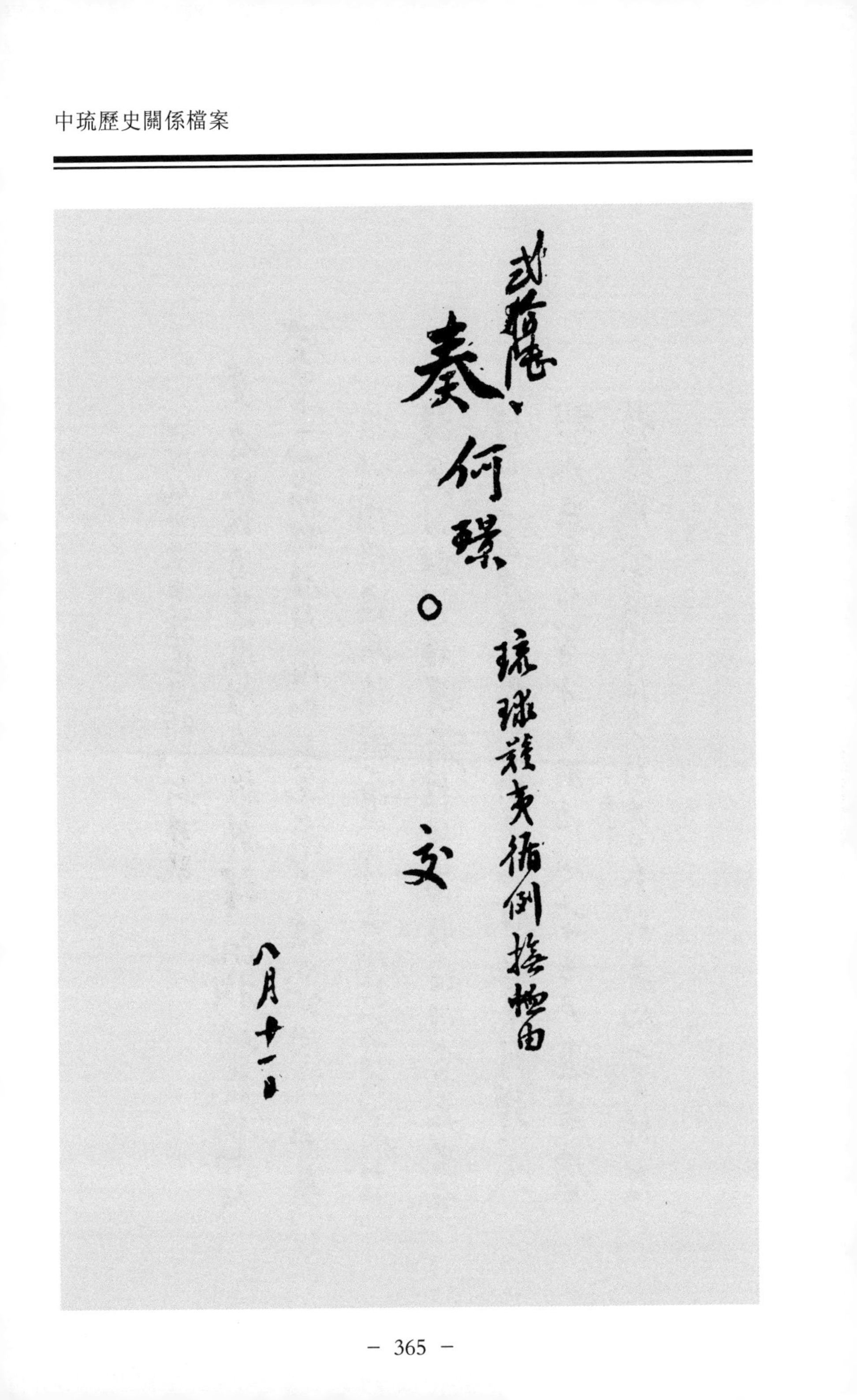

武隆阿、奏何璟　○　交

琉球難夷循例撫恤由

八月十一日

閩浙總督兼署福建巡撫臣何璟跪

奏為琉球國遭風難人循例譯訊撫卹恭摺仰祈

聖鑒事竊據福防同知王覺南詳據琉球國通事具

報該國有遭風海船一隻漂至浙江寧波府轄

護來閩駛到福寧府轄洋面收泊內官吏老仁

達一名於本年四月十四日先行起旱到驛又

難人盛良仁等十名於五月二十五日進省當

將該難人等同隨身行李分別安插一面飭傳

通事譯訊據供監生仁是船主宋仁達是收莫牛當間是舵工紀平勢等八名都是水手通船一十一人俱係琉球首里府人駕坐小海船一隻於本年二月在八重山搬船來閩遇暴風飄至浙江寧波府轄洋面蒙地方官賞給糕肉柴米派撥兵役護送在洋又遇大風吹斷篷桅四月初五日收泊閩省福寧府轄洋面復蒙地方官給發錢文內宋仁達一名先行由陸抵驛監

良仁共十名僱船修竣於五月十六日開船二十
四日抵五虎門打隨潮進口列驛咨播等情由
藩司沈保靖覆詳請
奏前來臣等伏查琉球難民毗良仁等航海遭風情殊
可憫亟應仰體
皇仁優卹於安插之日起每人日給米一升鹽菜銀六
釐回國之日給發行糧一個月並照例加賞物
件折價給領統於存公銀內動支另款造冊

報館將來如何回國另行察看辦理除分咨督虔
照外謹恭摺具
奏伏乞
皇太后
皇上聖鑒再球人在浙所供各節尚有未符現已諭
訊更正並閩浙總督併臣本任安廣會銜合併
陳明謹
奏
光緒八年八月十一日軍機大臣奉
旨知道了欽此

八月十九日

本書的編纂出版，承蒙日本國冲繩縣教育委員會大力協助，
謹致謝忱！

中國第一歷史檔案館 編

中琉歷史關係檔案

光緒朝（三）

國家圖書館出版社

中琉歷史關係檔案

總主編：孫森林

副總主編：李國榮

中琉歷史關係檔案

光緒朝（三）

主編：王徵

編輯：伍媛媛　郭琪　朱瓊臻　郭子梦

目録

一、閩浙總督何璟爲琉球遭風難船回國日期事題本

光緒八年七月二十日　（1882.9.2）

内容提要

閩浙總督何璟題明，琉球國遭風難民平有賀等八名，據報熟悉閩洋海道，船隻業已修理堅固，堪以自行駕駛回國。除船主平有賀、官吏向克仁等二名現暫留閩外，實摘回舵工水手仲村渠等六名，已於本年五月二十日離驛登舟，於五月二十四日乘風放洋，長行回國。

檔案來源：内閣禮科題本

已編入《清代中琉關係檔案續編》第一五四二頁

許十月初二日下礼

該部知道

題

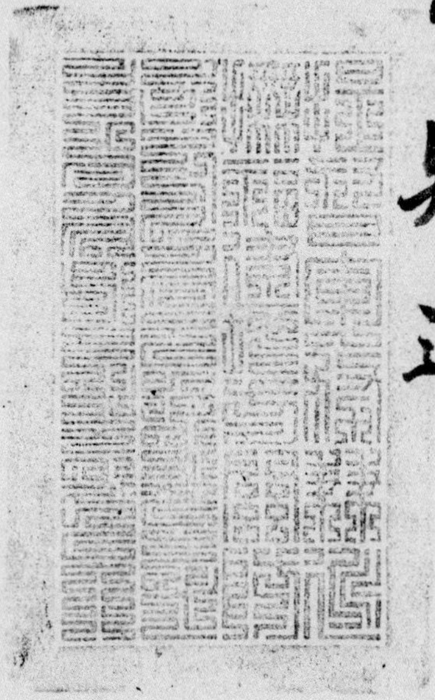

兵部尚書兼都察院右都御史總督福建浙江等處地方軍務兼理糧餉鹽課兼署福建巡撫臣何璟謹

題爲遣發琉球國遭風難民船隻長行回國日期

詳請具

題事據福建布政使沈保靖呈詳竊照琉球國遭

風難民平有賀等捌名護送到閩業將譯訊撫

恤情形及安插館驛日期詳蒙

奏咨在案查該難民平有賀等通船捌入據報熟

悉閩洋海道船隻業已修理堅固堪以自行駕

駛回國内除船主平有賀官吏向克仁等貳名
現暫留閩外實摘回舵工水手仲村渠等陸名
已於本年伍月貳拾日離驛登舟當經飭取長
行回國日期去後茲據福防同知詳報該難民
仲村渠等入船於本年伍月貳拾肆日乘風放
洋業已長行回國等由到司合就詳請察核具
題等情前來臣復查無異理合具
題伏祈

皇上聖鑒勅部查照施行爲此具本謹具

題

聞

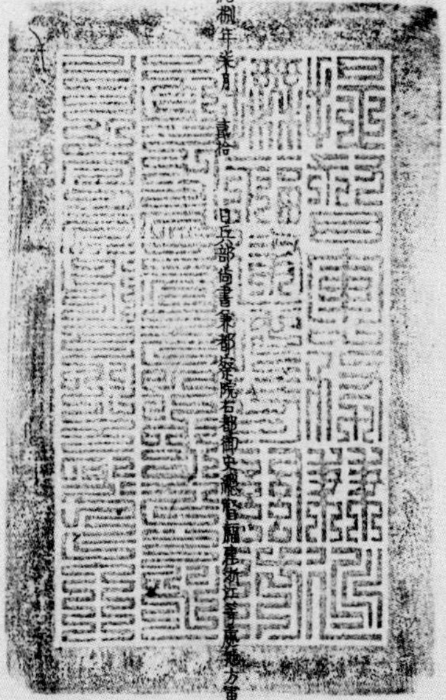

光緒捌年柒月貳拾日兵部尚書兼都察院右都御史總督閩浙等處地方軍務兼理糧餉鹽課兼署福建巡撫臣何璟

兵部尚書兼都察院右都御史總督福建浙江等處地方軍務兼理糧餉鹽課兼署福建巡撫臣何璟謹

題爲遣發琉球國遭風難民船隻長行回國日期

詳請具

題事。據福建布政使沈保靖呈詳：竊照琉球國遭

風難民平有賀等捌名，護送到閩，業將譯訊撫

恤情形及安插館驛日期詳蒙

奏咨在案。查該難民平有賀等通船捌人，據報熟

悉閩洋海道，船隻業已修理堅固，堪以自行駕

駛回國內除船主平有賀官吏向克仁等貳名
現暫留閩外實摘回舵工水手仲村渠等陸名
已於本年伍月貳拾日離驛登舟當經飭取長
行回國日期去後茲據福防同知詳報該難民
仲村渠等人船於本年伍月貳拾肆日乘風放
洋業已長行回國等由到司合就詳請察核具
題等情前來臣復查無異謹具
題
聞

[illegible]

[illegible]

[illegible]

[illegible]

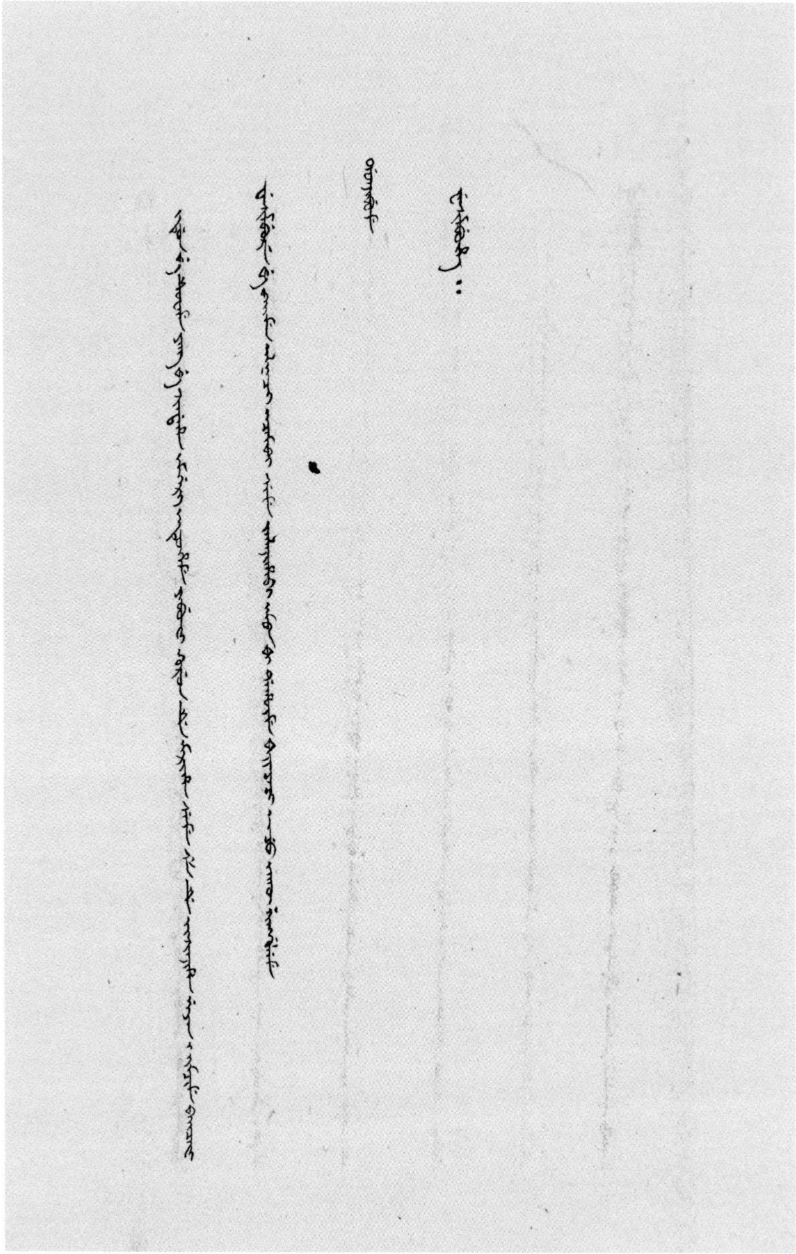

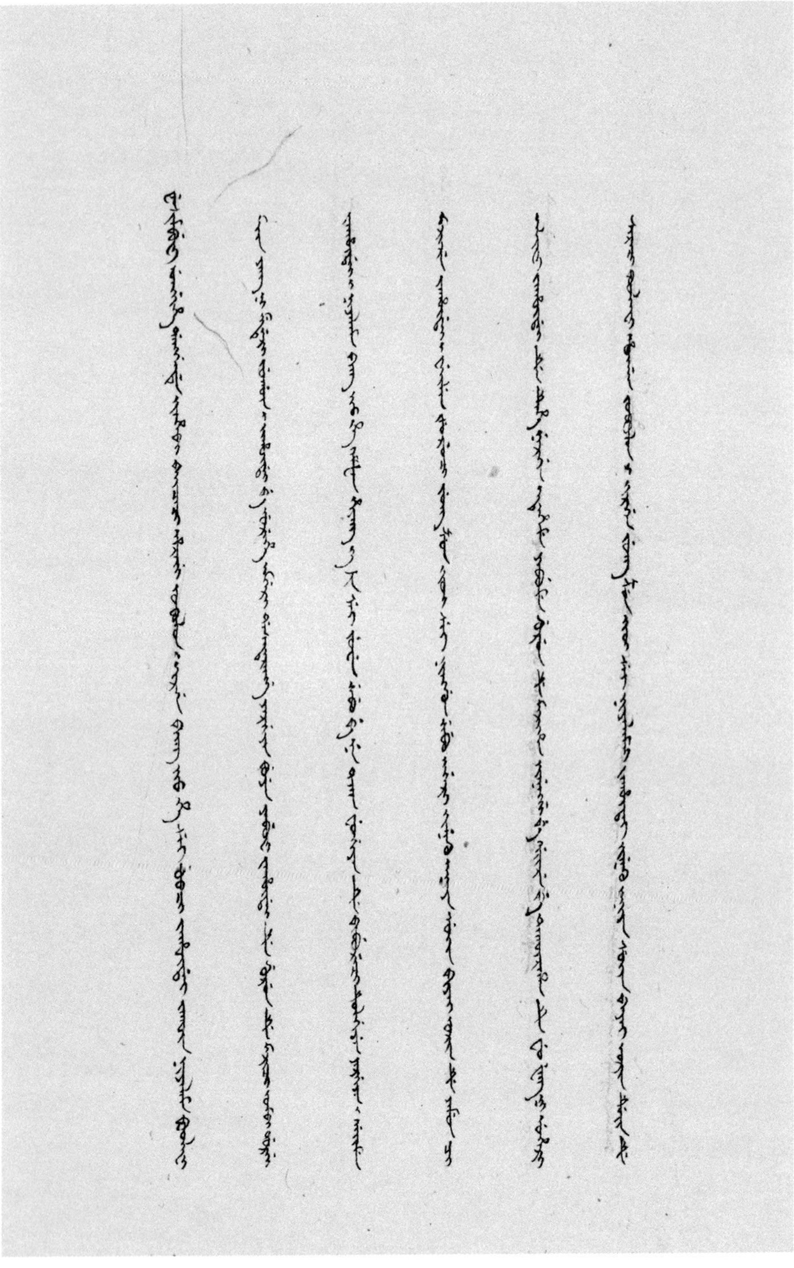

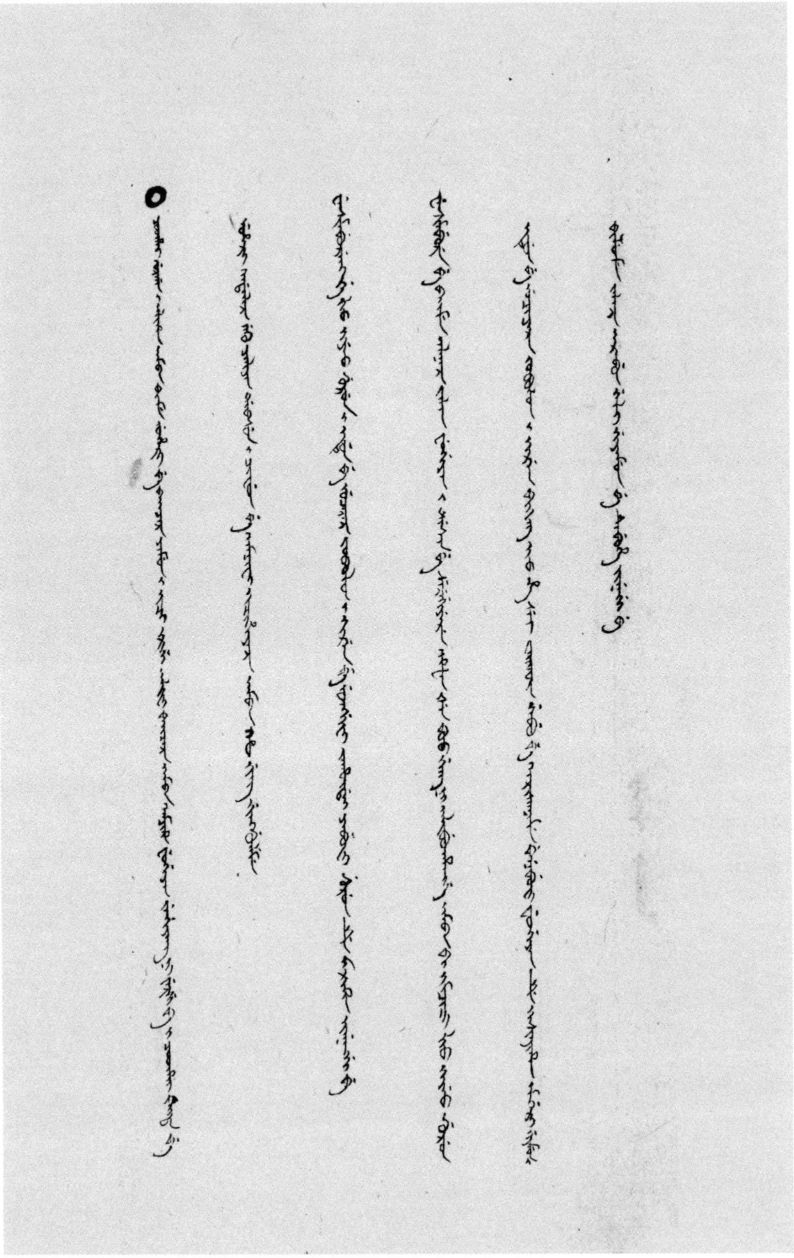

二、工科給事中鄧承修爲請派員駐扎烟臺相機調度以維藩屬事奏摺

光緒八年八月初二日　（1882. 9. 13）

内容提要

工科給事中鄧承修奏報，中西交際不妨虚與逶迤示以寬大，而東瀛有事則宜以全力争之，不宜有纖毫遷就。高麗亂黨粗平球案未結，請派知兵大臣駐扎烟臺相機調度，不必明與言戰，厚集南北洋戰艦示將東渡。其駐扎高麗之水陸各軍，乞飭暫緩撤回，以爲犄角。然後責日本以擅滅琉球肆行要挾之罪，日人必有所憚，球案易於轉圜。

檔案來源：軍機處録副奏摺

已編入《清代中琉關係檔案七編》第五二〇頁

弍摺奏

奏給事中鄧承修摺

朝鮮亂黨已平請乘機

完結球案由

八月初二日

工科給事中臣鄧承脩跪

奏為高麗亂黨粗平球案未結請

特派大臣出駐烟臺相機調度以維藩屬恭摺仰祈

聖鑒事竊見近者高麗骨月相猜外戚秉政亂機久

伏逆黨乘之逐君酖后横及日臣

朝廷命將出師二旬之間罪人斯得既彰保小之

仁益敦睦隣之誼

聖武布昭遐邇悦服惟聞日廷議論洶洶羣疑滿腹

推原其隱殆以中山之案未結懼我揚兵域外
為聲罪致討之師耳故自拓商分島之請未遂
日使怏怏而去
朝廷未有責言近聞忽派海軍中將榎本武揚為
駐華公使聞其人頗習兵事素為日廷所倚重
一旦出使殆將陽作調停陰覘虛實和戰之局
轉圜之機實決於此夫以中國土地之廣人民
之衆物產之富賢才之秀出甲於地球微論日

本蕞爾之區不足與抗即英法俄德諸邦亦且
逡巡退讓自謂弗如
朝廷徒以重發難端習為偷惰重以西國甲兵之
犀利器械之精良製造之工巧貿易會計之便
捷歐人方挾其長技以凌我而苟安持祿之輩
遂以為西國而中衰環顧而不敢言戰即以日
本而論自李唐以來步趨中法唯恐不及千餘
年於茲矣一旦舍其舊而新是謀法泰政之坑

焚效武靈之胡服幾有雄長亞州之意然其始
未敢大猖獗也臺灣之役姑為嘗試而我曾不
聞以一矢加遺擲金錢數十萬以求一日之無
事此其所以肆然無所復忌也而泰西各國因
得以窺吾虛實於是乎威妥瑪有煙臺之行巴
蘭德有天津之議俄約紛更日人乘隙夷琉球
為郡縣而突戶璣遂下旌回國恣情要挾損威
毀重其所由來者漸矣臣統觀今日之時局日

本視中西之强弱以為向背各西國又視中東之强弱以為進退一髮千鈞關係甚重臣愚以為中西交際不妨虛與逶迤示以寬大而東瀛有事則宜以全力爭之不宜有纖毫遷就啟列邦以輕量中國之心且日本非果真富且强也扶桑片土不過內地兩行省耳東西二京大板一府横神長三口為其通國菁英之所萃而民間儲積掃地無存十餘年來購軍械易服色罄

其金錢盡成國債平時貿易專恃紙幣之流通
有警則此無所用總核内府現銀不滿五百萬
兩前借英德美三國債項原約以十年為度今
已屆期尚擬再求展限實迫如此何以為國水
師不滿八千船艦半皆朽敗陸軍内分六鎮統
計水陸不盈四萬而又舉非精鋭然彼之敢於
悍然不顧者非不知中國之大也非不知中國
之富且强也所恃者中國之畏事耳中國之重

發難端耳今以高亂之故
朝廷忽遣重軍分道並進所謂疾雷不及掩耳彼
已駭然愕然失其所恃不旋踵而遣使情見勢
絀概可知矣臣愚以為
朝廷宜乘此聲威將高人致亂之由諸將平定之
速宣示中外
特派知兵之大臣駐紮煙臺相機調度不必明與言
戰但厚集南北洋戰艦示將東渡分撥出洋梭

巡外以保護商民為名更番出入藉以熟探沙
線飽閱風濤流攬形勢為扼吭拊背之謀其駐
紮高麗之吳元慶水陸各軍乞
飭暫緩撤回以為犄角佈置已定然後責以擅滅琉
球肆行要挾之罪臣料日人必有所憚而不敢
發不惟球案易於轉圜即泰西各國知吾軍勢
已張不諱言戰如法人之蠶食越南私邀盟約
非口舌所能爭者可不勞而定臣一介迂愚未

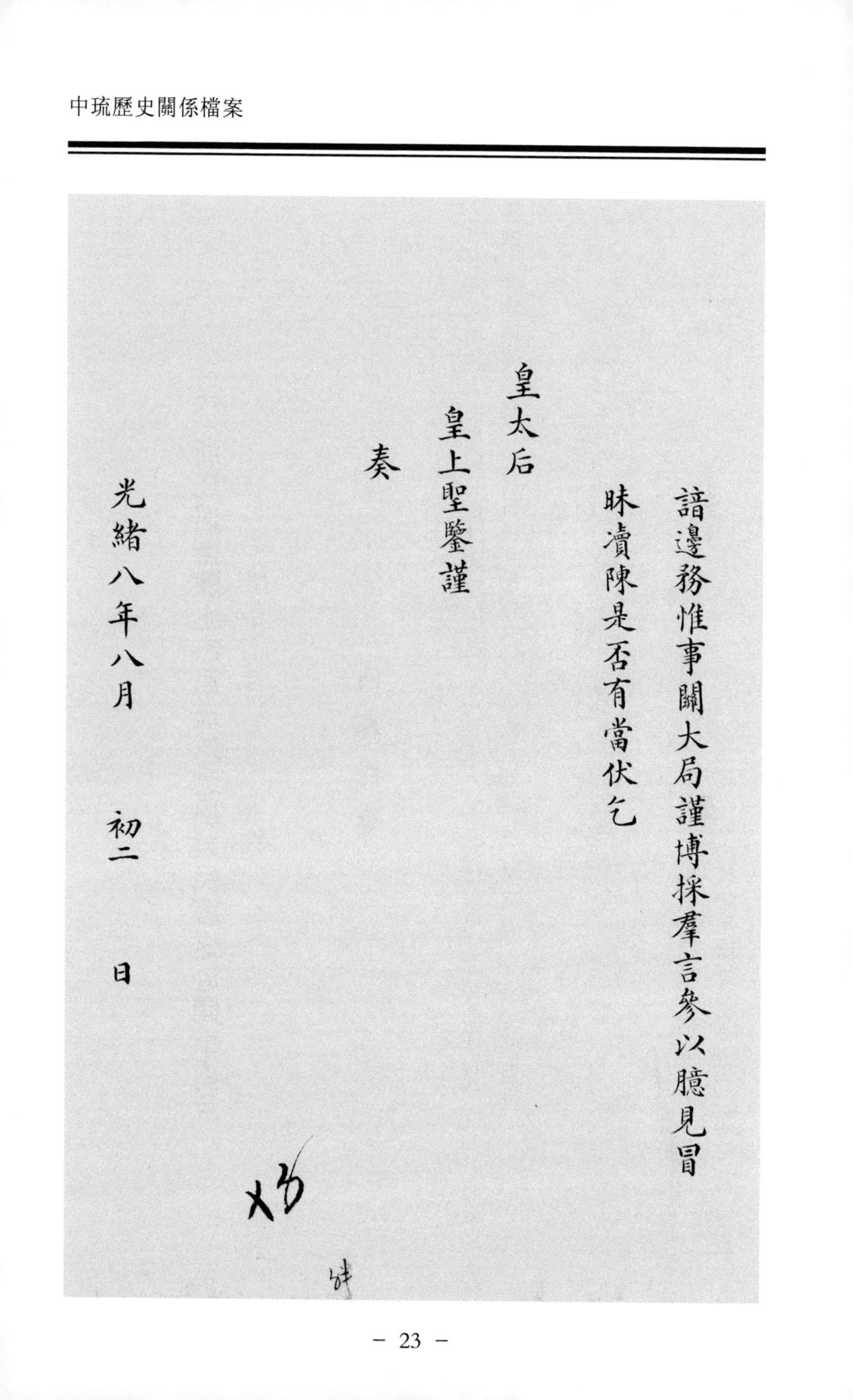

諳邊務惟事關大局謹博採羣言參以臆見冒
昧瀆陳是否有當伏乞
皇太后
皇上聖鑒謹
奏

光緒八年八月　初二　日

三、浙江巡撫陳士杰爲琉球遭風難民護送赴閩事奏片

光緒八年八月初六日　（1882.9.17）

内容提要

浙江巡撫陳士杰奏報，琉球國難民安仁屋等三十二人在洋遭風，漂至浙江台州洋面。經救助照例撫恤，并將原船修整，配齊帆桅，優給衣糧，移撥兵船護送，於六月三十日起程赴閩。

檔案來源：軍機處録副奏摺

已編入《清代中琉關係檔案選編》第一一三三頁

一〇七 文

陳士杰片

再據布政使詳轉據署臨海縣知縣吳俊京稟稱

光緒八年六月十五日東机洋面有番船一隻

隨浪飄蕩，當經營弁救護進口。據難番船主安

仁屋丞治面稱係琉璃球大里間人，與那里村人

水手及泊那島往八重山島搭船客人共三十

二人，在八重山一帶為商賈。六月初六日被風

吹出洋面，不能收口，至九日夜暴風吹壞帆具，打

破什物，飄至台州，幸師船救護，向生乞求護送

福州等洋除照例妥為撫卹，並將原船動估修
整，配齊帆桅槓具，優給衣糧，聘撥兵船護送，
於六月三十日起程赴閩等情，由司核詳請
奏前來。臣覆核無異，除咨部查外，理合附片具
奏，伏乞
聖鑒。謹
奏。
光緒八年九月初五日軍機大臣奉
旨：知道了。欽此。

四、翰林院侍讀張佩綸爲請密定東征之策以靖藩服張國威事奏摺

光緒八年八月十六日　（1882. 9. 27）

内容提要

翰林院侍讀張佩綸奏報，今爲中國患者獨一洋務，而東洋之患更逼於西洋。日本自改法以來，雖兵制步武泰西略得形似，然外無戰將内無謀臣，艦小兵缺，去中國湘淮各軍遠甚。南北洋大臣當簡練水師，廣造戰船，臺灣山東兩省疆吏宜治精兵蓄鬥艦，與南北洋犄角，并飭令李鴻章等會同沿海督撫迅練水陸各軍，增置鐵船，慎選將領，以備進規日本。

檔案來源：軍機處録副奏摺

已編入《清代中琉關係檔案七編》第五二五頁

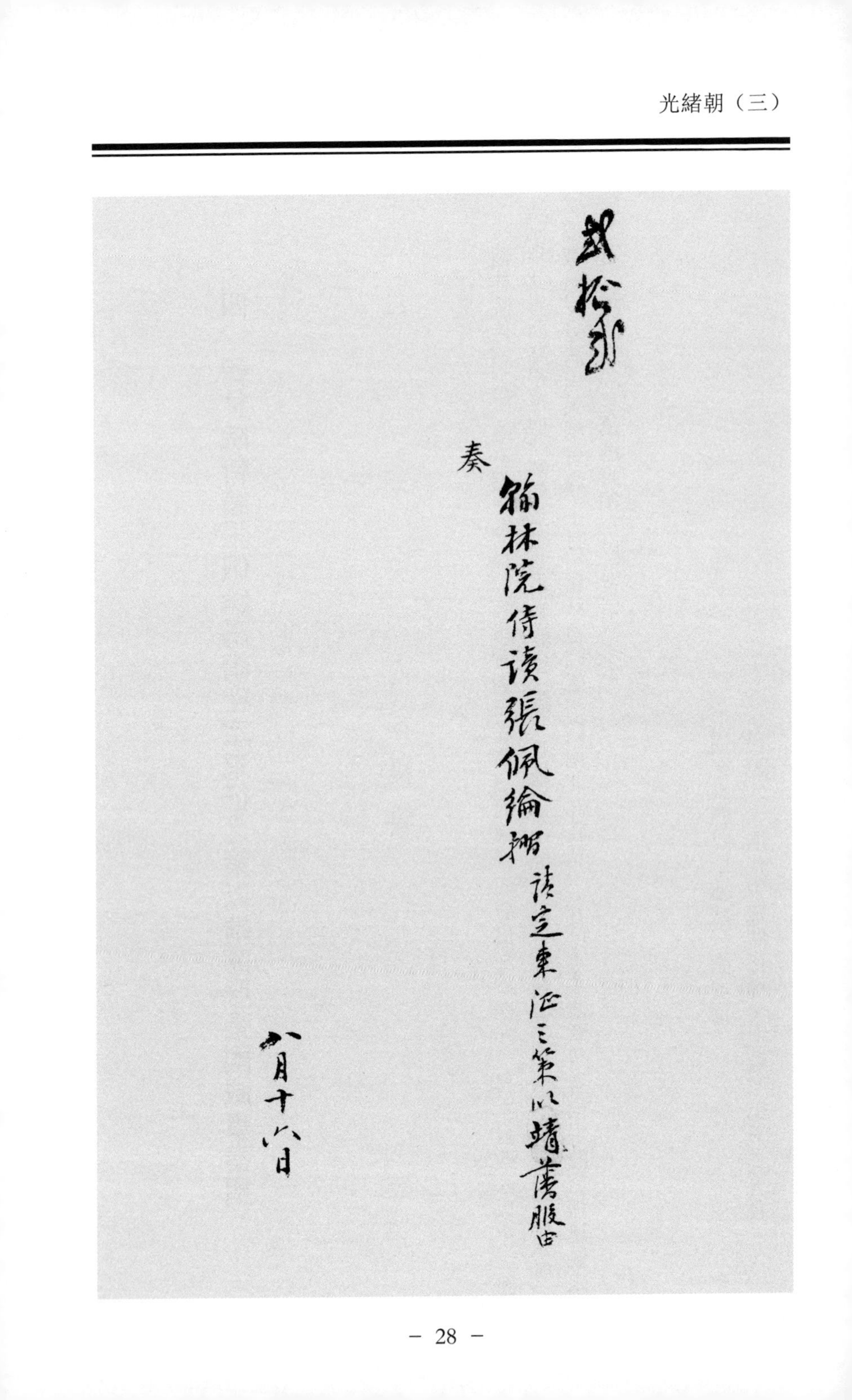

另有旨

翰林院侍讀張佩綸摺
請定東征之策以靖藩服由

奏

八月十八日

日講起居注官翰林院侍讀臣張佩綸跪

奏為請密定東征之策以靖藩服而張

國威恭摺仰祈

聖鑒事臣維道咸以來天下有大患四曰粵捻回洋

皇太后兩次臨朝削平三孽今為中國患者獨一洋務

耳而東洋之患且更逼於西洋意者天厚其毒

以速之亡欲我

皇太后

皇上聲罪致討稱兵海壖以繼
高宗十全之烈乎日本自改法以來民惡其上始則欲
復封建繼則欲改民政薩長二黨爭權相傾國
債山積以紙為幣每興勞役物價翔貴衆怨沸
騰雖兵制步武泰西略得形似然外無戰將內
無謀臣問其師船則以扶桑一艦為冠固已鐵
蝕木窳不耐風濤餘皆小礟小舟而已朝鮮之
役賃公司商船益之蓋去中國定遠鐵船超勇

揚威快船遠甚問其兵數則陸軍四五萬人水
軍三四千人猶且官多缺員兵多缺額近始雜
募游惰用充行伍未經戰陣大半恇怯又去中
國湘淮各軍遠甚夫其貧寡傾危國勢若此實
難久存然且不度德不量力而專意侮慢上國
蠶食藩封者恃海為險謂我必不能戰也琉球
之地久踞不歸朝鮮禍在蕭牆殃及賓館中國
為之捕治亂黨已足謝日本矣彼狃於琉球故

智謂朝鮮初非我屬刼而盟之索兵費五十萬元使與臺灣之數相準以恥中國我以義始彼以利終貪惏無厭師競已甚是即琉球朝鮮非我藩服而日本偪處以爭此土猶將起而圖之然則今日之事因二國為名以乘東人之敝豈待再計決哉且臣亦未敢謂遽伐日本也以為南北洋大臣當簡練水師廣造戰船以厚其勢臺灣為日本要衝山東為天津門戶兩省疆吏

宜治精兵蓄鬬艦以與南北洋犄角並請
簡任知兵之臣以輔其謀責問琉球之案以為歸曲
之地駁正朝鮮之約以為激怒之端分軍巡海
以疑之閉關絶市以困之召使歸國以窮之日
本猜懼則必增防增防則必耗帑我水師大集
南北各省三分其軍與朝鮮之鋭更番迭出覷
釁而動於我未病倭不能矣及其虛竭大舉乘
之可一戰定也中國措置洋務每患謀不定而

任不專應請
朝廷垂問樞臣密定至計並
簡任大臣專以東征之事屬之李鴻章左宗棠均中
興宿將粤捻回三役卓著勛勞可否
飭令該大臣等會同彭玉麟及沿海各督撫迅練水
陸各軍增置鐵船慎選將領以備進規日本日
本非求助西洋不能與中國相競中西立約在
先信義已洽聯遠交以便近攻度泰西各國亦

無險為彼助者我有力而彼無援破之必矣失此不圖倭軍四出而兵强倭商四通而國富中國優游坐視戎備不修數年之中暫以無事為福忨歲𢕟日我之勳舊益衰彼之勢燄益熾即一蕞爾日本已足為中國巨患何論西洋哉臣於日本之必危朝鮮與中國之當規日本春正曾極言之事機所迫敢不瀆陳伏祈

皇太后

皇上聖鑒施行謹

奏

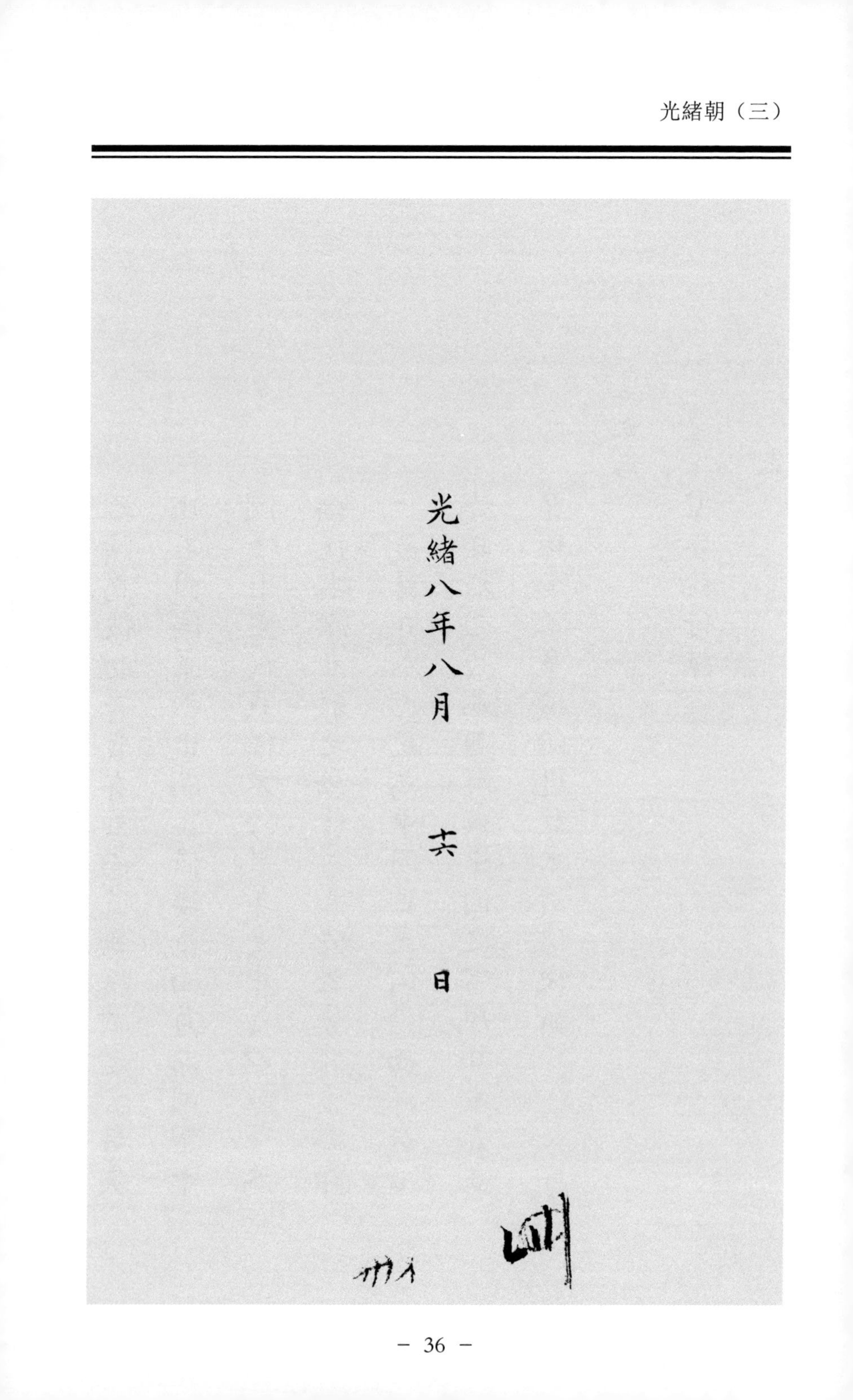

光緒八年八月　十六　日

五、署北洋通商大臣李鴻章等爲懾服鄰邦先圖自强酌籌緩急機宜事奏摺

光緒八年八月十六日　（1882.9.27）

内容提要

署北洋通商大臣李鴻章等奏報，奉旨給事中鄧承修所奏球案一摺，酌度情形妥籌具奏。日本於臺灣一役劫索恤款，後更廢滅琉球，中國以船械未齊水師未練，姑稍含忍。臣等再四籌商，待所造鐵甲船來華，選將募兵，精心教練，軍實益搜，威聲自播，倘能不戰屈人固爲最善，若猶囂張不靖，則聲罪致討，諸路并進，較有實際。且欲圖自强之實，當以添備戰艦爲要，倘中國戰艦足用，統馭得人，則日本自服，球案易結。

檔案來源：軍機處録副奏摺

已編入《清代中琉關係檔案七編》第五二一九頁

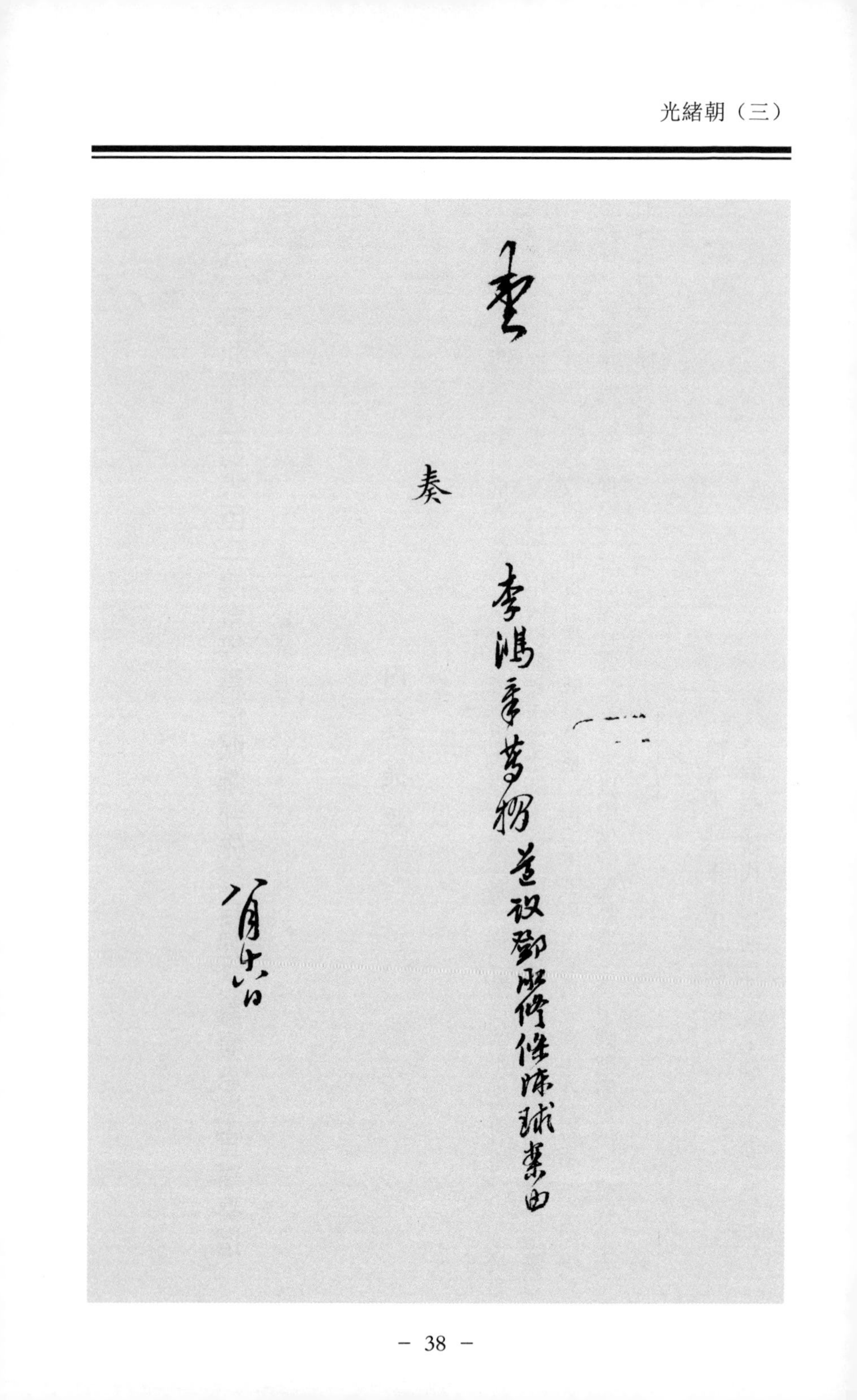

事

奏

李鴻章摺並議鄧承修條陳琉球案由

八月十八日

前大學士署北洋通商大臣一等伯臣李鴻章
署直隸總督兩廣總督臣張樹聲跪
奏為懾服鄰邦先圖自强酌籌緩急機宜遵
旨覆陳仰祈
聖鑒事竊臣等承准軍機大臣字寄八月初三日奉
上諭給事中鄧承修奏朝鮮亂黨已平球案未結宜
乘此聲威特派知兵大臣駐紮煙台相機調度厚
集南北洋戰艦分撥出洋梭巡為扼吭拊背之謀
其駐朝鮮水陸各軍暫緩撤回以為犄角責日本

以擅滅琉球肆行要挾之罪日人必有所憚球案
易於轉圜等語所奏不為無見著李鴻章張樹聲
酌度情形妥籌具奏等因欽此仰見
聖主恢擴遠謨周諮博訪至意曷任欽佩竊維跨海
遠征之舉莫切於水師而整練水師之要莫先
於戰艦中國閩滬各廠自造之輪船與在洋廠
訂購之輪船除商輪僅供轉運外如北洋之鎮
東等六船南洋之龍驤等四船福建之福勝建

勝廣東之海鏡清海東雄俱係蚊船式樣專備
扼守海口難以決戰大洋此外北洋之船凡七
分駐旅順天津者曰揚威曰超勇曰威遠曰操
江曰鎮海駐煙台者曰泰安駐牛莊者曰湄雲
南洋之船凡十五駐江甯者曰靖遠曰澄慶曰
登瀛洲駐吳淞者曰測海曰威靖曰馭遠駐浙
江者曰元凱曰超武分駐福建之臺灣廈門各
口者曰伏波曰振威曰藝新曰福星曰揚武近

因越南多事由船政派赴廉瓊洋面巡防者曰
濟安曰飛雲合計兵輪二十二號其中有馬力
僅一百匹内外未可充戰船者如泰安湄雲操
江等船祇可轉運糧械馭遠則已朽敝須加修
理惟北洋之超勇揚威兩快船南洋之超武揚
武澄慶等船較爲得力此中國戰艦之大略也
自本年六月朝鮮亂黨滋事日本興兵報怨臣
樹聲遵

旨迅派揚威超勇威遠三船東渡復調澄慶威靖登瀛洲與泰安等船陸續前往今朝鮮雖事局粗定一時尚難撤回鄧承修之意欲請

特派知兵大臣進駐煙台相機調度厚集戰艦更番出巡自為整軍經武讋服强鄰起見然既思厚集其力則必有得力戰艦十餘號乃足壯聲勢而敷調撥近日南洋僅有測海馭遠靖遠三船

臣鴻章前過江甯晤左宗棠面稱長江要口之

船分布礙難再調自係實情北洋天津等處僅
有操江鎮海兩艘往來探送文報煙台則無駐
守之船均甚空虛今中國所有戰艦惟閩浙兩
省七號之中或尚可抽調一二然彼所駐皆屬
要地實虞顧此失彼且所謂知兵大臣者無夙
練之水師無經事之將領以為之用船少力孤
情見勢絀不能服遠轉恐損威萬一日本窺我
虛實悉簡精鋭轉向他口蹈間抵瑕為先發制

人之舉尤宜豫籌所以應之此 臣等所不能不
躊躇審顧者也查日本兵船在二十艘以外而
堅利可用者約十餘艘其中扶桑一艦號稱鐵
甲比叡金剛兩艦號半鐵甲東艦一船號次等
鐵甲雖非上品究勝木質以彼所有與中國絜
長校短不甚相讓況華船分隸數省畛域各判
號令不一似不若日本兵船統歸海軍卿節制
可以呼應一氣萬一中東有事勝負之數尚難

逆料是欲制服日本則於南北洋兵船整齊訓練之法聯合布置之方尤必宜豫為之計也自古兩國相持或乘藉勝勢專以虛聲相恫喝或隱修實政轉恐密議之彰聞務虛者聲揚而實不副終有自絀之時務實者實至而聲自遠必有可期之效從前日本初行西法一得自矜輒敢藐視中國臺灣一役劫索恤款後更廢滅琉球中國方以船械未齊水師未練姑稍含忍以

待其敝然比年以來臣鴻章與內外諸臣熟商
禦侮之要力整武備雖限於財力格於浮議而
購船製械選將練兵隨時設法猶具規模復創
設電線以通聲息茲值朝鮮有釁臣樹聲欽承
廟謨調派水陸雄師飆馳電邁既藉電報之力事事
得占先著遂能綏靖藩服日本見中國赴機迅
捷不似曩時之持重亦稍戢其狡逞之謀與朝
鮮議約尋盟言歸於好雖所索償款略多然日

人初意實尚不止此其所以知難而退者未嘗
不隱有所憚至彼國議論洶洶羣疑滿腹恐中
國乘機責問球案聞初議募債洋銀二千萬圓
添購船艦此事尚未舉行敵情豈云無備中國
地大物博但能合力以圖之持久以困之不患
不操勝算若竟欲於此時揚兵域外彼或鋌而
走險以全力結納西人多借洋債廣購船礮與
我爭一旦之命猶非策之上者固不如修其實

而隱其聲之為愈也臣等再四籌商德廠所造之定遠鐵甲船今冬可以來華第二號鐵甲船亦儘明年可到容俟二艦到後選將募兵精心教練而新式快船所以輔護鐵艦者尤不可少或在洋廠訂購或在閩廠仿造必須酌籌鉅款陸續添備鐵甲船如有餘力亦宜添置此則全賴

聖明主持於上樞臣部臣疆臣合謀於下庶水師乃

有成局海外乃可用兵軍實益蒐威聲自播儻能不戰屈人使彼帖然就範固為最善若猶囂張不靖則聲罪致討諸路並進較有實際前歲宍户璣回國顯肆要求中國聽其自去彼終未敢決裂今又遣榎本武揚前來駐京或可相機議辦其球案未結以前進止遲速權自我操似無庸汲汲也臣鴻章此次奉

命出山持喪僅逾百日隱疾實多儻以進圖東瀛為

名移駐煙台果能於事有濟亟願効此馳驅惟
煙台本是北洋轄境距津沽海程僅一日餘若
論控馭海防調度兵艦則駐津駐煙固無二致
即欲震懾日本而彼亦深知我之虛實煙台無
礮臺無陸軍又無兵船先無自立之根本轉恐
無以制人臣積年措注所有支應局水師學堂
及廠塢局所淮軍大隊全在天津若挈以俱行
則煩費既多挪動不易若獨自前往將何所憑

藉以張聲威何從分撥以資調度况自津至滬
達閩粤電報迅捷軍情頃刻可通煙台則水陸
電線俱無南北各省即有可商調之事旬日不
得回信呼應尤覺不靈臣等愚見欲圖自强之
實事當以添備戰艦爲要不以移駐煙台爲亟
中國戰艦足用統馭得人則日本自服球案亦
易結矣至吴長慶所部陸軍遵
旨暫留朝鮮彈壓亂黨免致再有蠢動丁汝昌帶往

各兵船仍留朝鮮南陽海口與相依護聞日本
陸軍分布王京内外兵船五號留駐仁川港者
亦均未撤退在日人方謂朝鮮後患之須防而
我軍亦為朝鮮善後之久計互相牽制即以潛
消敵謀容臣等隨時相度情形奏明辦理所有
懾服鄰邦先圖自强遵
旨酌籌緩急機宜謹合詞恭摺由驛具陳是否有當
伏乞

皇太后
皇上聖鑒訓示謹
奏

光緒八年八月　十六　日

六、署北洋通商大臣李鴻章爲要圖自强宜先練水師再圖東征事奏摺

光緒八年八月二十二日　（1882.10.3）

内容提要

署北洋通商大臣李鴻章奏報，遵旨籌覆翰林院侍讀張佩綸奏請密定東征之策以靖藩服一摺。日本步趨西法雖僅得形似，而所有船炮略足與我相敵，若必跨海數千里與角勝負，制其死命，臣未敢謂確有把握。東征之事不必有，東征之志不可無。中國添練水師實不容一日稍緩。要圖自强，宜先簡練水師，購備船械，再圖東征。

檔案來源：軍機處録副奏摺

已編入《清代中琉關係檔案七編》第五三七頁

肆

奏李鴻章覆陳張佩綸奏請定東征策由

○○

抄交總理衙門

摘抄交戶部

月二十四日

前大學士署北洋通商大臣一等伯臣李鴻章跪
奏為自強要圖宜先練水師再圖東征遵
旨妥籌覆陳仰祈
聖鑒事竊臣承准軍機大臣密寄八月十六日奉
上諭翰林院侍讀張佩綸奏請密定東征之策以靖
藩服一摺著閱欽此仰見
聖主研求至計不厭精詳曷任欽佩臣昨於日於覆奏鄧承
修請派知兵大臣駐紮煙台辦內曹聲風跨海遠

經之年以整練水師添備戰艦為要戰艦足用統馭得人則日本自服球案不易結皆虛語今張佩綸請密定東征之策亦謂不必遽伐日本南北洋當簡練水師廣造戰船以遞厚其勢力臺灣山東沿海屯兵蓄艦以備犄角與臣愚計大致不謀而合惟中國方籌整頓既欲待時而動則朝鮮與日本所立之約究因毀使館殺日人而起目前可勿驟違緣朝日當年立約中國並未與議彼

雖未明認朝鮮爲我屬國而天下萬國固皆
知我屬矣似不得專論球案以爲借由之地
精竟理直而據順也至日本國債之繁帑藏之
匱薩長二黨之爭權水陸軍勢之不協原係
實情但彼自變法以來盡意媚事西人冀能致富
千緒係以爲自雄之術今年遣參議伊藤博
文赴歐洲考究民政復遣有栖川親王赴俄又
分遣使聘意大里駐奧斯馬加冠蓋聯翩相

望於道千注意達樹之植黨西人忠樂共飲心親密無
通中東交涉事件往往意存袒護該國洋使況
為彼有危急西人為自保財利起見或且隱助
而護持之況天下事但論理勢今論理則我直
彼曲論勢則我大彼小中國若戰果將資國富
國自強從西洋各國方有所憚而不敢覬覦西況
於日本所慮者從前實際知我有東征之計君臣
上下戮力齊心聯結西人講求軍政廣備廣儲洋債

多購船砲與我爭一旦之命究非上策夫未有
謀人之具而先露謀人之形此兵家所忌此以
前
奏所以有修其實而隱其聲之說也自昔多事之
秋凡膺大任籌大計者祗能殫其心力盡人事所
當為而成敗利鈍尚難逆睹以諸葛亮之才
略而兵頓於關中以韓琦范仲淹之經綸而勢
絀於西夏迨我

高宗武功赫濯震懾八荒然忠勤如傅恒岳鍾琪而不
能必滅金川智勇如阿桂阿里袞而不能蹙服緬
甸彼當天下全盛之時
聖明之主持於上萃各省之物力挾千萬之鉅餉薦一人年
不用陳一子年不行猶且遷延歲月相机了局也
時與地有所限也日本步趨西法雖僅得形似而
所有船礮略足與我相敵若必跨海數千里之遠
角勝負制其死命且未敢謂確有把握茅东

征之乃不必有東征之志不可無中國添練兵
師實不容一日稍緩
諭旨殷殷以通盤籌畫責臣竊謂此乃規模較鉅必
合樞臣部臣疆臣同心合謀經營數年方有成
效從前剿辦粵捻各匪有封疆之責以一省之
力剿一省之賊
朝廷兼國法與一切兵權餉權與用人之權舉以
畀之故能事半功倍今則時勢漸平文法漸密

議論漸繁用人必循資格需餉必須籌撥于手

須樞臣部臣隨時維持況風氣初開必聚天下之

賢才則不可無鼓舞之具局勢過涣必聯各

省之心志則不可無畫一之規倘蒙

聖明毅然裁決則中外諸臣乃能受成似宜簡派一

人能贊定議也往佩綸謂中國措置洋務患在

謀不定而任不專詢極確論治軍造船之說

已詢謀僉同雖是精罷專視乎財力徐立英

先年節經前年户部指撥南北海防經費每歲
共四百萬兩從今各省關措解每缺到七八成
來以北洋早已係成鐵艦尚可多購無指撥之
財政盡之款之款各省匯入不敷解部
歸款閩粵等省復將歷年截留難保追還
東
請嚴催統付各省關解南北洋防費以濟
及原撥四百萬之一歲款不敷甚鉅張備大宗
船械今部如此多切實籌辦可否請

旨敕
下户部總理衙門將南北洋每年所收防費
按照實數並閩省裁留臺防經費由南洋劃
撥外餘撥的實之歲款務並應撥四百萬兩之
數如此則三年之間南北洋水師兩枝當可有
成至臺灣為南洋要衝山東為北洋門户兩者
種變誠不可無艇遵兵事要為區畫與相犄角此
又左
朝廷之業蹤指示矣日前

奏懾服鄰邦緩急机宜一疏業已詳陳梗概所有
自強要圖宜先練水師再圖東征緣由遵
旨迅速妥籌恭摺由驛密陳是否有當伏乞
皇太后
皇上聖鑒訓示謹
奏
光緒八年八月二十四日軍机大臣奉
旨
欽此

八月二十二日

七、閩浙總督何璟等爲琉球遭風難民循例撫恤事奏摺

光緒八年九月二十五日 （1882. 11. 5）

内容提要

閩浙總督何璟等奏報，琉球國難民安仁屋等三十二名在洋突遇暴風，漂至浙江台州府洋面，經地方官救護，給發食物，派撥兵役護送，於八月初二日到閩安插，照例撫恤。難民原船業已修整，續報離驛登舟，俟取長行回國日期另行具題。

檔案來源：軍機處録副奏摺

已編入《清代中琉關係檔案選編》第一一三三頁

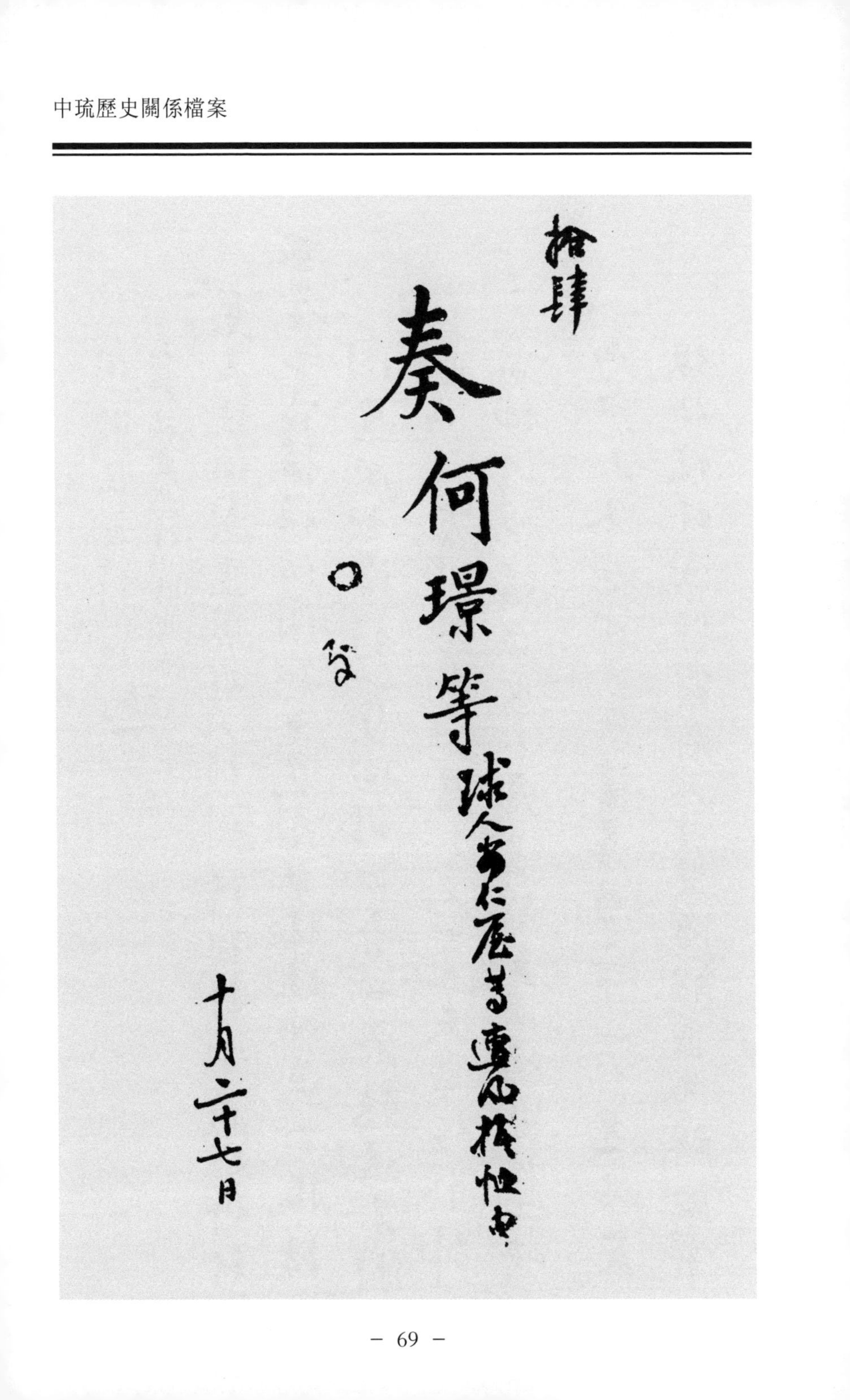

拾肆

奏

何璟等

球人尚仁屋等遭風撫恤由

○發

十月二十七日

閩浙總督臣何璟跪

署理福建巡撫臣李明墀跪

奏為琉球國遭風難人循例譯訊撫恤恭摺仰祈

聖鑒事竊據福防同知王晃南申據琉球通事報該

國遭風小海船一隻由浙江台州府轉送來閩

船內計有難人安仁屋等二十二名當經分別

安插譯訊據供安仁屋是船主浦崎是柁工崎

山等八人是水手大濱善等十二人是搭客

俱係琉球國那霸府人所坐海船並無牌照軍

器皿裝食鹽麻片等物本年五月二十五日從八
重山島運往那國島售賣即在該島添置白
米小米並搭男女客人大濱等二十二名口開
船放洋同回國中途突遇暴風波浪滔天船篷
盡壞急將米石拋棄船隻任其漂流六月十五
日至浙江省台州府洋面遇有營船救護並蒙
地方官諭船查驗修理賞給實物派撥兵役護
送七月十八日抵瑞安縣仍給食物前進於八

月初二日到閩安插等情由藩司沈保靖核明
具詳請
奏前來臣覆查該難夷人安分居業航海遭風流離
數月之久情形殊為可憫亟應仰體
皇仁先於安插之日起每人日給米一升鹽菜銀六
厘回國之日給撥行糧一個月並照例加賞物
件折價撥給統於存公銀內動支司造册報
銷除分咨查照外臣等謹合詞恭摺具

奏。伏乞

皇太后

皇上聖鑒。再琉球人安仁屋等在浙所供間有未符，現

經譯訊更正。至該琉球人船已修整續，擬隨時登

舟候取長行回國日期，另行具

題，合併陳明。謹

奏。

光緒八年十月二十七日軍機大臣奉

旨：知道了。欽此。

九月二十五日

孫家鼐

八、閩浙總督何璟等爲琉球遭風難民循例撫恤事奏片

光緒八年十月二十七日＊（1882.12.7）

内容提要

閩浙總督何璟等奏報，琉球國難民金承蔭等十三名在洋遭風，漂流到閩，於光緒八年七月二十七日到驛安插，照例妥爲撫恤，將來如何回國，另行察看辦理。

檔案來源：軍機處録副奏摺
已編入《清代中琉關係檔案選編》第一一三四頁

○文

拾伍

何璟等片

再據福防同知王晃南詳報琉球國人金承暢等十三名在洋遭風漂流到閩當經分別安插譯訊據供金承暢果廷彦蔡以恭是官吏國吉是船主具志堅是梢工國吉等八人是水手俱係琉球國人駕坐小海船一支並無軍器牌照於本年七月十九日開駛

安

洋適遇狂風順流來閩是月二十五日抵[illegible]

插等情由藩司批保請覈詳請

奏前來。臣等查該難人金承旅等遭風來閩，
情殊可憫，應爲安插之日起每人日給米一
升、鹽菜銀六厘，回國之日給裝行糧一箇月，
並照例加賞物件，折價給領，統在存公銀
內撥支，另造冊報銷。將來如何回國，另
行察看辦理。除咨部外，臣等謹附片陳
明。伏乞
聖鑒。謹
奏。光緒六年十月二十七日軍機大臣奉
旨：知道了。欽此。

王秋棠

九、閩浙總督何璟爲琉球遭風難民循例撫恤事奏摺

光緒八年十二月十七日（1883.1.25）

内容提要

閩浙總督何璟奏報，琉球國難民向德明等六名在洋遭風，漂至臺北府轄洋面，船破鳧水上岸，經地方官給發飯食，派撥委員兵役護送來閩，於十二月二十一日到驛安插，照例妥爲撫恤。將來如何回國，另行察酌辦理。

檔案來源：軍機處録副奏摺

已編入《清代中琉關係檔案選編》第一一三五頁

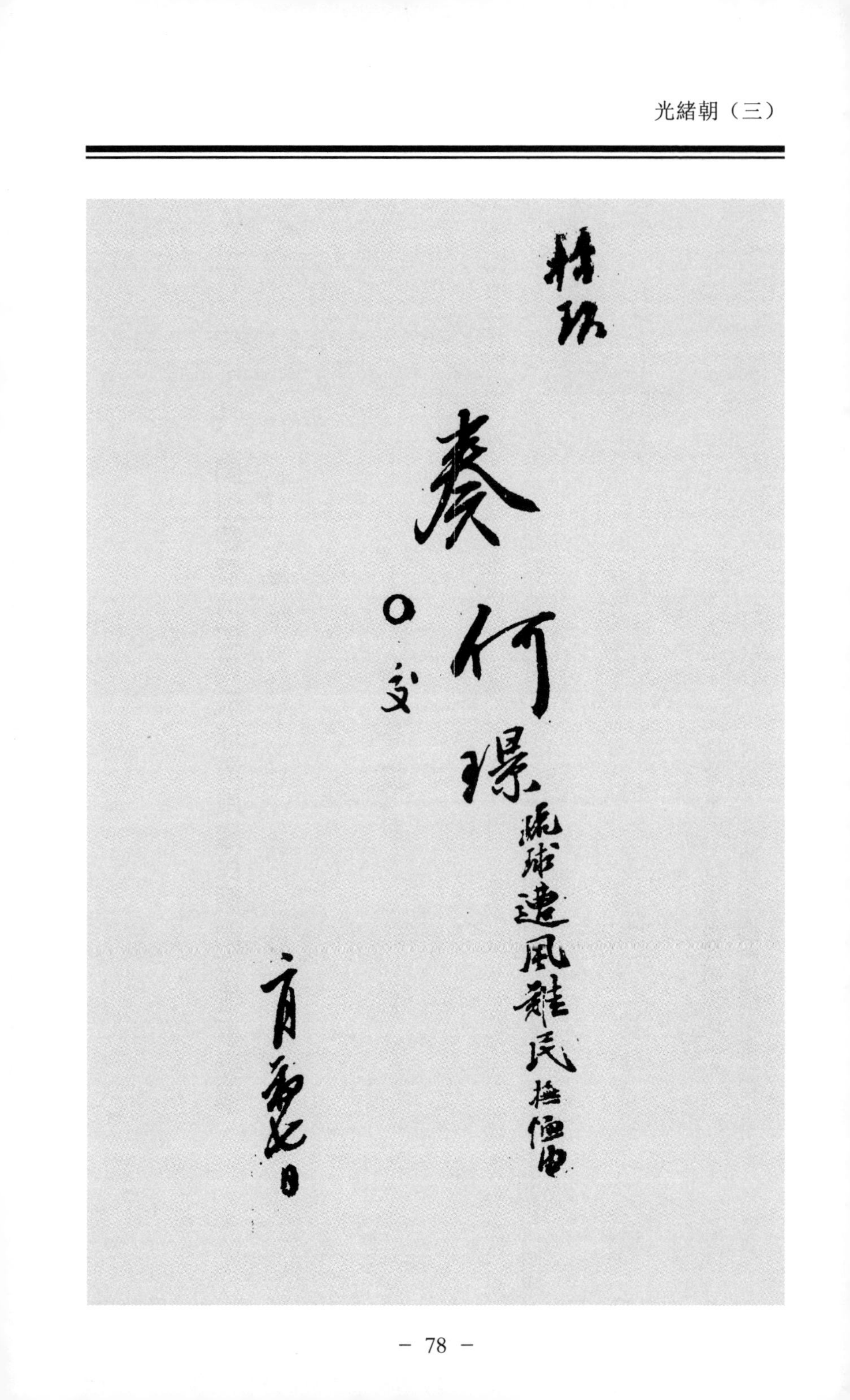

排遞

奏

何璟 琉球遭風難民撫恤由

○交

月初九日

閩浙總督代辦福建巡撫臣伍拉納跪

奏為琉球國遭風難人循例譯訊撫卹恭摺

聖鑒事。竊據福防同知王覓揭稱，據報據漳州

解送到琉球遭風難人向陳鳳等六名，當將

館驛安插，一面飭傳通事譯訊，據供：向陳鳳

是官吏，比屋是船主，山城是舵工，小橋川等三人

是水手，俱係琉球國那霸府人，駕坐小船[illegible]

於十月初四日開駛來閩，中途突遇暴風吹壞船桅，十

一日漂到台灣北府境洋面船破覓求上岸當地
方官從優撫給錢文派撥委員兵役送至基
隆復蒙貴總撫派配搭輪船護送來省於是
月二十一日到驛安插並各隨身行李等情據
司沈保靖據詳請
奏前來臣查該難人向隸外國等航海遭風情殊
可憫至應仰體
皇仁照例安插之日起每人日給米折鹽菜銀六

屆回國之日，給發行糧一箇月，並照例加賞物
件，均係背頒給，統於存公項內動支，事竣造冊
報銷。將來如何回國，另行籌酌辦理，除咨
部外，謹恭摺具
奏，伏乞
皇太后
皇上聖鑒。再，署福建撫臣張兆棟帶印渡台未列
會銜摺內

題奏、擬予停

奏、明由臣代辦閩浙綏靖任內日昇任毋庸開列

銜名併陳明謹

奏、

光緒九年十月初七日軍機大臣奉

旨：知道了。欽此。

八年十二月十七日

一〇、閩浙總督何璟爲琉球遭風難船回國日期事題本

光緒八年十二月二十日　（1883.1.28）

内容提要

閩浙總督何璟題明，琉球遭風難民安仁屋等三十二人、監良仁等十一人先後護送到閩。據報難民等熟悉閩洋海道，船隻業已修理堅固，堪以自行駕駛回國。監良仁等除宏仁達一名現暫留閩外，共回國十名，安仁屋等船小人多，撥出新垣等七名附搭監良仁等船内，於光緒八年十月十三、十四等日乘風放洋，長行回國。

檔案來源：内閣禮科題本

已編入《清代中琉關係檔案續編》第一五四四頁

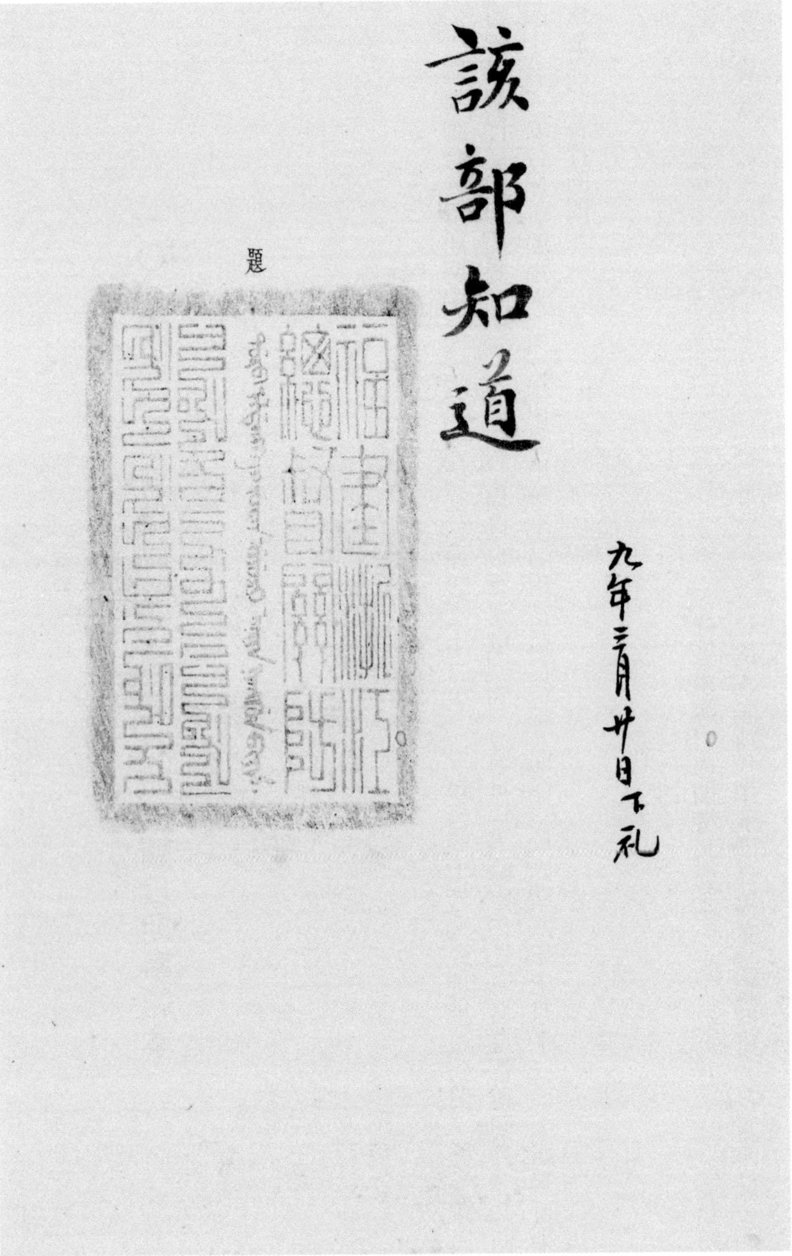

九年三月廿日下礼

該部知道

題

福建浙江總督關防

兵部尚書兼都察院右都御史總督福建浙江等處地方軍務兼理糧餉鹽課代辦福建巡撫臣何璟謹
題為遣發琉球遭風難民船隻長行回國日期詳
請具
題事據福建布政使沈保靖呈詳竊照琉球遭風
難民安仁屋監良仁等貳起先後護送到閩業
將譯訊撫恤情形及安插館驛日期詳蒙
奏咨在案查該難民安仁屋等叁拾貳人又監良
仁等壹拾壹人據報熟悉閩洋海道船隻修理

堅固堪以自行駕駛回國內監良仁等壹起除
官吏宏仁達壹名現暫留閩外實共回國壹拾
名又安仁屋等壹起船小人多撥出新垣等柒
名附搭監良仁等船內據報於本年玖月貳拾
日離驛登舟飭取長行回國日期去後茲據福
防同知詳報該難民監良仁安仁屋等貳起人
船於光緒捌年拾月拾叁拾肆等日乘風放洋
長行回國等由到司合就詳請察核具

題等情前來臣復查無異理合具
題伏祈
皇上聖鑒勅部查照施行再署福建撫臣張兆棟帶
印渡臺所有巡撫衙門
題奏咨事件
奏明由臣代辦合并陳明爲此具本謹具
題
聞

光緒捌年拾貳月貳拾[illegible]日兵部尚書兼都察院右副都御史總督福建浙江等處地方軍務兼理糧餉鹽課代辦福建巡撫臣何璟

兵部尚書兼都察院右都御史總督福建浙江等處地方軍務兼理糧餉鹽課代辦福建巡撫臣何璟謹

題為遣發琉球遭風難民船隻長行回國日期詳

請具

題事據福建布政使沈保靖呈詳竊照琉球遭風

難民安仁屋監良仁等貳起先後護送到閩業

將譯訊撫恤情形及安插館驛日期詳蒙

奏咨在案查該難民安仁屋等叁拾貳人又監良

仁等壹拾壹人據報熟悉閩洋海道船隻修理

堅固堪以自行駕駛回國內監良仁等壹起除

官吏宏仁達壹名現暫留閩外實共回國壹拾
名又安仁屋等壹起船小人多擬出新垣等柒
名附搭監良仁等船內據報於本年玖月貳拾
日離驛登舟飭取長行回國日期去後茲據福
防同知詳報該難民監良仁安仁屋等貳起人
船於光緒捌年拾月拾叁拾肆等日乘風放洋
長行回國等由到司合就詳請察核具
題等情前來臣復查無異謹具
題
聞

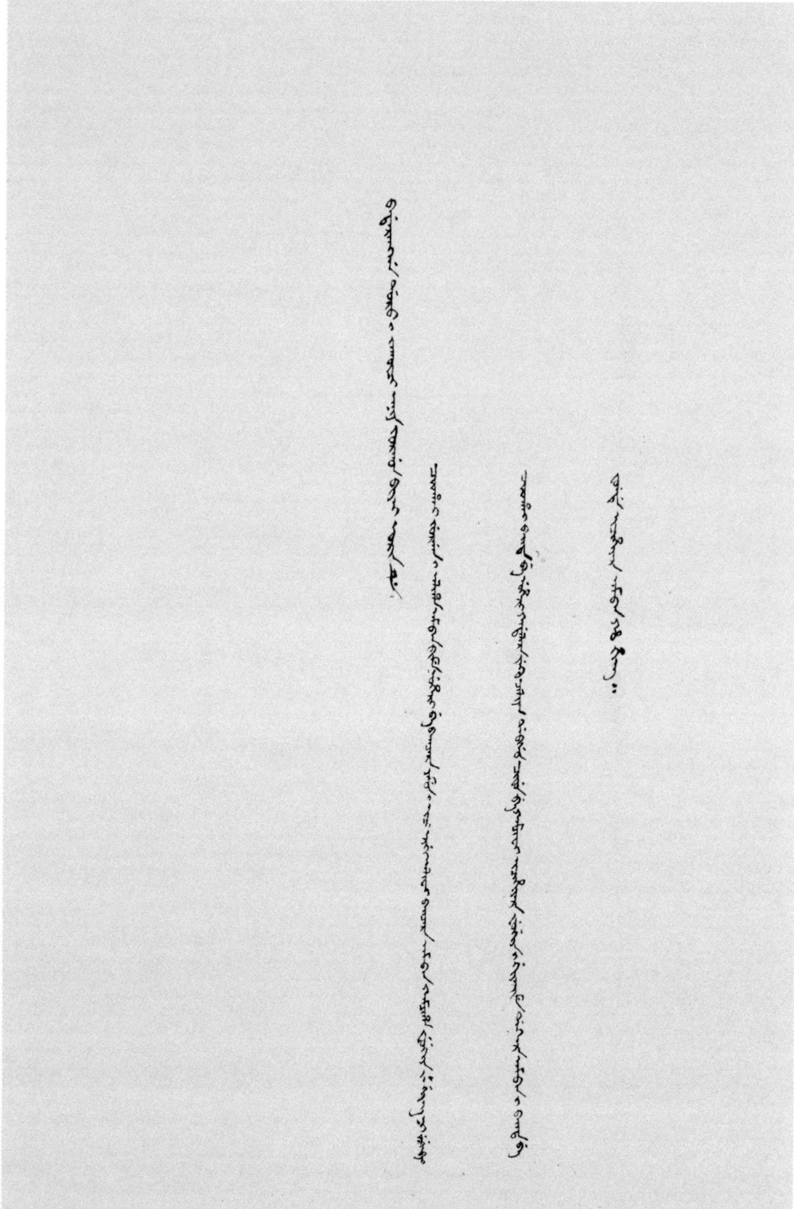

[illegible]

[illegible]

[illegible]

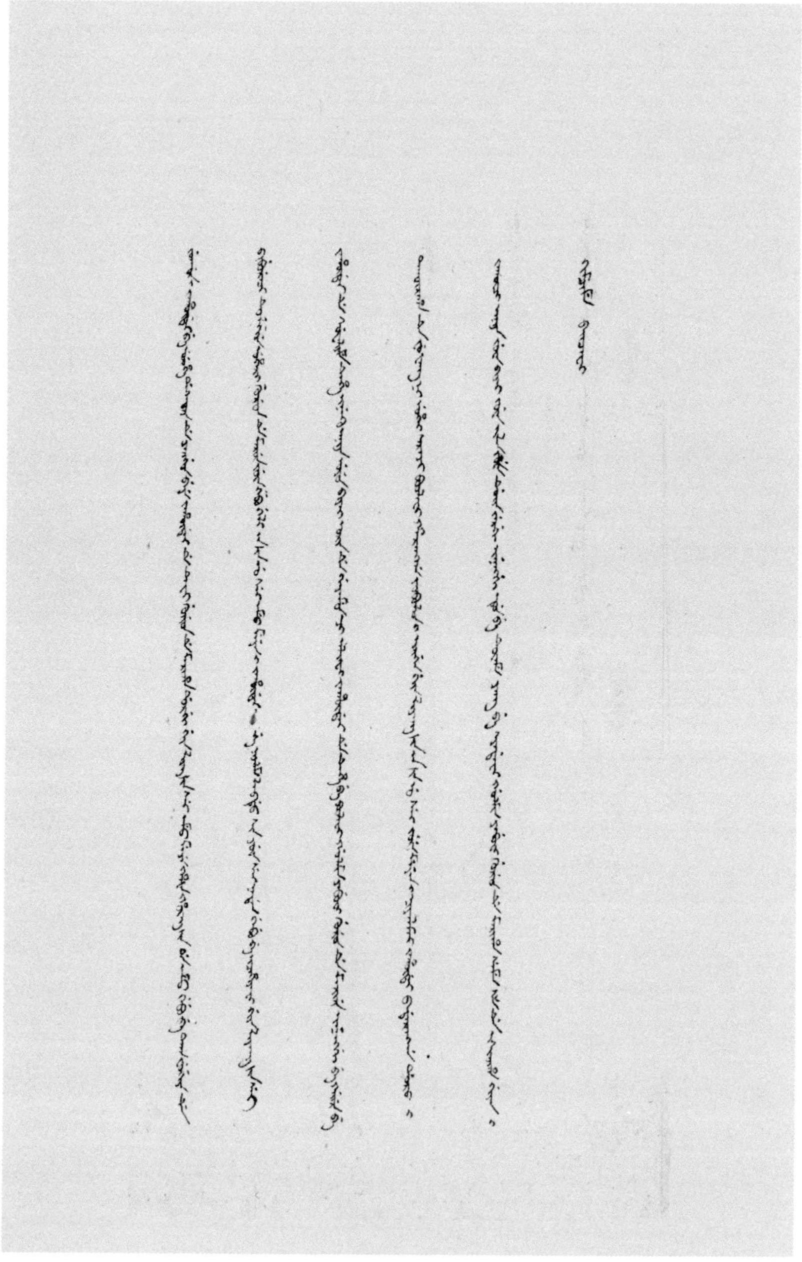

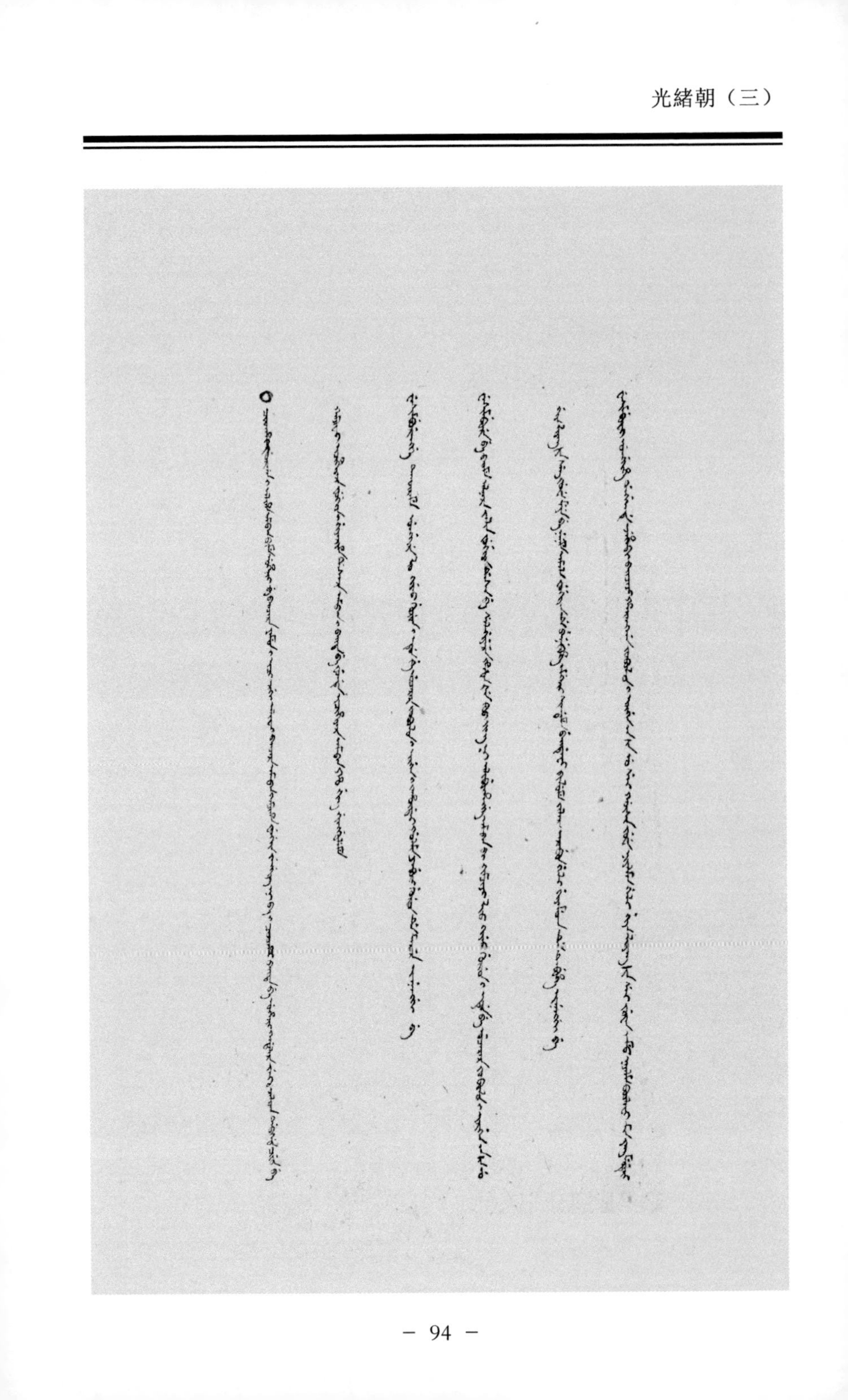

[illegible]

一一、浙江布政使德馨爲琉球遭風難民照例撫恤事奏片

光緒九年二月十一日＊（1883. 3. 19）

内容提要

浙江布政使德馨奏報，琉球國難民監良仁等十八名於光緒八年三月間漂到福州，經給資遣發，九月二十八日開行。在福州洋面遭風，撞破船舵，梢蓬索均已全失，不能行使。照例加意撫恤，給發錢糧，并將原船修整，移撥兵役於十一月十二日護送放洋回國。

檔案來源：軍機處録副奏摺
已編入《清代中琉關係檔案選編》第一一三六頁

交
拾錄

往復行

再查據署永嘉縣知縣石祖芬稟稱光緒八年十一月初六日長沙嶴洋面有遭風船一隻漂流不定當即救護進港親詣查驗共有難人二十八名詢詰言語不通授以紙筆書稱監良仁等十八名均係琉球國人八年三月間漂到福州荷蒙給資遣發於九月二十八日開行回國福州洋面遭風撞破船隻船舵桅篷索均已全失不能行駛乞求修整並賜衣糧候風回國

等語即經加意撫卹給發口糧並將原船
修整備齊篷索槓具帆纜等項移撥兵
役於十月十二日護送放洋等情由臣在藩司
任內具詳請
奏在案茲撫臣陳士杰未及核辦移交到臣覆
核無異除咨部查照外理合附片陳明伏乞
聖鑒謹
奏
光緒九年二月十一日軍機大臣奉
旨知道了欽此

一二一、閩浙總督何璟等爲琉球遭風難民循例撫恤事奏摺

光緒九年三月二十二日　（1883. 4. 28）

内容提要

閩浙總督何璟等奏報，琉球國難民久場等八名駕坐海船在洋遭風，漂至臺北宜蘭縣轄洋面，幸遇漁船救護，賞給衣食，并將船隻修理，派撥兵役送至基隆，委派員役配搭輪船護送來省，於十二月二十二日到驛安插，照例撫恤。難民所坐原船尚在基隆，飭令設法送省。將來如何回國，另行察酌辦理。

檔案來源：軍機處録副奏摺

已編入《清代中琉關係檔案選編》第一一三七頁

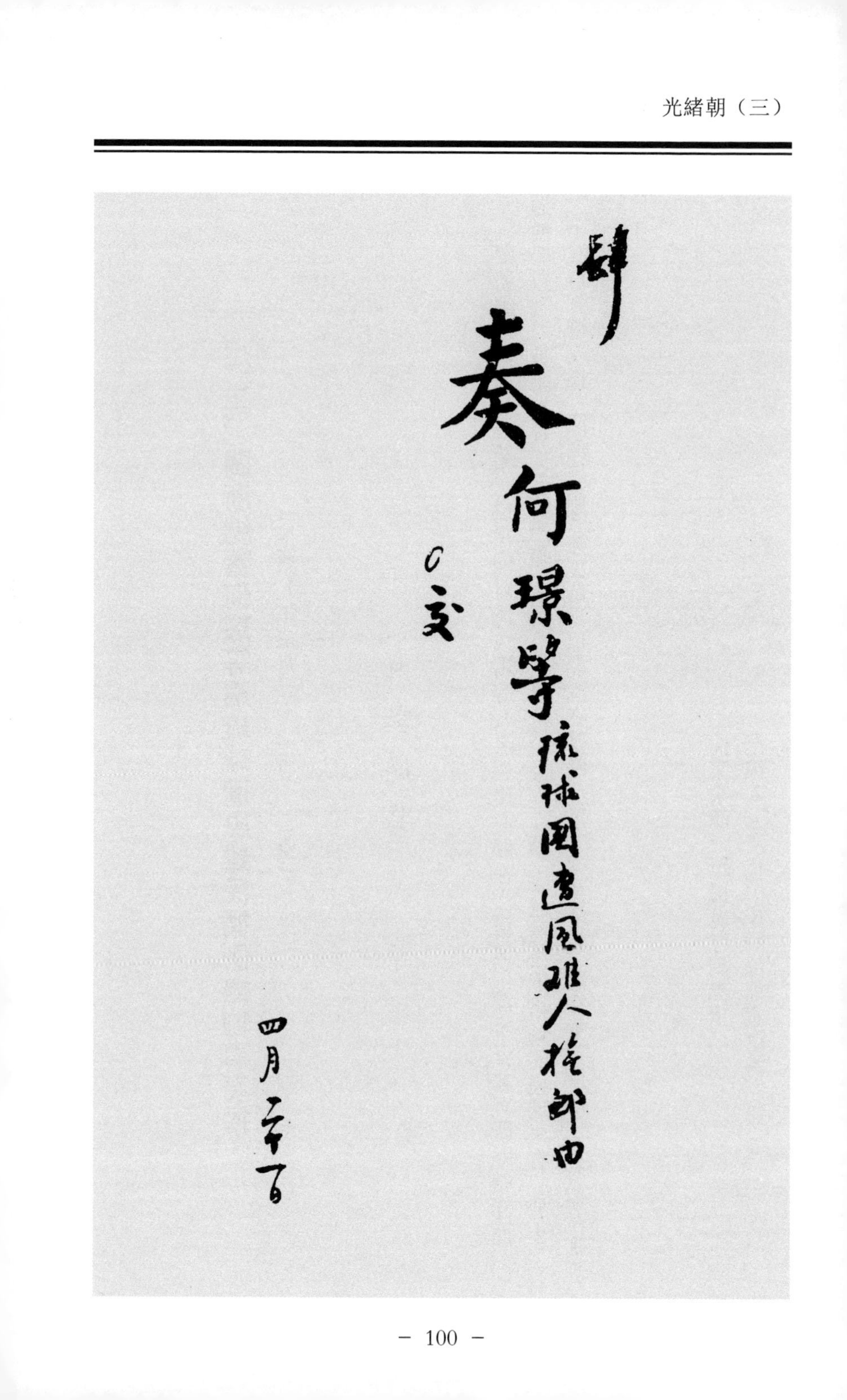

録

奏何璟等琉球國遭風難人搭船由

〇交

四月二十日

閩浙總督臣何璟跪
署理福建巡撫臣張兆棟

奏爲琉球國遭風難人循例譯訊撫卹恭摺仰祈
聖鑒事。竊據福防同知王寬南詳：基隆通判差送到琉
球遭風難人久場等八名及隨身行李，當發
驛安插，一面飭傳通事譯訊。據供：久場等四人
是搭客，伊佐是船主，玉原是舵工，上原、玉城二人
是水手，俱係琉球國那霸府人，駕坐小海船一
隻，裝載鹽、茶、樟板，於八年九月二十六日往太

羊山島雙是夜突遇狂風漂出大洋急將船內物件拋棄十月十一日隨風飄至臺北宜蘭縣轄洋面幸遇漁船救護旋有地方官差詣船查驗賞給衣食銀錢鞋襪等物並將船隻修理派撥兵役送至基隆復蒙給發飯食錢文委派員役配搭輪船護送來省於十二月廿二日到驛安插原船尚在基隆盡大吳餘春甫等情由據司沈保靖覈詳請

真若東以等查該難人久場等航海遭風情殊
可憫亟應仰體
皇仁每於安插之日起每人日給米一升鹽菜銀
六厘回國之日給發行糧一個月並照例加賞物
件折價發領統於存公銀內動支事竣造冊報銷
該難人所坐原船既令設法送省將來如何
回國另行察議辦理除咨部查照外合亟令
司恭照具

奏伏乞
皇太后
皇上聖鑒謹
奏
光緒九年四月二十一日軍機大臣奉
旨知道了欽此
三月二十二日

一三、浙江巡撫劉秉璋爲琉球遭風難民照例撫恤事奏片

光緒九年四月二十九日＊　(1883.6.4)

内容提要

浙江巡撫劉秉璋奏報，琉球難民安仁屋等二十五名，前蒙福建藩司給資回籍，因風不順，遲滯海途，現在帆篷破壞，資糧罄盡。經接護進港，查驗船身尚固，唯篷帆等項破損，照例加意撫恤，給發錢糧，并將船具修整，已於二月十七日護送起程放洋回國。

檔案來源：軍機處録副奏摺

已編入《清代中琉關係檔案選編》第一一三八頁

○ 支

貳拾叁

劉秉璋片

再據布政使德馨詳稱據署永嘉縣知縣杜
曾稟稱光緒九年六月初十日在瑞安地界大程
洋面瞭有遭風琉球船一隻遂即接護進港親
詣查驗船身尚固惟篷帆巾桅等項均屬破損
不佺詢詰言語不通遂援以紙筆書稱安仁屋等
二十五名內女一口均琉球國人民前蒙福建
藩司給資回籍因風不順遲滯海途現在帆
篷破壞資糧罄盡已求賜修葺等語當經如意糧

即給發薪糧並將船隻修整，已於二月十七日護送起程放洋等情，稟請奏前來。臣覆核無異，除咨部查照外，理合附片陳明，伏乞

聖鑒。謹

奏。

光緒九年四月二十九日軍機大臣奉

旨：知道了。欽此。

一四、閩浙總督何璟等爲琉球遭風難民復又被劫事奏片

光緒九年九月十七日＊（1883. 10. 17）

内容提要

閩浙總督何璟等奏報，琉球國難民比嘉等九名在洋遭風，駛至不識名洋面，突遇海賊多人持械上船，搜劫物件，伊等孤舟莫敵，聽其揚帆而去。難民等於七月十六日順流抵五虎門，進口安插館驛。照例妥爲撫恤。將來如何回國，另行察看辦理。

檔案來源：軍機處録副奏摺

已編入《清代中琉關係檔案選編》第一一三九頁

〇 支 拾伍

何繩等片

再據福防同知王寬南詳據琉球國人比嘉等九名遭風被劫漂流到閩當經分别安插驛館據供比嘉是船主白川惠伊是官吏宮城是梢工比嘉等六人是水手共計九名俱係琉球國那霸府人駕坐小海船裝小米等物於七月初十日在太平山開駛十四日至不識名洋面突遇海賊多人持械上船搜劫小米及零星物件伊等孤舟莫敵聽其揚帆而去七月十六日順流

抵五虎门進口安插等情由藩司沈保禎
檢詳請　比
奏前來反覆查核難人㊤嘉等在洋遭風復又
被劫情殊堪憫並應仰体
皇仁於安插之日起每人日給米一升鹽菜銀六
厘回國之日給發行粮一個月照例嘉賞物
件折價給領統於存公銀內動支另設造册報
銷將來如何回国另行查看辦理除分咨查照

並飭查何處洋面被劫，認真緝拏嚴辦外，所有緣由，謹附片陳

奏伏乞

聖鑒謹

奏

光緒九年九月十七日軍機大臣奉

旨知道了，即著迅速查明係何處洋面滋事，飭

該管各官認真捕拏懲辦，欽此。

一五、浙江巡撫劉秉璋爲琉球遭風難民照例撫恤事奏片

光緒九年十月初六日　（1883. 11. 5）

内容提要

浙江總督劉秉璋奏報，琉球難民憲演等九名在洋遭風，漂流到境，照例加意撫恤，按名給發鈔米，并將船具添修完固，適遇風順，該難夷等亟欲回國，不候護送，已於五月二十七日開駛出境。

檔案來源：軍機處録副奏摺
已編入《清代中琉關係檔案選編》第一一四〇頁

交刂

[illegible]

劉秉璋片

再據布政使德馨詳據平陽縣知縣湯肇
熙詳稱光緒九年五月二十四日據老龍致旗長
李大發報稱本日有琉球國船一隻被風漂流
到境當即親往查驗該船桅杆完好惟舵索
破斷舵稍有損壞船內難夷詢問言語不通
給以紙筆查探寫演共九名均係琉球國
人因病附搭商船於五月二十日由西表邑開
往八重山就醫中途遭風漂流至此願就原船

居住護送赴閩等語查船内僅止衣被等件
並交難夷自行收管一面加意撫卹捐給鹽
錢米並將船隻添修完固適遇風順該難夷
等亟欲回國不候護送已於五月二十七日乘南風駛
出境等情飭詳請
奏前來臣覆查無異除咨部查照外理合附片陳
明伏乞
聖鑒謹
奏
光緒九年十月二十四日軍機大臣奉
旨知道了欽此 浙江巡撫 十一月初六日

一六、閩浙總督何璟等爲琉球遭風難民中途折回照例撫恤事奏摺

光緒九年十月二十四日 （1883. 11. 23）

内容提要

閩浙總督何璟等奏報，琉球國難民糜循理、久場等前因遭風來閩，於六月初二日遣發回國。難民糜循理等十六名又在洋遭風，吹壞船柁，漂至長樂縣轄洋面，幸遇鄉民救護，經地方官賞給柴米，派撥輪船於二十九日送省安插，照例撫恤。至該難民等原船堪否駕駛，俟回國時查看酌辦。

檔案來源：軍機處録副奏摺
已編入《清代中琉關係檔案選編》第一一四一頁

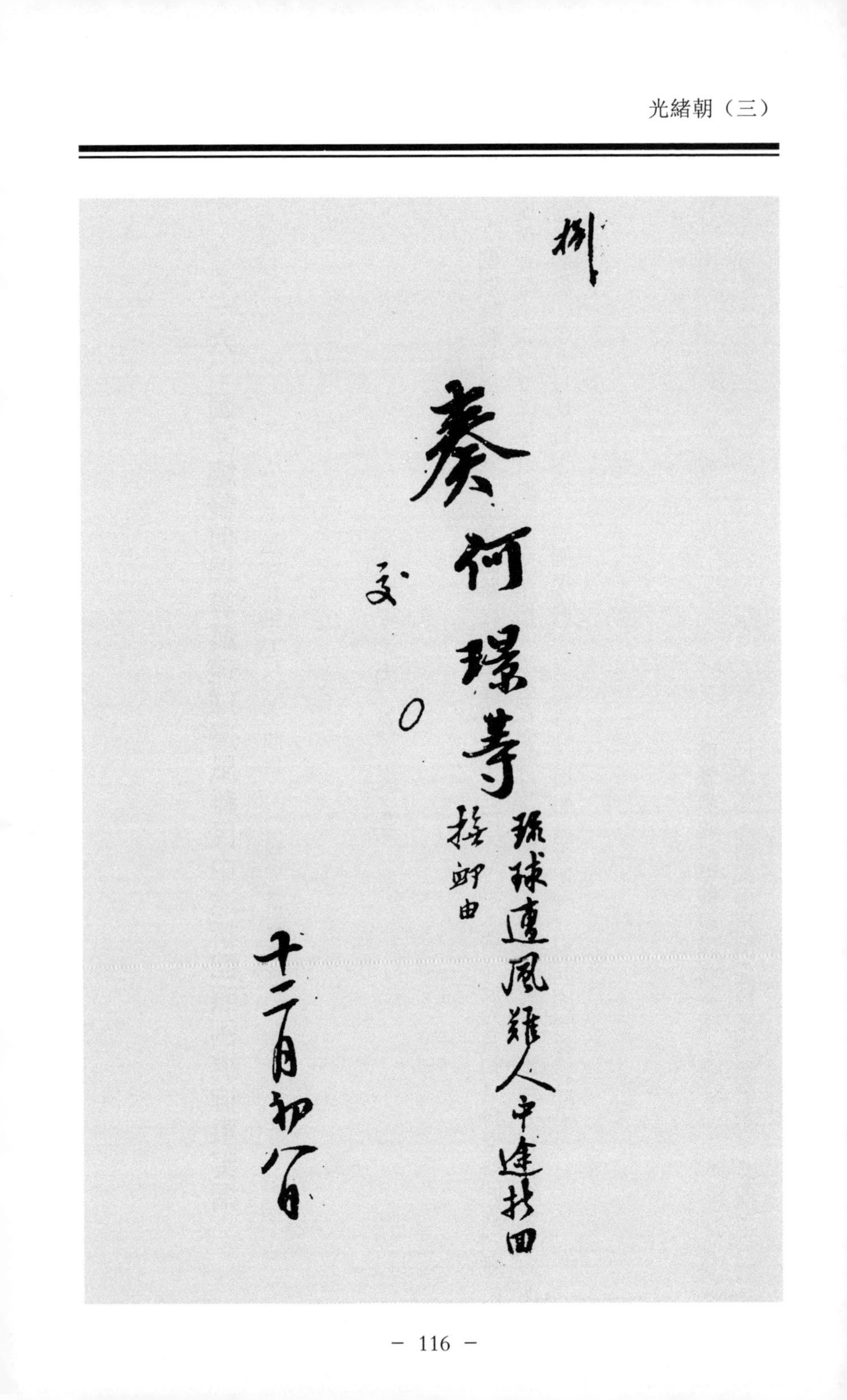

摺

奏何璟等

琉球遭風難人中途折回

摺郵由

交 ○

十二月初八日

閩浙總督臣何璟
福建巡撫臣張兆棟跪
奏為琉球難人中途折回譯訊接卹恭摺仰祈
聖鑒事竊琉球人麋循理久場等前因遭風來閩
於六月初二日遣發回國分別
奏咨在案旋據福防同知王寬南詳准平潭同知
送到該難人麋循理等十六名並海船一隻當
發館驛安插一面飭傳通事譯訊據供該難
人等自六月間遣發後候風至八月十日放洋

詎又在洋遭風吹壞船柁，十四日漂至長樂縣松下洋面，遇鄉民救護，十八日抵平潭地方，官賞給柴米錢文，妥派撥輪船，於二十九日送省安插。由藩司沈保靖詳請奏前來。臣等查該難人廣循理一再遭風，殊堪矜憫，應照案於安插日起，每人日給米一升、鹽菜銀六厘，回國之日各給行糧一個月，並一併加賞物件，折價給領，以廣

皇仁。至該難人等原船堪否駕駛，俟回國時察

看酌辦。除咨部外，臣等謹合詞恭摺具

奏。伏乞

皇太后

皇上聖鑒。謹

奏。

光緒九年十二月初八日軍機大臣奉

旨：知道了。欽此。

十月二十四日

一七、浙江巡撫劉秉璋爲琉球遭風難民照例撫恤事奏片

光緒九年十一月初四日　（1883. 12. 4）

内容提要

浙江巡撫劉秉璋奏報，琉球難民内間等十名前蒙福建給資回國，因風不順，漂至浙江洋面，經查驗船身尚固，唯蓬索杠舵均有殘破。照例妥爲撫恤，給發柴米，并給衣褲禦寒，再將蓬杠舵索等項分别修换，已於八月二十八日護送起程回國。

檔案來源：軍機處録副奏摺

已編入《清代中琉關係檔案選編》第一一四二頁

九〇號

劉秉璋片

再據布政使德馨詳稱據署永嘉縣知縣石祖芬稟稱光緒九年六月十六日據巡洋捕役左岐頭外洋接護遭風難夷十名球船一隻進口當經訊驗船身尚固惟篷索槓舵均有損破不全詢語言語不通援以紙筆書稱內開等共十人僉均琉球國人民氏若蒙當建給照回國因風不順飄至浙江洋面蒙巡護進港求賜附舶搭郵等語核與所呈名次相符即將該難人等並

例撥卹給費幣米鹽菜並給棉衣褲襪寒并
時損失遺桅舵繕等項分別修整已於八月二十
旨護送赴福回國等情轉詳請
奏前來臣覆查無異除咨部查照外理合附片
陳明伏乞
聖鑒謹
奏
光緒九年十月二十二日軍機大臣奉
旨知道了欽此
浙江巡撫劉秉璋
十一月四日

一八、編修黄國瑾爲日本窺視臺灣請特簡知兵大員往與籌防事奏片

光緒九年十一月初四日　（1883. 12. 3）

内容提要

編修黄國瑾奏報，日本窺視臺灣已非一日，必伺中法争持潛師掩襲。閩浙總督何璟、福建巡撫張兆棟皆吏才而非將才，伏望特簡知兵大員往與籌防，以資保障，不致措置失宜，貽累全局。

檔案來源：軍機處録副奏摺
已編入《清代中琉關係檔案七編》第五五〇頁

十月廿四

於旅

編修黃國瑾片

再日本之窺臺灣已非一日狃於琉球之役以為中國無可如何必伺中法爭持潛師掩襲此孫權乘曹操攻漢中而分荊州之謀法亦利日之內犯與為聲應合而謀我聞其使臣德理固行至烟台乘縛爾德兵輪自高麗達東洋恐遂約日以攻我所必救也閩浙總督何璟福建巡撫張兆棟皆吏才而非將才想久在

聖明洞鑒之中伏望

特簡知兵大員往與籌防以資保障庶不致措置失
宜貽累全局愚者千慮尚冀
聖裁冒昧上陳伏乞
皇太后
皇上聖鑒謹
奏

一九、禮部尚書恩承等爲琉球陪臣向文光等呈遞禀詞并請代爲轉奏事奏摺 禀文一

光緒九年十一月初十日（1883. 12. 9）

内容提要

禮部尚書恩承等密奏，琉球國陪臣紫巾官前進貢正使耳目官向文光等赴臣部呈遞禀詞，内稱該國遭日本凌虐，盼望天威以復藩邦，并懇代爲轉奏等情。查該國耳目官毛精長等、法司官毛鳳來等先後在臣部具禀，經據情轉奏在案。謹抄録原禀恭呈請旨。

琉球國陪臣向文光等禀文：敝國世列天朝屏藩，叠蒙聖世懷柔，鴻慈有加無已，恪遵會典間年一貢已經二百餘年之久。光緒元年日人禁阻進貢，光緒五年竟然亡滅宗社，因羈孤主。敝國主業於光緒三年暨八年遣發向德宏、毛鳳來等先後賫捧密咨來閩，再三禀請賜救。光等於本年七月間奉國主傳諭賫捧密咨來閩呈繳，禀懇據情具奏外，改裝北上，伏乞禮部大人據情奏請亟賜天討，復國復君。

檔案來源：軍機處録副奏摺

已編入《清代中琉關係檔案七編》第五四三頁

禮部摺 琉球陪臣向文光等遞稟懇情移奏由

奏

十一月初十日

禮部尚書臣恩承等謹密

奏為據情轉奏事本月初四日據琉球國陪臣紫
巾官前進貢正使耳目官向文光都通事魏元
才等赴臣部呈遞稟詞臣等公同閱看係因該
國遭日本陵虐盼望
天威以復藩邦稟懇代為轉奏等情臣等查光緒五
年據該國耳目官毛精長等在臣部具稟經臣
部據情轉奏准軍機處片交軍機大臣面奉

諭旨本日據總理各國事務衙門具奏已將琉球官
派弁送至天津由李鴻章派員護送回閩矣欽此
傳知欽遵等因又光緒八年據該國陪臣法司
官毛鳳來等在臣部具稟復經臣部據情轉奏
准軍機處片交軍機大臣面奉
諭旨該衙門知道欽此除將原摺單鈔交總理各國
事務衙門欽遵辦理外傳知禮部欽遵等因各
在案今該國陪臣紫巾官向文光都通事魏元

才復赴臣部呈遞稟詞臣等不敢壅於
上聞謹鈔錄原稟恭
呈
御覽至該使臣等薙髮改裝由閩北上其流離顛沛
情形殊堪憫惻可否仍遵光緒五年
諭旨交總理各國事務衙門派弁送至天津由李鴻
章派員護送回閩之處伏候
訓示遵行臣等未敢擅便為此謹
奏請
旨

光緒九年十一月初十日

禮部尚書臣恩承

尚書臣徐桐

左侍郎臣宗室桂全

左侍郎臣徐郙未到任

署左侍郎臣陳蘭彬

右侍郎臣嵩申

右侍郎臣童華

十一月初十日
二十二

具稟琉球國陳情陪臣紫巾官前同治七年進
貢正使耳目官向文光等為號懇恩准
奏請
天威嚴行
天討迅賜復全土歸孤主永守藩封以修貢典事竊
照敝國世列
天朝屏藩疊蒙
聖世懷柔鴻恩有加無已恪遵會典間年一貢罔敢

愆期已經二百餘年之久詎於光緒元年日人
禁阻進貢又杜
天朝各大典又於光緒五年該倭竟然亡滅宗社因
羈孤主暨世子羅毒受辱卧薪嘗蓼五年於茲
矣且日人所行苛政日甚一日闔國人民苦其
暴行父離子子離父朝夕不勝悲歎之至況顧
日人虺蝎心腸鬼蜮行徑儆國主暨世子既有
刻刻失措之憂而臣民又時時遭其荼毒現刻

盼望
天威責申日罪以復藩邦猶赤子之待其父母而日
急一日也敝國主業於光緒三年暨八年遣撥
紫巾官向德宏法司官毛鳳來等先後賫捧密
咨來閩再三稟請叨蒙憲諭靜候未知賜救援
在何日哉業於本年八月間眾官密飭官吏馬
必選等飾為漂風來省傳知留閩使者懇請早
賜救援荷蒙憲恩已與光等先後安插館驛惟

光等本年七月間奉國主傳諭捧賫密咨來閩
呈繳藩憲詳請並稟懇督撫兩院憲據情具
奏外一面薙髮改裝趕赴北上號懇救難犯法之
罪有所弗辭伏思國家亡滅以來如前所陳生
民之塗炭已極而敝國主痛受苦辱為臣子者
豈忍坐視哉肝腸裂碎千思萬慮無策可施俾
敝國主暨世子罹此辱難此即臣子忠愛未竭
之所致而其罪不輕深懷慚愧惟是同係

聖朝赤子豈忍甘束手待斃哉苟非仗
聖天子之赫威無另有籌策除禀總理諸位大人外
伏乞禮部大人仰體
皇上覆載之至仁俯察日人煩苛之猛政據情
奏請
聖朝聲威亟賜
天討復國復君永為
中朝一屬仍修貢職以守封疆而奉宗社則上自國
主下及臣民億萬千年均戴
皇恩憲德於無既矣切禀

二〇、浙江巡撫劉秉璋爲琉球遭風難民照例撫恤事奏片

光緒九年十一月二十一日*（1883. 12. 20）

内容提要

浙江巡撫劉秉璋奏報，琉球國難民諭秀孝等十五名在本國久米島開船即遭颶風，杠具損壞，船身破漏，淹斃搭客五人，其餘十人遇救。當經設館安頓，給發口糧衣食，照例妥爲撫恤，雇備船隻護送赴閩，附便遣令回國。

檔案來源：軍機處録副奏摺
已編入《清代中琉關係檔案選編》第一一四三頁

○奏 十

劉秉璋片

再據布政使德馨詳稱據鎮海縣知縣于萬川稟稱光緒九年八月初十日鄞邑船戶金同安等在黑水洋救回琉球國遭風難番十名情據鄞縣來查驗該難番等蓄髮挽髻言語不通即令書寫據稱係琉球國那霸府人舟中尚秀春等共十五人內女二口七月十八日在本國久米島開船即遭颶風槓具損壞船身破漏淹斃搭客男女五人其餘十人遇救進滬叩求送回本

閩省，當經設館安頓，按名給發口糧衣食，妥
為撫卹，除應備船隻護送赴閩，附便遣令回
國外，轉詳請
奏前來。臣覆核無異，除咨部查照外，理合附片陳
明，伏乞
聖鑒。謹
奏。
光緒九年十月二十三日軍機大臣奉
旨：知道了。欽此。

劉[illegible]

二一、閩浙總督何璟等爲琉球遭風難民照例撫恤事奏片

光緒九年十二月初八日＊（1884.1.5）

内容提要

閩浙總督何璟等奏報，琉球國難民小橋川等十二名駕坐海船在洋遭風，順流來閩，光緒九年九月初五日進五虎門，初六日到驛安插。照例妥爲撫恤。將來如何回國，另行察看辦理。

檔案來源：軍機處録副奏摺

已編入《清代中琉關係檔案選編》第一一四四頁

口交

琉

何樑等片

再據福防同知王寅申詳琉球難人小橋川等十六名遭風到閩，當飭通事譯訊，據供小橋川是船主，玉城是舵工，馬必璣等四名是佐事，蒙叅注等六名是水手，俱係琉球那霸府人，駕坐小海船一隻，於八月二十九日開船，中途遇狂風飄流來閩，九月初五日進五虎門，初六日到驛安插，應即於是日起每人日給米一升，鹽菜銀六釐，回國之日給發行糧一個月，並照例加賞

物件折價給領續存公銀內動支事竣造

册報銷將來如回國另行察看以辦理據布政

使沈保靖詳請

奏前來除咨部外臣等謹附片陳明伏乞

聖鑒謹

奏

光緒九年十二月初八日軍機大臣奉

旨知道了欽此

任濬之

二三一、浙江巡撫劉秉璋爲琉球遭風難民護送赴閩日期事題本

光緒十年八月初二日　（1884.9.20）

内容提要

浙江巡撫劉秉璋題明，琉球國遭風難民紹德等十二名在洋遭風，漂收浙江台州府太平縣，原船沉没，片板無存。内有水手仲村渠松一名患病在館病故，照例妥爲撫恤，支給船價行糧路費，并給護照，另雇小船，派役護送水口安頓。閏五月十五日附搭海船起行，移會舟師營汛，派撥兵役逐程護送至福建福州南臺同知衙門查收，飭交琉球館附便回國。

檔案來源：内閣禮科題本
已編入《清代中琉關係檔案續編》第一五四六頁

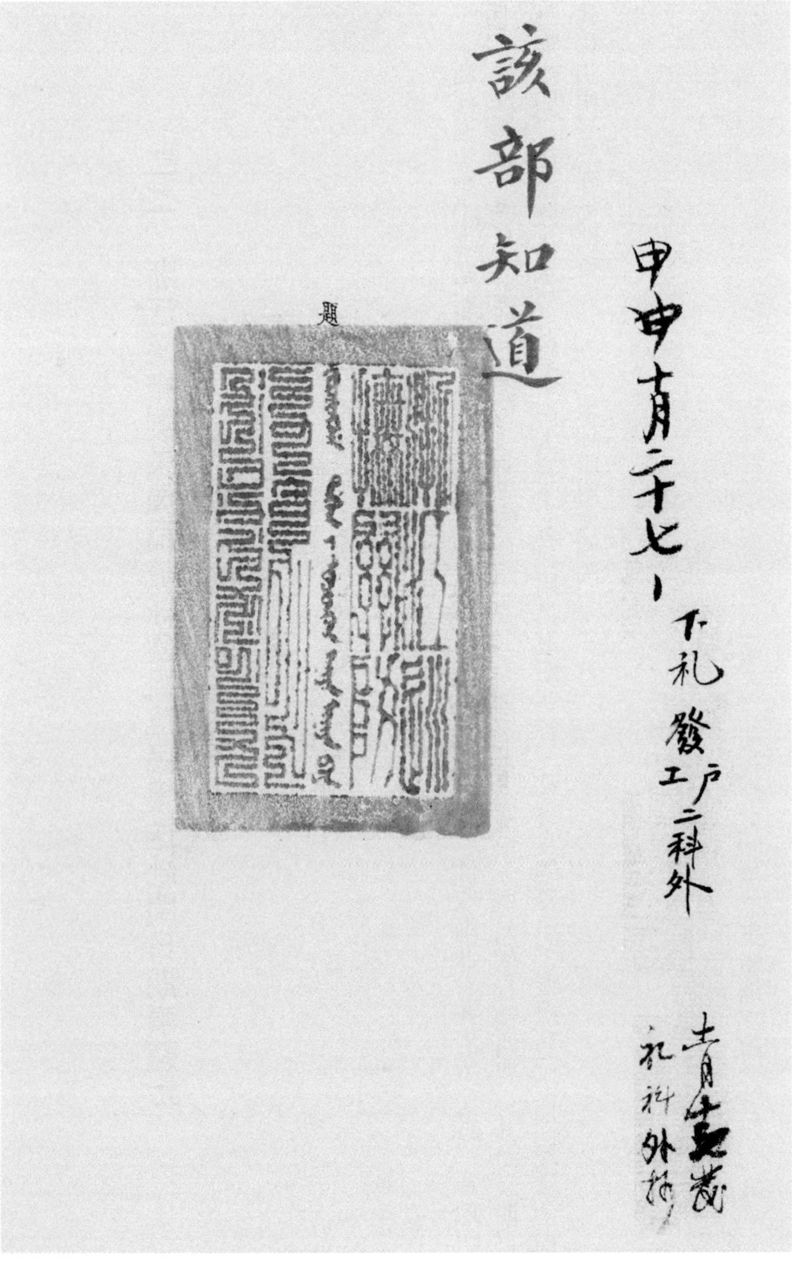
該部知道
題
甲申十月二十七日 下礼 發工戶二科外
礼科外抄

頭品頂戴兵部侍郎兼都察院右副都御史巡撫浙江等處地方提督軍務節制水陸各鎮兼管兩浙鹽政臣劉秉璋謹

題爲恭報撫恤琉球國難夷護送回國起程日期

事該 臣查得浙江省台州府太平縣於光緒拾

年肆月拾伍日漂收琉球國遭風難夷紹德等

一十二名到境內有水手仲村渠松一名在館

病故一案業經 臣附片具

奏並令妥爲撫恤由縣派役護送水口附搭海船

移發舟師護送赴閩回國暨將起程日期詳報

在案兹據布政使德馨詳據署太平縣知縣焦
景昌申報光緒拾年肆月拾伍日漂收琉球國
遭風難夷紹德等一十二名到境原船沉沒片
板無存并內有水手仲村渠松一名患病身死
當即詣驗面同殮埋兹於伍月貳拾玖日照例
支給船價行糧路費並給護照另僱小船派役
護送水口安頓於閏伍月拾伍日附搭海船起
行除移會舟師營汛派撥兵役逐程護送至福

建福州南臺同知衙門查收飭交琉球館附便
回國外合將出境日期通報察覈等情到司除
飭署太平縣知縣焦景昌將撫恤該難夷等衣
糧銀米船價等項造具實用報銷清冊詳咨外
合將太平縣撫恤琉球國難夷紹德等一十一
名搭船赴閩起程日期詳請察覈具
題等情到臣據此臣覆覈無異除揭移戶工二部
查照外理合恭疏具

題伏乞
皇太后
皇上聖鑒敕部查照施行謹
題請
旨

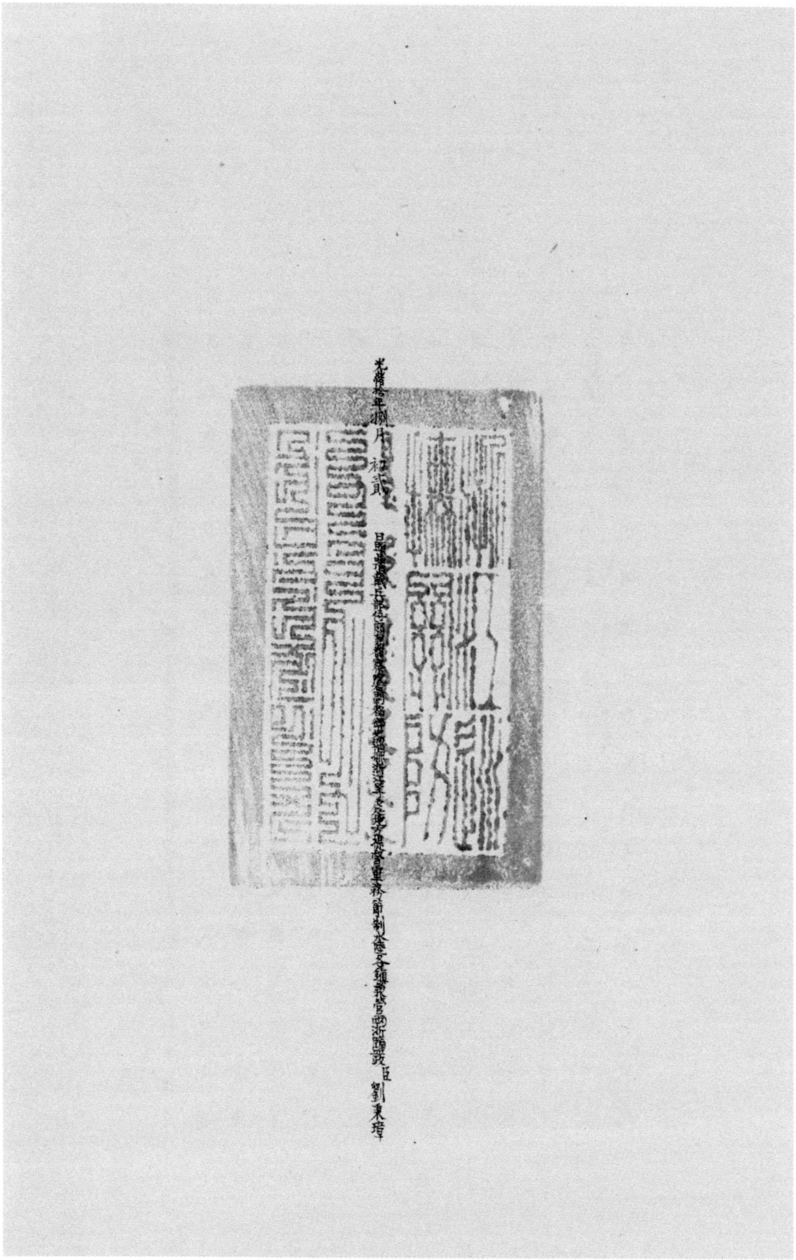
光緒拾年捌月初貳
臣 劉秉璋

頭品頂戴兵部侍郎兼都察院右副都御史巡撫浙江等處地方提督軍務節制水陸各鎮兼管兩浙鹽政臣劉秉璋謹

題爲恭報撫恤琉球國難夷護送回國起程日期

事竊臣看得浙江省台州府太平縣於光緒拾

年肆月拾伍日漂收琉球國遭風難夷紹德等

一十二名到境內有水手仲村渠松一名在館

病故一案業經臣附片具

奏並令妥爲撫恤由縣派役護送水口附搭海船

移發冊師護送赴閩回國暨將起程日期詳報

在案茲據布政使德馨詳據署太平縣知縣焦

景昌申報光緒拾年肆月拾伍日漂收琉球國

遭風難夷紹德等一十二名到境原船沉沒片

板無存并內有水手仲村渠松一名患病身死

當即詣驗面同殮埋茲於伍月貳拾玖日照例

支給船價行糧路費並給護照另僱小船派役
護送水口安頓於閏伍月拾伍日附搭海船起
行除移會舟師營汛派撥兵役逐程護送至福
建福州南臺同知衙門查收飭交琉球館附便
回國外合將出境日期通報察覈等情到司除
飭署太平縣知縣焦景昌將撫恤該難夷等衣
糧銀米船價等項造具實用報銷清冊詳咨外
合將太平縣撫恤琉球國難夷紹德等一十一
名搭船赴閩起程日期詳請察覈具
題等情到臣據此臣覆覈無異除揭移戶工二部
查照外謹
題請
旨

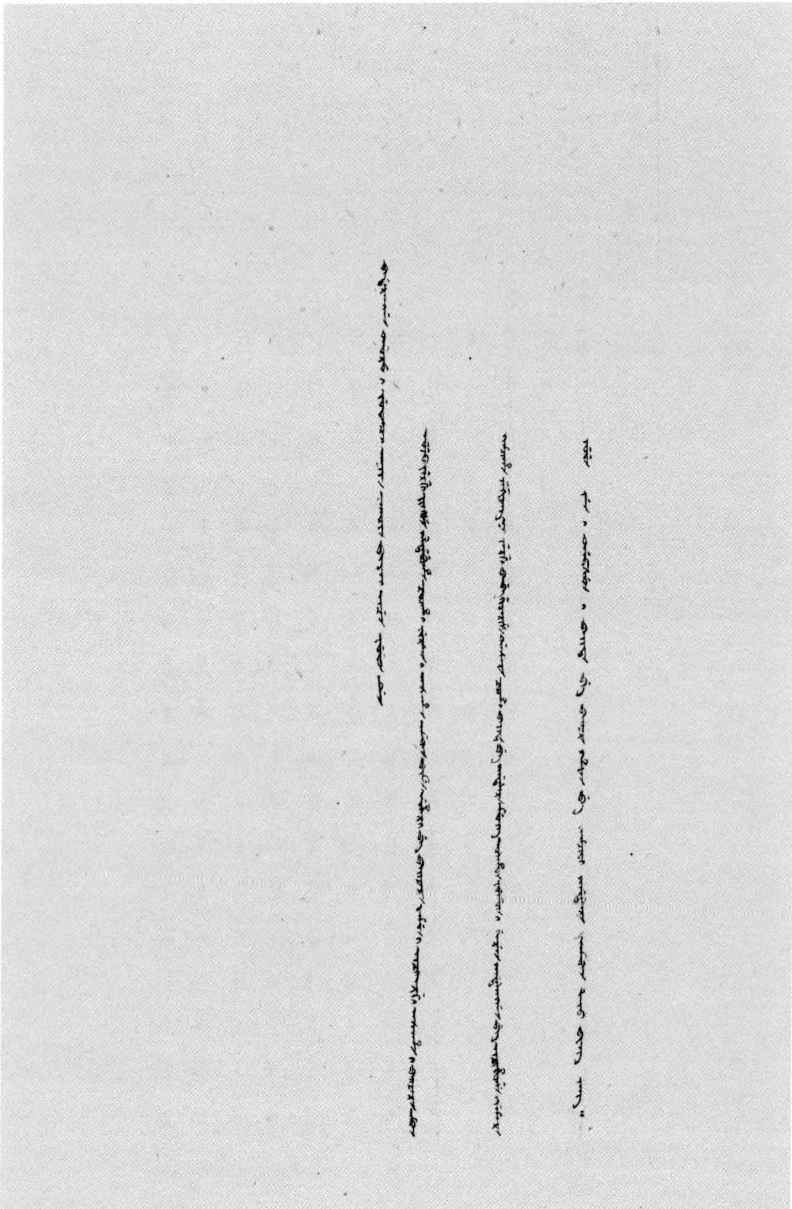

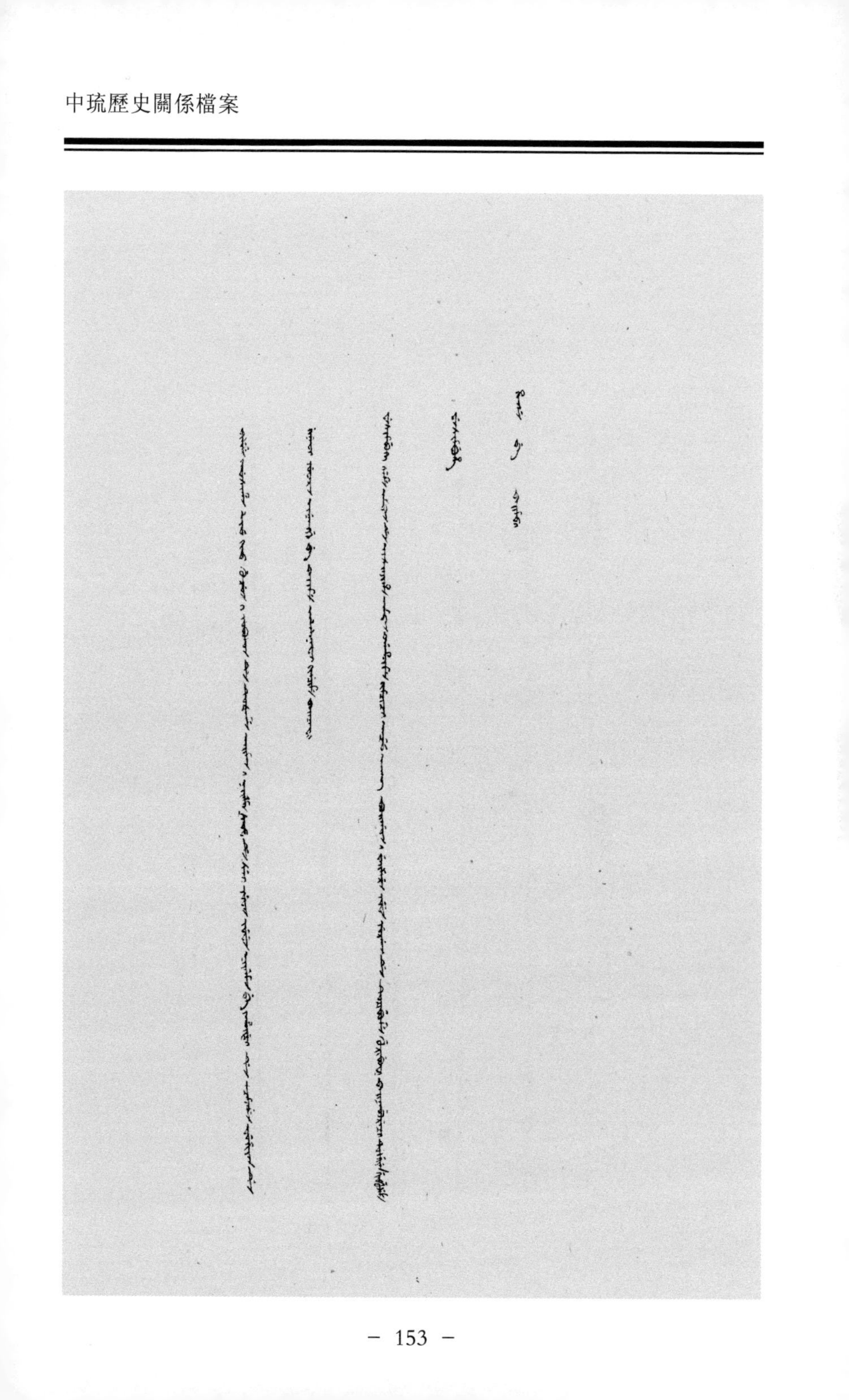

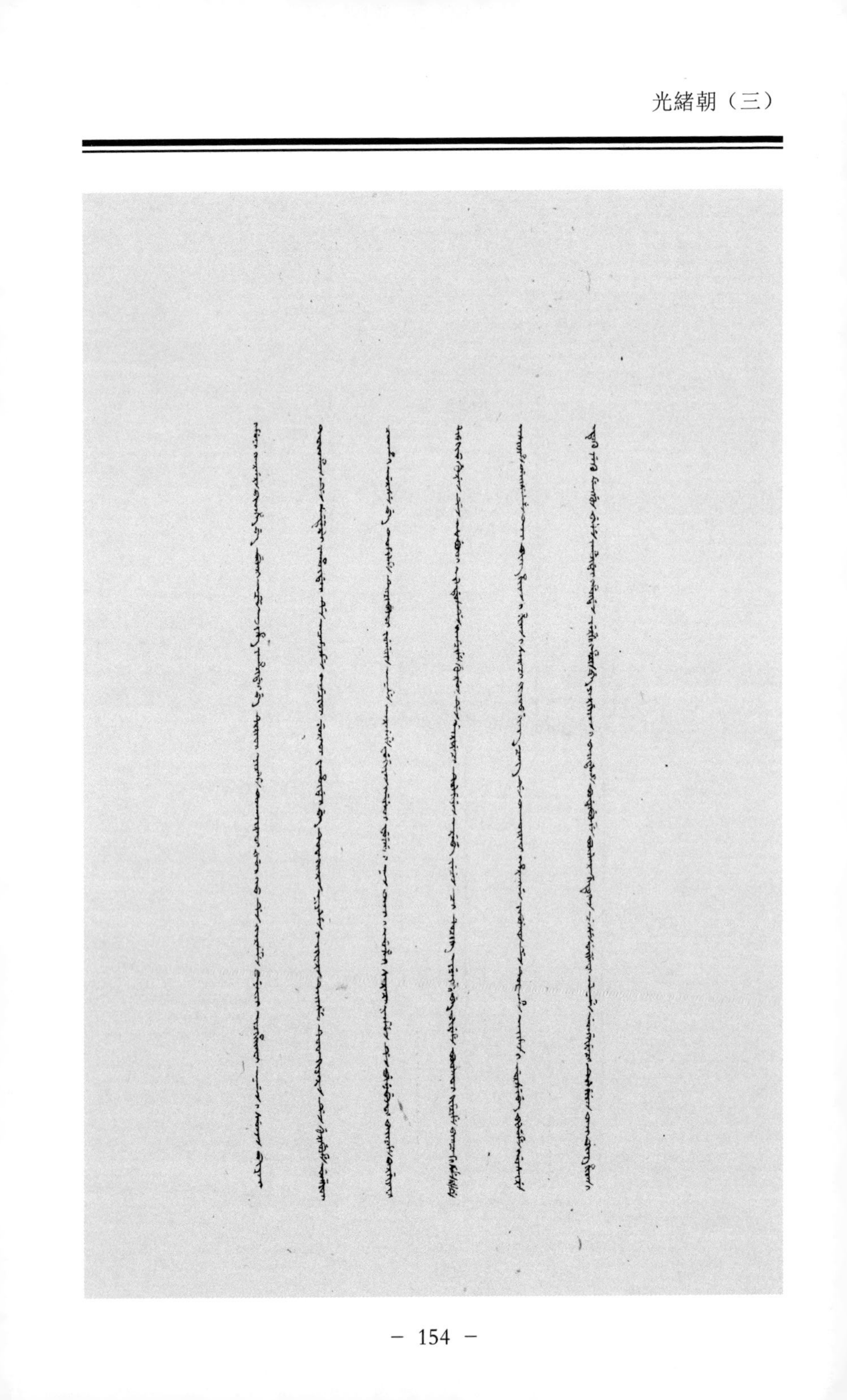

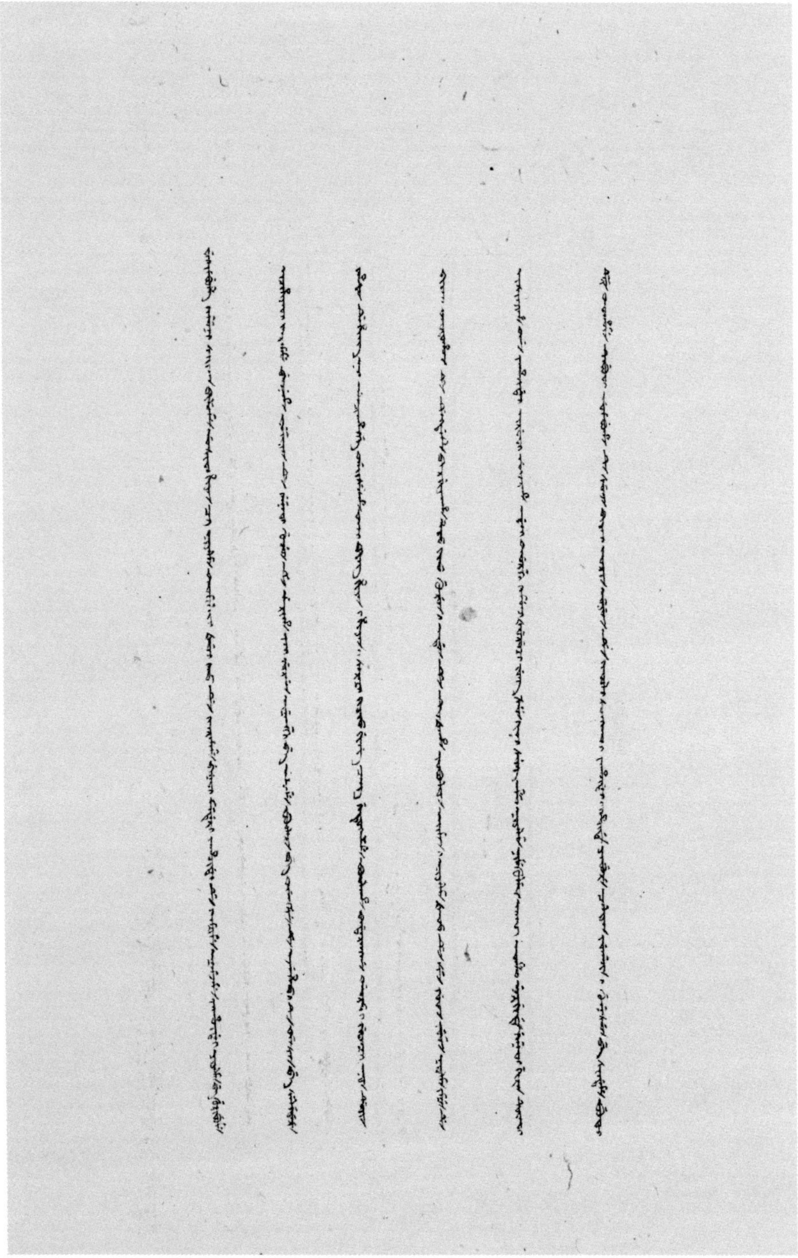

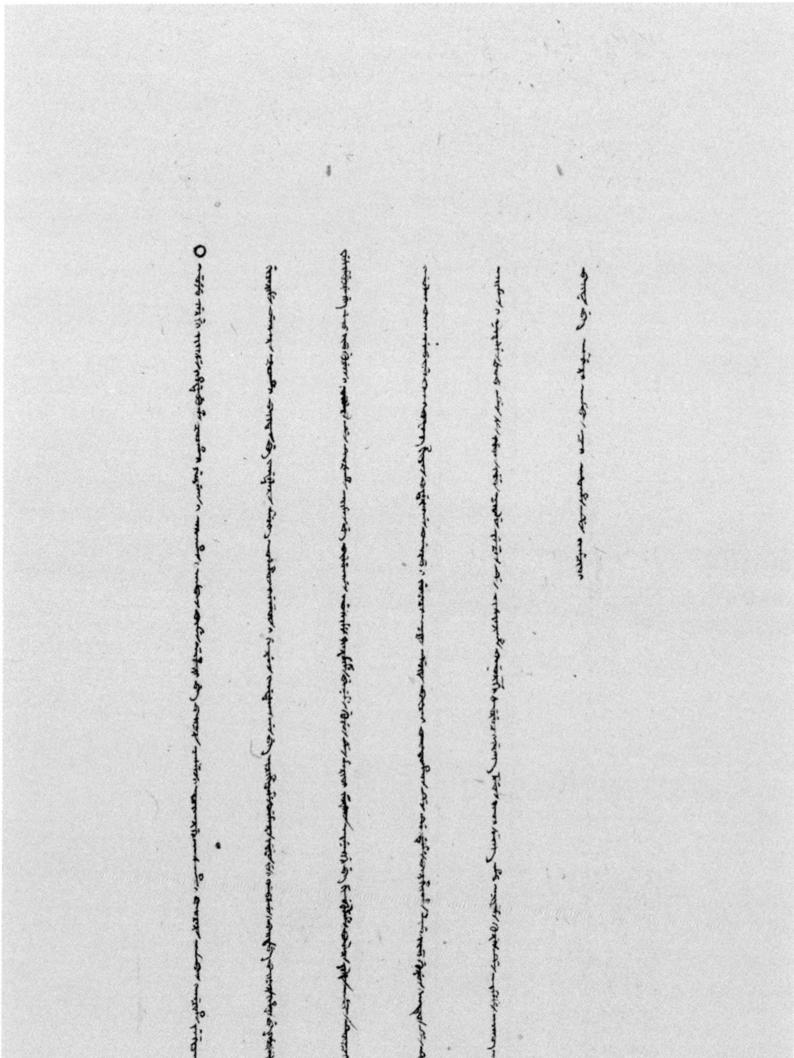

二三、福建巡撫張兆棟爲琉球遭風難船回國日期事題本

光緒十年十一月二十九日　（1885.1.14）

内容提要

福建巡撫張兆棟題明，琉球國遭風難民山里權和等九起先後護送到閩，業將譯訊撫恤情形及安插館驛日期分案詳蒙奏咨在案。查該難民山里權和等十九名，安村仁泉等十七名附搭陳情水梢安里等船内遣回；又難民比嘉等九名球船一隻，附搭向好問等案内難民林世昌等四名，謝秀孝等十名，統共回國五十九名。又鄭彦昭等八名，與平有賀案内向克仁一名，均附搭陳情水梢津嘉山等船内遣回。又小橋川等十名球船一隻，附搭前留在閩之向德明一名，又陳進輝等十一名球船一隻，統共回國三十一名。據報各船乘風放洋，俱已長行回國。

檔案來源：内閣禮科題本

已編入《清代中琉關係檔案續編》第一五四九頁

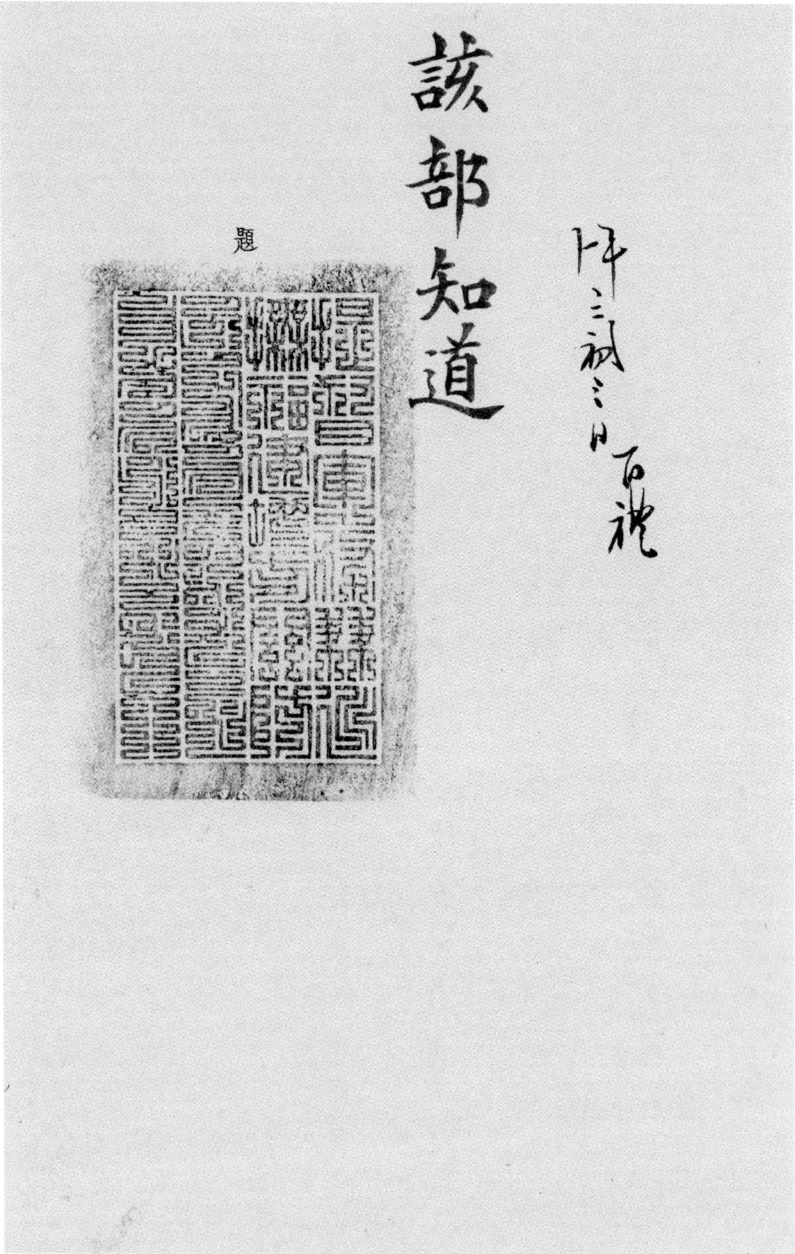
該部知道
年三初三日 石禮
題

革職暫緩交卸福建巡撫臣張兆棟謹
題為遣發琉球遭風難民船隻長行回國日期詳
請具
題事據福建布政使沈保靖呈詳竊照琉球遭風
難民山里權和安村仁泉比嘉向好問謝秀孝
鄭彥昭小橋川陳進輝並前次回國因風折回
之麼循理即宮城等玖起先後護送到閩業將
譯訊撫恤情形及安插館驛日期分案詳蒙

奏咨在案查該難民山里權和等壹起共拾玖名
安村仁泉等壹起共拾柒名附搭陳情水梢安
里等船内遣回又比嘉等壹起共玖名球船壹
隻附搭向好問等案内難民林世昌等肆名謝
秀孝等壹起拾名統共回國伍拾玖名又鄭彥
昭等壹起除新垣壹名病故外尚存捌名與平
有賀案内向克仁壹名均附搭陳情水梢津嘉
山等船内遣回又小橋川等壹起原共拾貳名

除馬必選阿波連貳名現暫留閩外尚應壹拾名球船壹隻附搭前留在閩之向德明壹名又陳進輝等壹起共拾壹名球船壹隻統共回國叁拾壹名該難民等均稱熟悉閩洋堪以自行駕駛山里權和等伍拾玖名據報於本年叁月拾叁日鄭彥昭等叁拾壹名於本年伍月拾肆日各離驛登舟其前次回國因風折回之摩猎理即宮城等拾陸名球船壹隻亦據報於本年

叁月拾叁日離驛登舟，當經飭取長行回國日期去後，茲據福防同知詳報，該難民山里權扣等拾玖名、安村仁泉等拾米名附搭安里等船內，又比嘉等玖名球船壹隻附搭林世昌等肆名，謝秀孝等拾名，又摩循理郎宮城等拾陸名球船壹隻，均於本年伍月貳拾日乘風放洋。又鄭彥昭等捌名、向克仁壹名附搭津嘉山等船內，又小橋川等拾名球船壹隻附搭向德明壹

名又陳進輝等拾壹名球船壹隻於本年伍月
貳拾玖閏伍月初壹等日乘風放洋俱已長行
回國各等由到司理合詳請察核具
題再此案因防務戒嚴辦理稍遲合并聲明等情
前來臣覆查無異謹恭疏具
題伏祈
皇上聖鑒勅部查照施行爲此具本謹具
題
聞

光緒拾年[illegible]第[illegible]巡撫臣張兆棟

革職暫緩交卸福建巡撫臣張兆棟謹
題爲遣發琉球遭風難民船隻長行回國日期詳
請具
題事據福建布政使沈保靖呈詳竊照琉球遭風
難民山里權和安村仁泉比嘉向好問謝秀孝
鄭彥昭小橋川陳進輝竝前次回國因風折回
之麼循理卽宮城等玖起先後護送到閩業將
譯訊撫恤情形及安插館驛日期分案詳蒙
奏咨在案查該難民山里權和等壹起共拾玖名
安村仁泉等壹起共拾柒名附搭陳情水梢安
里等船內遣回又比嘉等壹起共玖名球船壹
隻附搭向好問等案內難民林世昌等肆名謝
秀孝等壹起拾名統共回國伍拾玖名又鄭彥

昭等壹起除新垣壹名病故外尚存捌名與平有賀案內向克仁壹名均附搭陳情水梢津嘉山等船內遣回又小橋川等壹起原共拾貳名除馬必選阿波連貳名現暫留閩外尚應壹拾名球船壹隻附搭前留在閩之向德明壹名又陳進輝等壹起共拾壹名球船壹隻統共回國叁拾壹名該難民等均稱熟悉閩洋堪以自行駕駛山里權和等伍拾玖名據報於本年叁月拾叁日鄭彥昭等叁拾壹名於本年伍月拾肆日各離驛登舟其前次回國因風折回之麋循理即宮城等拾陸名球船壹隻亦據報於本年叁月拾叁日離驛登舟當經飭取長行回國日期去後茲據福防同知詳報該難民山里權和

等拾玖名安村仁泉等拾柒名附搭安里等船
内又比嘉等玖名球船壹隻附搭林世昌等肆
名謝秀孝等拾名又摩循理即宮城等拾陸名
球船壹隻均於本年伍月貳拾日乘風放洋又
鄭彥昭等捌名向克仁壹名附搭津嘉山等船
内又小橋川等拾名球船壹隻附搭向德明壹
名又陳進輝等拾壹名球船壹隻於本年伍月
貳拾玖閏伍月初壹等日乘風放洋俱已長行
回國各等由到司理合詳請察核具
題再此案因防務戒嚴辦理稍遲合并聲明等情
題前來臣覆查無異謹具
聞

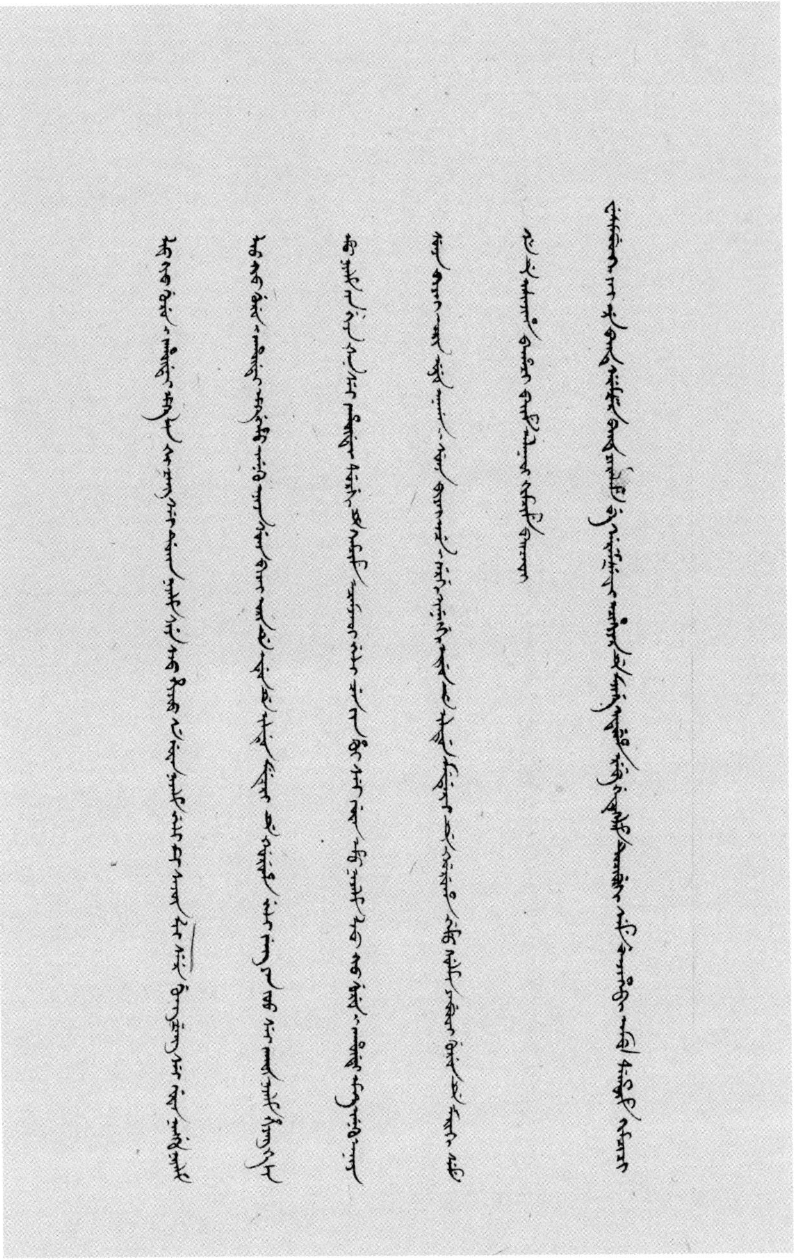

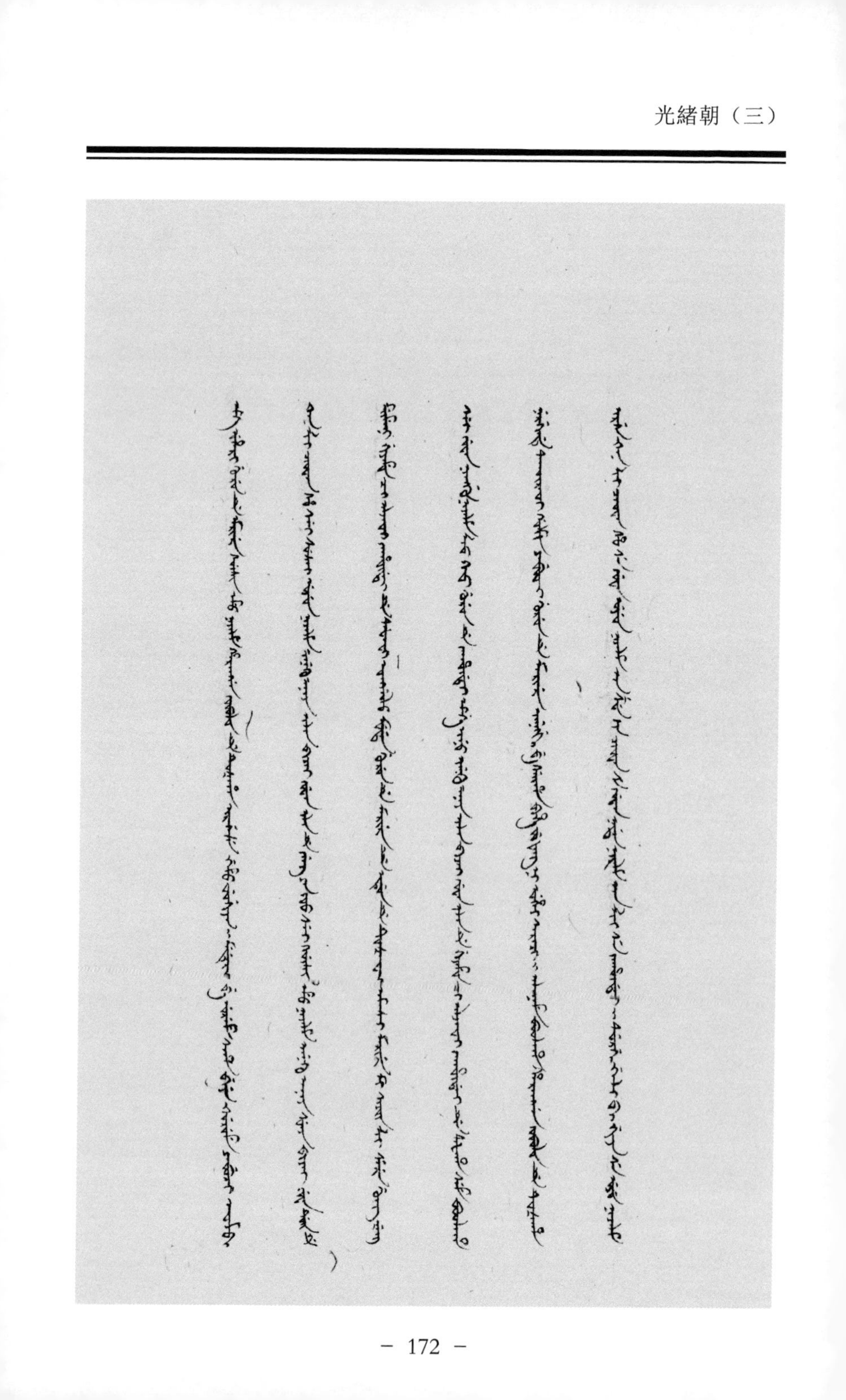

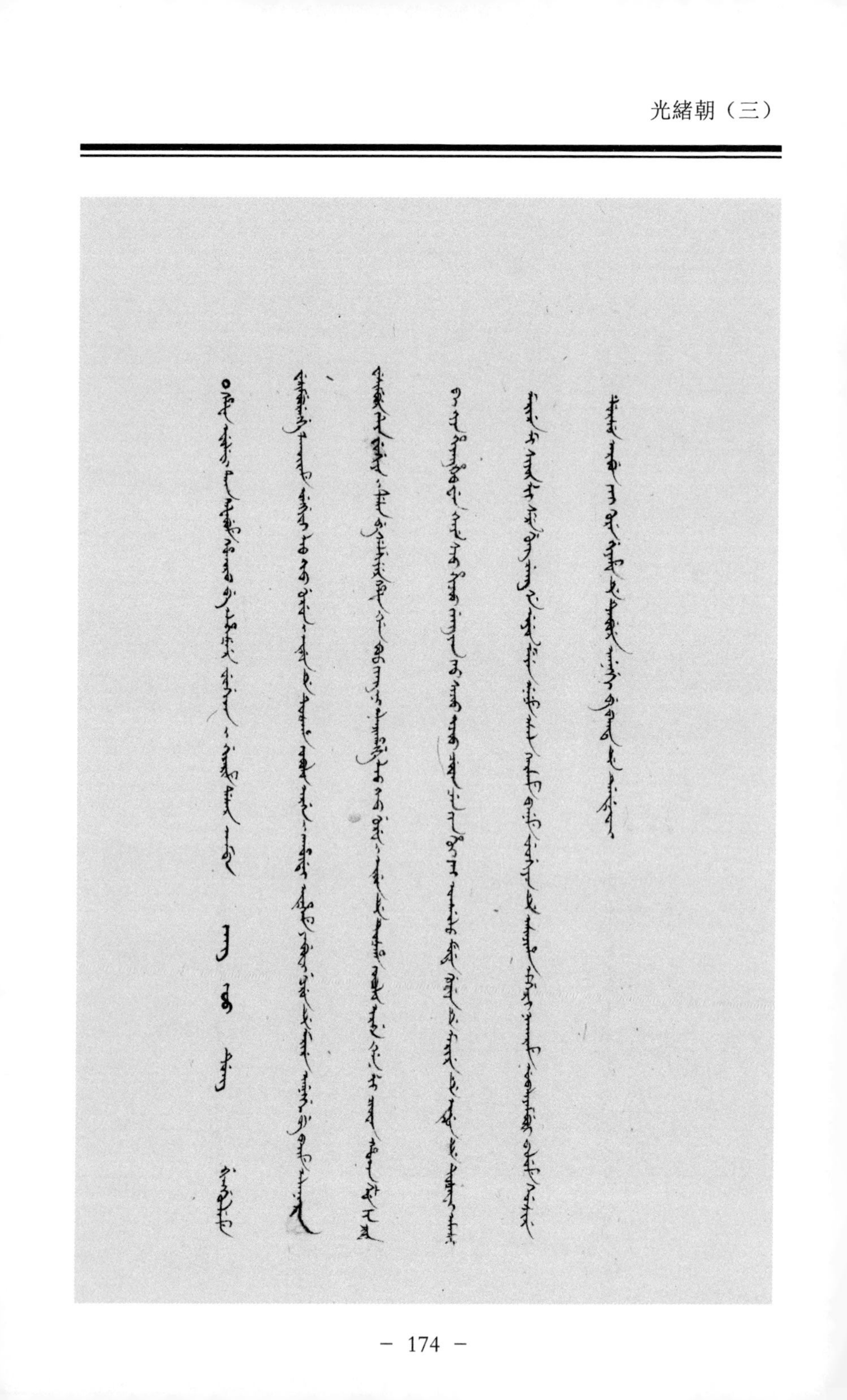

二四、福建巡撫張兆棟爲琉球國進貢正使毛精長在閩病故事題本

光緒十年十二月二十一日　（1885.2.5）

内容提要

福建巡撫張兆棟題明，琉球國同治十三年進貢正使耳目官毛精長事竣旋閩，尚未回國，適因日本阻貢，赴京乞援，光緒八年八月患病回閩，醫治不痊，於光緒十年九月初五日在館驛病故。請援案賞恤銀三百兩，棺價銀二十兩，由内閣撰給祭文，備辦祭品，并委官致祭。其柩葬於閩縣轄南關外之廷安山，仍立石封識。

檔案來源：内閣禮科題本
已編入《清代中琉關係檔案續編》第一五五二頁

十一年十月廿六日下礼

該部察例具奏

題

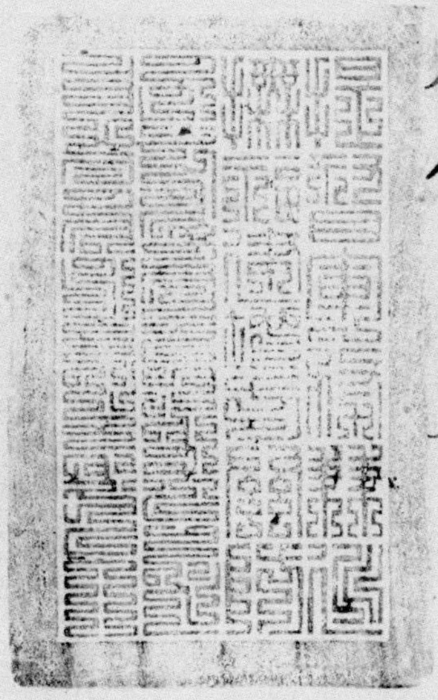

革職暫緩交卸福建巡撫臣張兆棟謹

題爲據報琉球貢使在閩病故日期詳請具

題事光緒拾年拾貳月初壹日據福建布政使沈

保靖詳據署福防同知羅大佑詳據琉球都通

事蔡德昌稟稱同治拾叁年進

貢正使耳目官毛精長事竣旋閩尚未回國適因

日本阻貢於光緒伍年赴京乞援捌年捌月患

病回閩醫治不痊延至拾年玖月初伍日在館

譯病故稟請轉詳

題請致祭辦理其柩已於玖月初半日葬閩縣轄

南關外之廷安山等情查明轉詳到司據此查

定例凡外國貢使在途病故應由內閣撰擬祭

文所在布政司備辦祭品遣官致祭壹次仍置

地安葬立石封識若同來使臣有自願帶回骸

骨者聽從其便等語又嘉慶陸年進暹邏國

貢使怕窩門孫吽哆呵叭在粵病故奉

旨著加恩賞銀叁百兩嗣後遇有此等外國使臣在内
地身故之事卽照此辦理欽此歷居琉球國進
貢及謝
恩使臣遇有在閩病故者均准
題請致祭並照例賞給棺價銀貳拾兩又加賞銀
叁百兩交該家屬承領其棺柩聽其就地掩埋
各在案今琉球進
貢正使耳目官毛精長航海輪誠在閩病故請照

歷辦成案
題
請賞恤銀叁百兩又棺價銀貳拾兩並由內閣
撰給祭文一面備辦祭品委官致祭壹次以示
懷柔所有該使臣毛精長骸骨該夷官已自行
擇地在閩安葬應仍立石封識詳請察核具
題
等情到臣據此該臣查得定例凡外國貢使在
途病故應由內閣撰擬祭文所在布政司備辦
祭品遣官致祭壹次仍置地安葬立石封識若

同来使臣有自願帶回骸骨者聽從其便等語
茲據福建布政使沈保靖詳據署福防同知羅
大佑詳據琉球都通事蔡德昌稟報同治拾叁
年進
貢正使耳目官毛精長於光緒拾年玖月初伍日
在館驛病故請照歷辦成案
題請賞恤銀叁百兩又棺價銀貳拾兩並由內閣
撰給祭文一面備辦祭品委官致祭壹次以示

懷柔所有該使臣毛精長骸骨該吏官已自行

擇地在閩安葬應仍立石封識詳請察核具

題等情前來臣覆查無異謹會同閩浙總督臣楊

昌濬恭疏具

題伏祈

皇上聖鑒勅部議覆施行爲此具本謹

題請

旨

光緒拾年拾貳月貳拾壹日革職暫緣文武福建巡撫臣張兆棟

華職暫緩交卸福建巡撫臣張兆棟謹
題爲據報琉球貢使在閩病故日期詳請具
題事該臣查得定例凡外國貢使在途病故應由
內閣撰擬祭文所在布政司備辦祭品遣官致
祭壹次仍置地安葬立石封識若同來使臣有
自願帶回骸骨者聽從其便等語茲據福建布
政使沈保靖詳據署福防同知羅大佑詳據琉
球都通事蔡德昌稟報同治拾叁年進

貢正使耳目官毛精長於光緒拾年玖月初伍日

在館驛病故請照歷辦成案

題請賞恤銀叁百兩又棺價銀貳拾兩並由內閣

撰給祭文一面備辦祭品委官致祭壹次以示

懷柔所有該使臣毛精長骸骨該吏官已自行

擇地在閩安葬應仍立石封識詳請察核具

題等情前來臣覆查無異謹會

題請

旨

[illegible]

[illegible]

[illegible]

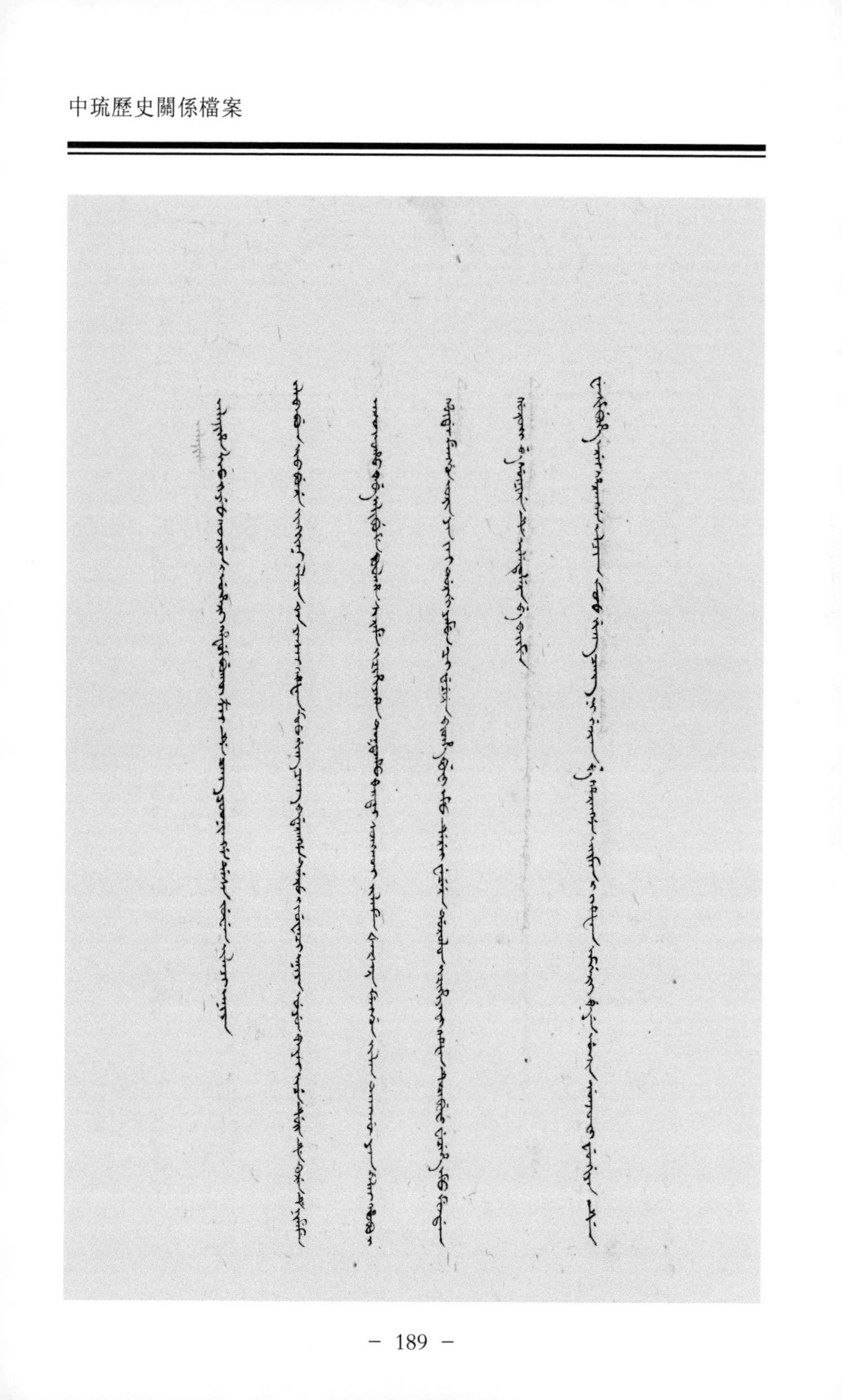

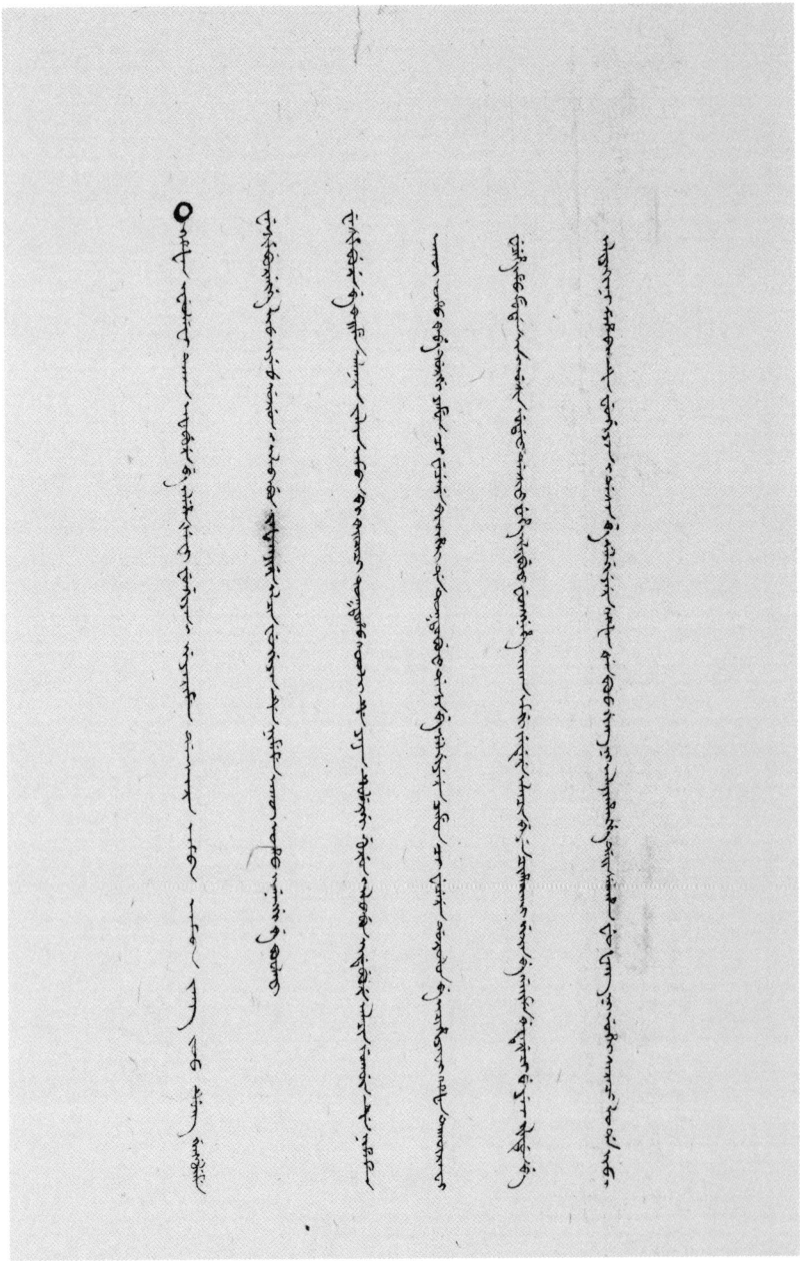

二五、閩浙總督楊昌濬等爲琉球遭風難民照例撫恤事奏摺

光緒十一年正月二十七日　（1885. 3. 13）

内容提要

閩浙總督楊昌濬等奏報，琉球國難民成永昌等十名駕坐海船在洋遭風，順流至閩省平潭廳轄洋面，經地方官賞給錢米食物，成永昌等四名起旱先行，於光緒十一年九月二十八日到驛；宫平等六名候風開船，於十一月二十三日到驛安插。照例妥爲撫恤。該難民等回國能否乘坐原船，届時察看酌辦。

檔案來源：軍機處録副奏摺
已編入《清代中琉關係檔案選編》第一一四五頁

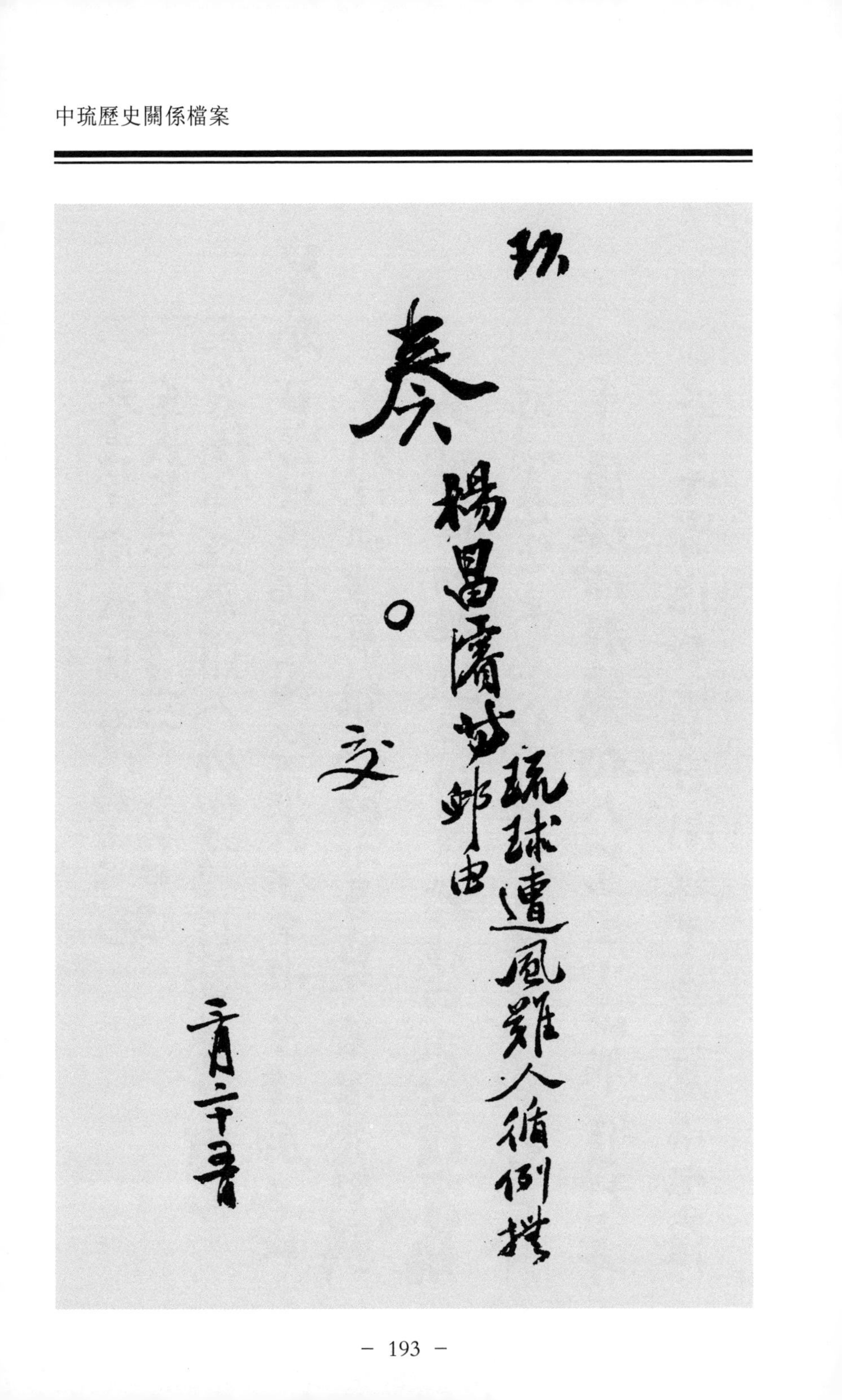

硃

奏

楊昌濬等 琉球遭風難人循例撫卹由

○

交

二月二十三日

頭品頂戴閩浙總督臣楊昌濬
革職特緩交部福建巡撫臣張兆棟跪
奏為琉球遭風難人循例譯訊撫卹恭摺仰祈
聖鑒事竊據署福防同知羅大佑申准平潭廳先後
送到琉球遭風難人成永昌等十名當發館驛
安插一面飭傳通事譯訊據供成永昌等均係
冠儀并當吏島袋來椗工宮平等六人係水
手俱琉球那霸府人駕坐小海船一隻於本年
九月十四日從那霸府開駛中途遭風漂出大洋

懷琉球國有香譯麗繕詳函業地方官館賠償
給鋪米食物成永昌等及島袋四名趕早先行
於九月二十八日到驛管事等六名候風開船十一月
二十二日抵福州五虎門二十三日到驛安插其情由
藩司沈保靖覈詳請
奏前來臣查該難人成永昌等航海遭風情殊
堪憫亟應仰體
皇仁 加於安插之日起每人每日給米一升鹽菜銀六釐回

國之日，給發行糧一箇月，並照例加賞物件，其

係給領統於存公銀內動支，事後造冊報銷。

雖八社同國號者乘坐廈船屆時察看酌中辦

行咨外務部，謹合詞恭摺具陳，伏乞

皇太后

皇上聖鑒。謹

奏。

光緒十一年三月二十五日軍機大臣奉

旨：該部知道。欽此。

本月二十五日

軍機處錄

二六、閩浙總督楊昌濬等爲琉球遭風難民照例撫恤事奏摺

光緒十一年五月二十四日　（1885.7.6）

内容提要

閩浙總督楊昌濬等奏報，琉球國難民陳文選等十一名駕坐海船一隻在洋忽遇暴風，漂至浙江温州洋面，船身損壞，難以駕駛，幸遇漁人救護，經地方官派役護送來閩，於光緒十一年四月十一日到福州館驛安插，照例妥爲撫恤。該難民等原船漂失，有球人津嘉山等回國便船堪以附搭，已於五月初一日離驛登舟，放洋回國。

檔案來源：軍機處録副奏摺

已編入《清代中琉關係檔案選編》第一一四六頁

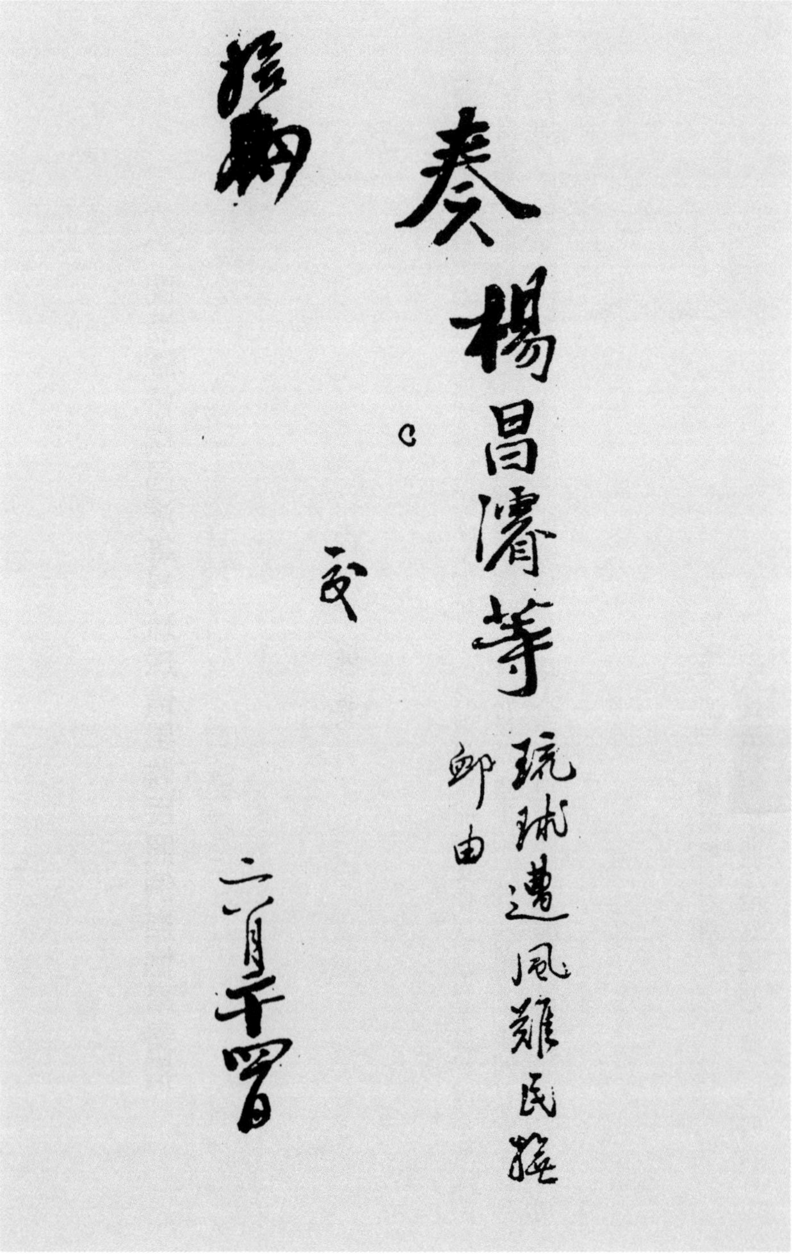
奏
楊昌濬等
琉球遭風難民據
郵由
二月

頭品頂戴閩浙總督臣楊昌濬
兼暫護兵部福建巡撫臣張兆棟跪
奏為琉球遭風難人循例譯訊撫卹並已遣發回
國恭摺仰祈
聖鑒事竊據署福防同知羅大佑申稱連江縣詳送
琉球遭風難人陳文選等十一名抵省當經館
驛安插一面飭傳通事譯訊據供陳文選毛永
昌是官吏島袋是舵工金亟烈等八名是水梢
俱係琉球人氏駕坐海船一隻於本年三月

十一月在八重山間船忽遇暴風漂至浙江温州
洋面船身損壞難以駕駛幸遇漁人救護至
坎門汛即將漂後等於營縣才由派役送至玉
環廳復撥兵役護送來閩買和各至連江
知十二月到福州館驛安插如於安插日起每人
日給米一升鹽菜銀六文該難人等原船漂壞
有琉人津嘉山等回國便船堪以附搭已於當
初二日離驛登舟放洋回國仍各給行糧一個

具，並照例加賞物件，動錯存公銀兩，由藩司

派保請覈詳請

奏前來，除造冊咨部外，臣等謹合詞恭摺具

奏伏乞

皇太后

皇上聖鑒。再此案係准浙省咨會，合併陳明。謹

奏。光緒十年六月二十四日軍機大臣奉

旨：該部知道。欽此。　五月二十四日

二七、浙江巡撫劉秉璋爲琉球遭風難民照例撫恤事奏片

光緒十一年十一月初二日　（1885. 12. 7）

内容提要

浙江巡撫劉秉璋奏報，琉球國難民伊及申特等六名駕坐海船駛至中國洋面徒遇暴風，船遭覆没，伊等赤身游至近岸遇救得生。經地方官設館安頓，給發衣糧，妥爲撫恤，并派役護送水口，給以船價，附搭海船，移營派撥舟師護送赴閩回國。

檔案來源：軍機處録副奏摺

已編入《清代中琉關係檔案選編》第一一四七頁

文

參得

劄東瑧府
丹援布政許應鑅詳，轉據官海廳同知黃桂
蘭稟稱：光緒十一年八月初六日地保丁敬文元
等見有琉球國人六名，船隻遭風覆沒，在
橫坑山嘴救回，用船載至本港，同到廳查驗。
該難番六名，黃髮挽髻，詢係何人，身無衣衫，
不通語言，與紙筆書寫，文義亦不通，解赴陀省，
人譯詢，據稱伊等甲情，均係琉
球國人，於本年七月二十七日由本國開

洋捕魚，八月初五日駛至中國洋面，陡遇颶
船遭覆沒，伊等赤身鳧水近岸，適遇漁閩
生救送回本國等語，當將該難番等設
館安頓，給發衣糧，妥為撫卹，即察看乘便遣發
時，除飭廳依限護送，水路給以船隻，俟附搭海
船，移營派撥舟師護送赴閩回國外，
轉詳請
奏前來，臣覆查無異，除咨部照辦理，合附

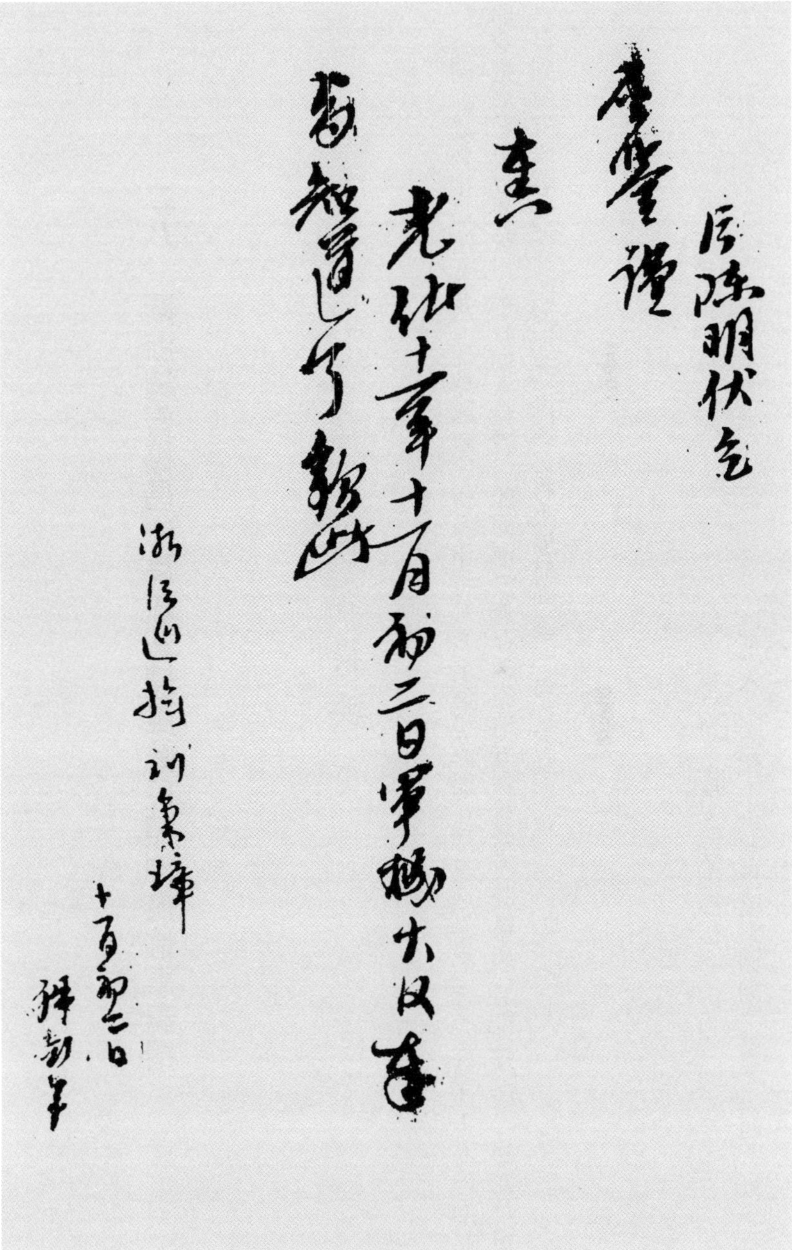

臣陳明伏乞

慈聖鑒

奏

光緒十年十月初二日軍機大臣奉

旨知道了欽此

浙江巡撫劉秉璋

十月初二日

拜發

二八、閩浙總督楊昌濬爲琉球遭風難民照例撫恤事奏摺

光緒十一年十一月二十六日　（1885. 12. 31）

内容提要

閩浙總督楊昌濬奏報，琉球國難民伊及申特等六名駕坐海船在洋忽遇暴風，漂至浙江定海洋面，船身損壞，難以駕駛，幸有漁人救護，船即漂没無存。經地方官賞給衣服錢文，派役護送，於九月初六日到閩省館驛安插。照例妥爲撫恤。將來如何回國，另行察酌辦理。

檔案來源：軍機處録副奏摺
已編入《清代中琉關係檔案選編》第一一四八頁

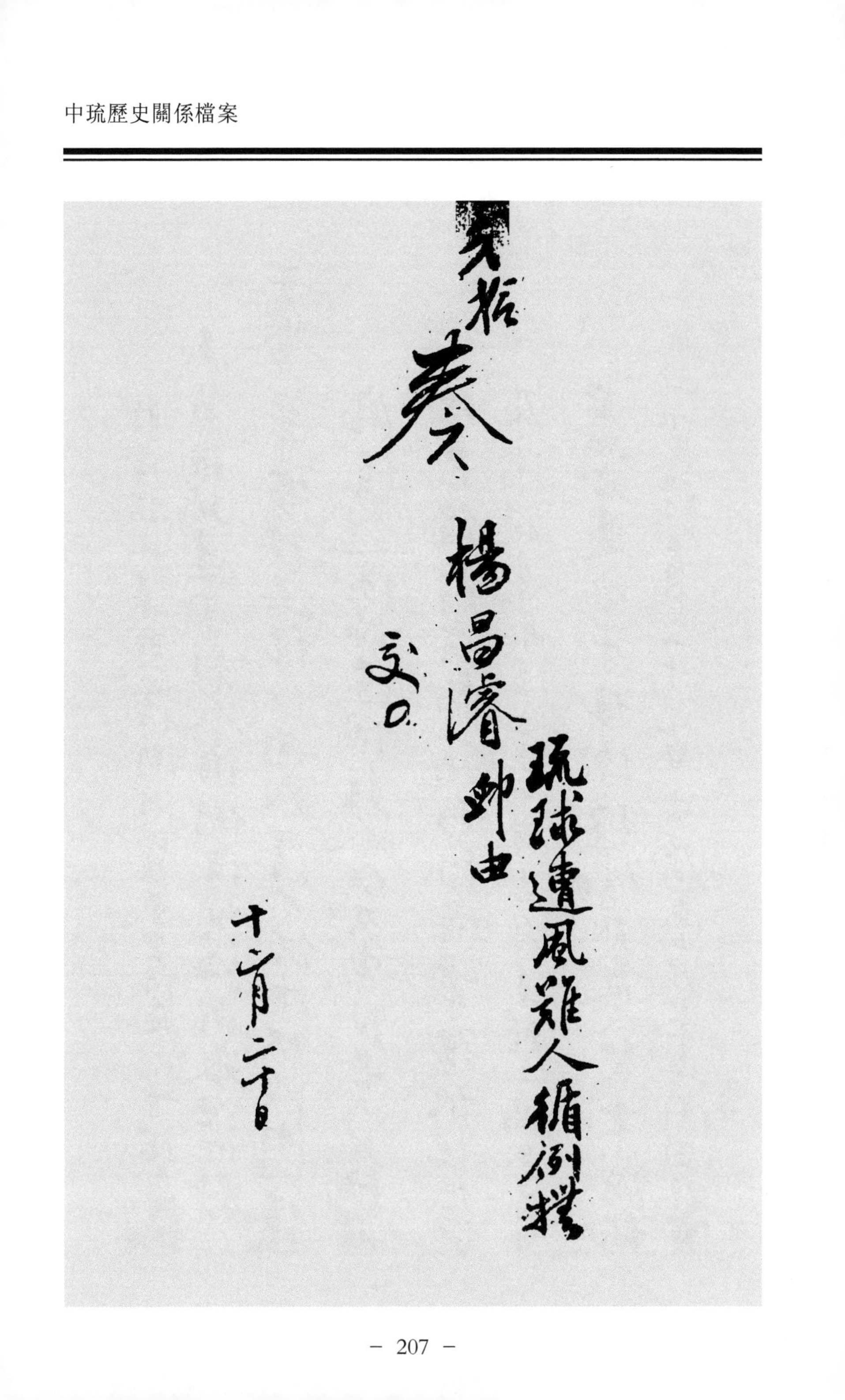

另摺

奏

楊昌濬

鈔由

琉球遭風難人循例撫

交〇

十一月二十日

頭品頂戴革職留任閩浙總督兼署福建巡撫事臣何[illegible]

奏為琉球遭風難人循例譯訊撫卹恭摺仰祈

聖鑒事竊據署福防同知羅大佑申稱准閩縣[illegible]

廳護送琉球遭風難人伊及申特等六名[illegible]

省資館驛安插一面移傳通事譯訊據供伊

及申特是船主中岔亀先虎是舵工鳴岔亀[illegible]

共四名是水手俱係琉球那霸府人駕坐小海船

一隻於七月二十九日由屬島姑米山開回那霸

忽遇暴風，飄出外洋，直至浙江定海洋面觸
損壞，難以駕駛，幸有漁人救護，執送定海
廳衙門，船即漂沒，所存貨物定海廳發給銀
飭文武員弁護送，九月初二日到閩省館驛安插。
情由福建藩司詳請，夢元據詳請
奏前來，臣查該難人伊及申特等航海遭風，情
堪憫惻，應仰體
皇仁，於安插之日起，每人日給米一升，鹽菜銀六厘

回國之日各路折報一圖月並照例於黃冊
件折價、經費總摺存以備內動支等撥造冊
核銷，將來於何回國另行察酌辦理。除分
咨外，謹恭摺具陳，伏乞
皇太后
皇上聖鑒。再此案未准海署咨會，合併陳明，謹
奏。
光緒十六年十二月二十日軍機大臣奉
旨：該衙門知道。欽此。
十二月二十六日

二九、閩浙總督楊昌濬爲琉球遭風難民照例撫恤事奏摺

光緒十二年正月二十八日　（1886.3.3）

内容提要

閩浙總督楊昌濬奏報，琉球國難民鄭邦選等七人於光緒十一年九月二十三日駕船來閩，在洋遭風，經臺灣、廣東賞給飯食棉衣，附搭輪船於十一月初八日抵閩省館驛安插，照例撫恤。將來如何回國，另行察酌辦理。

檔案來源：軍機處録副奏摺

已編入《清代中琉關係檔案選編》第一一五〇頁

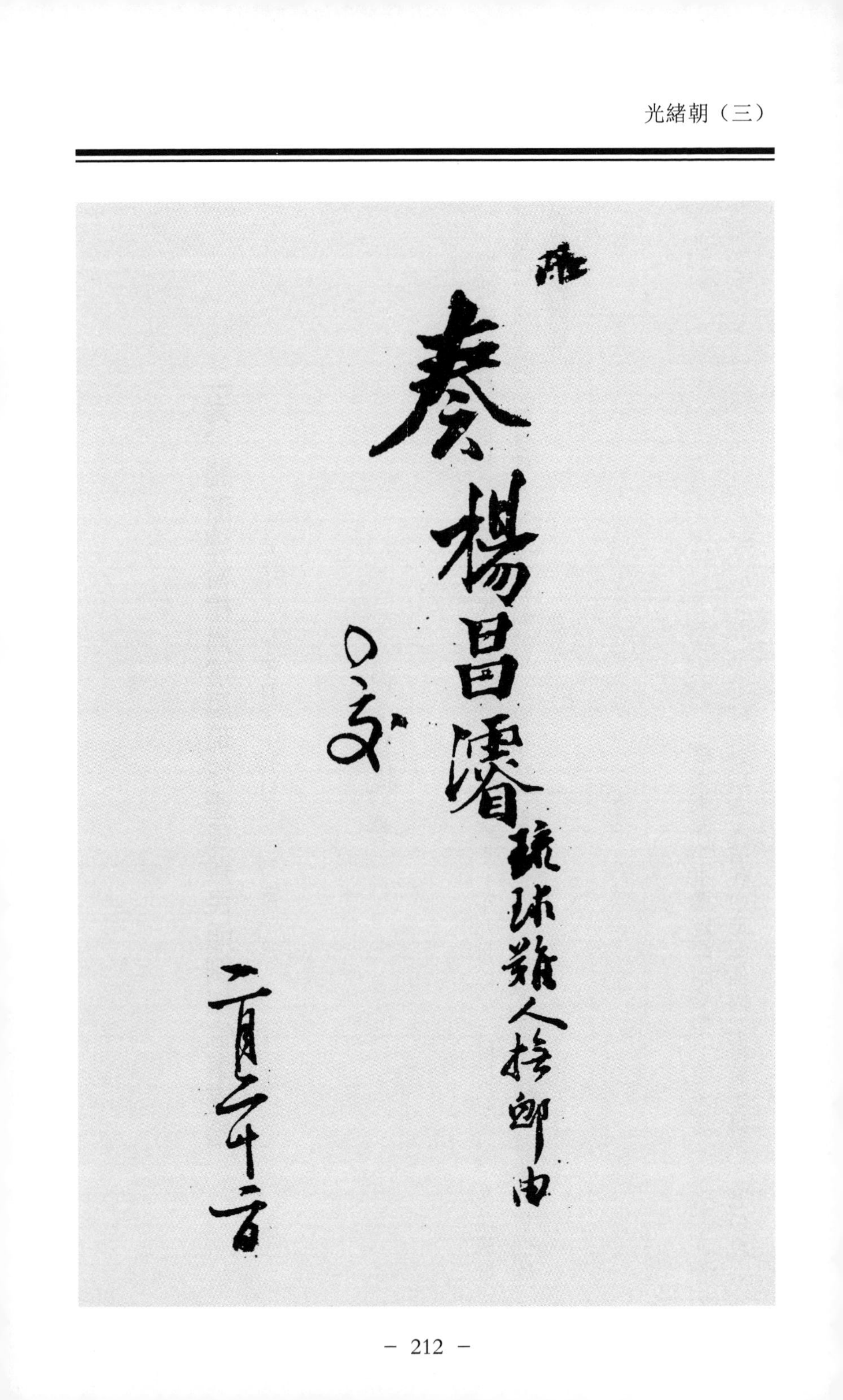

旅

奏楊昌濬琉球難人抵閩由

○交

二月二十二日

頭品頂戴當任閩浙總督兼署福建巡撫事臣楊昌濬跪

奏為琉球遭風難人循例譯訊撫卹恭摺仰祈

聖鑒事。竊據福防同知羅大佑詳稱：琉球遭風難人鄭

那選等七名由廣東香港附搭輪船來閩，當經

館譯安插，面飭值通事譯訊。據供：鄭邦選是

官吏仲村渠是船主神山等五名是於手供

係琉球那霸府人，駕坐小海船一隻，於本年九

月二十二日開駛來閩，在洋遭風漂至臺灣並廣

東洋港船隻損壞雖以驚駭幸遇洋人救護經其查覺查明均有賞給飯食綿衣該難人等因身者給有船票當將船隻變價附搭輪船於十月晉抵閩省館驛安插等情由福建藩司張夢元核詳請

奏前來臣查該難人鄭那選等航海遭風情殊堪憫亟應仰體

皇仁於安插日起每人日給米一升鹽菜銀六釐回國

是日另給行糧一個月並照例加賞物件折價
給領統於存公銀內動支事竣造册報銷將來
如何回國另行咨明辦理除分咨外謹恭
摺具陳伏乞
皇太后
皇上聖鑒再撫篆未准粵省咨會合併陳明謹
奏
光緒十二年十月二十二日軍機大臣奉
旨知道了欽此
臣貝平首

三〇、閩浙總督楊昌濬爲琉球遭風難民照例撫恤事奏片

光緒十二年二月初七日＊（1885.3.12）

内容提要

閩浙總督楊昌濬奏報，琉球難民陳文選等於光緒十一年五月間搭坐津嘉山等便船遣發回國，在洋一再遭風，除留在附近屬島醫病暨病没一人外，陳文選等十人轉由臺灣漂至浙江台州洋面，經賞給飯食，派差護送來閩，於九月初九日到驛安插，照例撫恤。其原船堪否駛駕回國，届時察看酌辦。

檔案來源：軍機處録副奏摺

已編入《清代中琉關係檔案選編》第一一四九頁

咨
給

楊昌濬片

再本年五月間琉球難人陳文達等搭坐津嘉山

等便船回國業經前撫臣張兆棟會同昌濬

奏報在案茲據福防同知羅大佑詳浙江台州府送

到難人陳文達等十名當發館驛安插一面飭傳通

譯訊據供琉球難人等原共十八名前蒙搭船遣發回國

詎在洋再遭風阻留在附近屬島醫病堅病浮外伊

等轉由臺灣漂至浙江查詢係屬台州洋面蒙官賞

給飯食派差護送來閩於九月初九日到驛安插等雖

應於抵安插日起每人日給米一升鹽菜銀六釐回國

之日各給行糧一個月並一倂加賞物件折價給領

統於存公銀內造銷該難人等原船堪否駛駕

回國屆時察看酌辦據福建藩司張夢元核詳前

來除咨部查照外臣謹附片具陳伏乞

聖鑒至此案未准浙省咨會併陳明謹

奏

光緒十二年六月初八日軍機臣奉

旨該部知道欽此　閩浙總督臣楊昌濬

三一、閩浙總督楊昌濬爲琉球遭風難民照例撫恤事奏摺

光緒十二年五月初十日　（1886. 6. 11）

内容提要

閩浙總督楊昌濬奏報，琉球國難民大城等七人在洋遭風，漂駛來閩，安插館驛，照例撫恤。將來如何回國，另行察看辦理。

檔案來源：軍機處録副奏摺
已編入《清代中琉關係檔案選編》第一一五一頁

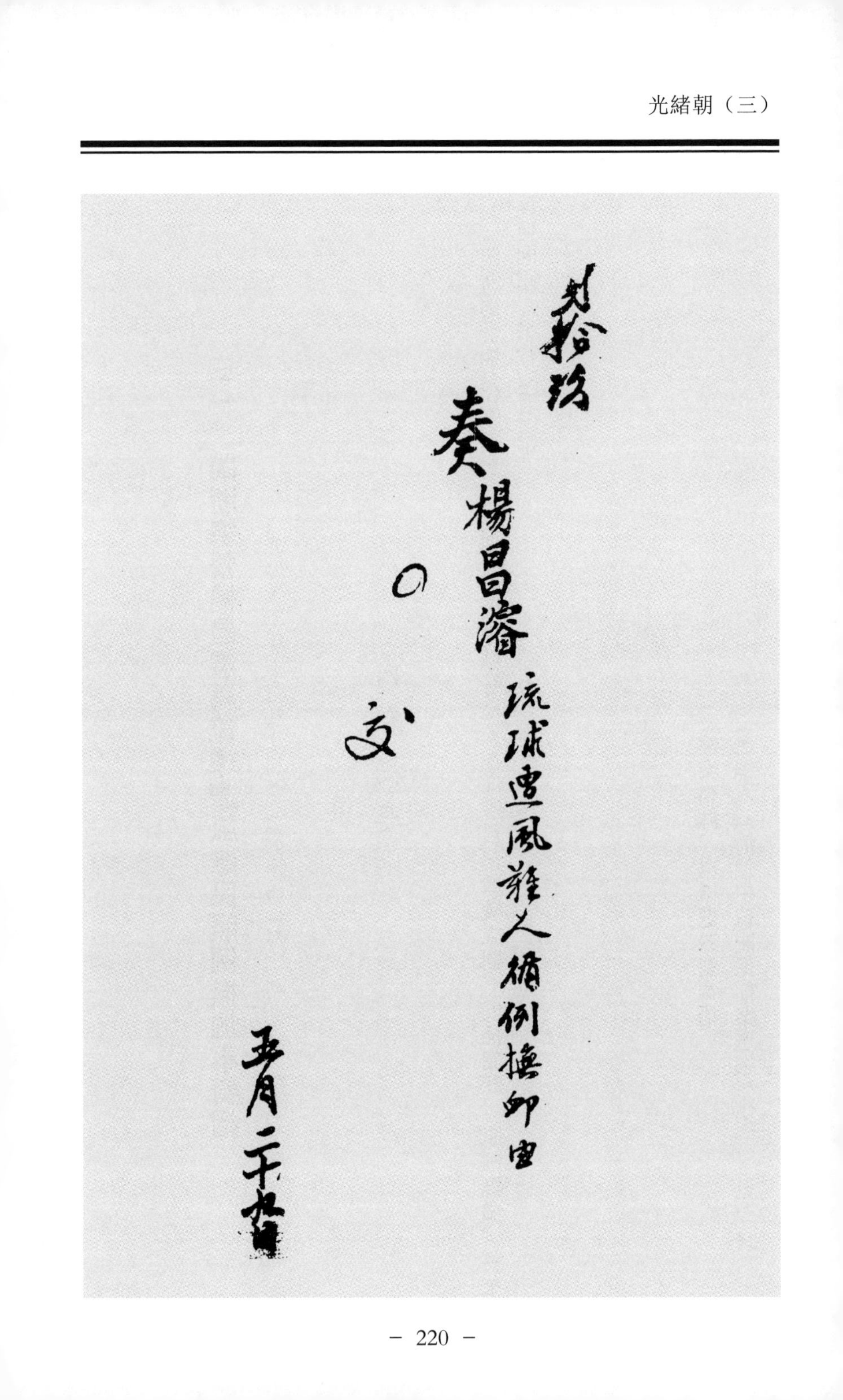

貳拾玖

奏楊昌濬 琉球遭風難人循例撫卹由

○ 文

五月二十九日

頭品頂戴革職留任閩浙總督兼管福建巡撫事臣楊昌濬跪

奏為琉球遭風難人循例譯訊撫䘏恭摺仰祈

聖鑒事竊據署福防同知沈壽昌詳報琉球人大城等

七名在洋遭風漂駛來閩當發館驛安插一面

飭傳通事譯訊據供大城是船主喜舍金城是舵

工古波藏等五名是水手俱係琉球那霸府人

駕坐小海船一隻于二月初十日開往八重山捕

魚是夜忽遭狂風漂出大洋二十二日到白犬

洋面牽遇漂入猜引市于二十四日抵閩省
餘驛安插等情由福建藩司張夢元核詳請
奏前來臣查該難人大城等航海遭厄情殊堪憫
函應仰体
皇仁自安插日起每人日給米一升鹽菜銀六厘回國
之日另給行糧一箇月並照例加賞物件折價
給領統于存公銀內動支乃發造冊報銷將
來如何回國另行察看辦理除咨外臣謹奏

摺具
奏伏乞
皇太后
皇上聖鑒謹
奏
光緒十二年五月二十八日軍機大臣奉
旨知道了欽此

五月初十日

三二一、閩浙總督楊昌濬爲琉球遭風難民照例撫恤事奏片

光緒十二年七月初十日＊（1886. 8. 9）

内容提要

閩浙總督楊昌濬奏報，琉球難民島袋等十名於光緒十二年四月初二日由那霸港開駛，中途遭風，漂至福州五虎門，四月初九日到驛安插，照例撫恤。除難民官吏馬必達、水手玉代勢二名尚留館驛外，難民島袋等八名已於五月初六日乘坐原船回國。

檔案來源：軍機處録副奏摺

已編入《清代中琉關係檔案選編》第一一五二頁

交 玖

楊昌濬片

再據署福防同知沈壽昌申報琉球遭風難人島袋等十名本年四月初九日據看守館驛安插一面飭傳通事譯訊據供島袋是船主金城是舵工馬必達是佐吏玉代勢等七名是水手俱係琉球人氏駕坐小海船一隻於四月初六日由那霸港開駛中途遭風漂出大洋初八日抵福州五虎門初九日到驛安插等情由藩司張夢元核詳請

廣前東臣查該難人島袋等航海遭風情殊堪
憫應請於安插日起每人日給米一升鹽菜銀
六釐回國之日給發行糧一個月並照例加賞
物件折價給領統於存公銀內動支事竣造冊
報銷該難人等除馬必達五代勢二名尚留館
驛外其島袋等八名已於五月初六日乘坐原
船回國除分咨外謹附片陳明伏乞
聖鑒謹
奏
光緒十二年七月初十日軍機大臣奉
旨該部知道欽此
懋

三三、閩浙總督楊昌濬爲琉球遭風難民回國日期事題本

光緒十二年十月十八日 （1886. 11. 13）

内容提要

閩浙總督楊昌濬題名，琉球國難民陳文選等十名駕船一隻，附搭難民伊及申特等六名，并官吏馬必達一名，共十七人；又大城等七名駕船一隻，附搭官吏鄭邦選等七名，共十四人，均於光緒十二年五月初六日離驛登舟，二十一日乘風放洋長行回國。

檔案來源：内閣禮科題本

已編入《清代中琉關係檔案續編》第一五五五頁

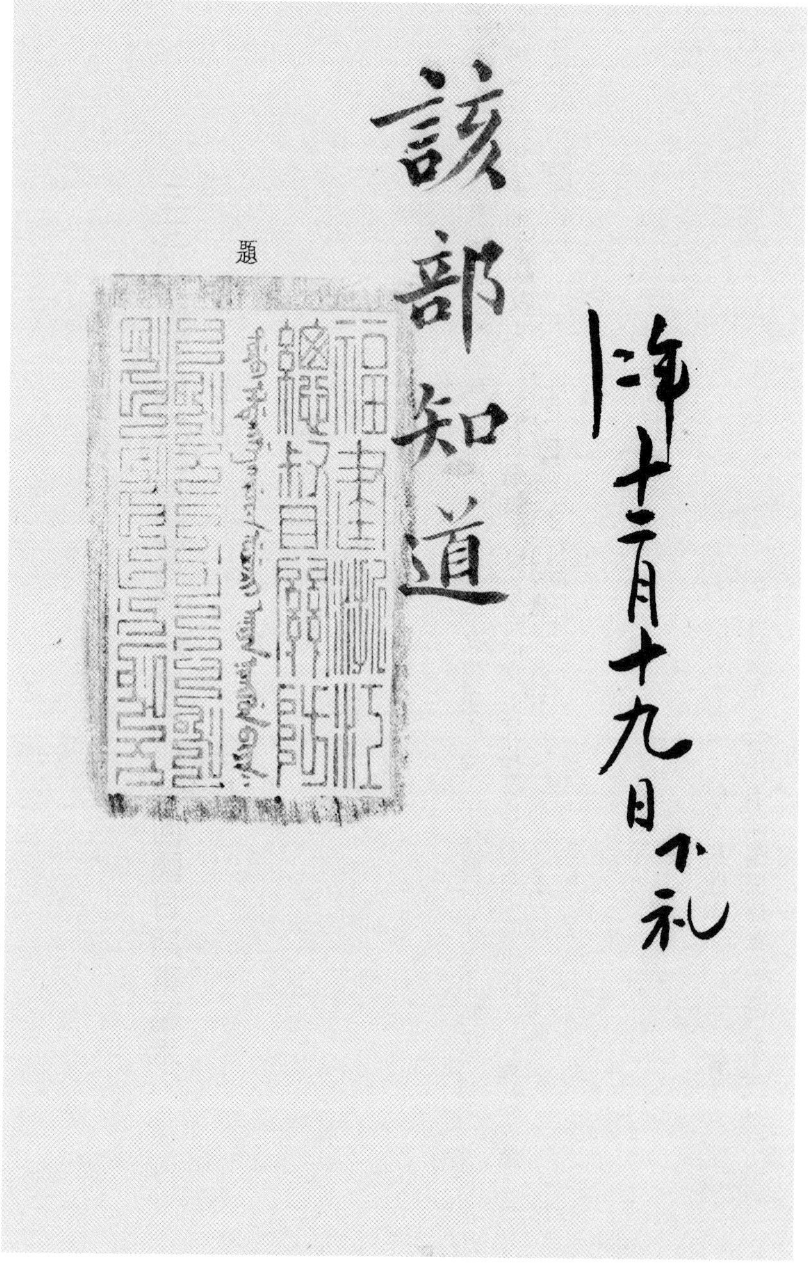

該部知道

二年十二月十九日下礼

題

頭品頂戴兵部尚書兼都察院右都御史革職留任總督福建浙江等處地方軍務兼理糧餉鹽課兼管福建巡撫事臣楊昌濬謹

題爲遣發琉球國遭風難民船隻長行回國日期

詳請具

題事。據福建布政使張夢元呈詳竊照琉球國遭

風難民陳文選伊及申特大城鄭邦選等肆起

球船貳隻先後漂收護送到閩業將譯訊撫恤

情形及分別遣留安插館驛日期詳蒙

奏咨在案。查陳文選等拾名球船壹隻附搭伊及

申特等陸名官吏馬必達壹名通船共壹拾柒
入又大城等柒名球船壹隻附搭官吏鄭邦選
等柒名通船共壹拾肆人據報均熟閩洋海道
船隻尚屬完固均於本年伍月初陸日離驛登
舟當經飭取長行回國日期去後據署福防同
知詳報該國難民陳文選等壹拾柒名球船壹
隻又大城等壹拾肆名球船壹隻均於光緒拾
貳年伍月貳拾壹日乘風放洋俱已長行回國

等由到司合就詳請察核具

題等情前來臣復查無異理合具

題伏祈

皇上聖鑒勅部查照施行爲此具本謹具

題

聞

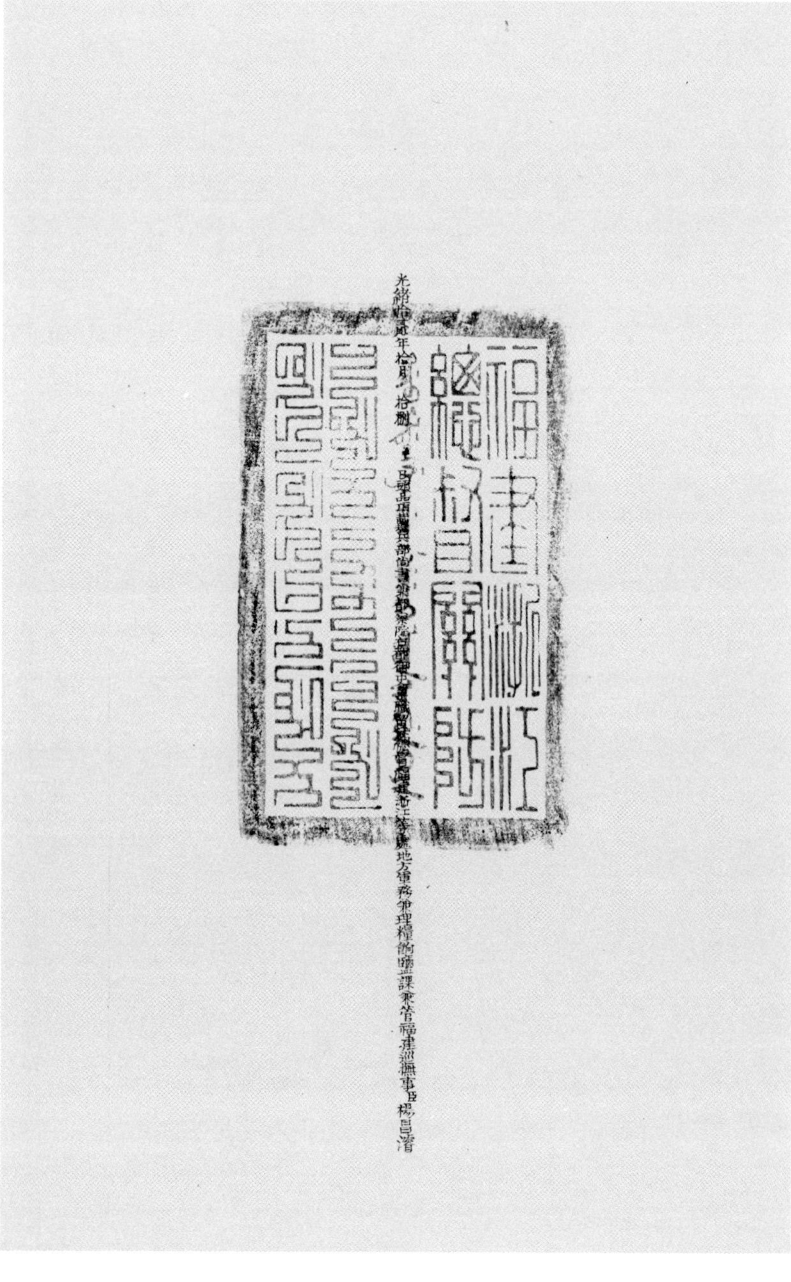
光緒拾貳年拾貳月
地方軍務兼理糧餉鹽課兼管福建巡撫事臣楊昌濬

頭品頂戴兵部尚書兼都察院右都御史革職留任總督福建浙江等處地方軍務兼理糧餉鹽課兼管福建巡撫事臣楊昌濬謹

題為遣發琉球國遭風難民船隻長行回國日期

詳請具

題事據福建布政使張夢元呈詳竊照琉球國遭

風難民陳文選伊及申特大城鄭邦選等肆起

球船貳隻先後漂收護送到閩業將譯訊撫恤

情形及分別遣留安插館驛日期詳蒙

奏咨在案查陳文選等拾名球船壹隻附搭伊及

申特等陸名官吏馬必達壹名通船共壹拾柒

人又大城等柒名球船壹隻附搭官吏鄭邦選

等柒名通船共壹拾肆人據報均熟閩洋海道
船隻尚屬完固均於本年伍月初陸日離驛登
舟當經飭取長行回國日期去後據署福防同
知詳報該國難民陳文選等壹拾柒名球船壹
隻又大城等壹拾肆名球船壹隻均於光緒拾
貳年伍月貳拾壹日乘風放洋俱已長行回國
等由到司合就詳請察核具
題等情前來臣復查無異謹具
題
聞

[illegible]

[illegible]

[illegible]

[illegible]

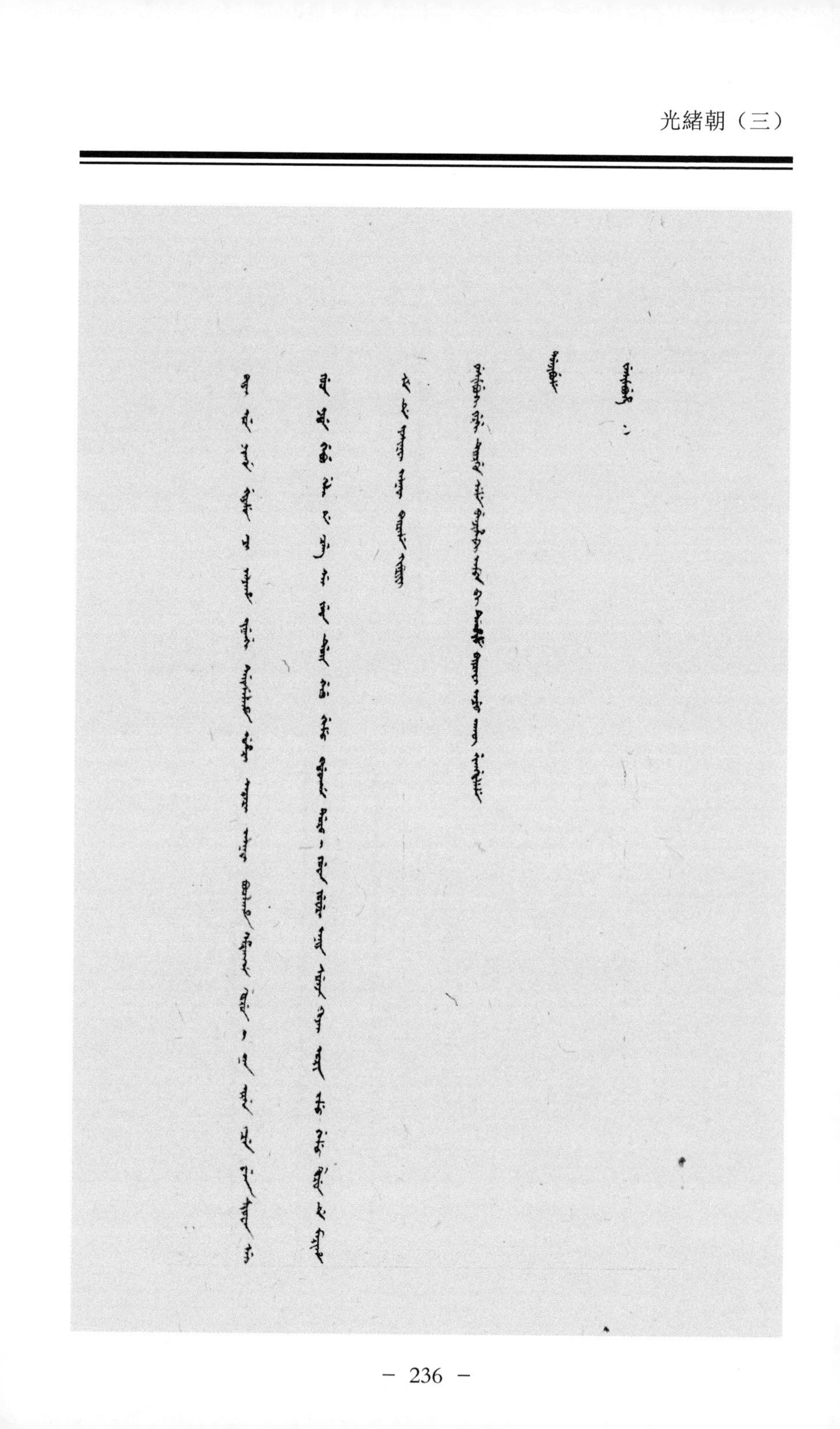

[illegible]

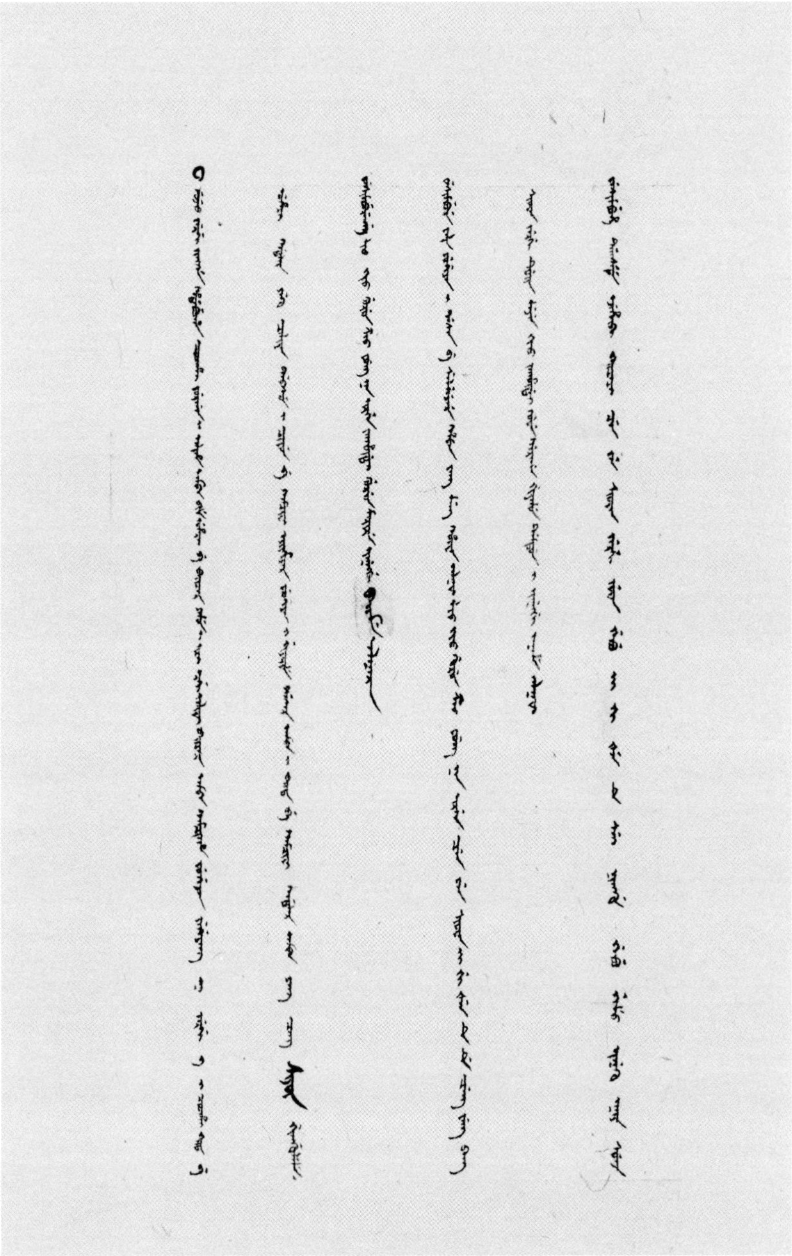

三四、閩浙總督楊昌濬爲琉球遭風難民照例撫恤事奏片

光緒十三年閏四月二十二日＊（1887.6.13）

内容提要

閩浙總督楊昌濬奏報，琉球難民若校町等四名於光緒十二年三月二十五日坐駕小船放洋捕魚突遇暴風，漂至廣東雷州洋面，原船被風漂没，經地方官賞給衣物，於四月二十日護送起程，五月十七日抵南海縣，十二月初三日附搭輪船，初九日抵閩安插，照例撫恤。將來如何回國，另行飭查辦理。

檔案來源：軍機處録副奏摺

已編入《清代中琉關係檔案選編》第一一五三頁

該部知道

楊昌濬片

再，據福防同知申稱，准閩縣轉准廣東南海縣送到琉球國遭風難人差枝町等四名到閩，當即安插館驛，妥為撫恤，一面飭館轉傳通事譯訊。據供差枝町是船主，與里安等三人是水手，同船四人俱係琉球國那霸府人。光緒十二年三月二十五日駕坐小船在與那原津放洋捕魚，突遇暴風漂至廣東雷州洋面，船身損壞，難以駕駛，幸遇漁人救護上岸，原船旋即被風漂沒，當地分賞給衣被銀物於四月二十日護送起程五月十七日抵南海縣復蒙發給飯食銀兩各十二月初三日附搭輪船初九日抵閩安插並無隨身行李等情由藩司張夢元覆詳請

奏前來臣查該難民葛綏町等在洋遭風情殊堪憫除已由粵省賞給銀兩照章毋庸加賞外應自光緒十二年十二月初九安插之日起每人日給米一升鹽菜銀六厘回國之日另給行糧一箇

月統於府公館內動支另設造冊報銷將來
如何回國另行籌畫辦理除分咨外臣謹附片
具陳伏乞
聖鑒謹
奏
光緒十三年閏四月二十二日奉
硃批該部知道欽此

三五、閩浙總督卞寶第爲琉球遭風難民照例撫恤事奏摺

光緒十五年六月十八日　（1889.7.15）

内容提要

閩浙總督卞寶第奏報，琉球難民鄭維藩等八名駕坐小船在洋遭風漂流，駕抵五虎口，於光緒十五年四月初八日安插館驛；難民鄭彦昭等九名駕船因風不順，先後漂泊金門湄洲洋面，駕抵海壇，經地方官賞給柴米銀錢，於光緒十五年四月十六日到驛安插，均照例撫恤。將來如何回國，届時察看辦理。

檔案來源：宫中硃批奏摺

已編入《清代中琉關係檔案選編》第一一五四頁

奏

頭品頂戴閩浙總督臣卞寶第跪

奏為琉球遭風難人循例譯訊撫卹恭摺仰祈

聖鑒事竊據署福防同知唐寶鑑報稱光緒十五年

四月初八十六等日先後接護琉球國遭風海

船二隻難人鄭維藩等八名又鄭彥昭等九名

並隨身行李進省當即安插館驛妥為撫卹一

面飭傳通事譯訊據鄭維藩供伊與陳榮光是

官吏金得金是船主玉代勢是舵工玉山户等

是水手係琉球國久米府那霸府人光緒十五年三月二十八日駕坐小船在泊村港口開船中途遇風漂流四月初三日風色稍定隨復駕駛抵五虎口初八日到驛安插又據鄭彦昭供伊與翰樣直明良達是官吏仲村渠是船主金城是舵工神山等四人是水手係琉球國那霸府人光緒十五年三月十六日在那霸府開船因風不順先後漂泊金門涸州洋面二十九日

抵海壇均蒙地方官賞給柴米銀錢四月十一
日開船十六日到驛安插等情由福藩司張夢
元核詳請
奏前來臣查該難人鄭維藩等航海遭風情殊堪
憫亟應仰體
皇仁各於安插之日起每人日給米一升鹽菜銀六
釐回國之日各給行糧一個月並照例加賞物
件折價給領統於存公銀內動支事竣造册報

銷將來如何回國屆時察看辦理除分咨外臣
謹恭摺具陳伏乞
皇上聖鑒謹
奏
該部知道
光緒十五年六月　十八　日

三六、閩浙總督卞寶第爲琉球遭風難民循例撫恤事奏摺

光緒十五年十一月二十三日　（1889. 12. 15）

内容提要

閩浙總督卞寶第奏報，琉球難民梁召功等十一名駕船遇風，漂至福寧洋面，蒙地方官派船護送，隨潮進口，九月初八日到驛安插，照例撫恤。將來如何回國，屆時察看辦理。

檔案來源：軍機處録副奏摺
已編入《清代中琉關係檔案選編》第一一五六頁

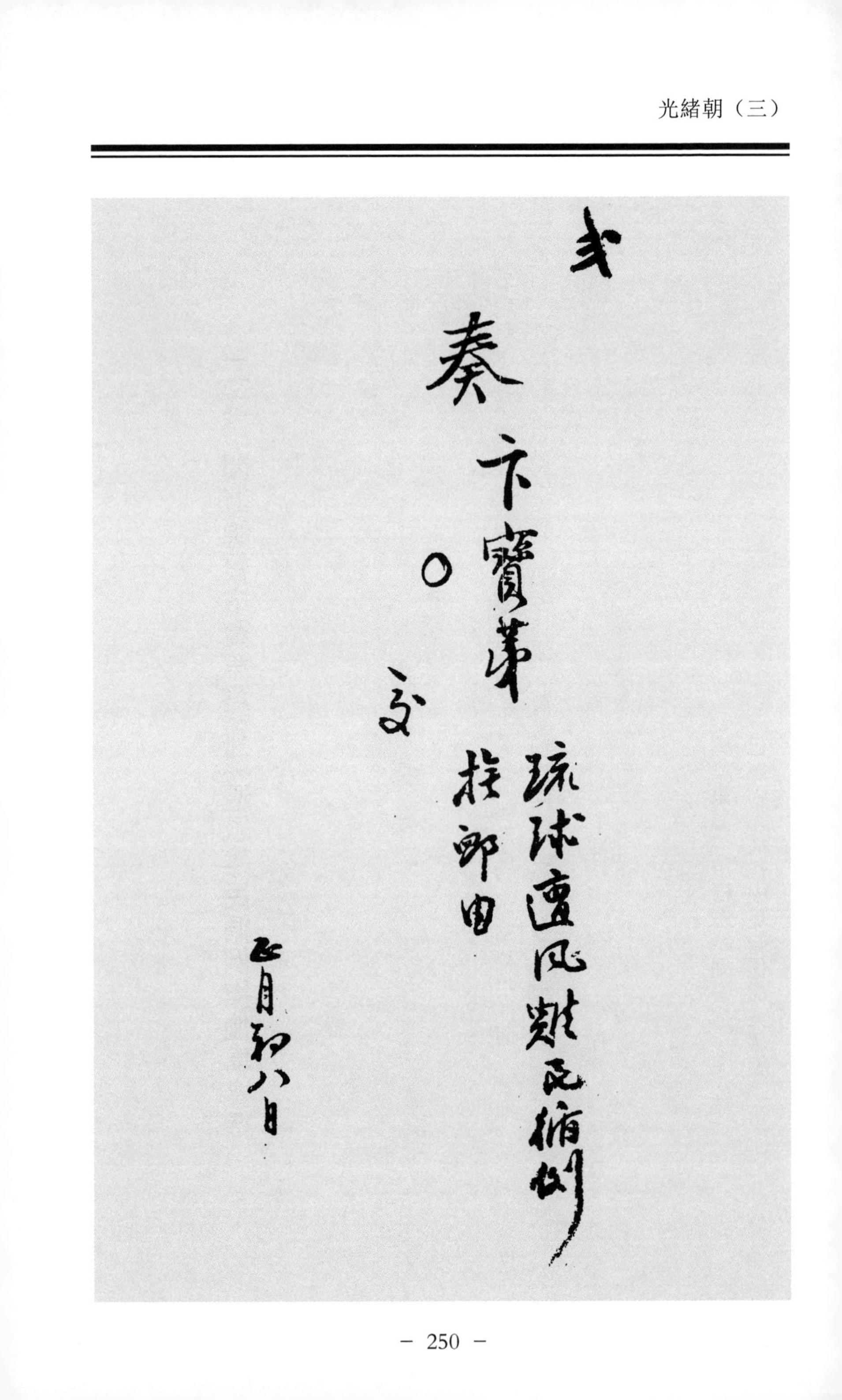

弍

琉球遭風難民循例

奏 下寶第

摺部由

〇 文

正月初八日

頭品頂戴閩浙總督臣卞寶第跪

奏為琉球遭風難人循例譯訊撫卹恭摺仰祈

聖鑒事竊據署福防同知唐寶鑑稟稱光緒十五年

九月初八日接護琉球國遭風海船一隻難人渠

呈功等十一名並隨身行李進省當即安插

館驛妥為撫卹一面飭傳通事譯訊據渠呈功

供伊與鄭樹棠參永昌是官吏渡慶須是船主

金城是舵工屋良等六名是水手係琉球國久

者府那霸府人光緒十五年八月二十四日配在
那霸府開船中途遇風漂流至二十九日到福寧
洋面蒙地方官派船護送九月初七日隨潮進
口初八日到驛安插等情由署福建藩司奎
俊核詳請
奏前來臣查該難人梁君功等航海遭風情殊堪
憫恤應仰體
皇仁各於安插之日起每人日給米一升鹽菜銀六

歷回國之日各給行糧一個月並照例加賞物件折價給銀統於存公銀內動支事竣造冊報銷將來如何回國　屆時察看辦理除行咨外謹恭摺具陳伏乞

皇上聖鑒謹

奏

光緒十六年正月初八日奏

硃批知道了欽此

十五年十一月二十三日　李作麗

三七、浙江巡撫崧駿爲琉球遭風難民照例撫恤事奏摺

光緒十六年正月初十日＊　（1890. 1. 30）

内容提要

浙江巡撫崧駿奏報，琉球難民鄭元鐸等十名於九月二十五日由本國開船，在洋遇風碰礁，漂至浙江玉環廳轄洋面。經地方官員呼聚漁民駕船馳往救護，將破船拖帶進口，照例妥爲撫恤，趕緊修整船隻，俟工竣即行護送赴閩，由琉球國官自行遣令歸國。

檔案來源：軍機處録副奏摺
已編入《清代中琉關係檔案選編》第一一五五頁

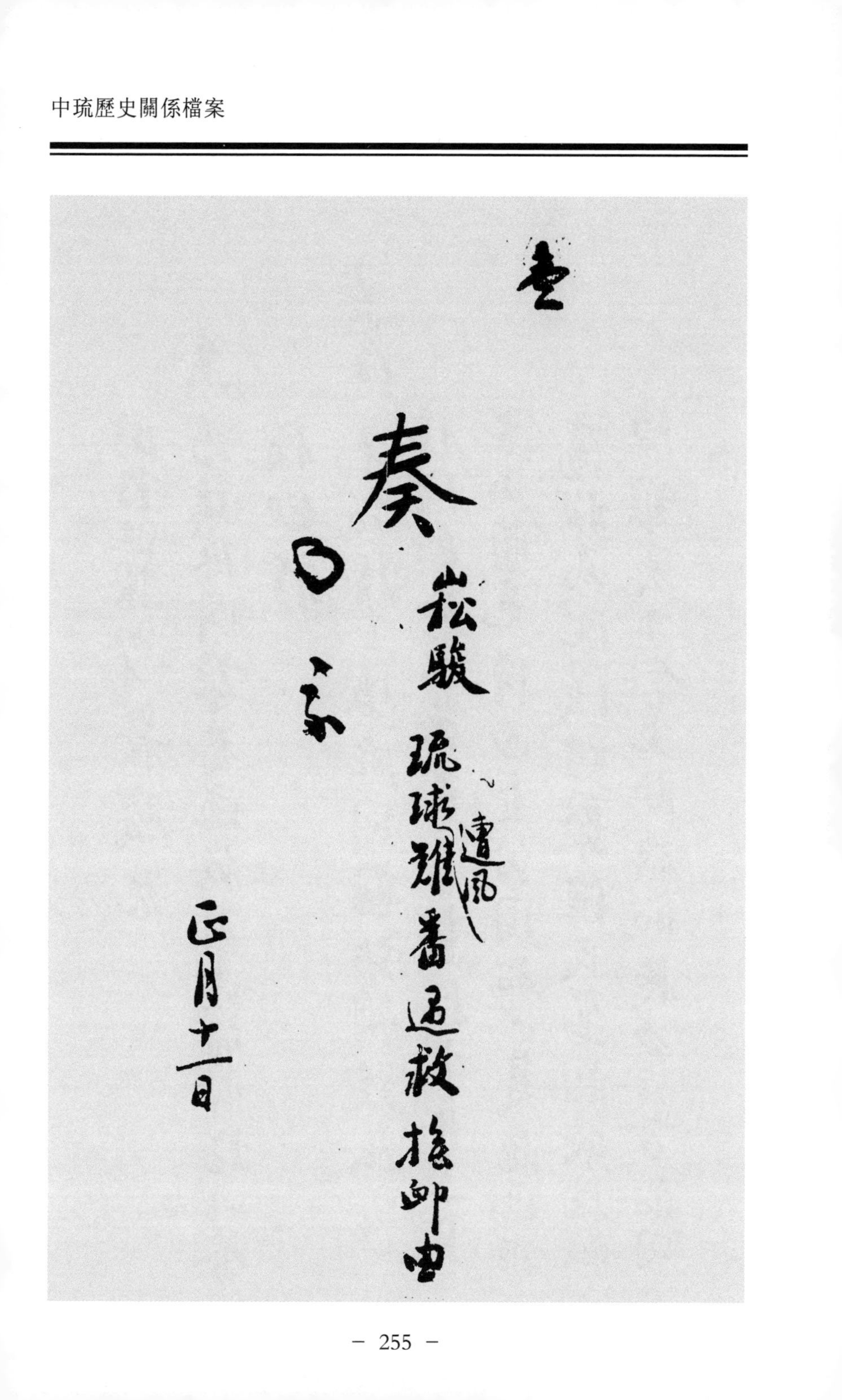

壹

奏

山松駿 琉球遭風難番遇救撫卹由

日 朱

正月十一日

浙江巡撫奴才崧駿跪
奏為琉球國難番遇救到境循例撫卹恭
摺仰祈
聖鑒事竊據玉環廳同知訪胡鍾駿詳
據坎門汛長朱有年稟稱十月十一日
在山瞭見洋面有外國船一隻隨風飄
蕩將及沉沒呼聚漁民駕船馳往救
得難夷十人並將破船拖帶進口船內

並無貨物等情查驗該難夷共計十
名舊髮換髮船已碰損水已進因桅舵
篷索一應全無自應急為修整一面
雇募通事授以紙筆授錄鄭元鐸
梁秉銓二人係船主琉球國久米府人
民奉本國官員之命前往福州告訂
琉球官並無公文攜帶一只十人內跟隨
二人舵水共人本年本年九月廿五日由

本国開船駛到中途遇風碰礁桅舵
俱折繩索亦斷篷亦飄去隨風旋轉
方於何日蒙救得生等語經廳在坎門
地方租屋暫居并捐製給衣被口糧妥
為撫卹傳匠速行修整該船隻添配
桅舵繩索風篷一切槓具俟工竣完
備給予行糧護送至永嘉縣交替放
洋等進詳報到臣由布政司使許應鑅

飭明詳請具
奏前來查琉球國遭風難番遇救到境
自應循例撫卹護送赴閩由琉
球國官自行遣令歸國以彰仰副
聖主
懷柔遠人至意據詳等情奴才即飭令
妥爲撫卹優給衣糧趕緊修整船隻
開桅船添配篷索槓具工竣即行護
送赴閩轉遣歸國並將日期查照例

所有琉球國難番遇救到境循例撫卹緣由理合恭摺具

奏伏乞

皇上聖鑒訓示謹

奏

光緒十六年正月初十日奉

硃批該部知道欽此

二十八

三八、閩浙總督卞寶第爲琉球遭風難民照例撫恤事奏摺

光緒十六年三月二十一日　（1890.5.9）

内容提要

閩浙總督卞寶第奏報，琉球難民鄭元鐸等十名駕坐海船遇風，漂至浙江玉環廳洋面，經地方官給資派船護送由浙開駛，於十一月二十日抵閩，到驛安插；難民馬如衡等九名駕船遇風，漂至臺灣，船身損壞，經地方官救護送至臺北，給資附搭輪船於十一月二十日抵閩，到驛安插，均照例撫恤。將來如何回國，届時察看辦理。

檔案來源：軍機處録副奏摺

已編入《清代中琉關係檔案選編》第一一五七頁

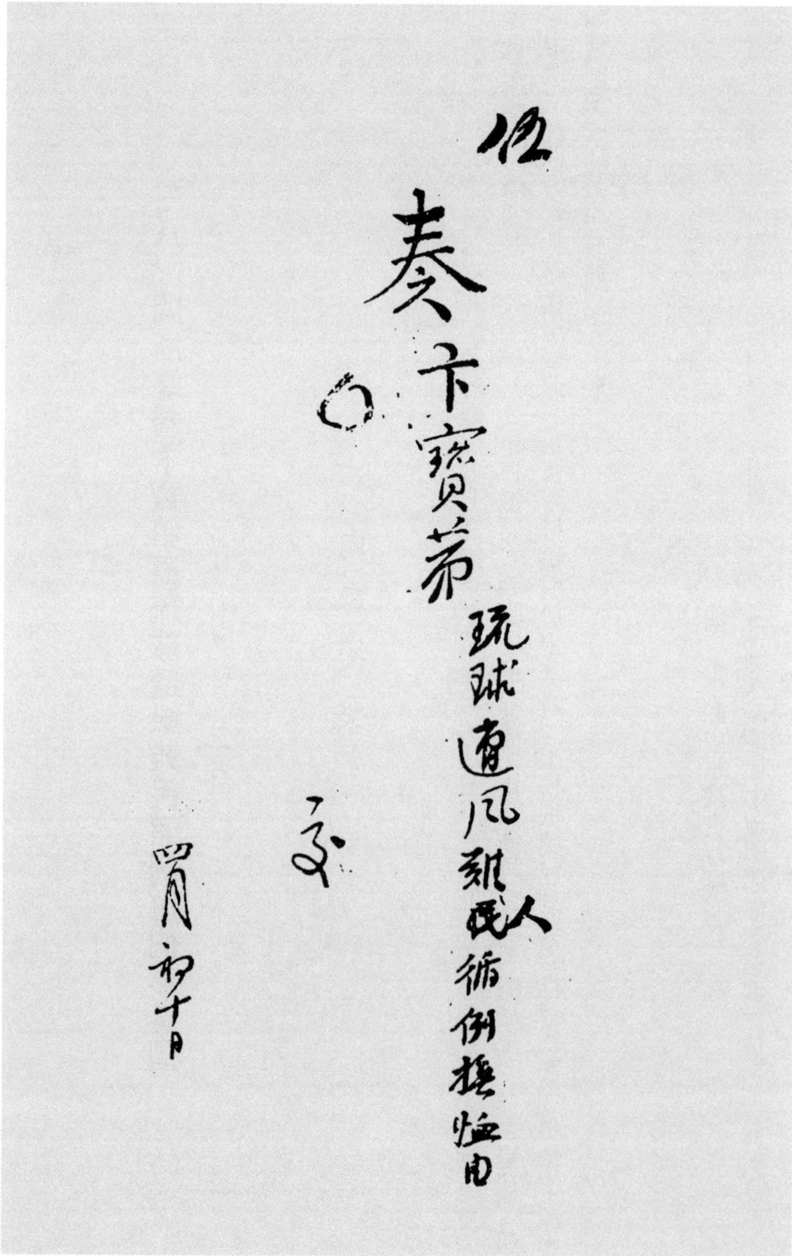
[illegible]

卞寶第奏

琉球遭風難民人循例撫恤由

交

四月初十日

頭品頂戴閩浙總督卞寶第跪
奏為琉球遭風難人循例分別譯訊撫卹恭摺具陳
仰祈
聖鑒事竊據署福防同知唐寶鍔報稱光緒十三年十
一月二十日撫護琉球國遭風海船一隻難人鄭
元鐸等十名又同日由臺北搭船附到該國
遭風難人馬如衡等九名均帶隨身行李進省當
即分別安插館驛妥為撫卹一面飭傳通事譯訊

據鄭元鐸供稱伊琉球國久米府人於十五年十月初一日駕坐海船在讀谷山津開船遇風漂至浙江玉環廳洋面蒙地方官給資派船護送十一月初六日由浙開駛二十日抵閩王廟口一共十人即日到驛安插又據馬如衡供稱伊琉球國官吏於十五年十月初一日自本國與那原津開船遇風漂至臺灣三抱莊洋面船隻損壞經地方官救護送至臺北蒙臺北府給資附搭輪船十一月十九日

由臺開駛，二十日抵閩五虎口，一共九人，正月日到驛安插。其苦情由署福建藩司昭國正核詳請

奏。茲查該難人鄭元擇等先後航海遭風，情殊可憫，亟應仰體

皇仁，分於安插之日起照章給與米糧、鹽菜，俟回國之日再行分給行糧，並照例加賞物件，於便給領，統於存公銀內動支，另為造冊報銷。將來如何回國，屆時妥為辦理。除分咨外，謹恭摺具奏。

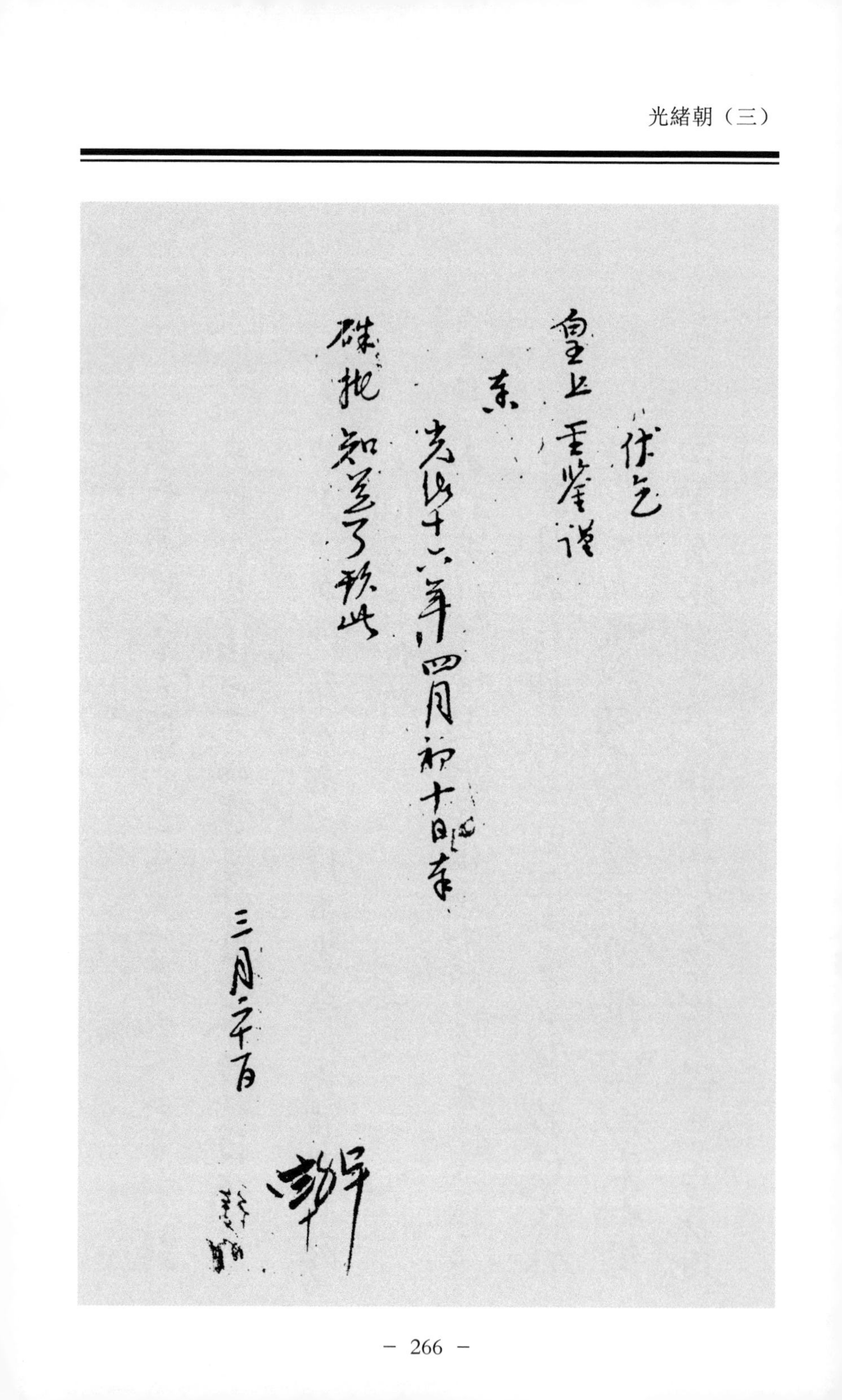

伏乞

皇上聖鑒謹

奏

光緒十六年四月初十日奏

硃批知道了欽此

三月二十日

三九、閩浙總督卞寶第爲琉球遭風難民照例撫恤事奏摺

光緒十六年四月二十二日　（1890.6.9）

内容提要

閩浙總督卞寶第奏報，琉球難民林正隆等九名駕坐海船在洋遭風，漂至閩省泉州金門洋面，經地方官派舵工二名在船駕駛，經過湄洲平潭各處，林正隆等由陸路送省，喻伊波等附搭輪船，於十五年九月二十三、十一月初八、十六年正月初八等日先後抵閩，安插館驛，均照例妥爲撫恤。將來如何回國，届時察看辦理。

檔案來源：軍機處録副奏摺

已編入《清代中琉關係檔案選編》第一一五八頁

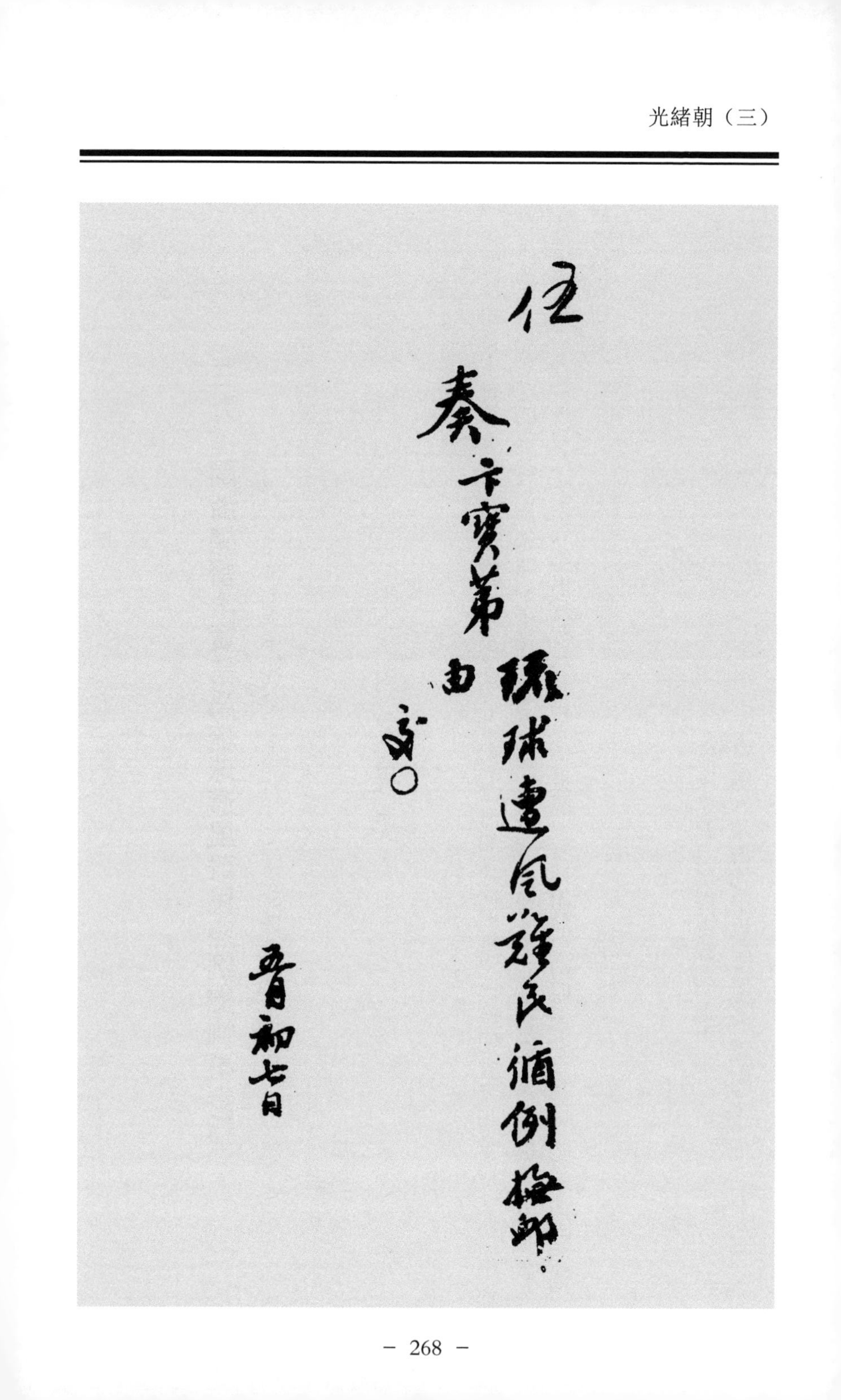

任

奏卞寶第

琉球遭風難民循例撫卹。

由

交○

五月初七日

頭品頂戴閩浙總督臣卞寶第跪

奏、為琉球遭風難人循例譯訊撫卹恭摺仰祈

聖鑒事竊據署福防同知唐家禎稟稱琉球國遭風

難人林正隆等九名並隨身行李於光緒十五年

年九月二十三、十一月初八、十六年正月初八

等日先後到省當即安插館驛妥為撫卹

一面飭傳通事譯訊據林正隆供伊等係延縣毛

光大是官吏梅龜山是船主仲仁王是船工喻傳

波閩與仁識間具志堅是次手係琉球国久米
府人於光緒十五年八月二十三日駕坐海船
在与那原津開船中途遇風漂流九月初八日
漂至閩省泉州金門洋面當地方官派船二
名在船駕駛經過澎湖平潭各處均蒙地方官
賞給銀錢伊自給延聘毛光大蓬九具志
堅船工仲仁王光由陸路送省於十五年九月二
十三十月初八十六年二月初八等日先後

到驛﨑伊波等四名因船隻損壞附搭糧船於
十六年正月初八日抵省到驛安插等情由司移
糧道藩司將國正核詳請
奏前來臣查該難人林正隆等航海遭風情殊可
憫亟應仰體
皇仁加撫安插之日起每人日給米一升鹽菜銀六
釐回國之日另給行糧一個月並照例加賞
物件折價給領統於存公銀內動支事竣造冊核

請將來如何回園應行寬者辦理緣由除咨外臣
謹恭摺具陳伏乞
皇上聖鑒謹
奏
光緒十六年五月初七日奏
硃批該部知道欽此

四月二十二日 [illegible] [illegible]

四〇、浙江巡撫崧駿爲琉球遭風難民照例撫恤事奏摺

光緒十六年五月十五日　（1890.7.1）

内容提要

浙江巡撫崧駿奏報，琉球國難民毛汝礪等十一名在洋遇風折桅，損船碰礁，隨風漂泊至浙江玉環，當經租屋暫令安頓。現將毛汝礪等二人暨跟隨二人優給行糧，派撥兵役由陸路逐程護送赴閩，并飭趕緊修整船隻，工竣即交水手人等駕駛，候風放洋，護送赴閩，轉遣歸國。

檔案來源：軍機處録副奏摺

已編入《清代中琉關係檔案選編》第一一五九頁

抄件

奏

山崧駿

琉球雖番遭風到境循例撫恤由

又

六月初八日

浙江巡撫奴才松駿跪

奏為琉球國難番遇救到境循例撫卹恭摺仰祈

聖鑒事竊據玉環廳同知胡鍾駿稟據管駕玉環右

營師船外委唐成華報稱本年閏六月二十八日在

洋隨同巡哨駛至雞籠山洋面遇有遭風番

船一隻桅舵俱失隨風飄蕩將次沉沒即

趕往救得難夷十一人將船拖帶進口船內並

無貨物等情查驗船已碰損水已進內所裝皆

遷桅舵篷索一應俱無該難夷共計十一人蓄
髮換髻內有二人粗知文義授以紙筆據稱毛
汝礪係琉球國官裔向恩虞係國戚即福州琉
館館德宏次子跟隨二人舵水七名均往福州有
幹回月十三日在本國乘船出洋行至米島遇
風折桅損船碰礁隨風飄泊糧食斷絕衣物皆
遷遷丟在無計得生幸蒙相救恩同再造茲毛汝
礪石礪等二人跟隨二人願先從陸路赴閩求給川

資好蒙修整船隻完備仍令該船水等駛到
福州俾可乘坐回國等語當即於教場纍地
方租屋暫令居住屏貢夫役妥爲安頓給發柴
米酒肉鹽菜等項並將該經行李什物飭役搬
岸排驗傳匠修整船隻添配槓具桅舵繩索風
篷俟工竣候風放洋並將毛汝礪等優給行糧
先行護送赴閩稟報到司由布政使許應鑅
明詳請具

奏前來查琉球國遭風難番遇救到境自應循例
撫卹護送放洋赴閩由琉球國官自行遣令歸
國以期仰副
聖主懷柔遠人之至意據詳前情當飭將毛汝礪等
二人暨跟隨二人優給行糧派撥兵役由陸逐程
護送前進並飭趕緊修整船隻桅舵添配篷
索槓具工竣即交水手人等駕駛候風放洋
護送赴閩轉遣歸國并咨部查照外所有琉球

國難番遇救到境循例撫卹緣由理合恭摺具

奏伏乞

皇上 聖鑒施行謹

奏

光緒十[illegible]年六月初八日奉

硃批 該部知道欽此

五月十五日

四一、閩浙總督卞寶第爲琉球遭風難民照例撫恤事奏摺

光緒十六年六月二十日　（1890.8.5）

内容提要

閩浙總督卞寶第奏報，琉球難民向思慮等十一名在洋遭風，漂至浙江玉環，向思慮、毛汝礪等四名由陸路送閩，於光緒十六年三月二十七日到驛，舵工玉城等七名候修船隻，於四月十二日抵省到驛安插；難民伊德明等七名，駕坐海船遇風漂至福建霞浦縣轄洋面，於四月十九日抵省到驛安插，均照例妥爲撫恤。將來如何回國，屆時察看辦理。

檔案來源：軍機處録副奏摺
已編入《清代中琉關係檔案選編》第一一六一頁

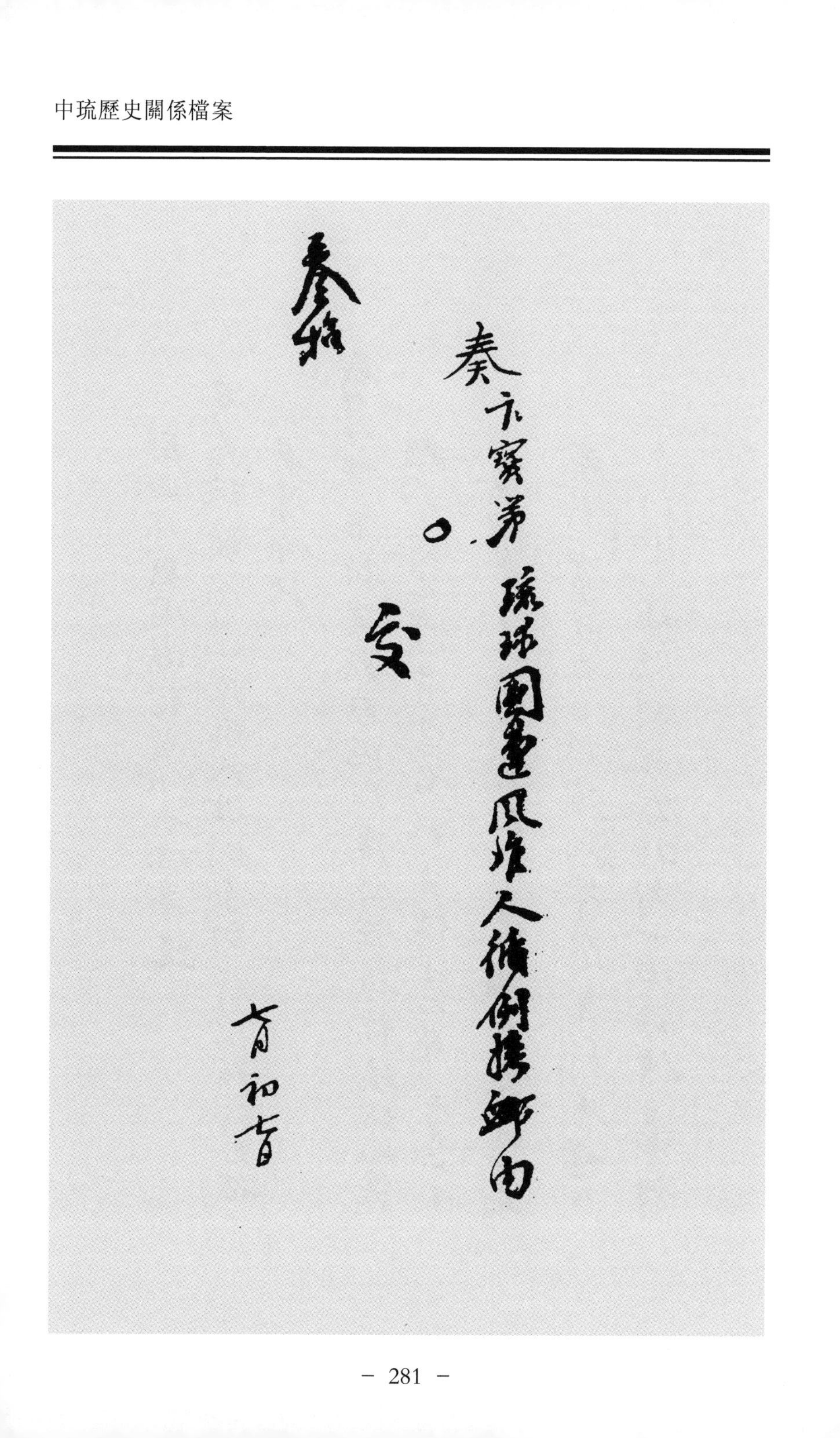

奏示寳第○ 琉球國遭風難人循例撫䘏由

交

有和旨

奏摺

頭品頂戴閩浙總督臣卞寶第跪
奏為琉球國遭風難人循例分別譯訊撫卹恭摺
具陳仰祈
聖鑒事竊據署福防同知唐保鏗移稱琉球國遭
難人向思慮等十名於光緒十六年十月二十
有閏十二等日先後到省又難人伊佐明等六
名於閏十九日抵省均帶隨身行李當即
分別安插館驛妥為撫卹一面飭傳通事譯

訊據向思慮供伊與毛汝礪是府吏新垣廬
生城蒲是跟伴玉城是舵工堂村等八人皆小
手係琉球國那霸府人光緒十四年閏二月十
四日駕坐海船往與那原津開船中途遭風漂流
閩省二十八日至浙江玉環廳洋面崇地方泊
先將伊與毛汝礪等四名由陸路送閩省二
十七日到驛舵工玉城等七名候修船隻於三
月二十八日由浙開船閏四月十二日抵省到驛安插

又據伊儕供係琉球國首來神里是舵工
高城等五人是水手均那霸府人光緒十六年
首月初十日駕坐海船在那覇原津開船遇風
漂至福建霞浦縣轄洋面崇地方首蒙給
銀護照於閏十一月在該處開船十九日抵省
驛安插各等情由福建藩司劉樹堂核詳
奏前來臣查該難人向思慮等先後船海遭風情
殊可憫亟應仰體

皇仁於安插育起每人日給米一升鹽菜銀六厘
候回國育各給行糧一個月並照例加賞物
件折價給領統於存公銀內動支事竣造冊
報銷將來如何回國屆時察看辦理除分咨
外謹恭摺具陳伏乞
皇上聖鑒謹
奏
光緒十六年七月初七日奉
硃批該部知道欽此

資二十日
趙炎成

四二、浙江巡撫崧駿爲琉球遭風難民照例撫恤事奏摺

光緒十六年七月十八日　（1890.9.1）

内容提要

浙江巡撫崧駿奏報，琉球難民安里匈等三十二人在洋忽遇颶風，船篷桅舵均被吹折，船幾傾覆。現已將難民人等設法安頓，給發口糧，製給衣服，將患病之内間次高等五人撥醫調治，照例妥爲撫恤，并將船隻作速整修，待桅舵篷索杠具添配完竣，放洋候風護送赴閩，轉飭歸國。

檔案來源：軍機處録副奏摺

已編入《清代中琉關係檔案選編》第一一六二頁

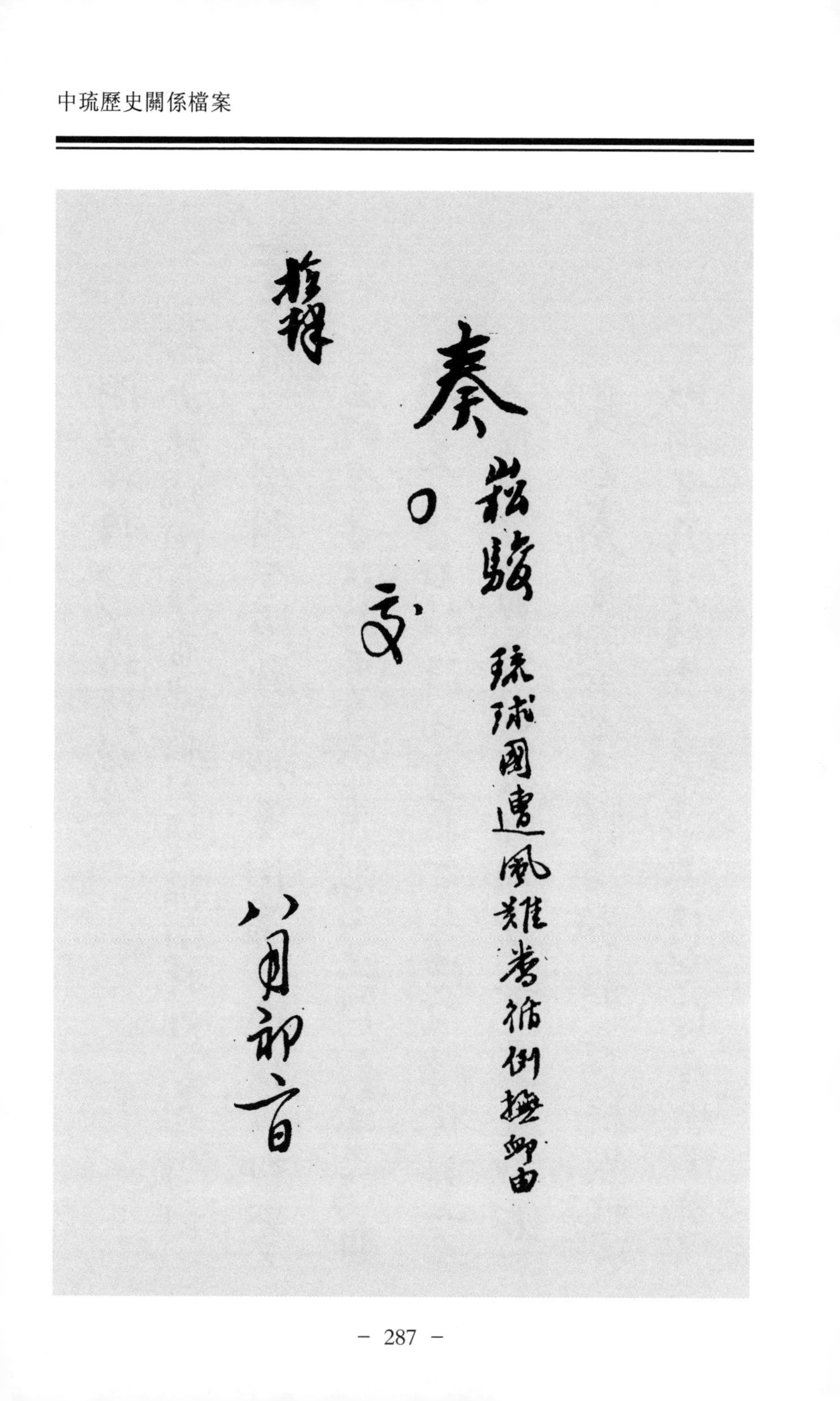

嶽駿 琉球國遭風難番循例撫卹由

奏

〇

文

摺稿

八月初六日

浙江巡撫臣崧駿跪
奏為琉球國難番遇救到境循例撫卹恭摺仰祈
聖鑒事竊據定海廳同知黃樹藩會據鎮海縣船戶
王阿全等報稱本年七月初四日由北洋銷貨海壇
瞭見鵝籠礁洋面有船一隻隨風漂流船上有
人搖旗當即設救查看難夷三十六人牛驢各一
隻並寄呈烟葉等情查驗船篷桅舵被風
吹折無存詢難夷等蓄髮挽髻隨僱曉識夷語

本人譯詢據稱伊係琉球國中山府沖繩郡人船主安里因其餘內間次高內間克賣買內間高良西銘次高大城屋先金城真榮城宗城牧啟等九人等敬手文來洋人山口十平日雲舵工西銘比嘉安里遠營朝濃嘉數榮恒看銘大里谷城真城平安山內間末戶新城真新里山口大城克米伊山新城如念西銘加朝平安谷壽二千一人等趁船之人於五月十二日由琉球府開船往蔡松

地方銷賣烟葉米麻等貨，因六月初二日駛至
白竹山洋面，忽遇颶風，船篷、桅舵均被吹折，
船隻傾覆，當將重笨大包烟葉等貨拋棄
海中，衣服等件亦被吹失，漂流遇救得生。船內
尚有零星貨物，并牛、豕各一隻，均係別人托賣。
並稱內間次高、內間高良、西銘安里、遠西銘次
高等因受感冒，身發寒熱，迎即蒙撫卹醫治
送歸本國等語。即將該難夷並船主分別犒賞

據供西頃該船樑斷二丈船身計長七丈三尺

約有六千餘觔貨物所裝所有大桅頭桅遭

颱颶風折斷漂失並存一切槓具不全船身亦

多損壞船內艙有牛驢各一隻小包烟葉二十

五包染色粉九十一包瓦螺二千七包食米九十

五袋約七斗茶葉四包甘蔗一包海參

一包菓子兩包蘇糖一包芋蓆兩包蒜薑九包

小麥一包牛皮五綑魚翅十綑炭一簍木桶三隻

小舡三隻，所有遭難番船主姓里甸自行收領一面趕將難夷由閩次高等撥醫調治務痊，按名給發口糧，製給衣服等項，並將遭難船及篷索等類購料雇匠配修完竣，護送赴閩。稟報到司，由布政使許應鑅核明詳請具

奏前來。查琉球國遭風難番遇救到境，自應循例撫卹，以期仰副

聖主懷柔遠人之至意。除飭將患病之由閩次高等

五人趕緊醫治痊妥為撫卹並將船隻作速修
整撥給篷索槓具一併添配完竣放洋候風護
送赴閩轉遣歸國暨開摺咨部查照外所有
琉球國難番遭救到境循例撫卹緣由理合
恭摺具
奏伏乞
皇上聖鑒謹
奏

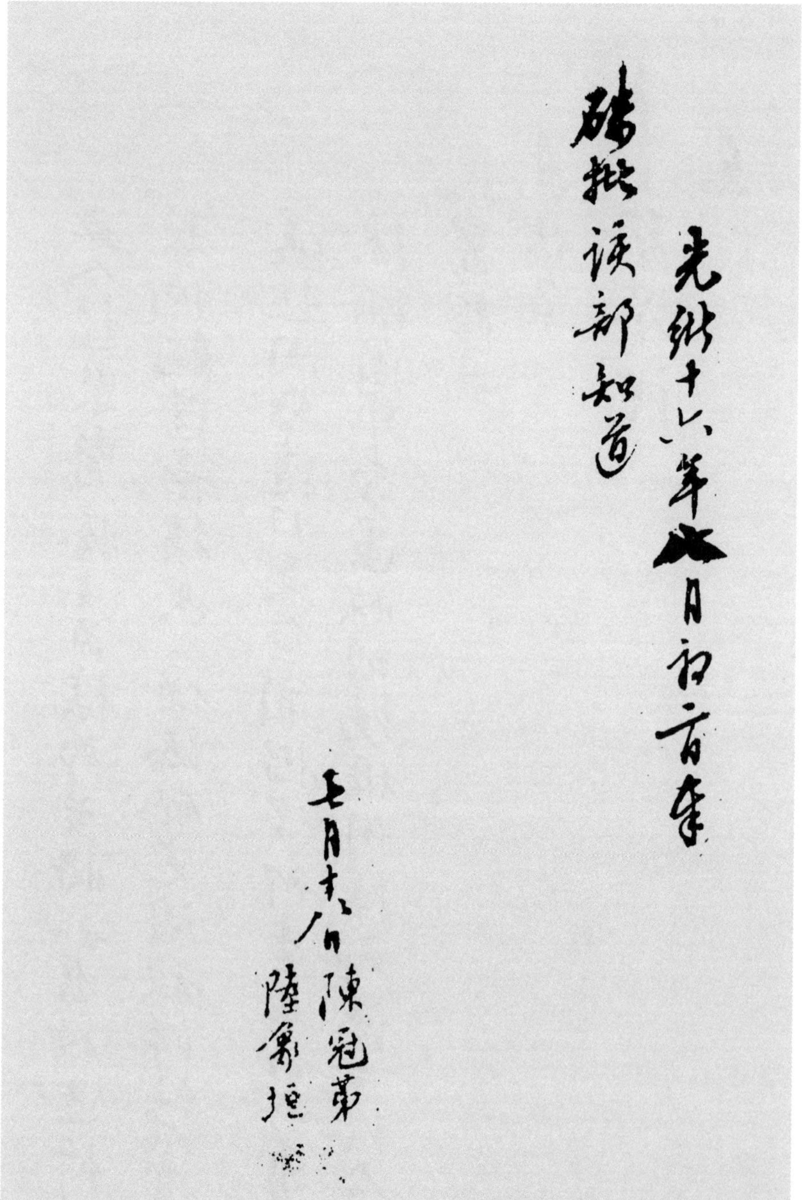

光緒十六年八月初二日奉

硃批：該部知道

七月十八日 陳冠第 陸象垣

四三、浙江巡撫崧駿爲琉球遭風難民護送赴閩日期事題本

光緒十六年八月二十九日　（1890. 10. 12）

内容提要

浙江巡撫崧駿奏報，琉球難民安里匈等三十二名於光緒十六年六月初四日漂收到境，船隻現已趕修完竣，患病之内間次高等五人經撥醫調治一律就痊，現配給薪水口糧，又犒以錢米魚肉等物，雇覓熟悉閩洋舵手幫駛，於七月初九日起程護送赴閩，以便轉遞回國。

檔案來源：内閣禮科題本
已編入《清代中琉關係檔案續編》第一五五七頁

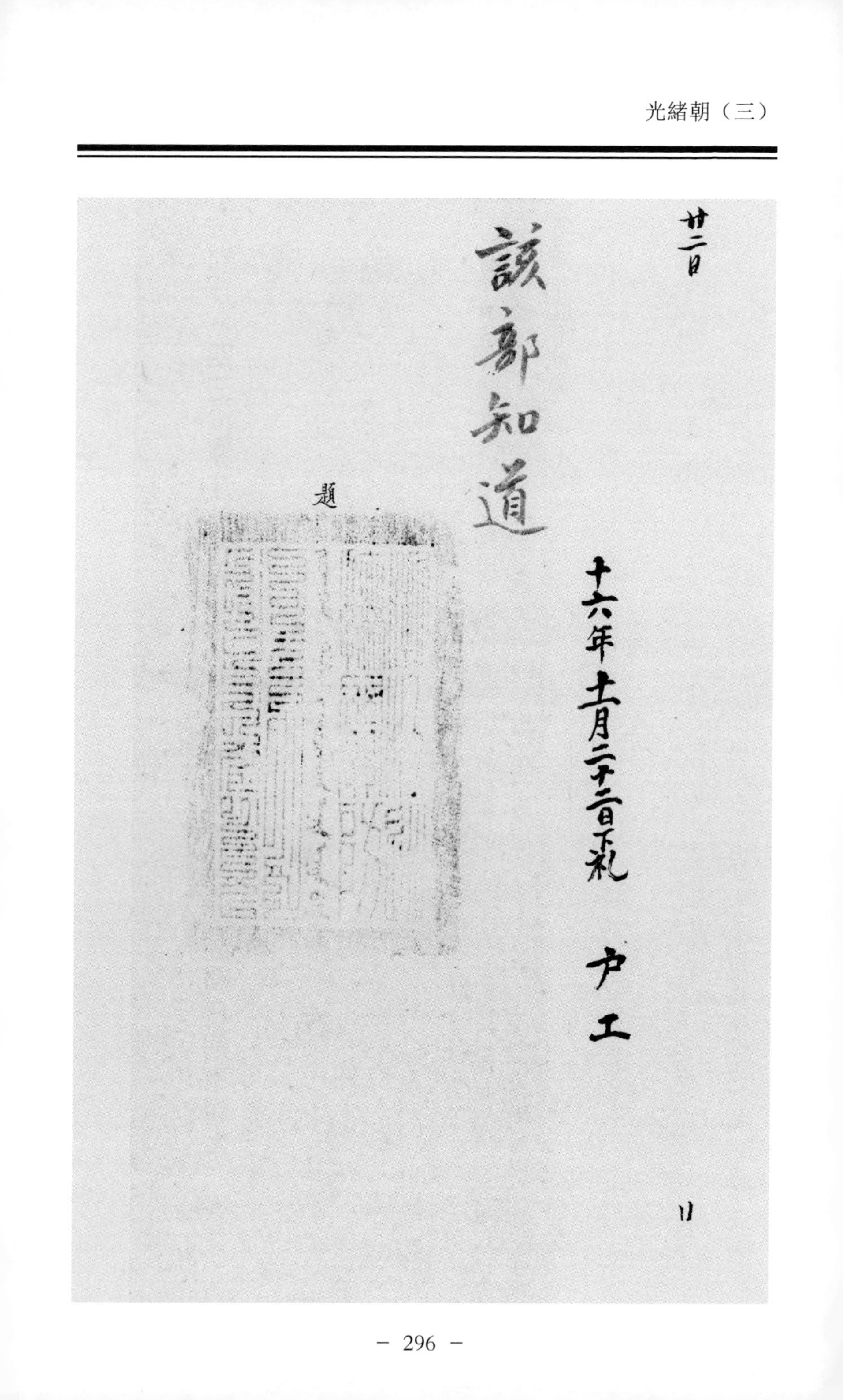

廿二日

十六年十一月二十二日下札　户工

該部知道

題

兵部侍郎兼都察院右副都御史巡撫浙江等處地方提督軍務節制水陸各鎮兼管兩浙鹽政臣崧駿謹
題爲恭報撫恤琉球國難番護送赴閩起程日期
事該臣看得浙江省定海廳於光緒拾陸年陸
月初肆日漂收琉球國難番安里匀等三十二
名入船到境撫恤一案業經臣
奏咨在案茲據布政使許應鑅詳稱據定海廳同
知黄樹藩詳稱琉球國難番安里匀等於光緒
拾陸年陸月初肆日漂收到境業已雇匠購料

將船起修完竣並聲明該難番內間次高內間
高良西銘安里逮西銘次高等五人前因患病
當經撥醫調治現已一律就痊定於柒月初玖
日起程護送赴閩轉遞回國並配給薪水口糧
四十日又犒給錢米魚肉等物雇募熟悉閩洋
舵水幫駛猶恐海洋風汛靡常途次口糧不繼
備具通關公文專派妥役向經過沿海州縣酌
量給領一面飛移沿海營縣札委員弁幷派撥

兵船逐程護送赴閩除將給過撫恤難番安里
匀等銀米衣物及修船工料路費醫藥等項另
文造冊報銷外合將該難番等起程日期詳祈
察覈等情到司除飭定海廳同知黄樹藩迅將
撫恤該難番等衣糧銀米及修船工料等項造
具實用報銷清冊詳咨外合將定海廳撫恤琉
球國難番安里匀等三十二名人船護送赴閩
起程日期詳請察覈具

題等情到臣據此除揭移户工二部科暨兼管福

建撫臣查照外理合具

題伏乞

皇上聖鑒敕部查照施行謹

題請

旨

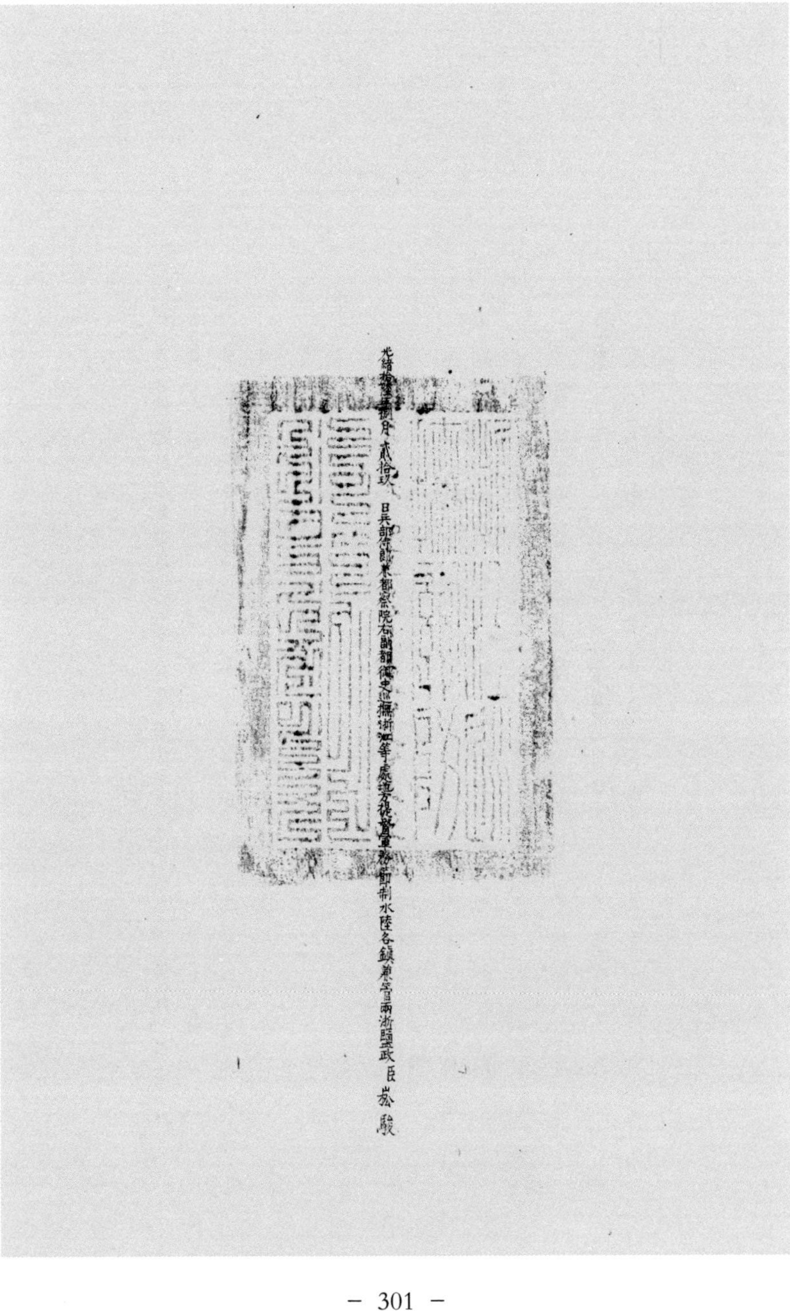

光緒拾[illegible]年捌月貳拾玖日兵部侍郎兼都察院右副都御史巡撫浙江等處地方提督軍務節制水陸各鎮兼管兩浙鹽政臣崧駿

兵部侍郎兼都察院右副都御史巡撫浙江等處地方提督軍務節制水陸各鎮兼管兩浙鹽政臣崧駿謹

題爲恭報撫恤琉球國難番護送赴閩起程日期事。該臣看得浙江省定海廳於光緒拾陸年陸月初肆日漂收琉球國難番安里匀等三十二名人船到境撫恤一案，業經臣

奏咨在案。茲據布政使許應鑅詳稱，據定海廳同知黄樹藩詳稱，琉球國難番安里匀等於光緒拾陸年陸月初肆日漂收到境，業已雇匠購料將船趕修完竣。並聲明該難番內間次高、內間高良、西銘安里、遠西銘次高等五人前因患病，當經撥醫調治，現已一律就痊，定於来月初玖日起程護送赴閩轉遞回國，並配給薪水口糧四十日，又犒給錢米魚肉等物，雇募熟悉閩洋舵水幫駛。猶恐海洋風汛靡常，途次口糧不繼

備具通關公文專派妥役向經過沿海州縣酌
量給領一面飛移沿海營縣札委員弁并派撥
兵船逐程護送赴閩除將給過撫恤難番安里
㕼等銀米衣物及修船工料路費醫藥等項另
文造冊報銷外合將該難番等起程日期詳祈
察覈等情到司除飭定海廳同知黄樹藩迅將
撫恤該難番等衣糧銀米及修船工料等項造
具實用報銷清冊詳咨外合將定海廳撫恤琉
球國難番安里㕼等三十二名人船護送赴閩
起程日期詳請察覈具
題等情到臣據此除揭移戶工二部科暨兼管福
建撫臣查照外謹
題請
旨

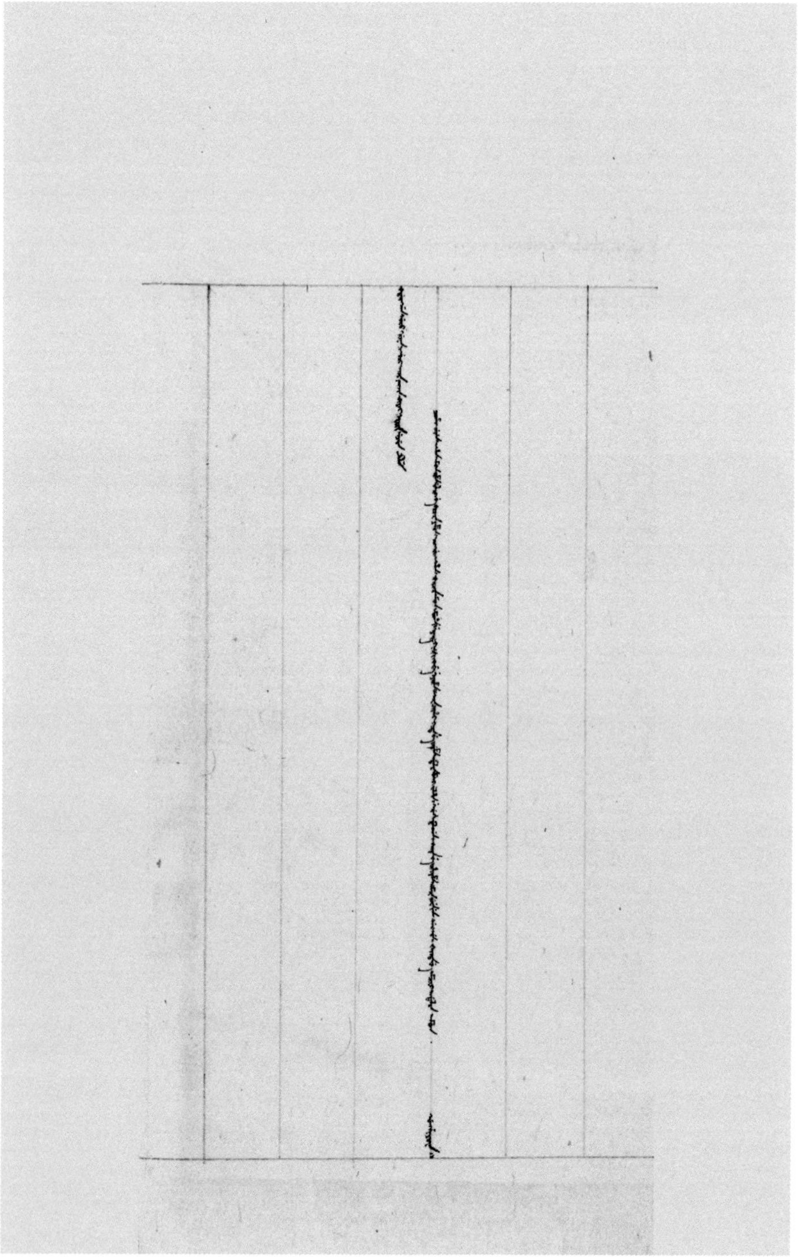

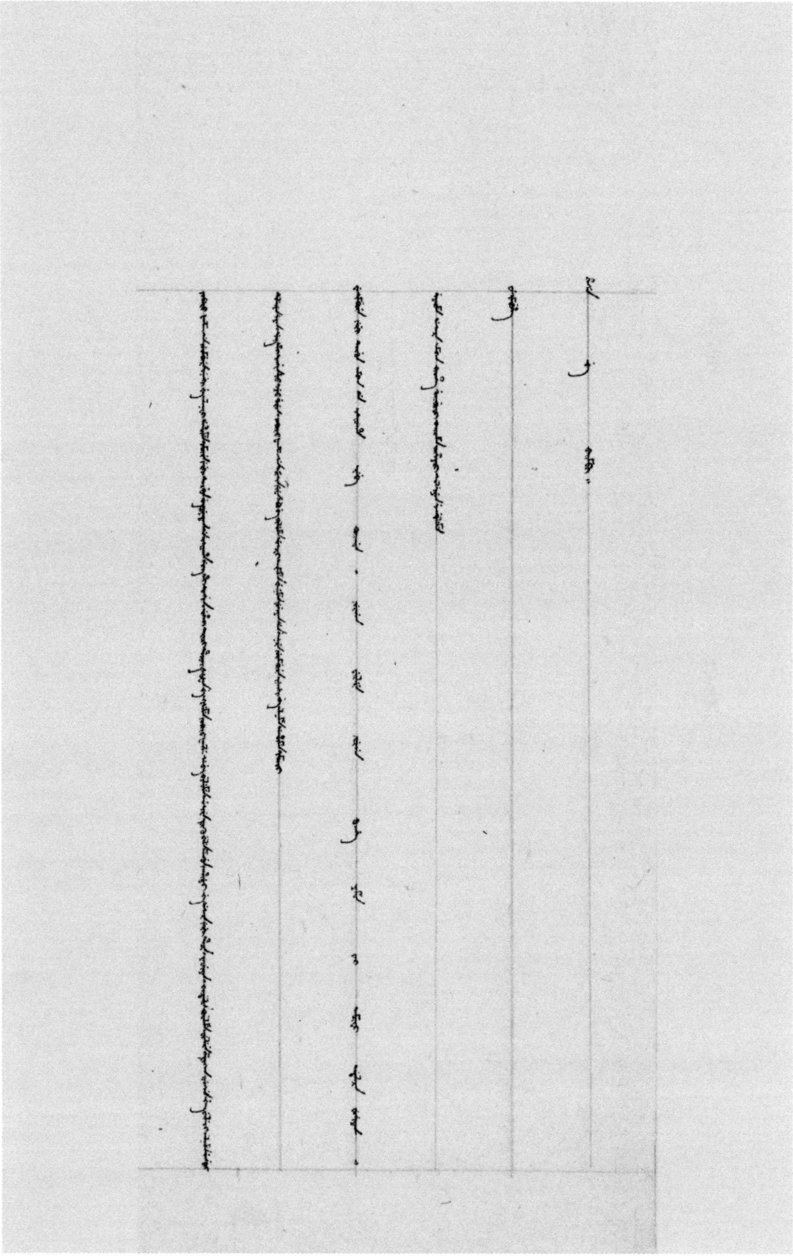

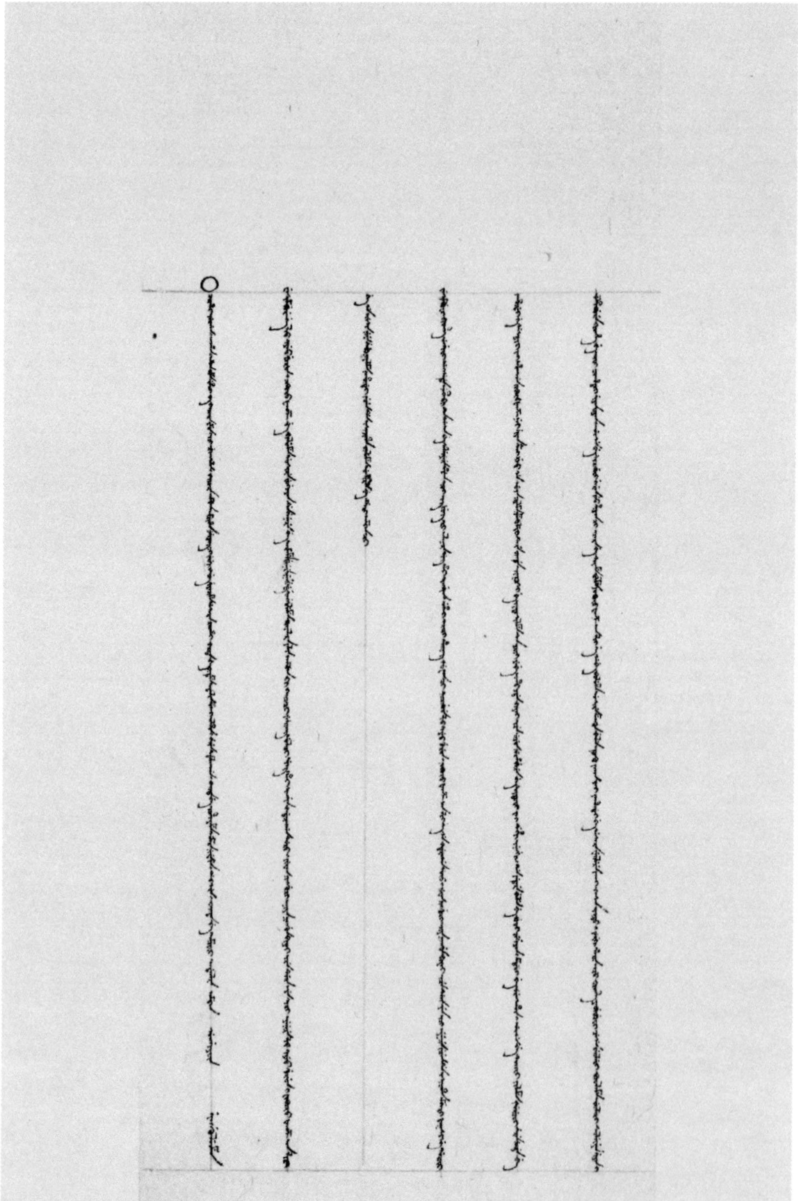

四四、閩浙總督卞寶第爲琉球遭風難民照例撫恤事奏摺

光緒十六年九月二十三日　（1890.11.5）

内容提要

閩浙總督卞寶第奏報，琉球難民毛鳳翔等七名坐駕海船因風不順，漂至浙江定海洋面，經地方官賞恤，於光緒十六年七月十九日到閩；難民安里㽵等三十一人坐駕海船在洋遭風，漂至浙江定海洋面，經地方官恤賞，將船修理堅固，派撥舵工護送，於八月初五日到閩安插，均照例撫恤。將來如何回國，屆時察看辦理。

檔案來源：軍機處録副奏摺

已編入《清代中琉關係檔案選編》第一一六四頁

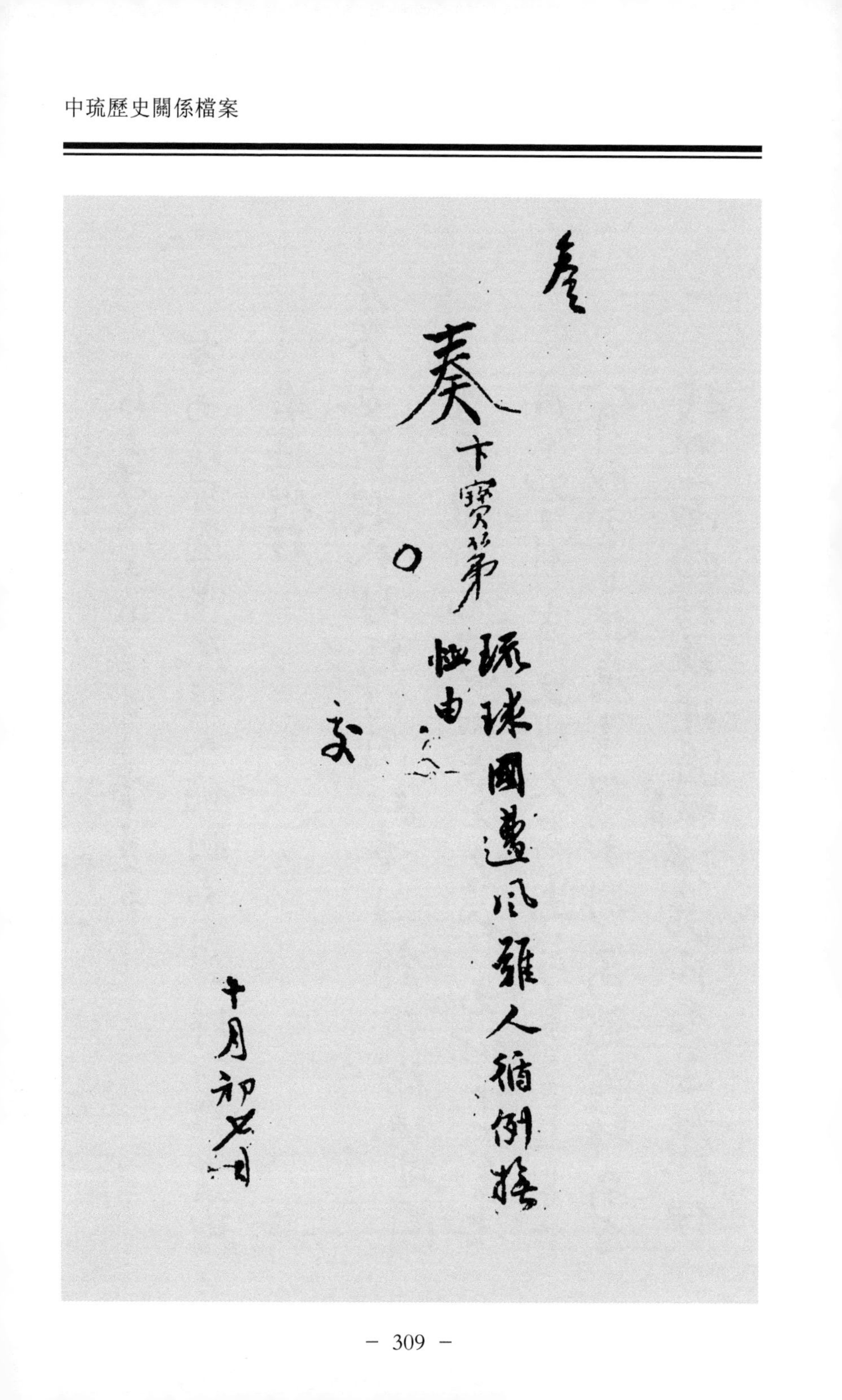

奏

奏

卞寶第

○

琉球國遭風難人循例撫

卹由

交

十月初五日

頭品頂戴閩浙總督臣卞寶第跪

奏為琉球國遭風難人循例分別譯訊撫卹恭摺

具陳仰祈

聖鑒事竊據代理福防同知黄澍鈔報稱琉球國遭風難人毛鳳翔等七名於光緒十八年七月十九日到省又難人安里自等三十一名於八月初五日抵省當即分別安插館驛妥為撫卹一面飭傳琉球通事譯訊據毛鳳翔供伊

与毛存信是佐事津嘉山是舵工渡久村等四人是水手俱琉球國首里府人光緒十八年六月二十七日駕坐海船在与那原津開駛因風不順七月十四日漂至浙江定海洋面經過地方均蒙卹賞十月到閩又據安里自供伊係船主内間次高是舵工内間克買等八人是水手西銘等二十一人是搭客均係那霸府人光緒十八年五月二十三日駕坐海船由八重山開駛在洋遭

風船身損壞六月初四日漂至浙江定海洋面蒙地方官師賞將船修理堅固派撥舵工護送七月初十日由該處開船八月初五日到閩安據船夥等情由福建藩司劉樹棠覈詳請

奏前來臣查該難人毛鳳翔等先後航海遭風情殊可憫亟應仰體

皇仁於安插日起每人日給米一升鹽菜銀六厘俟回國之日另給行糧一個月並照例加賞物件折

價給俱統於存公銀內動支，事竣造冊報請將
來如何回國，屆時察看辦理。除咨外，臣謹恭摺
具陳，伏乞
皇上聖鑒。謹
奏。
光緒十六年十月初七日奉
硃批：該部知道。欽此。

九月二十三日

刈十

四五、閩浙總督卞寶第爲琉球遭風難民照例撫恤事奏摺

光緒十六年十月二十三日　（1890. 12. 4）

内容提要

閩浙總督卞寶第奏報，琉球難民楊逢春等十三名坐駕海船在洋遭風，漂流來閩，於光緒十六年七月二十三日到省安插館驛，照例妥爲撫恤。將來如何回國，屆時察看辦理。

檔案來源：軍機處録副奏摺
已編入《清代中琉關係檔案選編》第一一六五頁

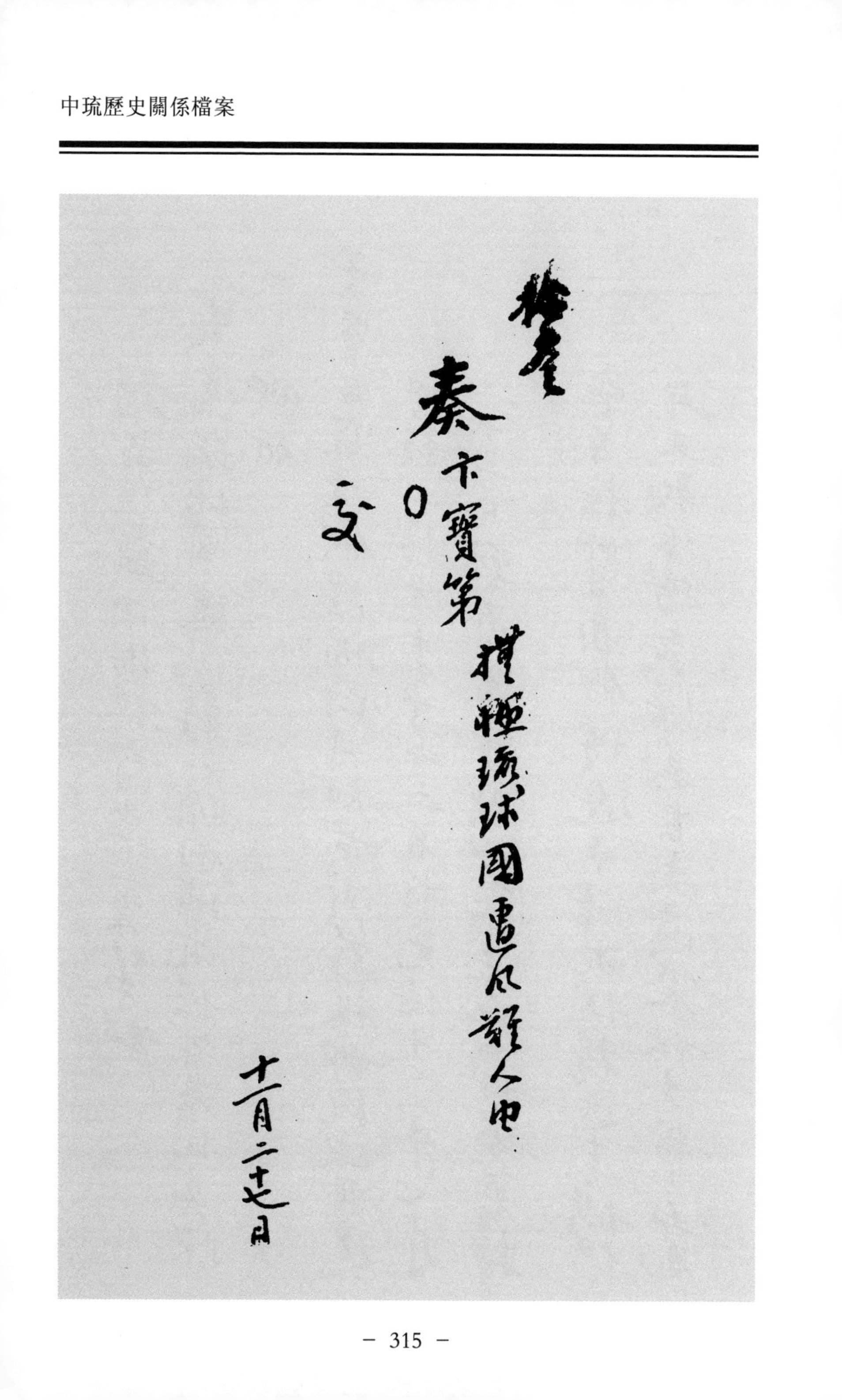

抄存

奏　卞寶第　撫卹琉球國遭風難人由

〇

二交

十一月二十七日

頭品頂戴閩浙總督臣卞寶第跪

奏爲琉球國遭風難人循例譯訊接卹恭摺具陳

仰祈

聖鑒事竊據代理福防同知黃澍鈴報稱琉球國遭風難人楊逢春等十三名於光緒十八年七月二十三日到省帶有隨身行李當即安插館驛妥爲接卹一面飭傳通事譯訊據楊逢春供伊與王敷治楊緣壞是官吏島袋松是船主壽見

據是晚工書納松等八人呈稱等俱係琉球國久
米府人光緒十六年七月十一日駕坐海船在
外島被洋面船半途遭風漂流來閩於二十
三日抵省到驛安插等情由福建藩司劉樹堂
覈詳請
奏前來臣查核難人楊進喜等航海遭風情
殊可憫亟宜體
皇仁於安插日起每人日給米一升鹽菜銀六釐俱

回國之日發給行糧一個月並照例加賞物件
折價給領俱於存公銀內動支事竣造冊報銷
將來如何回國屆時察看顧程隨時咨部外謹
恭摺具陳伏乞
皇上聖鑒謹
奏
光緒十六年十一月二十七日奉
硃批該部知道欽此

十月二十三日

四六、閩浙總督卞寶第爲琉球遭風難民照例撫恤事奏摺

光緒十七年五月十九日　（1891.6.25）

内容提要

閩浙總督卞寶第奏報，琉球難民駱長光等九名坐駕海船在洋遭風，漂至閩省平海洋面，駱長光、毛可度二名先由陸路護送到省，於光緒十七年三月二十三日到驛，玉代勢等七名於四月初四日駕船抵省到驛安插；難民毛德昌等十一名駕坐海船遇風，漂至臺灣基隆洋面，駕船於四月初四日抵閩到驛安插，均照例撫恤。將來如何回國，届時察看辦理。

檔案來源：宫中硃批奏摺
已編入《清代中琉關係檔案選編》第一一六六頁

奏

頭品頂戴閩浙總督臣卞寶第跪

奏為琉球國遭風難人循例分別譯訊撫卹恭摺

具陳仰祈

聖鑒事竊據署福防同知唐寶鑑報稱琉球國遭風

難人駱長光等九名於光緒十七年三月二十

三四月初四等日先後到省又難人毛德昌等

十一名於四月初四日抵省均帶隨身行李當

即分別安插館驛妥為撫卹一面飭傳通事譯

訊據駱長光供伊與毛可度是官吏玉代勢是
船主渡户等六人是水手係琉球國首里府人
光緒十七年三月初八日駕坐海船在本國泊
津開行中途遭風十二日漂至閩省平海洋面
經過海壇蒙地方官將伊與毛可度二名先由
陸路送省二十三日到驛玉代勢等七名於二
十七日由海壇開船四月初四日抵省到驛安
插又據毛德昌供伊與楊承守是官吏喻伊波

是船主仲村渠是舵工上江例等七人是水手
係琉球國久米那霸等府人光緒十七年三月
十四日駕坐海船在那霸府開船遇風漂至臺
灣基隆洋面二十八日自基隆開駛四月初四
日抵閩到驛安插各等情由福建藩司劉樹堂
覈詳請
奏前來臣查該難人駱長光等先後航海遭風情
殊可憫亟應仰體

皇仁於安插日起每人日給米一升鹽菜銀六釐俟
回國之日各給行糧一個月並照例加賞物件
折價給領統於存公銀內動支事竣造冊報銷
將來如何回國屆時察看辦理除分咨外臣謹
恭摺具陳伏乞
皇上聖鑒謹
奏
該部知道

光緒十七年五月　十九　日

四七、閩浙總督卞寶第爲琉球遭風難民照例撫恤事奏摺

光緒十七年六月十九日　（1891. 7. 24）

内容提要

閩浙總督卞寶第奏報，琉球難民向克寬等十八名駕船中途遭風，漂流來閩，於光緒十七年三月十三日到省安插館驛，照例妥爲撫恤。將來如何回國，届時察看辦理。

檔案來源：宫中硃批奏摺
已編入《清代中琉關係檔案選編》第一一六八頁

奏

頭品頂戴閩浙總督臣卞寶第跪

奏為琉球國遭風難人循例譯訊撫卹恭摺具陳

仰祈

聖鑒事竊據署福防同知唐寶鑑報稱琉球國遭風難人向克寬等一十八名並隨身行李於光緒十七年三月十三日到省當即安插館驛妥為撫卹一面飭傳通事驛訊據向克寬供伊與毛有慶毛鴻功鄭國華是官吏島袋是直庫馬必

選等七人是跟伴富永等六人是水手光緒十
七年二月二十夜在那霸港開船中途遭風漂
流來閩三月十三日到驛安插等情由福建藩
司劉樹堂覈詳請
奏前來臣查該難人向克寬等航海遭風情殊可
憫亟應仰體
皇仁於安插日起每人日給米一升鹽菜銀六釐回
國之日各給行糧一個月並照例加賞物件折

價給領統於存公銀内動支事竣造冊報銷將
來如何回國届時察看辦理除分咨外臣謹恭
摺具陳伏乞
皇上聖鑒謹
奏
該部知道

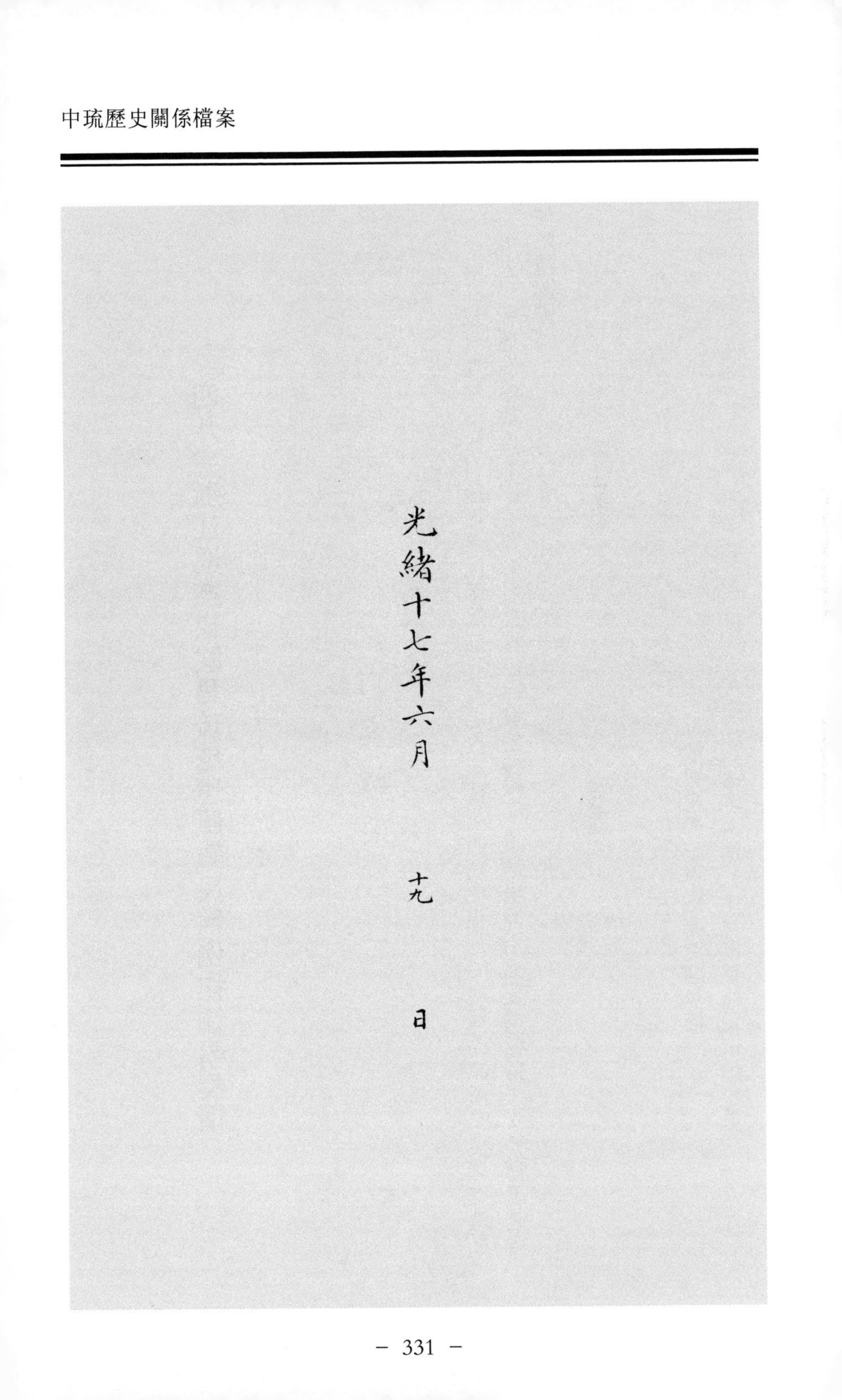

光緒十七年六月　十九　日

四八、浙江巡撫崧駿爲琉球遭風難民照例撫恤事奏摺

光緒十七年十月十五日　（1891.11.16）

内容提要

浙江巡撫崧駿奏報，琉球難民蘭篤誠等八名自琉球開船駛往福州，遇風漂流，又復遇礁遭風，將船沉失，幸遇漁船救人上岸。照例妥爲撫恤，發給行糧，護送出境至福建福鼎縣，交替轉護赴省，以便附遣歸國。

檔案來源：軍機處録副奏摺

已編入《清代中琉關係檔案選編》第一一六九頁

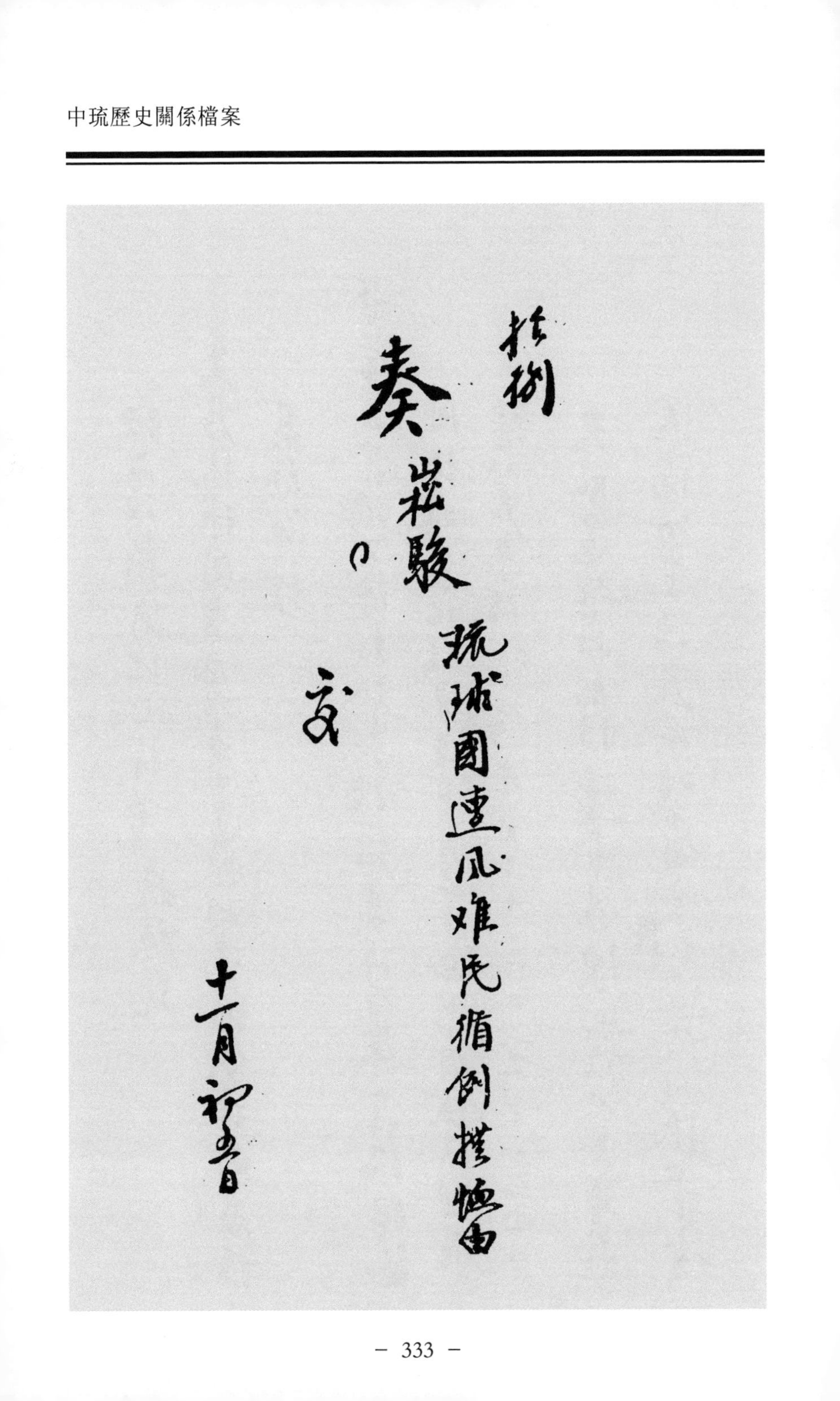

摺例

奏

崇駿

琉球國遭風難民循例撫恤由

發

十一月初五日

頭品頂戴浙江巡撫奴才崧駿跪

奏為琉球國遭風難番遇救到境循例撫卹恭摺

具陳仰祈

聖鑒事竊據平陽縣知縣沈懋嘉詳准蒲莊汛把總

周錦勝等報稱本年七月二十四日有琉球國難

番八名來防投稱本月二十三日在禾色田口

失風遇礁將船損壞幸遇漁船救人上岸義

送福州等語查該難番言語不通給以紙筆令

其書寫據稱一名蔗篤識年四十五歲一名翁
伊波年三十歲一名仲村渠年三十二歲一名
新垣年年四十八歲一名山城年三十二歲一名
與儀年三十歲一名玉勢年二十九歲一名伊
佐年二十八歲俱係琉球國人七月十二日自
琉球開船駛往福州遇風飄至禾色因又
復遇礁遭風將船沉失幸得就近漁船將人救
起上岸隨即撥名送給擔米衣服妥為撫卹

一面給發行糧於八月初二日護送出境至福建

福鼎縣交替轉護赴省以便附搭歸國等情詳

報到司由署理布政使龔照瑗核明詳請

奏

咨前來查琉球國遭風難番遞救到境例應撫

卹護送赴閩附便遣歸本國以期仰副

聖主

懷柔遠人之至意今該難番蕭篤識等業經該

縣妥為撫卹護遞出境核與定例相符除咨部

查照外所有琉球難番遞救到境循例撫卹緣

由程含恭摺具
奏伏乞
皇上聖鑒謹
奏
光緒十七年十一月初三日奉
硃批該部知道欽此
十月十五日

四九、福州將軍希元爲琉球遭風難民照例撫恤事奏摺

光緒十八年五月二十九日　（1892. 6. 23）

内容提要

福州將軍希元奏報，琉球難民神谷等八名駕坐海船在洋遇風，漂至廣東外洋，船隻擊破，經土人救護上岸，由官護起程，於光緒十八年二月二十一日至廣東省城，附搭輪船二十六日抵閩安插館驛，照例撫恤。將來如何回國，届時察看辦理。

檔案來源：軍機處録副奏摺

已編入《清代中琉關係檔案選編》第一一七〇頁

何

奏

希元等琉球國遭風難人循例撫卹由

○交

閏六月初七日

福州將軍兼署閩浙總督世襲一等繼勇侯奴才希元跪
奏為琉球國遭風難人循例譯訊撫卹恭摺具陳仰祈
聖鑒事竊據福防同知徐承禧稟稱琉球國遭風難
人神谷等八名於光緒十八年四月二十六日到
省帶有隨身行李當即安插館驛妥為撫卹
一面飭傳通事譯訊據神谷供伊是船主松村
渠是舵工加那等六人是水手俱係琉球國比

山府人光緒十七年十二月十六日駕坐海船在那霸港開駛遇風漂至廣東外洋船隻擊破經土人救護上岸由官護送起程於十八年二月二十一日至廣東省城四月二十一日蒙附搭輪船二十六日抵閩到驛安插書情由福建藩司潘駿文核詳請奏前來查該難人神谷等航海遭風情殊可憫亟應仰體

皇仁於安插日起每人日給米一升鹽菜銀六厘閩
國之日每給行糧一個月並照例加賞物件
折價給領統於存公銀内動支可該造冊報
銷該難人等如何回國另行察奪辦理除
咨外謹恭摺具陳伏乞
皇上聖鑒謹
奏
光緒十八年閏六月初七日奉
硃批禮部知道欽此
五月二十九日

五〇、閩浙總督譚鍾麟爲琉球遭風難民照例撫恤事奏摺

光緒二十年十二月初八日　（1895. 1. 3）

内容提要

閩浙總督譚鍾麟奏報，琉球難民屋良等二名俱係水手，駕坐海船一隻在洋遭風，漂至臺灣宜蘭縣轄洋面，船隻擊沉，船上八人各自逃生。屋良、石川二人鳧水上岸，幸遇漁船救獲，送至臺北府，附搭輪船到泉州府，由陸路護送於光緒二十年九月二十二日到省安插館驛，照例妥爲撫恤。將來如何回國，届時察看辦理。

檔案來源：軍機處録副奏摺

已編入《清代中琉關係檔案選編》第一一七一頁

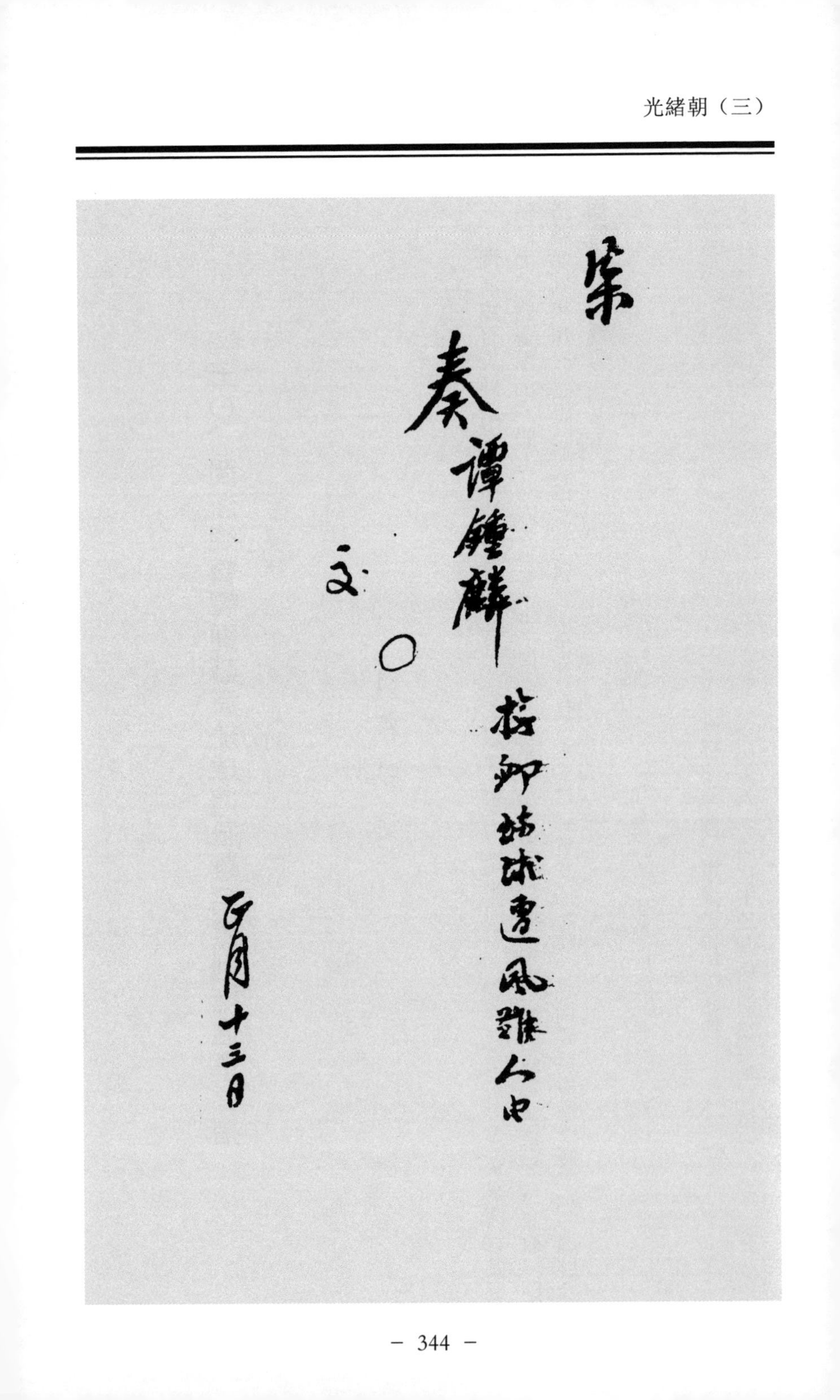

條

奏譚鍾麟

文

○

榕卿綺述遺風雅人也

正月十三日

閩浙總督調補四川總督臣譚鍾麟跪

奏，為琉球國遭風難人循例撫卹，恭摺仰祈

聖鑒事。竊據署福防同知唐雨時報稱：琉球國遭風

難人屋良等二名，於光緒二十年九月二十二日

到省，當即安插館驛，妥為撫卹，一面飭傳通

事譯訊。據屋良供：伊與屋川是琉球國

北山人，駕坐海船一隻，通船共八人，本年六

月二十五日由北山開船，中途遭風，於九月

二十九夜漂至台灣宜蘭縣轄洋面，船隻
擊沉，八人各自逃生。難人屋宜良、辰門二人鳧水赤
身上岸。七月初一日幸遇漁船救護，遞至台北府。
九月初八日附輪船到泉州府，由陸護送來省，
一路均蒙地方官賞給衣食。二十二日到閩營
情由，藩司黃毓恩覈詳請
奏前來。臣查該難人屋宜良等航海遭風，情殊可
憫，亟應仰體

皇仁，於安插日起，每人日給米一升，鹽菜銀六厘；俟回
國之日，各給行糧一箇月，並照例加賞物件，其
價給領，統於存公銀內奏支，事竣造冊報銷。
將來如何回國，屆時察看辦理。除咨禮部外，謹
恭摺具陳，伏乞
皇上聖鑒。謹
奏。光緒二十一年正月十二日奉
硃批：知道了。欽此。

光緒二十年十二月初八日

五一、閩浙總督譚鍾麟爲琉球遭風難民照例撫恤事奏片

光緒二十一年二月十八日＊（1895. 3. 14）

内容提要

閩浙總督譚鍾麟奏報，琉球難民毛慶昌等八名駕坐海船在洋遭風，漂至閩省平海洋面，船隻打破，毛慶昌、毛鳳儀由陸路進省，玉代勢等六人經地方官派船送到海壇，分别於光緒二十年九月初七、十月十五等日先後到省安插館驛，照例妥爲撫恤。

檔案來源：軍機處録副奏摺

已編入《清代中琉關係檔案選編》第一一七二頁

咬
虎

譯鍾麟
再據署福防同知唐雨時稟稱，琉球國遭風難人毛慶昌等八名，於光緒二十年十月十五等日先後到省，當即分別安插館驛，妥為撫卹，飭傳通事譯訊。據毛慶昌供：尹與、毛慶
鳳儀是秀才，玉代勢是舵工，宇根胡神宕、
金城仲、新里仲、安里是水手，係琉球國久米府人，
駕坐海船由那霸港開行，遭風漂至平海洋
面，船隻打破，難人等棄船上山岸。毛慶昌、毛鳳儀由

陸進省垣代將等六人當地方官派船送到海壇
分幫護送晉省等情由福建藩司覺羅[illegible][illegible]詳請
奏請臣查該難人毛慶昌等航海遭風情殊可憫
亟應仰體
皇上於安插日起每人日給米一升鹽菜銀六釐俟回
國之日各給行糧一月照例加賞物件折價給領
統於存公銀內動支事竣造冊報銷除分咨外
謹附片具陳伏乞

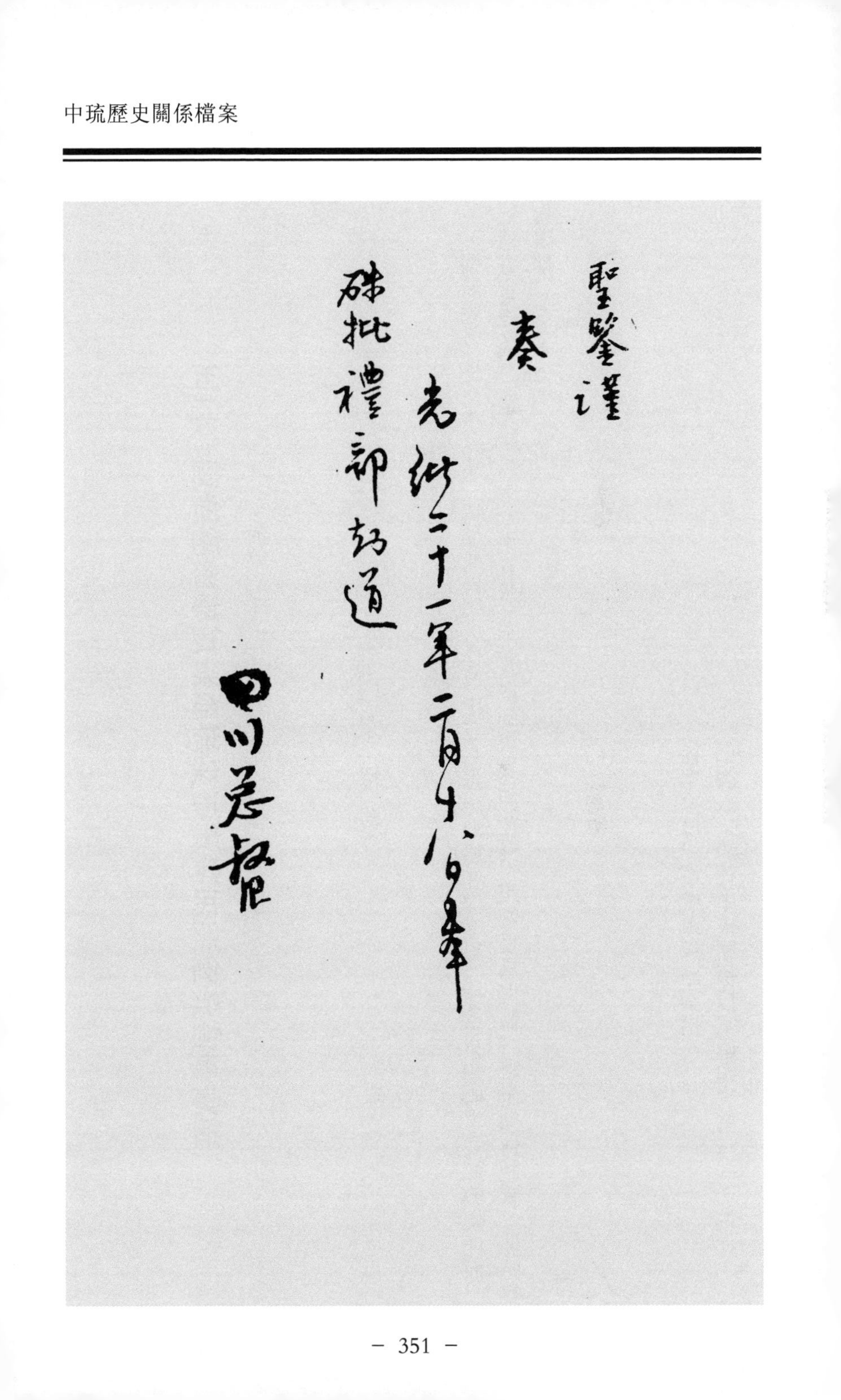

聖鑒謹
奏

光緒二十一年二月十八日奉
硃批禮部知道

四川總督

五二、閩浙總督邊寶泉爲琉球遭風難民照例撫恤事奏摺

光緒二十一年七月二十一日（1895.9.9）

内容提要

閩浙總督邊寶泉奏報，琉球難民明大作等十三名駕坐海船在洋遭風，漂至泉州府惠安縣數嶼洋面，經地方官護送，於光緒二十一年五月二十八日到省安插館驛，照例妥爲撫恤。將來如何回國，届時察看辦理。

檔案來源：軍機處録副奏摺

已編入《清代中琉關係檔案選編》第一一七三頁

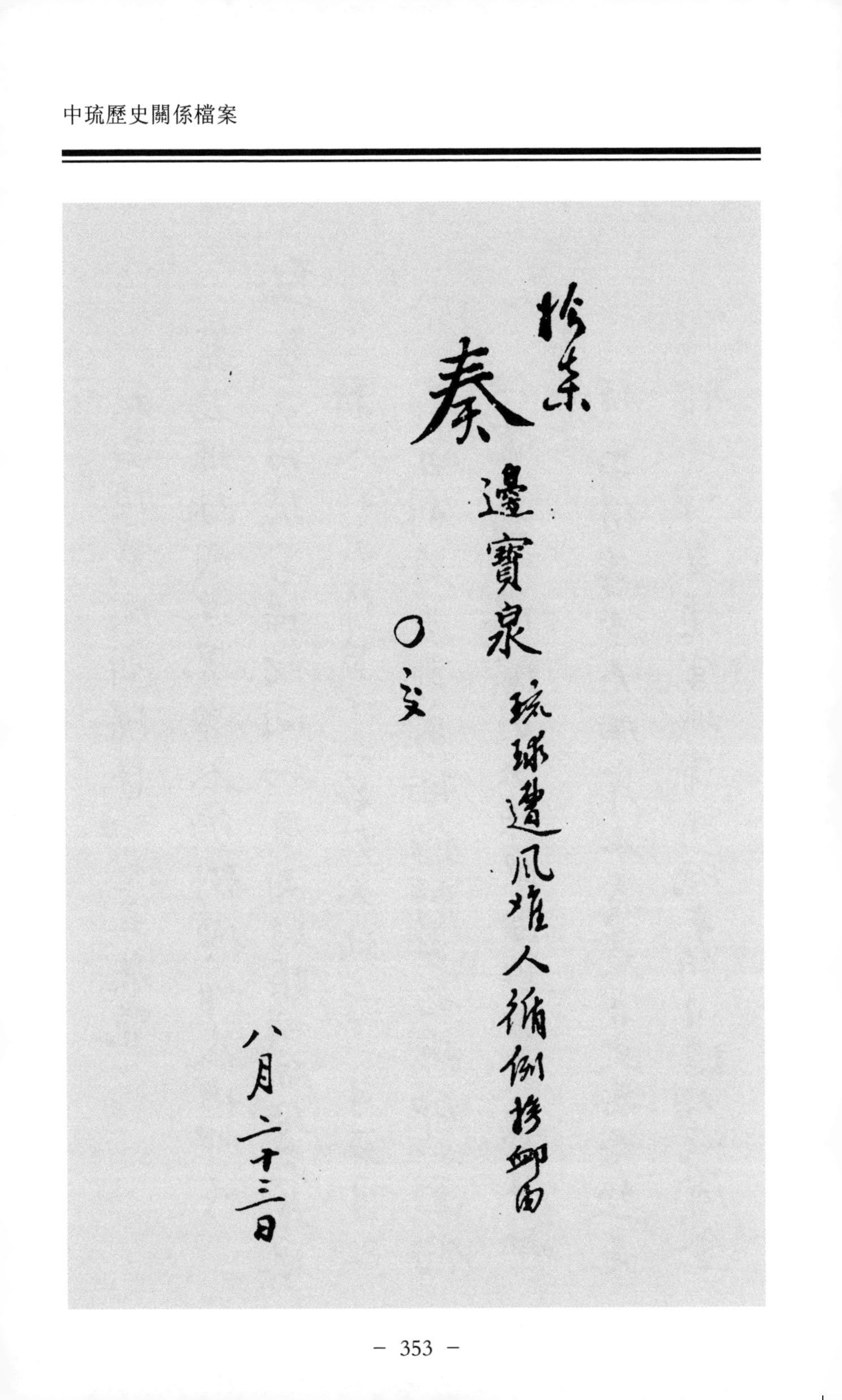

抄朱

奏

邊寶泉

琉球遭風難人循例撫卹由

〇交

八月二十三日

頭品頂戴閩浙總督臣邊寶泉跪
奏為琉球國遭風難人循例撫卹恭摺仰祈
聖鑒事竊據署福防同知唐雨時報稱琉球國遭風
難人照屋太作等十三名於光緒二十一年五月二
十八日到省當即安插館驛妥為撫卹一面飭
傳通事譯訊據照屋太作供伊與方東謙麻世
輝馬得善查壽臧岸本義是官吏具志堅是
舵工神里蒲宮城蒲新城牛新川樽大城蒲金

城中是水手俱係琉球國首里府人駕坐海船一
隻通船共十三人本年四月二十八日由本國開船
中途遭風於五月初七日漂至泉州府惠安縣
數嶼洋面當地方官護送來省於二十八日到驛
安插等情由福建藩司黃綠恩覈詳請
奏前來臣查該難人照大作等航海遭風情殊可
憫亟應仰体
皇仁於安插日起每人日給米一升鹽菜銀六厘俟

回國之日各給行粮一箇月並照例加賞物件
折價給領統於存公銀內動支分晰造冊報銷
將來如何回國隨時察看辦理除分咨外謹繕
摺具陳伏乞
皇上聖鑒謹
奏
光緒二十一年八月二十三日奉
硃批該部知道欽此

七月二十一日

五三、閩浙總督邊寶泉爲琉球遭風難民照例撫恤事奏摺

光緒二十二年六月初三日　(1896.7.13)

内容提要

閩浙總督邊寶泉奏報，琉球難民鄭能興等七名駕坐海船在洋遭風，三月十八日到閩省平海洋面，於光緒二十二年四月二十日到省安插館驛，照例妥爲撫恤。將來如何回國，届時察看辦理。

檔案來源：軍機處録副奏摺
已編入《清代中琉關係檔案選編》第一一七四頁

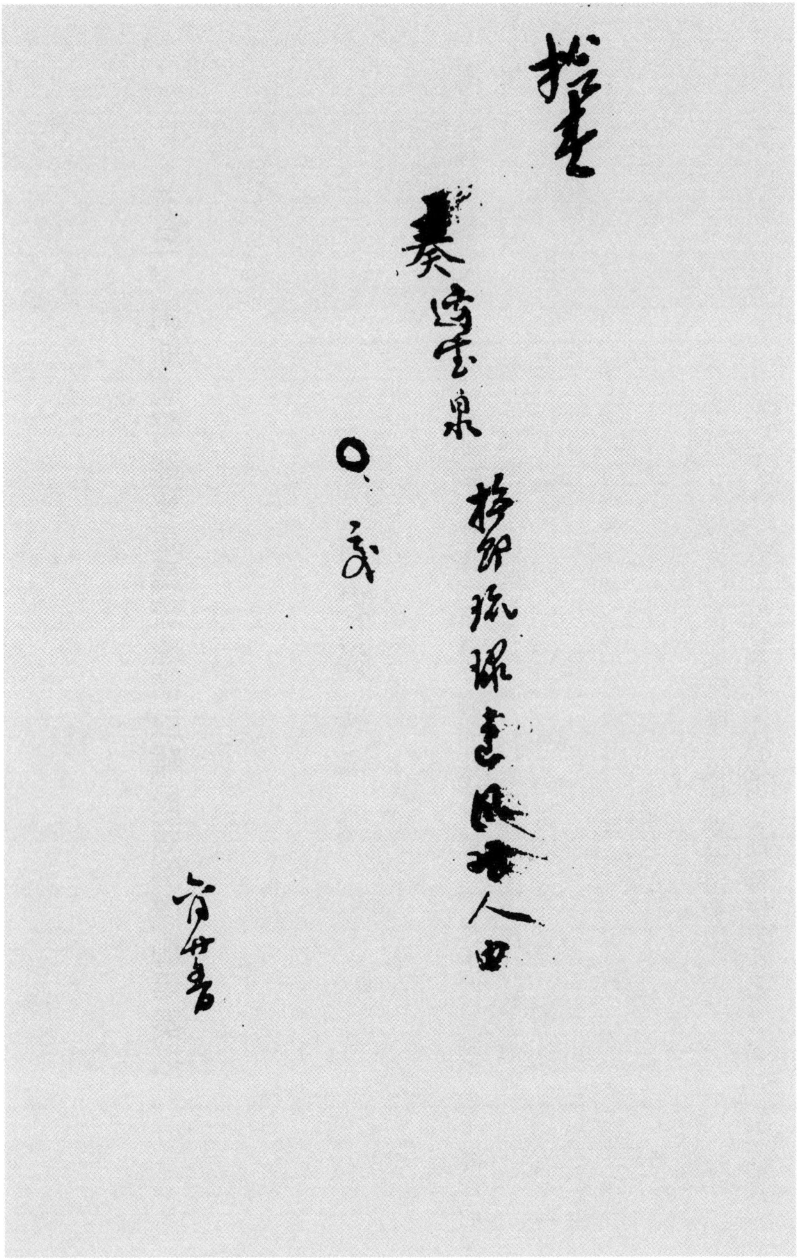
奏
人

照録載閩浙總督 邊寶泉號

奏為琉球國遭風難人循例撫卹恭摺仰祈

聖鑒事竊據福防同知温隆善稟稱琉球國遭風難人

鄭依與等七名於光緒二十二年四月二十日到省即安

插館驛安為撫卹兩飭傳通事譯訊據鄭依與供

係我大仲村渠邑船工大城次嘉七城玉城小成吉

水手吳係琉球國久米府人駕坐海船一隻通船七

人於本年三月十二日由本國開船中途遭風十八日到

閩省平海洋面四月十五日到興安二十日抵福州五虎
口即日到館安插等情由福建廈門黃毓恩霖什
詳來前查該難人鄭能興等航海遭風情殊可憫
應仰體
皇仁於安插日起每人日給米一升鹽菜銀六厘俟回國
之日另給行糧一個月並照例加賞物件折價給領
統於存公銀內動支事竣造冊報銷將來如何回
國屆時察看辦理除咨部外謹繕摺具陳伏乞

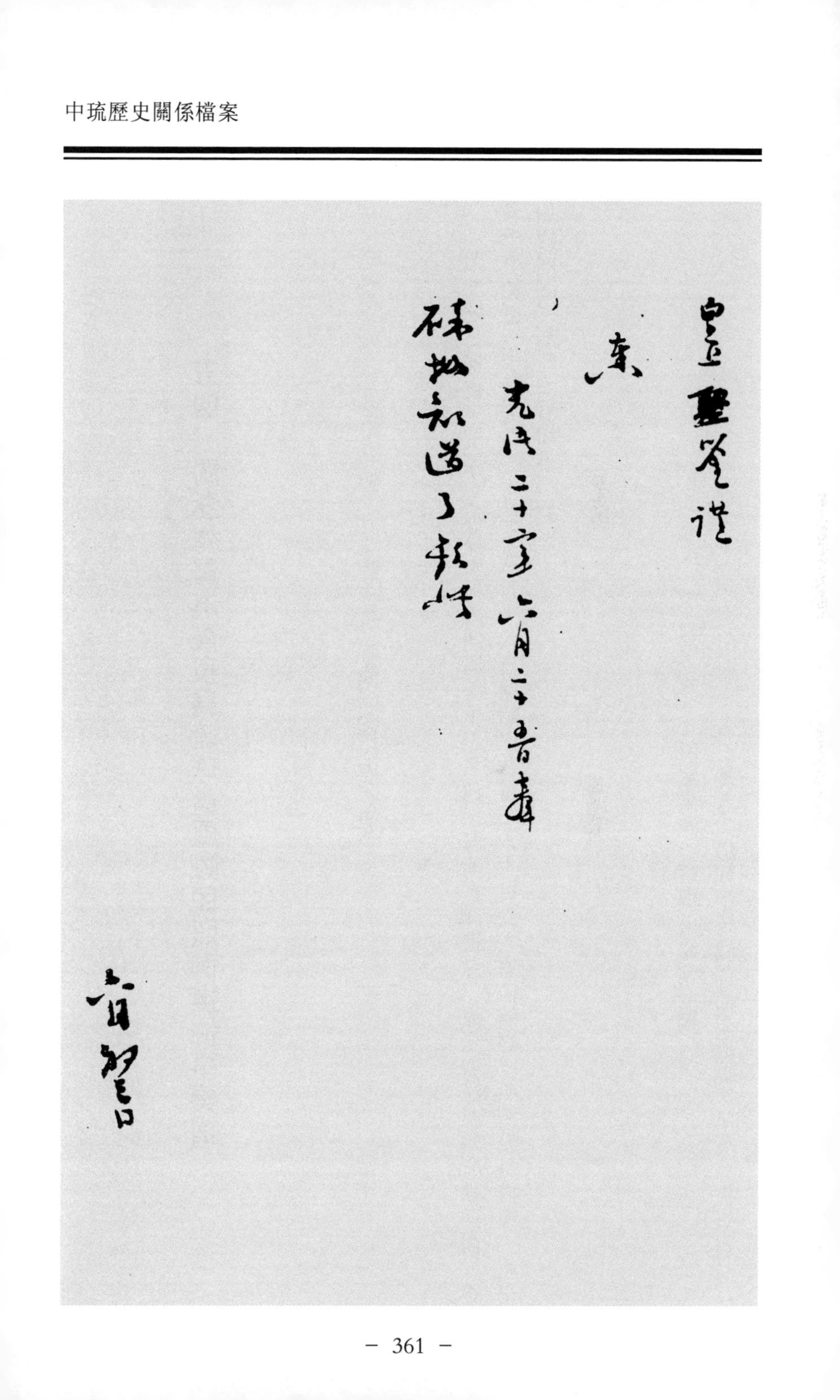

皇上聖躬康
泰
光緒二十年六月二十三日奉
硃批知道了欽此

六月賀

五四、閩浙總督邊寶泉爲琉球遭風難民照例撫恤事奏摺

光緒二十二年十月初三日　（1896.11.7）

内容提要

閩浙總督邊寶泉奏報，琉球難民陳紹唐等十三名駕坐海船在洋遭風，漂至浙江温州府轄洋面，經救護賞給飯食，於光緒二十二年八月十六日開船，八月二十六日到省安插館驛，照例妥爲撫恤。將來如何回國，届時察看辦理。

檔案來源：軍機處録副奏摺

已編入《清代中琉關係檔案選編》第一一七五頁

捌

奏 邊寶泉摺 琉球遭風難人移卸由

○文

十月初九日

頭品頂戴閩浙總督臣邊寶泉跪

奏為琉球遭風難人循例撫卹恭摺仰祈

聖鑒事竊據福防同知濮冠春稟報琉球國遭風難

人陳俗康十三名於光緒二十二年八月二十六

日到省當即安插館驛妥爲撫卹一面飭

傳通事譯訊據陳俗康供伊與程法秀張廷株

長官吏具志堅長航石川秋里備渡慶次

島袋金城秋良城安里島山野原長水手謝

琉球國久米府人駕坐海船一隻通船十三人於
本年八月初七由奈閩洞船中途遭風十四
日飄至浙江溫州府轄洋面蒙救護賞給
衣食十六日開船二十二日抵驛安插等情由福
建藩司黃毓恩覆詳請
奏前來臣查該難人陳啓康等航海遭風情殊可
憫臣應仰體
皇仁於安插日起每人日給米一升鹽菜銀六釐俟

四圍三百名役口粮一箇月並照例加賞犒件
折價給領統於存公銀內動支另該造冊報銷
所有此次四圍庄村安頓辦理除分咨外謹繕
摺具陳伏乞
皇上聖鑒謹
奏
光緒二十二年十月廿九日奏
硃批知道了欽此
初二日

五五、浙江巡撫廖壽豐爲琉球遭風難民照例撫恤事奏摺

光緒二十三年十二月十五日　（1898.1.7）

内容提要

浙江巡撫廖壽豐奏報，琉球難民糜福理等五名由日本商人雇到臺灣，在洋遭風漂到海門，船隻破漏，不能行駛。照例妥爲撫恤，修整船隻，於七月十八日工竣，派撥舟師護送起程赴閩，以便回國。

檔案來源：軍機處録副奏摺
已編入《清代中琉關係檔案選編》第一一七六頁

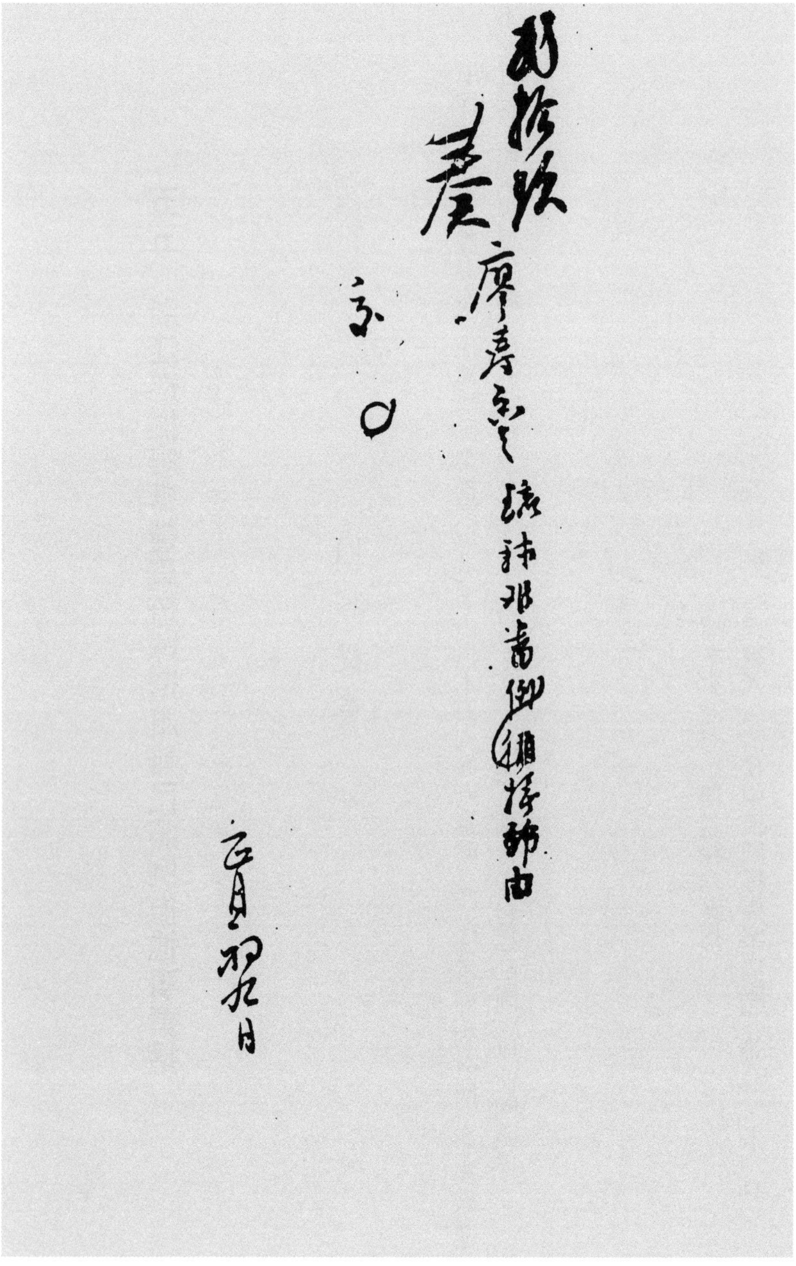

頭品頂戴浙江巡撫臣廖壽豐跪

奏為琉球國難番漂流到境循例撫䘏護送回國

恭摺仰祈

聖鑒事竊據布政使惲祖翼詳據臨海縣詳報光

緒二十三年六月十八日有琉球國難番慶廉裕理等

五名漂流到境訊係在外島八重山地方由日本

商人僱到台灣於六月初九日開船十二日

遭風漂到海門船隻破漏不能行駛日本人

順便匯寄由天主堂人帶回上海該難民等業
來縣之面求撫卹並求修船護送至福州驛回本
國前經該縣量為撫卹將船飭匠購料修整
完固於七月十八日工竣移臺派撥舟師護送赴
程赴閩為國等情由司具詳請
奏前來及覆據噶瑪蘭分府查照並飭將撫卹衣
糧銀米及修船工料核實造報外合將琉球國
難番漂流到境循例撫卹護送回國緣由謹恭

摺具陳伏乞

皇上聖鑒謹

奏

光緒二十四年正月初九日奉

硃批知道了欽此

二十三年十二月十五日

五六、浙江巡撫廖壽豐爲琉球遭風難民照例撫恤事奏摺

光緒二十四年五月十六日　（1898. 7. 4）

内容提要

浙江巡撫廖壽豐奏報，琉球難民與世田等十八名由本國開船往福州有事告知琉官，中途遭風，漂至坎門洋面，照例妥爲撫恤，俟船隻修整完固，護送至永嘉縣，轉護赴閩。

檔案來源：軍機處録副奏摺
已編入《清代中琉關係檔案選編》第一一七七頁

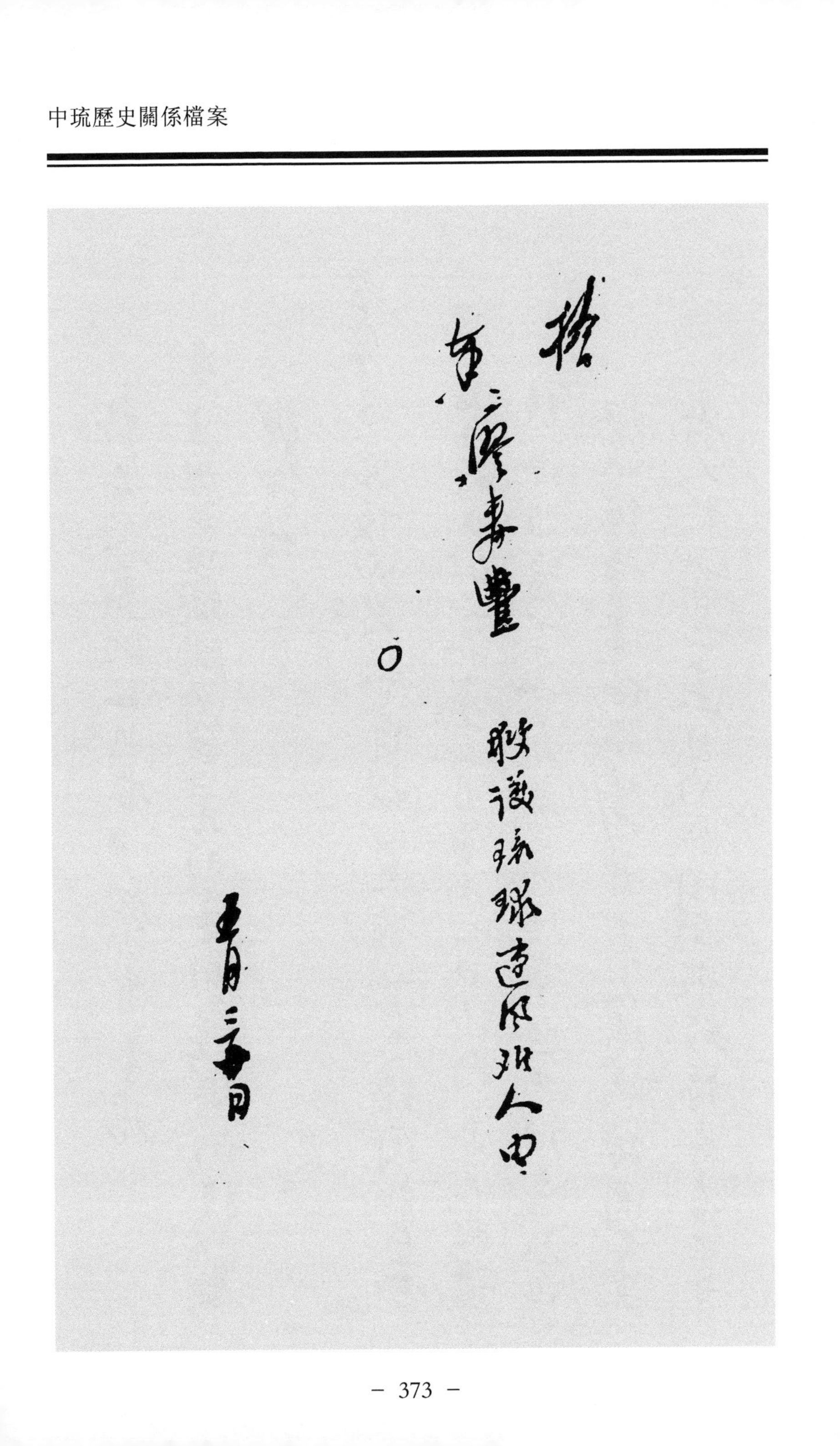

禧

年釐壽豐。

職議琉球達原非人也

月二十日

頭品頂戴浙江巡撫臣廖壽豐跪

奏為救護琉球國遭風難番到境循例撫䘏恭

摺仰祈

聖鑒事竊據布政使惲祖翼詳據玉環同知吳鑾會稱光緒二十四年三月十七日坎門嶴長救護琉球難番一十八人乘坐船隻帶進口語言不通授以紙筆書係與世田共十八人均琉球國首里府人於三月二十二日由本國開船往福州省西等

知琉官不料船至中途被颶風碰礁飄至鷲門洋面蒙救得生求給川資修整船隻俾得回國等語當經該廳安為頓撫卹查明僕將船隻修整完固移撥師船護送至永嘉縣督撫行咨進等情由該司具詳請奏前來除飭玉環廳將該難番妥為撫卹並將原船修理完固移撥兵役護送至永嘉縣轉護赴福建省外所有琉球國難番

過撥列境循例接護緣由理合恭摺具

奏伏乞

皇上聖鑒謹

奏

光緒廿四年五月三十日奉

硃批知道了欽此

五月十六日

五七、兩江總督沈葆楨爲密陳日本與琉球爲難應密加防範事奏片

光緒朝

内容提要

兩江總督沈葆楨奏報，日本舉債仍以重資向西洋購買槍炮軍火絡繹不絶，其與琉球爲難，尤不可不密爲防範。

檔案來源：軍機處録副奏摺

已編入《清代中琉關係檔案七編》第五四九頁

十二月初七

覽

沈葆楨片

再密陳者近聞日本外强中乾甚至舉債而未能全應然仍以重貲向西洋購買槍礮軍火絡繹不絕雖傾國而不悔其與琉球為難自在意中而一葦可杭狡焉思啟之心尤不可不密為防範此臣所以愈長慮卻顧未敢遽議裁營者也理合附片密陳伏乞

聖鑒謹

奏

十一月二十一

沈葆楨

五八、抄録日本人在臺灣陳略

光緒朝

内容提要

臺灣日人陳略九條。

檔案來源：外務部檔案

已編入《清代中琉關係檔案七編》第五五一頁

竹

台湾日人陳略 無年月

陳略

一二百年前荷蘭國曾占據臺灣有日本人被害當時
經日本特派人員前往查辦
一日本國人素來義氣最護保本國之人一人受害如衆受
害一人受辱如衆受辱當羞忿已極即奮然不顧其身之
生死甚有受人欺辱一時情急難忍即羞忿而自戕者
一日本原以社分地掌社者有似王爵現在各社王之權均許聽
命於其國之君凡各社中有不平事其國君均已允為公平

办理

一最有權之社王即撒錯瑪也

一近来日本人已三四次在臺灣地方被害

一其最後被害者即撒錯瑪之人其一社之人俱不甘心向其

國君訴之故其國君有必不能不為伸办之勢

一現在之臺灣与前二百年不同其西邊一帶設有州縣

颱風各官與人所共知者是以日本於特派大臣去年

覲見賀喜時順便題及其國擬派人往生番地查办

事件之語

一日本之所派人前往生番地方先已打聽應派人若干應前往何處俱經探窺明確始行

一日本於探詢時已得知前一二年時曾有美國到生番地界雖係美國兵船而生番依然拒阻美兵少以不敵未經輕入其地

圖書在版編目(CIP)數據

中琉歷史關係檔案. 光緒朝一、光緒朝二、光緒朝三/中國第一歷史檔案館編.—北京:國家圖書館出版社, 2022. 2

ISBN 978-7-5013-7478-6

Ⅰ. ①中… Ⅱ. ①中… Ⅲ. ①中外關係-國際關係史-檔案資料-琉球-清後期 Ⅳ. ①D829. 313

中國版本圖書館 CIP 數據核字(2021)第 276732 號

書　　名 中琉歷史關係檔案(光緒朝一、光緒朝二、光緒朝三)
著　　者 中國第一歷史檔案館 編
責任編輯 梁 盼
封面設計 程言工作室

出版發行 國家圖書館出版社(北京市西城區文津街 7 號 100034)
(原書目文獻出版社 北京圖書館出版社)
010-66114536 63802249 nlcpress@ nlc. cn(郵購)
網　　址 http://www. nlcpress. com
印　　裝 北京科信印刷有限公司
版次印次 2022 年 2 月第 1 版 2022 年 2 月第 1 次印刷

開　　本 880 × 1230 1/32
印　　張 47
書　　號 ISBN 978-7-5013-7478-6
定　　價 480. 00 圓
